# CATALOGUE

DE LA

# BIBLIOTHÈQUE

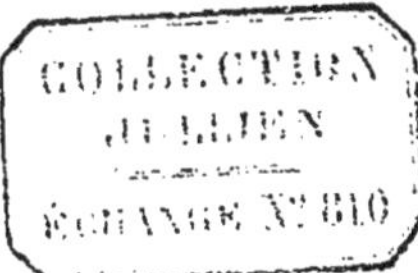


DE LA PAROISSE

# SAINTE-ÉLISABETH

PARIS

IMPRIMERIE DE PILLET FILS AINÉ

RUE DES GRANDS AUGUSTINS, 5

1852

# AVERTISSEMENT.

Nous donnons enfin à nos lecteurs le catalogue de notre Bibliothèque. Nous avons réuni, en proportion de nos ressources, tous les bons livres qui peuvent orner la mémoire, délasser l'esprit, éclairer l'intelligence et former le cœur à la vertu et à la piété. Nous avons essayé de classer les ouvrages par ordre de matières. Leur diversité aurait exigé un grand nombre de séries, mais pour simplifier le travail, nous nous sommes bornés à neuf : 1° Écriture sainte et Pères de l'Église; 2° Théologie et Controverse; 3° Enseignement religieux et Piété; 4° Vies des saints et autres; 5° Histoire; 6° Géographie et voyages; 7° Ouvrages d'imagination, Contes, Historiettes, etc.; 8° Littérature, Poésies, Histoire naturelle, Sciences, etc.; 9° Quelques ouvrages en langues étrangères. La difficulté était immense, et nous avouons d'avance que nous aurons à constater grand nombre d'erreurs. Mais les lecteurs voudront bien le comprendre, un succès complet n'aurait pu être obtenu que par des hommes spéciaux, et d'ailleurs nous n'avons pu consacrer à ce travail que le temps que ne réclamait pas un ministère de presque tous les instants.

Nos livres sont prêtés, moyennant une modique souscription, à tous ceux qui peuvent la donner. Ils sont encore prêtés gratuitement à toutes personnes *de la paroisse* connues de M. le curé et de MM. les vicaires.

Nous espérons que les fidèles, sincèrement animés de l'amour du bien, nous aideront dans l'œuvre, si éminemment chrétienne, que nous avons entreprise.

---

CATALOGUE

DE

# LA BIBLIOTHÈQUE

DE LA PAROISSE

# SAINTE-ÉLISABETH.

## PREMIÈRE SÉRIE. — A.

### Ecriture sainte. — Pères de l'Eglise.

**APOLOGÉTIQUE** de Tertullien, nouvelle traduction; par l'abbé J.-Félix Allard. 1 vol. in-8, et 1er vol. des Démonstr. évang. Edit. Migne.

**APOLOGÉTIQUE** et les Prescriptions de Tertullien (l'); par M. l'abbé de Gourey. 1 vol. in-12.

**APPARAT** de la Bible ou Introduction à la lecture de l'Ecriture sainte; par le P. Lamy. 1 vol. in-8.

**ANALYSE** de l'Evangile, selon l'ordre historique de la concorde; par le P.*** de l'Oratoire. 4 vol. in-12.

**ANALYSE** des Actes des apôtres, avec dissertations; par le P. *** de l'Oratoire. 2 vol. in-12.

**ANALYSE** des Epîtres de saint Paul et des Epîtres canoniques, avec dissertations; par le P. *** de l'Oratoire. 2 vol. in-12.

**ATLAS** de la Bible, dite de Vence. 1 vol. in-4.

**AUTORITÉ** des livres de Moïse; par Duvoisin. 1 vol in-12.

**BIBLE** (la sainte), en français. 1 vol. in-8.

**BIBLE** (la sainte) de Vence. 26 vol. in-8, avec atlas.

**BIBLE** de famille. 1 vol. in-18.

**BIBLIOTHÈQUE** choisie des Pères de l'Eglise grecque et latine, ou Cours d'éloquence sacrée; par Mgr M.-N.-S. Guillon. 26 vol. in-8.

**CITÉ** de Dieu, de saint Augustin; trad. par Lambert. 2 vol. in-8.

— La même; trad. par Moreau. 3 vol. in-8, et 2 vol. in-12.

— La même; trad. par deux hommes de lettres. 3 vol. in-8.

**CONCORDANTIÆ** Bibliorum sacrorum emendatæ. 1 vol. in-4.

CONFESSIONS de saint Augustin, à l'usage de la jeunesse; publiées par l'abbé Boulanger. 1 vol. in-12.

CONFESSIONS de saint Augustin; par M. Dubois. 1 vol. in-8.

— — — 2 vol. in-12.

— — — 2 vol. in-24.

COSMOGONIE de Moïse, comparée aux faits géologiques; par Marcel de Serres. 2 vol. in-8.

— La même, analysée (15ᵉ vol. des Démonstrations évangél. Edit. Migne).

COSMOGONIE des Pères de l'Eglise et de la Genèse (Lettres à M. Letronne sur la); par l'abbé Delalle. 1 vol. in-8.

COSMOGONIE de la Révélation, ou les quatre premiers jours de la Genèse en présence de la science moderne; par N.-P. Godefroy. 1 vol. in-8.

DICTIONNAIRE de la Bible; par dom Calmet. 6 vol. in-8.

DISCOURS sur l'excellence intrinsèque des écritures saintes; par Seed (9ᵉ vol. des Démonstr. Evangél. Edit. Migne).

DISSERTATION sur l'arche de Noé, et sur l'hémine et sur le livre de saint Benoît; par Jean Le Pelletier. 1 vol. in-12.

DISSERTATIONS sur la Sainte-Bible; par M. de Genoude. 1 vol. in-8.

ÉCRITURE SAINTE (Traité de la lecture de l'); par de Castorie. 1 vol. in-12.

ÉPITRE de saint Paul aux Romains (Explication de l'); par Duguet. 1 vol. in-12.

ÉPITRES de saint Paul (Explication des), par une analyse qui découvre l'ordre et la liaison du texte; par une paraphrase qui expose en peu de mots la pensée de l'apôtre; par un commentaire avec des notes pour le dogme, pour la morale et pour les sentiments de piété; par le P. Bernardin de Picquigny. 4 vol. in-12.

ÉPITRES de saint Pierre (Explication des); par le P. Picot de la Clorivière. 3 vol. in-12.

ÉPITRES et Evangiles, avec de courtes réflexions. 1 vol. in-8.

ESPRIT de la Bible (l'). 1 vol. in-8.

EXPLICATION de l'ouvrage des six jours; par Duguet et Dasfeld. 1 v. in-12.

EXPLICATION des livres saints; par J. Invitti Sacco. 1 vol. in-12.

EXTRAITS historiques et moraux des auteurs sacrés, copiés textuellement sur la Sainte-Bible du P. Carrière, édit. destinée aux familles chrétiennes; par M. H. Bernier. 6 vol. in-12.

GÉNIE de la Bible (le). 1 vol. in-8º.

HEPTAMÉRON, ou les sept premiers jours de la création. 1 vol. in-8.

HERMÉNEUTIQUE sacrée, ou Introduction à l'Ecriture sainte; par Hermann Janssens. 3 vol. in-8.

HISTOIRE de la Sainte-Bible, contenant le vieux et le nouveau Testament, avec des explications tirées des SS. Pères; par Royaumont. 1 vol. in-12.

HISTOIRE des Actes des apôtres; par le P. de Ligny. 1 vol. in-12 et in-8.

HOMÉLIES de saint Jean Chrysostôme sur tout l'Evangile de saint Jean; trad. par M. l'abbé Le Mere. 4 vol. in-8.

HOMÉLIES, ou Sermons de saint Augustin.

HOMÉLIES, ou Sermons de saint Jean Chrysostôme, qui contiennent son commentaire sur tout l'Evangile de saint Mathieu; trad. en français, par P.-F. de Marsilly. 3 vol. in-8.

HOMÉLIES, ou Sermons de saint Jean Chrysostôme au peuple d'Antioche; trad. par M. de Maucroy. 1 vol. in-8.

HOMÉLIES, ou Sermons de saint Jean Chrysostôme, sur l'Epître de saint Paul aux Romains. 1 vol. in-8.

HOMÉLIES, ou Sermons de saint Grégoire-le-Grand, pape (les quarante), sur les évangiles de l'année. 2 vol. in-8.

HOMÉLIES, ou Sermons de saint Grégoire de Nazianze. 2 vol. in-8.

INSPIRATION des livres saints (Traité de la vérité et de l'); par Jacquelot. 2 vol. in-12.

INTRODUCTION historique et critique aux livres de l'ancien et du nouveau Testament; par M. l'abbé Glaire. 6 vol. in-12.

— Le même, abrégé par le même. 1 vol. in-8.

LETTRES de saint Augustin, traduites en français; par M. Dubois. 6 vol. in-12.

LETTRES de saint Basile, de saint Grégoire de Nazianze et de saint Jean Chrysostôme; traduites du grec, par L.-L. Génin. 1 vol. in-8.

LETTRES de saint Bernard, traduites en français sur l'édit. des Bénédictins de 1690; par l'abbé P***. 3 vol. in-8.

LETTRES de saint Jérôme, traduction nouvelle. 1 vol. in-8.

LETTRES de saint Jérôme; traduites par Guillaume Roussel. 3 vol. in-8.

— Les mêmes; traduites par MM. Grégoire et Collombet. 5 vol. in-8.

LERTRES de saint Paulin. 1 vol. in-8.

LIVRE des psaumes (le), en vers français, avec le texte latin en regard; par Guillemin. 1 vol. in-12.

LIVRES de la doctrine chrétienne de saint Augustin, traduits en français sur l'édition nouvelle des PP. Bénédictins de Saint-Maur. 1 vol. in-8.

LIVRES de la doctrine de saint Augustin (les), texte en regard. 1 vol. in-12.

LIVRES de saint Augustin : de la Prédestination des saints et du Don de la persévérance. 1 vol. in-12.

MANUEL et soliloques de saint Augustin, trad. par M. de Saint-Victor. 1 vol. in-32 et in-8.

MANUEL, méditations et soliloques de saint Augustin. 2 vol. in-12.

MÉDECINE (de la) chez les Hébreux, et des guérisons racontées par les saintes Ecritures; par Brunatri (14e vol. des Démonstr. évang., grand in-8, Edit. Migne).

MÉTHODE d'étudier et d'enseigner la grammaire et les langues par rapport à l'Ecriture sainte; par le P. Thomassin. 2 vol. in-8.

MORALE de la Bible; par Chaud. 2 vol. in-8.

NOUVEAU TESTAMENT (le) de N.-S.-J.-C., trad. sur la Vulgate; par M. de Sacy. 1 vol. in-8.

OEUVRES choisies de saint Bernard, texte et trad.; par M. de Fortia d'Urban. 1 vol. in-8.

OEUVRES de C. Sallius Appollinaris Sidonius, trad. en français avec le texte en regard et des notes; par J.-F. Grégoire et F.-Z. Collombet. 3 v. in-8.

OEUVRES de saint Ambroise sur la Virginité; trad. par le P. de Bonrecueil. 1 vol. in-12.

OEUVRES de saint Cyprien; trad. par Mgr Guillon. 2 vol. in-8.

OEUVLES de saint Denys, l'aréopagite, trad. du grec avec une introduction sur leur authenticité, etc.; par l'abbé Darbois. 1 vol. in-8.

OEUVRES de saint Vincent de Lérins et de saint Eucher de Lyon. Texte en regard, traduction nouvelle; par F. Grégoire et F.-Z. Collombet. 1 v. in-8.

OUVRAGES sur l'Ecriture sainte; par Bossuet. t. I, II, III, de ses œuvres complètes.

PATROLOGIE ou Histoire littéraire des trois premiers siècles de l'Eglise; par Mœhler. 2 vol. in-8.

PEINTURES sacrées sur la Bible; par Girard. 3 vol. in-12.

POEME de saint Prosper, contre les ingrats; traduit en vers et en prose. 1 vol. in-12.

PSAUMES (les), traduction nouvelle; par M. Eugène de Genoude. 1 v. in-8.

PSAUTIER de David; traduit par M. de Genoude. 2 vol in-18.

SENTENCES et Instructions chrétiennes, tirées des œuvres de saint Jean Chrysostôme; par de Lavalle. 2 vol. in-12.

SENTENCES et Instructions chrétiennes, tirées des œuvres de saint Augustin; par de Lavalle. 2 vol. in-12.

SERMONS de saint Augustin sur les Psaumes. 7 vol. in-8.

SERMONS de saint Basile-le-Grand et de saint Astère. 1 vol. in-8.

SITUATION du Paradis terrestre; par Daniel Huet. 1 vol. in-12.

TERRE SAINTE (la), description des lieux les plus célèbres de la Palestine, accompagnée du texte. 1 vol. in-8.

TESTAMENT (Nouveau) de J.-C., latin-français. 2 vol. in-12.

— Le même; trad. par le P. Bouhours, revu par le P. Lallemant. 1 v. in-12.

— Le même; trad. par M. de Genoude. 2 vol. in-18.

USAGE et fins de la Prophétie, suivis de la Canonicité de la seconde épître de saint Pierre; par Sherlock. 1 vol. in-8, et 7e vol. des Démonstr. évang.

VEILLES de saint Augustin, traduites de l'italien; par l'abbé Henri Gazzera. 1 vol. in-8.

VÉRITÉ (la), l'excellence et l'utilité des lectures saintes. 1 vol. in-8 et 2 vol. in-12.

---

## DEUXIÈME SÉRIE. — B.

### Théologie. — Controverse.

ABSTINENCE des aliments (de l') ou du jeûne du carême, et du maigre sous le rapport de la santé. 1 vol. in-8.

ACCORD de la foi avec la raison; par l'abbé Receveur. 1 vol. in-8.

ACCORD des anciens livres de l'Inde avec la Genèse; par Brunatri (14e vol. des Démonstrations évangéliques, grand in-8. Édit. Migne).

ACTION divine sur les événements humains (de l'), leçons tirées de l'histoire et appliquées à l'état social du XIXe siècle; par M. de Puysegur. 1 vol. in-8.

ACTION du clergé (de l') dans les sociétés modernes; par Rubichon. 1 vol. in-8.

AME (l'), instructions de famille sur son existence, son immortalité, sa liberté, et suivis d'entretiens sur l'existence de Dieu et la Providence; par M....... 2 vol. in-18 et 1 vol. in-12.

ANALOGIE de la religion naturelle et révélée, avec l'ordre et le cours de la nature; par Joseph Butler, évêque de Durham, trad. de l'anglais. 1 v. in-8.

ANALYSE de Bayle; par l'abbé Dubois Delaunay. 2 vol. in-12.

ANALYSE et extrait d'une exposition des preuves les plus sensibles de la véritable religion. 1 vol. in-12 (B.-C.).

ANNALES de philosophie chrétienne, recueil périodique, destiné à faire connaître tout ce que les sciences humaines renferment de preuves et de découvertes en faveur du christianisme; dirigé par M. Bonnetty, avec la collaboration de plusieurs littérateurs et savants français et étrangers. 31 vol. in-8.

ANTHOLOGIE catholique, ou Instructions dogmatiques et morales; par Huet. 1 vol. in-12.

ANTI-ÉMILE, ou Réflexions sur la théorie et la pratique de l'éducation contre les principes de J.-J. Rousseau; par le cardinal de Gerdil (1er volume ses œuvres, in-4).

ANTI-LUCRÈCE (l'); par le cardinal de Polignac. 2 vol in-8.

— Le même (8e vol. des Démonstr. évangél., in-8. Edit. Migne).

ANTI-RÉVOLUTIONNAIRE, ou Lettres à mon fils sur les causes, la marche et les effets de la révolution française; par Taillandier. 2 v. in-8.

ANTIQUITÉ justifiée. 1 vol. in-12.

APERÇU sur le culte catholique; par l'abbé Raffray. 1 vol. in-18.

APOLOGIE de la Religion contre les blasphèmes et les calomnies de ses ennemis. 1 vol. in-8.

APOLOGIE de la religion chrétienne; par Bergier. 2 vol. 1-12.

APOLOGISTES (les), ou la Religion prouvée et défendue par ses amis comme par ses ennemis; par M. Mérault. 1 vol. in-8.

APOLOGISTES involontaires (les), ou la religion chrétienne prouvée et dédéfendue par les objections mêmes des incrédules; par M. Mérault. 1 vol. in-8 et in-12.

APOLOGISTES anciens de la religion chrétienne; par M. de Goury. 2 vol. in-8.

ARSENAL du catholique, ou Preuves philosophiques du catholicisme, suivies de réponses aux principales objections des incrédules; par P.-A. Regnault. 2 vol. in-8.

ARSENAL catholique; par A. Regnault. 2 vol. in-8.

ART de se connaître soi-même, précédé du Traité de la vérité de la religion chrétienne et de la divinité de J.-C.; par Abbadie. 1 vol. in-12.

ASSOCIATIONS religieuses dans le catholicisme (des), de leur esprit, de leur histoire, de leur avenir; par Lenormand. 1 vol. in-8.

ATHÉE redevenu chrétien (l'); par M. Delauro Duben, conseiller de cour royale. 1 vol. in-8.

AUTORITÉ (de l') et de l'évidence, ou Considérations sur le fondement de la certitude; par Vrindts. 1 vol. in-8.

AUTORITÉ du Souverain-Pontife, par saint Liguori (tome 17e de ses œuvres).

AVANTAGES des societés de secours mutuel, entre individus de même profession; par Pelletier. 1 vol. in-12.

AVERTISSEMENTS aux protestants; par Bossuet. 4 vol. in-12 et 2 vol. in-8. (Tome 14e.)

AVERTISSEMENTS de saint Vincent de Lerins, touchant l'antiquité, l'universalité et les mystères de l'Eglise. 1 vol. in-12.

AVEUX d'un philosophe chrétien; par J. Droz, de l'Académie française et de l'Académie des sciences; 1 vol. in-18.

AVIS chrétiens et moraux pour l'instruction des enfants; par C. Joly. 1 v. in-12.

BIBLIOGRAPHIE catholique.

BIENFAITS du catholicisme dans la société; par l'abbé Pinard. 1 vol. in-8.

BIENFAITS de la religion chrétienne, ou Histoire des effets de la religion sur le genre humain, chez les peuples anciens et modernes, traduits de l'anglais de Ryan; par A.-M.-H. Boulard. 2 vol. in-8.

BON curé (le), ou Réponses aux objections populaires contre la religion; par d'Exauvillez. 1 vol. in-8.

BONHEUR que procure l'étude; par le chancelier de Lhôpital. 1 vol. in-8.

BULLETIN catholique et bibliographique. 1 vol. in-8.

CALOMNIES du protestantisme (Nouvelles), réfutées par les écrivains protestants; par Drioux. 1 vol. in-8.

CATÉCHISME antique et moral; par Flexier de Réval. 2 vol. in-12.

CATÉCHISME de controverse; par Scheffmacher. 1 vol. in-12 et in-18, et édit. Migne, in-8.

CATÉCHISME de l'Université; par un montagnard vivarais. 1 vol. in-12.

CATÉCHISME du sens commun; par Rohrbacher. 1 vol. in-12, et édit. Migne, in-8.

CATÉCHISME philosophique; par Feller. 2 et 3 v. in-12, et édit. Migne, in-8.

CATÉCHISMES philosophiques, polémiques, historiques, dogmatiques, moraux, disciplinaires, canoniques, pratiques, ascétiques, et mystiques de Feller, Aimé, Scheffmacher, Rohrbacher, Pey, Lefrançois, Alletz, Almeyda, Fleury, Pomey, Bellarmin, Meusy. Challoner, Gother, Surin et Clier. 2 vol. in-8, compactes, édit. Migne.

CATHOLICISME dans l'éducation (du); par l'abbé Gaume. 1 vol. in-8.

CATHOLICISME en action; par M. J. de Garaby. 1 vol. in-12.

CATHOLICISME (le), ouvrage périodique publié sous la direction du baron d'Eckstein. 28 vol. in-8.

CATHOLIQUE (le) par raison ; par de Mirabail. 1 vol. in-12.

CENTRALISATION (de la) ; par Timon. 1 vol. in-18.

CERTITUDE des preuves du christianisme ; par l'abbé Bergier. 1 vol. in-12. Le même (11e vol. des Démonstrations évangéliques, in-8. Edit. Migne).

CHRÉTIEN catholique, inviolablement attaché à sa religion ; par Diessbach. 1 et 3 vol in-12 (et Démonstr. évang. Edit. Migne).

CHRISTIANISME de Bacon (le) ; par l'abbé Emery. 2 vol. in-12, et 2e vol. des Démonstr. évang. Edit. Migne.

CHRISTIANISME en action (le), en face de ses persécuteurs ; par A. de Mey. 1 vol. in-8.

CHRIST (le) devant le siècle ; par Roselly de Lorgues. 1 vol. in-12.

CHRISTIANISME (le) en harmonie avec les plus douces affections de l'homme ; par Biret. 2 vol. in-12.

CHRISTIANISME (Vérité du) démontrée, ou Dialogue entre un chrétien et un déiste ; par Lesley (4e vol des Démonstr. évang. Edit. Migne).

CHRISTIANISME (le) et l'esclavage ; par M. l'abbé Thérou ; suivi d'un traité historique de Malher sur le même sujet, traduit par l'abbé Constant Symon de Latreiche. 1 vol. in-8.

CHRISTIANISME (Vérité du). Evidence intrinsèque, réflexions, traduit de l'anglais de Thomas Erskine. 1 vol. in-12.

CHRISTIANISME (le) considéré dans ses rapports avec la civilisation moderne ; par l'abbé A. Senac. 2 vol. in-8.

CHRISTIANISME (le), ou Preuves et caractères de la religion chrétienne ; par Pointer (13e des Démonstr. évang. Edit. Migne).

CHRISTIANISME de Montaigne (le), ou ses pensées sur la religion ; par l'abbé de Labouderie. 1 vol. in-8, et 2e v. des Dém. évang. Ed. Migne.

CLERGÉ catholique (le) devant l'Etat et la société ; par l'abbé Couchoud. 1 vol. in-8.

CINQUANTE raisons et motifs qui m'ont déterminé à préférer la religion catholique romaine aux religions protestantes ; par le prince Antoine-Ulric, duc de Brunswick ; trad. par l'abbé Prompsault. 1 vol. in-18.

CODE des paroisses. 1 vol. in-12.

COMME quoi Napoléon n'a jamais existé, ou grand erratum, source d'un grand nombre d'errata, à noter dans l'histoire du XIXe siècle ; par feu M. J. B. Perès A. O. A. M. Broch. in-32.

COMPTE-RENDU des œuvres posthumes du R. H. Fronde, ministre anglican ; par Mgr Wiseman (16e vol. des Démonstr. évang. Edit. Migne).

COMTE de Valmont (le), ou Egarement de la raison. 5 vol. in-12. Abrégé, 1 vol. in-12.

CONCORDANCE des Ecritures, des Pères et des Conciles des cinq premiers siècles, avec la doctrine de l'Eglise catholique romaine, ou Réponse à l'ouvrage de M. Luscomb, évêque anglican ; par A. Zéloni. 1 vol. in-12.

CONFÉRENCE de la fable avec l'histoire sainte, où l'on voit que les grandes fables, le culte et les mystères du paganisme ne sont que des copies altérées des traditions des Hébreux ; par Delort de Lavaur. 1 vol. in-8.

CONFÉRENCES et discours inédits de Mgr Frayssinous. 1 vol. in-8. et 2 vol. in-12.

CONFÉRENCES sur la religion; par l'abbé Faudet. 1 vol. in-12.

CONFÉRENCES sur la religion, ou Défense du christianisme; par Mgr Frayssinous. 4e vol. in-8 et in-12.

— Les mêmes (15e vol. des Démonstr. évang. Edit. Migne).

— Les mêmes, abrégées. 1 vol. in-12.

CONFESSION auriculaire (Recherches sur la), sa divinité, ses avantages prouvés par les faits; par l'abbé Guillois. 1 vol. in-12.

CONFESSION (Traité sur la); par le P. Gudde. 1 vol. in-12. (3e vol. de ses œuvres spirituelles.)

CONFORMITÉ de la foi avec la raison; par Jacquelot. 1 vol. in-8, et 7e vol. des Démonstr. évang. Edit. Migne.

CONJURATIONS de l'impiété contre l'humanité; par M. l'abbé Mérault. 1 v. in-8.

CONSERVATEUR (le), ouvrage périodique. 6 vol. in-8.

CONSIDÉRATIONS philosophiques sur le christianisme; par l'abbé Rey. 1 vol. in-8.

CONSIDÉRATIONS sur la France; par le comte Joseph de Maistre. 1 v. in-8.

CONSIDÉRATIONS sur la propagation des mauvaises doctrines. 1 vol. in-12.

CONSIDÉRATIONS sur les mœurs du XVIIe siècle; par Duclos. 1 vol. in-8 et in-12.

CONSIDÉRATIONS sur le système philosophique de M. de Lamennais; par l'abbé Lacordaire. 1 vol. in-8.

CONTROVERSE familière, ou les erreurs sur la religion prétendue reformée. 1 vol. in-12.

CONTROVERSE pacifique sur l'autorité de l'Eglise, ou Lettres de M. D. C. à Mgr l'évêque du Puy, avec les réponses de ce prélat. 1 vol. in-12.

CONVERSATIONS chrétiennes sur la vérité de la religion; par le Père Mallebranche. 1 vol in-12.

CONVERSATIONS religieuses de Napoléon, sa pensée intime sur le christianisme; par M. de Beauterne. 1 vol. in-8 et in-12.

CONVERSATIONS sur le schisme, considéré dans ses effets religieux et civils. 1 vol. in-18.

CONVERSATIONS sur plusieurs sujets de morale; par Collot. 1 vol. in-12.

CONVERSION de l'Angleterre au christianisme, comparée avec sa prétendue réformation; par Niceron. 1 vol. in-8.

CONVERSION (ma), ou le protestantisme apprécié par son histoire et sa doctrine; par M. d'Exauvillez. 1 vol. in-12.

CONVERSION du juif Ismaël, ses entretiens avec les incrédules; par Miel. 1 vol. in-12.

CRI de la vérité contre la séduction du siècle. 1 vol. in-12.

CRIMES de la presse; par M. Madrolle. 1 vol. in-8.

CRIMES de la révolution française (les), obligation de les réparer par la pénitence; par l'abbé Beauchamps. 1 vol. in-8.

**CRITIQUE** des anciennes législations païennes, défense de la législation mosaïque, par Brunati (14e vol. des Démonstr. évang. Edit. Migne).

**CROIX** de Migné (la) vengée de l'incrédulité et de l'apathie du siècle; par l'abbé Vrindts. 1 vol. in-8.

**CURÉ** du Bocage (le), ou ses conversations avec différents incrédules; par l'abbé de la Motte. 2 vol. in-12.

**CURÉ** (le) et le ministre protestant, réfutation des doctrines protestantes répandues dans les brochures publiées pas une société dite : des Traités religieux. 1 v. in-18.

**DANTE**, ou la philosophie catholique au XIIIe siècle; par Ozanam. 1 v. in-8.

**DÉFENSE** de la discussion amicale, en réponse aux difficultés du protestantisme de M. Stanley-Faber; par Mgr de Trévern, évêque de Strasbourg. 3 vol. in-8.

**DÉFENSE** de la méthode courte et aisée contre les déistes; par Lesley (4e v. des Démonstr. évang., grand in-8. Edit. Migne).

**DÉFENSE** de la morale catholique contre l'histoire des républiques italiennes, de M. de Sismondi; par Manzoni, traduit de l'italien par Mme Tarbé. 1 v. in-8.

**DÉFENSE** du christianisme; par l'abbé Polge. 1 vol. in-8.

— Le même; traduit par l'abbé Delacouture. 1 vol. in-12 (14e vol. des Démonstr. évang. Edit. Migne).

**DÉFENSE** de la religion chrétienne contre les juifs et contre les faux sages, tant païens que chrétiens; par Stanhope (6e vol. des Démonstr. évang. Edit. Migne).

**DÉFENSE** de la révélation chrétienne et preuves de la divinité de Jésus-Christ. Lettre à M. de l'Isle de Sales, réfutation de son mémoire en faveur de Dieu, par Le Coz (13e vol. des Démonstr. évang. Edit. Migne).

**DÉFENSE** de la tradition; par J. Lingard. 1 v. in-8 (14e vol. des Démonstr. évang. Edit. Migne).

**DÉFENSE** de l'Eglise catholique contre l'hérésie constitutionnelle qui soumet la religion au magistrat, renouvelée dans ces derniers temps; par M. l'abbé Boyer, du séminaire Saint-Sulpice. 1 vol. in-8.

**DÉFENSE** de l'Essai sur l'indifférence en matière de religion; par M. de Lamennais. 1 vol. in-8.

**DÉFENSE** de l'ordre social contre le carbonarisme moderne, avec un jugement sur M. de Lamennais, considéré comme écrivain, et une dissertation sur le romantisme; par M. Boyer, de Saint-Sulpice. 2 vol. in-8.

**DÉFENSE** de l'ordre social contre les principes de la révolution française; par Duvoisin. 1 vol. in-8 et in-12.

**DÉFENSE** de l'ordre social, où l'on défère au roi, aux chambres et aux cours les œuvres de M. de Montlosier. 1 vol. in-8.

**DÉFENSE** de plusieurs points de la vie de Boniface VIII; par Mgr Wiseman (16e vol. des Démonstr. évang. Edit. Migne).

**DÉFENSE** des principaux points de la foi; par le cardinal Richelieu (3e vol. des Démonstr. évang. Edit. Migne).

DÉFENSE du christianisme, ou Conférences sur la religion; par Mgr Frayssinous. 4 vol. in-12 et in-8.

DÉFENSE du christianisme, par les Pères des premiers siècles de l'Eglise, contre les philosophes, les païens et les juifs; traductions publiées par M. de Genoude. 1 et 2 vol. in-12.

DÉFENSE du sentiment de Mallebranche sur les idées; par le P. Gerdil. 1 v. in-8.

DÉISME réfuté par lui-même (le), ou Examen, en formes de lettres, des principes d'incrédulité répandus dans les divers ouvrages de Rousseau; par Bergier. 1 vol. in-12.

DÉLAIS de la justice divine (les) dans la punition des coupables, traduits de Plutarque; par M. le comte Joseph de Maistre. 1 vol. in-8.

DÉMOCRATIE nouvelle (de la), ou des mœurs et de la puissance des classes moyennes en France; par Edouard Alletz, ouvrage couronné par l'Académie des sciences. 2 vol. in-8.

DÉMONSTRATION de l'existence de Dieu; par Fénelon. 1 vol. in-8 et in-12.

DÉMONSTRATION évangélique; par Eusèbe (2e vol. des Démonstr. évang. Edit. Migne.)

DÉMONSTRATION évangélique (Nouvelle), où l'on prouve l'utilité et la nécessité de la révélation chrétienne, etc.; trad. de l'anglais de Leland. 4 vol. in-12.

— Le même (7e vol. des Démonstr. évang. Edit. Migne).

DÉMONSTRATION évangélique, suivie d'un Traité sur la tolérance; par Mgr Duvoisin. 1 vol in-12 et in-18.

— Le même (13e vol. des Démonst. évang. Edit. Migne).

DÉMONSTRATION philosophique du principe constitutif de la société, suivie de méditations politiques tirées de l'Evangile; par le vicomte de Bonald. 1 vol. in-8 (tome 12e de ses œuvres complètes).

DÉMONSTRATIONS évangéliques; par Huet, évêque d'Avranches (5e vol. des Démonstr. évang., grand in-8. Edit. Migne).

DÉMONSTRATIONS évangéliques contre tous les ennemis de la religion; par Statler (10e vol. des Démonst. évang. Edit. Migne).

DÉMONSTRATIONS évangéliques des principaux apologistes de la religion, reproduits intégralement et non par extraits, et publiés par M. l'abbé Migne. 18 vol. in-8.

DÉMONSTRATIONS, ou Discours concernant l'être et les attributs de Dieu, la révélation chrétienne, etc.; par Clarke. 3 vol. in-8 et in-12 (5e vol. des Démonstr. évang. Edit. Migne).

DESTRUCTION de Jérusalem (de la) et de la dispersion des Juifs, preuves de la divinité du christianisme; par l'abbé Hunkler. 1 vol. in-12 (B.-C.).

DESTRUCTION de la Peintapole, où les incrédules s'efforcent vainement de nier ce miracle..., etc.; par l'abbé Muzarelli (5e vol. de ses opuscules).

DEUX IDÉES en face, ou la Providence et le communisme; par Devoille. 1 vol. in-12.

DEVOIR des catholiques dans la question de la liberté d'enseignement; par le comte de Montalembert, pair de France. 1 vol. in-8 et in-18.

DIALOGUE entre un chrétien et un déiste, ou la vérité du christianisme démontrée; par Lesley (4e vol. des Démonstrations évangéliques. Edition Migne).

DIALOGUES sur l'immortalité des doctrines religieuses; par Loisson de Guinaumont. 1 vol in-12.

DICTIONNAIRE antiphilosophique; par l'abbé Chaudon. 2 vol. in-8.

DICTIONNAIRE des hérésies, 2 vol. in-12.

DICTIONNAIRE philosophique de la religion, où l'on établit tous les points de la doctrine attaqués par les incrédules, et où l'on répond à toutes leurs objections; par l'abbé Nonotte. 4 vol. in-12.

DICTIONNAIRE philosophique, pour servir de commentaire et de correctif au Dictionnaire philosophique de Voltaire, etc. 2 vol. in-8.

DIEU devant le siècle, ou Législation de la Providence; par Madrolle. 1 vol. in-8.

DINERS du baron d'Holbach; par Mme de Genlis. 1 vol. in-8.

DISCOURS inédits de Mgr Frayssinous, faisant suite à ses conférences. 1 vol. in-8 et 2 vol. in-12.

DISCOURS philosophiques; par Boullier. 2 vol. in-12.

DISCOURS sur la conformité de la foi avec la raison; par Leibnitz (4e vol. des Démonstr. évang. Edit. Migne).

DISCOURS sur la liberté d'enseignement, défendue contre la raison d'Etat, et contre les préventions défavorables au clergé; par l'abbé Lalanne. 1 vol. in-8.

DISCOURS (Trois) sur la liberté de l'enseignement, de l'Eglise, et des ordres monastiques, prononcés à la Chambre des pairs; par le comte de Montalembert. 1 vol. in-18.

DISCOURS sur la religion naturelle et révélée; par Leland (7e vol. des Démonstr. évang. Edit. Migne).

DISCOURS sur les harmonies du christianisme, ou la chute et la promesse au point de vue de la philosophie et de l'histoire; par Déhée. 1 vol. in-8.

DISCOURS sur l'esprit philosophique; par Guénard (12e vol. des Démonstr. évang. Edit. Migne).

DISCOURS sur les progrès successifs de l'esprit humain; par Turgot (10e vol. des Démonst. évang. Edit. Migne).

DISCOURS sur les rapports entre la science et la religion révélée; par Wiseman. 2 vol. in-8.

— Le même. 1 vol. in-12 (15e vol. des Démonstrations évangliques. Edit. Migne).

DISCOURS sur l'irréligion; par A. de Haller (7e vol. des Démonstr. évang. Edit. Migne).

DISCOURS sur la théologie naturelle; par lord Brougham. 1 vol. in-8.

DISCOURS sur l'enseignement universitaire; par M. l'abbé Ténougy.

DISSERTATION contre les matérialistes et les déistes, précédée de la vérité de la foi, rendue évidente par ses signes de crédibilité, etc.; par saint Liguori (Œuv. compl., t. 18e, in-12).

DISSERTATION où l'on examine si la pensée et la réflexion peuvent être le résultat de la matière et du mouvement, suivie de dissertations sur la nature de Dieu, sur l'âme humaine, et sur l'univers en général; par Ditton (8e vol. des Démonstr. évang. Edit. Migne).

DISSERTATION sur la présence réelle, prouvée par l'Ecriture; par Mgr. Wiseman (15e vol. des Démonstr. évang. Edit. Migne).

DISSERTATION sur le profond respect que l'esprit humain doit à Dieu; par Boyle (4e vol. des Démonstr. évang. Edit. Migne).

DISSERTATION sur le titre d'église catholique que s'attribuent les communions séparées de l'Eglise romaine; par le P. Péronne (14e vol. des Démonstr. évang. Edit. Migne).

DISSERTATION sur l'union de la religion, de la morale et de la politique; par Warburton (9e vol. des Démonstr. évang. Edit. Migne).

DISSERTATIONS sur la loi naturelle et sur la révélation en général; par de la Luzerne. 1 vol. in-12.

DISSERTATIONS sur la spiritualité de l'âme, et sur la liberté de l'homme; par de la Luzerne. 1 vol. in-12.

DISSERTATIONS sur la vérité de la religion catholique; par de la Luzerne. 1 vol. in-12.

DISSERTATIONS sur les églises catholique et protestante; par de la Luzerne. 2 vol. in-12.

DISSERTATIONS sur les prophéties; par de la Luzerne. 2 v. in-12.

DISSERTATIONS sur l'existence et les attributs de Dieu; par Clarke. 3 vol. in-12.

DISSERTATIONS sur l'existence et les attributs de Dieu; par de la Luzerne. 1 vol. in-12.

DIVINITÉ de J.-C. (la) annoncée par les prophètes, démontrée par les évangélistes, prouvée par l'accomplissement des prédictions de J.-C. et reconnue par les plus grands philosophes de l'univers; par M. de Genoude. 2 vol. in-12.

DIVINITÉ de la religion chrétienne, vengée des sophismes de J.-J. Rousseau, 2e partie de la réfutation d'Emile; par dom Deforis. 1 vol. in-8.

DIVINITÉ (la) et les avantages de la confession, prouvée par les faits; par Guillois. 1 vol. in-12.

DIVORCE (du), considéré au XIXe siècle, relativement à l'état domestique et à l'état public de la société; par le vicomte de Bonald. 1 vol. in-8. (T. 5 de ses œuvres.)

DIX preuves de la vérité de la religion chrétienne; par Campien. 1 vol. in-12 (14e vol. des Démonstr. évang. Edit. Migne).

DOCTRINE des mœurs (la), où est représentée en cent tableaux la différence des passions (*sic*), qui enseignent la manière de parvenir à la sagesse universelle; par de Gomberville. 1 vol. in-12.

DOCTRINE du clergé de France, approuvée par le Saint-Siége. 1 vol. in-8.

DOCTRINE du sens commun, ou Traité des premières vérités. 1 vol. in-8.

DOMAINE temporel du pape; par Muzarelli (2e vol. in-12 de ses opuscules).

DOMINICALE (la), journal des paroisses. 5 vol. in-8.

DON QUICHOTTE philosophe (le), ou Histoire de l'avocat Hablard. 4 vol. in-12.

ÉCLAIRCISSEMENTS sur une question importante, relative à la mort de Mgr Grégoire. 1 vol. in-8.

ÉCLAIRCISSEMENTS sur la tolérance; par Duvoisin. 1 vol. in-12.

ÉCOLE d'Athènes (l'), ou Tableau des variations et contradictions de la philosophie ancienne, où l'on démontre que la religion catholique porte seule le véritable cachet de la révélation; par Riambourg. 1 vol. in-8.

ÉCRITS politiques de Fénelon; Examen de conscience sur les devoirs de la royauté; Essai philosophique sur le gouvernement civil; Mémoires concernant la guerre de la succession d'Espagne, etc., etc.; par Fénelon. in-8 (t. 6e de l'édition de 1810, in-12).

ÉDUCATION (de l'), ou Émile; corrigé par Biret. 2 vol. in-12.

ÉGLISE (l'), son autorité, ses institutions, et l'ordre des jésuites, défendus contre les attaques et les calomnies de leurs ennemis; suivie d'un grand nombre de documents, etc.; par un homme d'Etat. 1 vol. in-8.

ÉGLISE (de l') et de l'Etat, répliques à M. Dupin. 1 vol. in-18.

ÉGLISE gallicane (de l'), dans son rapport avec le Souverain-Pontife, pour servir de suite à l'ouvrage intitulé : *du Pape;* par le comte J. de Maistre 1 vol. in-8.

ÉGLISE (l') devant le siècle; par L. Schauer. 1 vol. in-8.

ÉGLISE romaine (l') défendue contre les attaques du protestantisme; lettres adressées à sir Robert Southey; par Alban Butler. 1 vol. in-8 (12e vol. des Démonstr. évangél. Edit. Migne).

ÉLÉMENTS des preuves de la religion en forme de dialogues. 1 vol. in-12.

ÉMILE, ou Folie, crime et malheur de l'incrédulité; par Henrion. 1 v. in-18.

ENSEIGNEMENTS de l'Eglise catholique sur les principaux points controversés avec les protestants. 1 vol. in-18.

ENTRETIENS sur le suicide; par Mgr Guillon, évêque de Maroc. 1 vol. in-8 et in-18.

ÉPOQUE de la fin du monde (Traité sur l'); par un solitaire. 1 vol. in-8.

ERREUR (l') détrompée par la conviction. 1 vol. in-8.

ERREURS de Voltaire (les), examen critique de l'Essai sur l'esprit et les mœurs des nations; par l'abbé Nonotte. 3 vol. in-12.

ESCLAVAGE (Abolition de l') ancien en Occident; par Edouard Biot. 1 vol. in-8.

ESCLAVAGE en général (de l'), et de l'émancipation des noirs; par M. Castelli, ancien préfet apostolique de la Martinique. 1 vol. in-8.

ESPRIT catholique de Luther, ou Discussions familières de deux amis protestants sur la religion catholique; trad. de l'allemand, par l'abbé Noé. 1 vol. in-12.

ESPRIT des journalistes de Trévoux, ou Choix des meilleurs articles de leur recueil; par Alletz. 1 vol. in-12.

ESPRIT du christianisme (l'); par l'abbé Gérard (12e vol. des Démonstr. évang., grand in-8. Edit. Migne).

ESPRIT de Leibnitz. 2 vol. in-12.

ESPRIT, pensées et maximes de l'abbé Maury. 1 vol. in-8.

ESSAI analytique sur les lois naturelles de l'ordre social, ou du Pouvoir du ministre et du sujet dans la société; par le vicomte de Bonald. 1 vol. in-8 (tome 4e de ses œuvres).

ESSAI de défense, touchant la révélation divine, contre les objections des esprits forts; par Euler, revu par M. l'abbé Emery. 1 vol. in-8 et in-12 (11e vol. des Démonstr. évang. Edit. Migne).

ESSAI de théodicée sur la bonté de Dieu et la liberté de l'homme; par Leibnitz. 1 vol. in-8.

ESSAI historique et critique sur la suprématie temporelle du pape et de l'Eglise; par Mgr Affre, archevêque de Paris. 1 vol. in-8.

ESSAI sur la certitude, où l'on simplifie la question du principe de la conviction humaine; par l'abbé Vrindtz. 1 vol. in-8.

ESSAI sur la vie comparative de l'église anglicane et de l'église de Rome, du docteur Marsh, etc.; par Lingard. In-4 (tome 14e des Démonstr. évang. Edit. Migne).

ESSAI sur le fils de l'homme; par l'abbé Déchée. 1 vol. in-8.

ESSAI sur le principe générateur des constitutions politiques; par le comte de Maistre. 1 vol. in-8.

ESSAI sur les délais de la justice divine dans la punition des coupables; par le comte J. de Maistre. 1 vol. in-8.

ESSAI sur les vrais principes, relativement à nos connaissances les plus importantes; par M. l'abbé Gérard. 3 vol. in-8 et in-12.

ESSAI sur l'histoire de l'esprit humain dans l'antiquité; par Rio. 2 v. in-8.

ESSAI sur l'homme. Accord de la philosophie et de la religion; par E. Alletz. 2 vol. in-8.

ESSAI sur l'immortalité de l'homme, etc.; par l'abbé Baudoin. 1 vol. in-12.

ESSAI sur l'indifférence en matière de religion; par l'abbé de Lamennais. 1 vol. in-8.

ESSAI sur les rapports primitifs qui lient la philosophie à la morale; par Bozelli. 1 vol. in-8.

ÉTABLISSEMENT des maisons de retraite en France, depuis leur fondation en 1663, jusqu'en 1827. 1 vol. in-12.

ÉTAT du catholicisme en France, 1830-1840; par Alph. Papin. 1 vol. in-8.

ÉTAT théologien (l'); par M. le comte Beugnot, pair de France. 1 vol. in-18.

ÉTUDE de la vie des femmes; par M. Necker de Saussure. 1 vol. in-8.

ÉTUDES d'un jeune philosophe chrétien; suivies d'une réfutation des *Ruines*, de Volney; par M. Martin de Noirlieu. 1 vol. in-8.

ÉTUDES philosophiques sur le christianisme; par A. Nicolas. 4 vol. in-8 et in-12.

ÉTUDES sur l'histoire universelle, expliquant l'origine, la nature du pouvoir; par J.-B. de Saint-Victor. 6 vol. in-8.

EUDOXE, ou l'Homme du XIXe siècle ramené à la foi de ses pères; par A.-D. de Rieux, 1 vol. in-8.

ÉVIDENCE de la vérité de la religion chrétienne, tirée de l'accomplissement littéral des prophéties, de l'histoire des Juifs et des découvertes des voyageurs modernes; par Keith (15e vol. des Démonstr. évang., grand in-8. Edit. Migne).

EXAMEN de la philosophie de Bacon, où l'on traite différentes questions de philosophie rationnelle; par le comte J. de Maistre. 2 vol. in-8.

EXAMEN de l'évidence intrinsèque du christianisme; par lord Jenens. 1 vol. in-12 (11e vol. des Démonstr. évang. Edit. Migne).

EXAMEN des questions scientifiques de l'âge du monde; de la pluralité des espèces humaines, de l'organologie ou matérialisme, considérées par rapport aux croyances chrétiennes; par l'abbé Forichon, docteur en médecine. 1 vol. in-8.

EXAMEN du matérialisme, ou Réfutation du système de la nature; par Bergier. 2 vol. in-12.

EXAMEN en général (de l'); par Pélisson (3e vol. des Démonstr. évang. Edit. Migne).

EXAMENS sur la liberté d'enseignement (les quatre), au point de vue constitutionnel et social; par Mgr Parisis, évêque de Langres. 1 vol. in-8.

EXCELLENCE de la religion catholique, ou Correspondance entre une société de protestants et un théologien catholique; trad. de Milner. 2 vol. in-8.

EXISTENCE de Dieu (Traité de l') et de ses attributs; suivi de lettres sur plusieurs sujets de religion et de métaphysique; par Fénelon. 1 vol. in-12 et in-8 (et 1er tome de ses œuvres).

EXISTENCE de Dieu (Traité sur l') et ses attributs, les obligations de la religion naturelle, la vérité et la certitude de la révélation chrétienne; par Clarke. 3 vol. in-12 et in-8.

— Le même (5e vol. des Démonstr. évang., grand in-8. Edit. Migne).

EXPOSITION abrégée des preuves historiques de la religion chrétienne; par Beauzée. 1 vol. in-12 (10e vol. des Démonstr. évang. Edit. Migne).

EXPOSITION des preuves les plus sensibles de la véritable religion; par le P. Buffier. 1 vol. in-12 (9e vol. des Démonstr. évang. Edit. Migne).

— Le même, ou Analyse et extrait du même ouvrage. 1 petit vol. in-12.

EXPOSITION du dogme catholique (Nouvelle), par M. de Genoude; suivie de la Doctrine de l'Eglise catholique, par Bossuet; de la Règle générale de la foi catholique, par Véron; des Maximes catholiques sur le salut des hommes; par Mgr d'Hermopolis. 1 vol. in-8.

EXPOSITION raisonnée des dogmes et de la morale du christianisme; par M. l'abbé Barron. 3 vol. in-8.

FOI justifiée (la) de tout reproche de contradiction avec la raison, etc.; par le Père Delamare. 1 vol. in-8 et 2 vol. in-12 (tome 11e des Démonstr. évang. Edit. Migne).

FOI (Vérité de la) rendue évidente par ses motifs de crédibilité; par saint Liguori, 18e vol. de ses œuvres, in-12 (12e vol. des Démonstr. évang. Edit. Migne).

FOI (les Vérités de la); par saint Liguori. 17e vol. de ses œuvres. In-12.

FOI (les Vérités de la) mises à la portée de tous les fidèles. 1 v. in-18 (B.-L).

FOI (Principes de la) chrétienne. 3 vol. in-12.

FONDATION des maisons de retraite en France. 1 vol. in-12.

FONDEMENTS de la foi (les); par Aimé. 2 vol. in-12.

— Les mêmes (édit. des catéchismes de l'abbé Migne. 1 vol. grand in-8).

FRAGMENTS de l'apologie de la religion; par Laharpe (13e vol. des Démonstr. évang., grand in-8. Edit. Migne).

GÉMISSEMENTS et espérances de la religion catholique en France; par Mgr Tharin. 1 vol. in-8.

GÉNIE de la révolution (le), considéré dans l'éducation, où l'on voit les efforts réunis de la législation et de la philosophie du XVIIIe siècle pour anéantir le christianisme, ou Mémoire pour servir à l'histoire de l'Instruction publique, depuis 1789 jusqu'à nos jours; par Fabry. 3 v. in-8. (Voir à la série E.)

GÉNIE du catholicisme, ou Influence de la religion catholique sur les productions de l'intelligence; par M. l'abbé Pinard. 1 vol. in-8 (B.-M.).

GÉNIE du christianisme; par Châteaubriand (sans les épisodes). 2, 3 et 4 v. in-8 et 8 vol. in-12.

GÉNIE du christianisme, édition abrégée à l'usage de la jeunesse; par Châteaubriand. 2 vol. in-12.

GÉNIE du christianisme (Observations critiques sur le). 1 vol. in-8.

GÉNIE du XIXe siècle, ou Esquisse du progrès de l'esprit humain, depuis 1800 jusqu'à nos jours; par Edouard Alletz. 1 vol. in-12.

GÉNIE du prêtre; par M. l'abbé Popys de Lastres. 1 vol. in-8.

GLAIVE runique (le), ou la lutte du paganisme scandinave contre le christianisme; par Ch. A. Nicandes, trad. du suédois. 1 vol. in-12 (édit. corrigée à l'usage de la jeunesse).

GOUVERNEMENT représentatif.

HARMONIE de la raison et de la religion; par Almeyda. 2 vol. in-12 et édit. Migne. Cathéchisme.

HARMONIE entre l'Eglise et la synagogue (de l'), ou Perpétuité et catholicité de la religion chrétienne; par P. L. B. Drach. 2 vol. in-8.

HARMONIE entre l'Eglise et l'Etat (de l'); par l'abbé de Sambucy. 1 v. in-12.

HÉGEL et la philosophie allemande, ou Exposé et examen critique des principaux systèmes de la philosophie allemande depuis Kant, et spécialement de celui de Hégel; par Ott. 1 vol. in-8.

HELVIENNES (les), ou Lettres provinciales philosophiques; par l'abbé Barruel. 4 vol. in-12.

HÉRODOTE, historien du peuple hébreu, sans le savoir, ou Lettre en réponse à la critique manuscrite d'un jeune philosophe sur l'ouvrage intitulé : *Histoire véritable des temps fabuleux*; par l'abbé Guérin Durocher. 1 v. in-8.

HEUREUX effets du christianisme sur la félicité temporelle du genre humain; par Beilby Portens. 1 vol. in-12 (12e vol. des Démonstr. évang. Edition Migne).

HISTOIRE critique et législative de l'instruction publique et de la liberté d'enseignement en France; par Henri de Riancey. 2 vol. in-8.

HISTOIRE de la nouvelle hérésie du XIXe siècle, ou Réfutation des ouvrages de M. de Lamennais; par Mgr Guillon. 3 vol. in-8.

HISTOIRE de la société domestique chez tous les peuples anciens et modernes, ou Influence du christianisme sur la famille; par M. l'abbé J. Gaume. 2 vol. in-8.

HISTOIRE du commerce et de la navigation des anciens; par Huet, évêque d'Avranches. 1 vol. in-8.

HOMME à l'école de Bossuet (l'), extrait de ses œuvres; par le comte de Champagny. 2 vol. in-12.

HOMME (l') connu par la révélation; par l'abbé Frère. 2 vol. in-8.

HOMME (l') sous l'empire de la religion chrétienne; par Picarogni. 1 vol. in-8.

IMMACULÉE conception de Marie; par le P. Perrone (14e vol. des Démonstr. évang., grand in-8. Edit. Migne).

IMMATÉRIALITÉ et immortalité de l'âme; par Clarke. (Voir ses œuvres en 3 vol. in-8 et in-12.)

— La même (5e vol. des Démonstr. évang. in-4. Edit. Migne).

IMMORTALITÉ de l'âme, ou Psychologie; par l'abbé Delalle. 1 vol. in-8.

IMMORTALITÉ. Preuves d'une autre vie, fondées sur la philosophie, l'histoire et la religion. 1 vol. in-8.

INCRÉDULE amené à la religion par la raison (l'), ou Entretiens sur l'accord de la raison et de la foi; par don François Lami. 1 vol. in-12 (4e vol. des Démonstr. évang. Edit. Migne).

INCRÉDULE détrompé (l'), et le chrétien affermi dans la foi; par Pontbriand. 1 vol. in-8.

INCRÉDULES modernes (Instruction pastorale de Mgr l'évêque du Puy, sur la prétendue philosophie des). 1 vol. in-12.

INCRÉDULES (Observations sur les savants), et sur quelques-uns de leurs écrits; par Delue. 1 vol. in-8.

— Le même (12e vol. des Démonstr. évang. Edit. Migne).

INCRÉDULITÉ convaincue par les prophéties (l'); par Lefranc de Pompignan, évêque du Puy. 3 vol. in-12.

INCRÉDULITÉ (Traité de l'); par Le Clerc (6e vol. des Démonstr. évang. Edit. Migne).

INCRÉDULITÉ (Lettres sur les sources de l'), et sur l'immatérialité de l'âme; par Tournemine (9e vol. des Démonstr. évang. Edit. Migne).

INCRÉDULITÉ (Préservatif contre l'), ou Lettres d'un père à son fils sur la religion; par d'Exauvillez. 2 vol. in-8.

INCRÉDULITÉ (Questions diverses sur l'); par Lefranc de Pompignan. 1 vol. in-12.

INDIENS (Essai sur la langue et la philosophie des); trad. de l'allemand de F. Schlégel, par Mazas. 1 vol. in-8.

INFAILLIBILITÉ du pape (de l'); par Muzarelli. 1 vol. in-12 (tome 4e de ses œuvres).

INFLUENCE comparée des dogmes du paganisme et du christianisme sur la morale; par J. Tissot, avocat. 1 vol in-18.

INFLUENCE du christianisme sur les droits civils des hommes; par M. Craphong. 1 vol. in-8.

INQUISITION (de l'); par M. Muzarelli. 2e vol. in-12 de ses opuscules.

INQUISITION (Lettres sur l'); par Joseph de Maistre. 1 vol. in-8.

INQUISITION (Réponse aux calomnies des protestants sur l'); par l'abbé Drioux. in-8.

INSTRUCTION d'un père à son fils. 1 vol. in-12.

INSTRUCTION pastorale de Mgr l'archevêque de Lyon sur les sources de l'incrédulité; par Ant. de Malvin de Montazet. 1 vol. in-12.

INSTRUCTION pastorale de Mgr l'évêque du Puy, sur la prétendue philosophie des incrédules modernes. 1 vol. in-12.

INSTRUCTION pastorale sur la révélation; par Mgr de la Luzerne. 1 vol. in-12.

INSTRUCTIONS pastorales sur l'excellence de la religion; par Mgr de la Luzerne. 1 vol. in-12.

INTRODUCTION à la philosophie; par M. Laurentie. 1 vol. in-8.

INTRODUCTION philosophique à l'étude du christianisme; par Mgr Affre, archevêque de Paris. 1 vol. in-18.

IRRÉLIGION (Discours sur l'); par A. de Haller (7e vol. des Démonstr. évang. Edit. Migne).

JÉSUS devant Caïphe et Pilate, — réfutation du chapitre de M. de Salvador, intitulé : *Jugement et condamnation de Jésus;* par Dupin aîné. 1 vol. in-18.

— Le même (16 vol. des Démonstr. évang., grand in-8. Edit. Migne).

LAMENNAIS refuté par lui-même et son ouvrage : *Esquisse d'une philosophie.* 1 vol. in-8.

LANGAGE de la raison (le); par le marquis Caraccioli. 1 vol. in-12.

— Le même (11e vol. des Démonstr. évang., grand in-8. Edit. Migne).

LÉGISLATION primitive (de la), considérée dans les derniers temps par les seules lumières de la raison ; par M. le vicomte de Bonald. 3 vol. in-8. (tomes I, II et III de ses œuvres).

LETTRES à M. Villemain sur la liberté d'enseignement; par L. Veuillot. In-8.

LETTRES contre les déistes; par Lesley (4e vol. des Démonstr. évangél., grand in-8. Edit. Migne).

LETTRE du chevalier de Ramsay à L. Racine au sujet de l'*Essai sur l'homme* (7e vol. des Démonstr. évang., grand in-8. Edit. Migne).

LETTRE philosophique à M. l'abbé Raquel; par un de ses amis. 1 vol. in-12.

**LETTRES** à lord Shreespury sur la situation politique et religieuse de la Grande-Bretagne; par Mgr Wiseman (16e vol. des Démonstr. évang., grand in-8. Edit. Migne).

**LETTRES** à mon fils sur les causes, la marche et les effets de la révolution française; par Taillandier. 8 vol. in-8.

**LETTRES** à M. Jean Poynter sur l'ouvrage intitulé : *Le Papisme et alliance avec le paganisme;* par Mgr Wiseman (16e vol. des Démonstr. évang., grand in-8. Edit. Migne).

**LETTRES** à un ministre protestant sur la Réforme; par M. C..., curé de M... 1 vol. in-8. (Voir la Raison du catholicisme.)

**LETTRES** à une dame protestante. 1 vol. in-8.

**LETTRES** d'Atticus, Considérations sur la religion catholique et le protestantisme; par un Anglais protestant (lord Fitz William). 1 vol. in-12.

**LETTRES** (1re et 2e) de M. l'abbé Combalot à M. de Lamennais en réponse à son livre intitulé : *Affaires de Rome.* 2 brochures réunies en 1 vol. in-8.

**LETTRES** de M. le curé de Saint-Louis de Bordeaux, aux membres des églises réformées. 1 vol. in-8.

**LETTRES** de Mgr Tharin sur l'ouvrage de M. Lamennais (*Paroles d'un croyant*). 1 vol. in-8.

**LETTRES** de quelques juifs à M. de Voltaire; par l'abbé Guenée. 3 v. in-12.

**LETTRES** de M. Euler à une princesse d'Allemagne. 3 vol. in-12.

**LETTRES** de Scheffmacher, docteur allemand de l'université de Strasbourg, à un gentilhomme et à un magistrat protestants, sur toutes les matières controversées entre les catholiques et les protestants. 2 vol. in-4.

— Les mêmes, revues, corrigées et augmentées de savantes dissertations sur tous les articles controversés; par A.-B. Taillau. 4 vol. in-8.

— Les mêmes, précédées de la Perpétuité de la foi, sur l'Eucharistie et la Confession auriculaire. 4 vol. in-8. Edit. Migne.

**LETTRES** d'un père à son fils sur la religion; par d'Exauvillez. 2 vol. in-18.

**LETTRES** d'un rabbin converti aux israélites ses frères, sur les motifs de sa conversion. 1re, 2e et 3e lettres; par Drach. 3 vol in-8

**LETTRES** du pape Clément XIV (Ganganelli). 3 vol. in-12.

**LETTRES** flamandes, ou Histoire des variations de la prétendue religion naturelle; par Duhamel (12e vol. des Démonstr. évang., grand in-8. Edit. Migne).

**LETTRES** physiques et morales sur l'histoire de la terre et de l'homme; par Deluc. 6 vol. in-8.

**LETTRES** sur Dieu et sur la religion, suivies de lettres sur l'Eglise et sur les deux puissances; par d'Aguesseau (8e vol. des Démonstr. évang., grand in-8. Edit. Migne).

**LETTRES** sur divers sujets de métaphysique et de religion; par Fénelon. 1 vol. in-8.

— Les mêmes. (Voir tome 1er de ses œuvres complètes.)

— Les mêmes (4e vol. des Démonstr. évang., grand in-8. Edit. Migne.

**LETTRES** sur Jésus-Christ; par Rossignol. 2 vol. in-8.

LETTRES sur les hérésies et sur la secte dominante de nos jours; par Muzarelli (6e vol. in-12 de ses opuscules).

LETTRES sur les plus importantes vérités de la révélation ; par Albert de Holler (7e vol. des Démonstr. évang., grand in-8. Edit. Migne).

LETTRES sur l'histoire de la Réforme en Angleterre et en Irlande; par William Cobbett. 2 vol. in-18 et 1 vol. in-12.

LETTRES (Nouvelles) de William Cobbett aux ministres d'Angleterre et d'Irlande, ou suite de la Réforme du même auteur. 1 vol. in-18.

LETTRES sur l'Italie, considérée sous le rapport de la religion; par P. de Joux. 2 vol. in-8.

LIBERTÉ de l'âme (de la), sous le titre de : *Traité du libre arbitre*; par Bossuet. 1 vol. in-12.

— Le même (tome 22 de ses œuvres complètes).

LIBERTÉ de l'âme (Dissertation sur la) et sur la spiritualité; par le cardinal de la Luzerne. 1 vol. in-12.

LIBERTÉ de l'Eglise (de la), de l'enseignement, des ordres monastiques. 1 vol. in-8.

LIBERTÉ et travail, ou Moyen d'abolir l'esclavage sans abolir le travail, etc.; par M. l'abbé Hardy, directeur du séminaire du Saint-Esprit. 1 vol. in-8.

LIBERTÉ morale (de la) ; par Muzarelli. 1er vol. de ses opuscules.

LIVRE des peuples et des rois (le); par Sainte-Foi. 1 vol. in-8.

LIVRES saints vengés (les), ou la Vérité historique et divine de l'ancien et du nouveau Testament, défendue contre les principales attaques des incrédules modernes, et surtout des mythologues et des critiques rationalistes; par l'abbé Glaire. 2 vol. in-8.

LOGIQUE (la), ou l'Art de penser ; par Arnault (logique de Port-Royal), contenant, outre les règles communes, plusieurs observations nouvelles, propres à former le jugement, etc. 1 vol. in-12 (bibliothèque philosophique de la jeunesse).

LOGIQUE (le bon usage de la) en matière de religion; par Muzarelli. 7 vol. in-12.

LOI du travail, instruction de Mgr l'archevêque de Cambray. 1 vol. in-18.

LOI naturelle (Dissertation sur la) et sur la révélation en général; par le cardinal de la Luzerne. 1 vol. in-12.

LUTHER (Influence de la réformation de) sur la croyance religieuse, la politique et les progrès des lumières ; par M. Rabelot. 1 v. in-8 et 2 v. in-18.

MAGNÉTISME animal (Examen du) ; par M. l'abbé Frère. 1 vol. in-8.

MAL (du) à l'occasion du jubilé ; par l'abbé Vrindts. 1 vol. in-8.

MATÉRIALISME (le) et la phrénologie combattus dans leurs fondements, et l'intelligence étudiée dans son état normal et ses aberrations dans le délire, les hallucinations, la folie, les songes, etc.; par M. l'abbé Forichon. 1 vol. in-8.

MÉLANGES de controverses religieuses avec l'évêque du Durham et quelques évêques anglicans ; par Lingard; trad. de l'anglais, par A. Cumberworth. 1 vol. in-18.

**MÉLANGES** de droit public et de droit politique; par M. de Haller. 2 vol. in-8.

**MÉLANGES** de philosophie, d'histoire et de littérature; par M. Ch.-M. de Feletz, de l'Académie française. 6 vol. in-8.

**MÉLANGES** de religion, de critique et de littérature, précédés d'un Précis historique sur l'église constitutionnelle; par Mgr de Boulogne. 4 v. in-8.

**MÉLANGES** et recueil de lettres justificatives sur le retour de plusieurs personnes remarquables à la religion catholique. 1 vol. in-8.

**MÉLANGES** littéraires, politiques et philosophiques, augmentés des Observations sur l'ouvrage de Mme de Staël; par M. le vicomte de Bonald. 2 v. in-8 (tome X et XI de ses œuvres).

**MÉMOIRE** en faveur de la religion, contre les athées, les déistes et les libertins; par Choiseuil du Plessis-Praslin (tome 3e des Démonstr. évang. Edit. Migne).

**MÉMOIRES** philosophiques du baron de ***, ou l'Adepte de la philosophie ramené à la religion; par l'abbé de Grillon. 1 vol. in-8 et in-12.

**MÉMORIAL** catholique (Nouveau), Annales des bienfaits du catholicisme (recueil périodique en publication). 10 vol. in-8.

**MES DOUTES**, ou Problèmes à résoudre sans algèbre, et à l'aide du simple sens commun; par le P. Loriquet. 2 vol. in-32, réunis en 1 vol.

**MESSIE** (le); par Pope (7e vol. des Démonstr. évang., grand in-8. Edit. Migne).

**MESSIE** (Caractères du), vérifiés en Jésus de Nazareth; par l'abbé Clémence. 1 vol. in-8.

**MÉTAPHYSIQUE** de Malebranche. 2 vol. in-12.

**MÉTAPHYSIQUE** (Traité sur divers sujets de) et de religion. — Existence de Dieu. — Immortalité de l'âme. — Culte intérieur et extérieur. — Véritable église; par Fénelon. 1 vol. in-8 et in-12.

**MÉTHODE** abrégée d'étudier la religion par principes, et d'en démontrer la vérité; par Fuchs. 1 vol. in-12.

**MÉTHODE** courte et facile contre les déistes et les juifs; trad. de l'anglais de Lesley, par le P. Houbigant. 1 vol. in-8 et in-12.

— La même (4e vol. des Démonstr. évang., grand in-8. Edit. Migne).

**MÉTHODE** courte et facile pour discerner la véritable religion chrétienne d'avec les fausses; par le P. d'Orléans; suivie de dix preuves de la religion; par le P. Campien.

— La même (14e vol. des Démonstr. évang. Edit. Migne).

**MÉTHODE** courte et facile pour se convaincre de la vérité de la religion catholique, d'après les écrits de Bossuet, Fénelon, Pascal et Butlet; par l'abbé Gosselin de Saint-Sulpice. 1 vol. in-12 et in-18.

**MÉTHODE** d'étudier et d'enseigner chrétiennement et solidement la philosophie, par rapport à la religion chrétienne, etc.; par le P. Thomassin. 1 vol. in-8.

**MÉTHODE** d'instruction pour ramener à l'église romaine les prétendus réformés; par de La Forest, curé de Lyon. 1 vol. in-8 et in-12.

MÉTHODE pour acquérir la science de la religion; par l'abbé Frère. 1 vol. in-8.

MÉTHODES dont les Pères se sont servis en traitant les mystères; par l'abbé de Moissy. 1 vol. in-4.

MINÉRALOGIE (la) et la géologie dans leurs rapports avec la théologie; par Buckland (15e vol. des Démonstr. évangél., grand in-8. Edit. Migne).

MIRACLES arrivés à Rome, en 1796; par Marchetti. 1 vol. in-12.

MIRACLES (Du nombre et de la qualité des); par Muzarelli (1er vol. in-12 de ses opuscules).

MIRACLES (Traité sur les), dans lequel on prouve que le diable n'en saurait faire pour confirmer l'erreur; par Clarke. 1 vol. in-12.

MISSION du Christ, considérée dans ses principaux titres, etc., ou Dieu, l'homme et le monde, la philosophie, les sciences et les siècles, en harmonie avec la chute et la promesse; par l'abbé Debée. 1 vol. in-8.

MONARCHIE selon la Charte (de la); par Châteaubriand. 1 vol. in-8.

MONARCHIE (Raison de la); par MM. de Genoude et de Lourdoueix. 1 vol. in-8.

MONDE de verre (le) réduit en poudre, ou Analyse et réfutation des époques de la nature de M. Buffon; par l'abbé Rogou. 1 vol. in-12.

MONITEUR des villes et des campagnes (le), journal des intérêts moraux et matériels, indiquant à chaque Français ses devoirs dans l'ordre de la religion, de la famille et de la société, ses droits comme citoyen, etc. 6 vol. in-8 (1833 à 1838).

MOTIFS qui ont ramené à l'église catholique un grand nombre de protestants. 1 vol. in-12.

MOUVEMENT catholique (du) au sein de l'église anglicane. Lettre d'un membre de l'Université d'Oxford; par Mgr Wiseman (16e vol. des Démonstr. évang., grand in-8. Edit. Migne).

MOUVEMENT religieux en Angleterre, ou les Progrès du catholicisme et le retour de l'église anglicane à l'unité; par Jules Gondon. 1 vol. in-8.

NAPOLÉON (Conversations religieuses de), avec documents inédits, et ses pensées intimes sur le christianisme; lettres du cardinal Fech, du général Montholon, etc., etc.; par de Beauterne. 1 vol. in-8 et in-12.

NAPOLÉON (Sentiment de) sur le christianisme; par M. de Beauterne. 1 vol. in-8 et in-12.

NATURE en contraste (la) avec la raison et la religion; par Richard. 1 vol. in-8.

NÉCESSITÉ de la foi en J.-C. pour être sauvé; par Ant. Arnauld. 2 v. in-12. — La même (3e vol. des Démonstr. évang., grand in-8. Edit. Migne).

NUITS d'Athènes (les); par l'abbé Abrieux. 1 vol. in-8.

OBSERVATION du dimanche (de l'), considérée sous le rapport de l'hygiène publique, de la morale, des relations de famille et de société; par Pérennès (14e vol. des Démonstr. évang. Edit. Migne).

OBSERVATIONS sur le Contrat social de J.-J. Rousseau; par Berthier. 1 v. in-12.

OBSERVATIONS d'un catholique aux protestants; par l'abbé J.-B. Cloët. 1 vol. in-18.

OBSERVATIONS sur la controverse élevée à l'occasion de la liberté d'enseignement; par Mgr Affre, archevêque de Paris. In-8.

OBSERVATIONS sur la morale catholique; par Manzoni (14e vol. des Démonstr. évang., grand in-8. Edit. Migne).

OBSERVATIONS sur le livre de *l'Esprit des lois;* par Crevier, suivies de remarques sur le *Traité des études*, de Rollin; par le même. 2 vol. in-12, réunis en 1.

OBSERVATIONS sur les savants incrédules et sur quelques-uns de leurs écrits; par Deluc. 1 vol. in-8.

— Les mêmes (12e vol. des Démonstr. évang., grand in-8. Edit. Migne).

OBSERVATIONS sur l'histoire et les preuves de la résurrection de J.-C.; trad. de l'anglais de Gilbert West; par l'abbé Guénée. 1 vol. in-12.

— Les mêmes (10e vol. des Démonstr. évangél., grand in-8. Edition Migne).

OBSERVATIONS sur l'ouvrage de Mme de Staël, ayant pour titre : *Considérations sur la révolution française;* par le vicomte de Bonald (t. 15e de ses œuvres complètes). In 8.

OCTAVUS de Minutius Felix (l'); trad. par Ant. Péricaud, texte en regard. 1 vol. in-8 et in-12.

OEUVRES choisies de M. Cochin, avocat au parlement. 2 vol. in-12.

OEUVRES choisies du cardinal Maury. 5 vol. in-8 et in-12.

OEUVRES choisies du comte Xavier de Maistre. 1 vol. in-8 et in-18.

OEUVRES de Clarke. 3 vol. in-8 et in-12.

— Les mêmes. 1 vol. in-4 (tome 5e des Démonstr. évang. Édit. Migne).

OEUVRES de l'abbé Duclos, contenant la Bible vengée des attaques de l'incrédulité. Exposition historique, dogmatique et morale de la doctrine catholique. 10 vol. in-8.

OEUVRES de l'abbé Maury. 5 vol. in-8.

OEUVRES de Bergier.

OEUVRES de l'abbé Nonotte. 7 vol. in-8 et in-12.

OEUVRES de Las Cases, défenseur de la liberté des naturels de l'Amérique. 2 vol. in-8.

OEUVRES de Lesley, contre les déistes et les juifs; trad. de l'anglais, par le P. Houbigant. 1 vol. in-8.

— Les mêmes (4e vol. des Démonstr. évang., grand in-8. Edit. Migne).

OEUVRES de Mgr de Bovet, archevêque de Toulouse. 3 vol. in-8.

OEUVRES de Mgr de Pressy, évêque de Boulogne, augmentées de beaucoup de pièces inédites. 2 vol. grand in-8 compacte. Edit. Migne.

OEUVRES de Mgr Letourneur, évêque de Verdun. 6 vol. in-18.

OEUVRES de M. le vicomte de Bonald. 13 vol. in-8.

OEUVRES de Muzarelli, sous le titre de : *Le bon usage de la logique en matière de religion*, suivi de plusieurs opuscules, par le même. 6 vol. in-12.

OEUVRES du cardinal de Gordil. 15 vol. in-4.
OEUVRES philosophiques du président de Riambourg. 3 vol. in-8.
ONGUENT contre la morsure de la vipère noire, composé par le docteur Evariste de Gipendale. 1 vol. in-18.
OPINIONS et discours de l'abbé Maury, député de la Picardie, à l'Assemblée constituante, réunis en 2 vol. in-8.
OPPOSITION dans le gouvernement (de l'), et de la liberté de la presse; par le vicomte de Bonald. 1 vol. in-8 (tome 13e de ses œuvres).
ORACLE des nouveaux philosophes (l'), pour servir de suite et d'éclaircissement aux écrits de Voltaire; par l'abbé Guyon. 2 vol. in-12.
ORACLES (Réponse à l'histoire des) de Fontenelle; par le P. Baltus. 2 vol. in-12.
ORIGINE des découvertes attribuées aux modernes; par M. L. Dutens. 1 v. in-8.
ORIGINE du christianisme; par le docteur Dœllinger; trad. de l'allemand, par Léon Boré. 2 vol. in-8.
OUVRAGES contre le protestantisme; par Bossuet (tomes XII, XIII, XIV, XVII, des œuvres complètes).
PACIFICATION religieuse (de la); quelle est l'origine des querelles actuelles? quelle en peut être l'issue? par M. l'abbé Dupanloup. 1 vol. in-8.
PANTHÉISME (du); par l'abbé Gasehler. 1 vol. in-8.
PANTHÉISME (Essai sur le) dans les sociétés modernes; par l'abbé Maret. 1 vol. in-8.
PAPE (du); par le comte Joseph de Maistre. 2 vol. in-8.
PAPE (du) et de ses droits religieux, à l'occasion du concordat; par l'abbé Barruel. 2 vol. in-8.
PAPE (Infaillibilité du), trad. de l'italien de Muzarelli. 1 vol. in-12 (t. 4e de ses opuscules théologiques).
PAPE (Pouvoirs du) au moyen âge; par l'abbé Gosselin. 1 vol. in-8.
PAROISSIEN (le bon), ou la Semaine religieuse; ouvrage périodique. 3 v. in-8.
PAROLES d'un catholique (les), ou Défense de l'ordre social; par O. Vidal. 1 vol. in-8.
PAROLES d'une croyante (les), revues, corrigées et augmentées par un catholique; par l'abbé Wrindts. 1 vol. in-8.
PAROLES d'un croyant (les), en réponse aux *Paroles d'un croyant;* par Mlle Aimable le Bat. In-8.
PASSION du jeu (de la), depuis les temps anciens jusqu'à nos jours; par Dussaulx. 2 vol. in-8, reliés en 1.
PAUPÉRISME (Question du). 1 vol. in-12.
PAYENS (du Salut des); par Muzarelli (1er vol. de ses opuscules, in-12).
PÉCHÉ originel (du); par Muzarelli (1er vol. in-12 de ses opuscules).
PENSÉES de Descartes sur la religion; par l'abbé Emery. 1 vol. in-8.
— Les mêmes (2e vol. des Démonstr. évang., grand in-8. Edit. Migne).
PENSÉES de Leibnitz sur la religion et la morale; par l'abbé Emery. 2 v. in-8.

— Les mêmes (4e vol. des Démonstr. évang., grand in-8. Edit. Migne).

PENSÉES de Pascal sur la religion. 1 vol. in-8, in-12, et 2 vol. in-18.

— Les mêmes (3e vol. des Démonstr. évang., grand in-8. Edit. Migne).

— Les mêmes, rétablies suivant le plan de l'auteur; par Frantin. 1 v. in-8.

PENSÉES du marquis ***, sur la religion et l'Eglise; par le P. Garnier. 1 vol. in-12.

PENSÉES d'un croyant catholique, ou Considérations philosophiques, morales et religieuses, sur le matérialisme moderne, l'âme des bêtes, la phrénologie, le suicide, le duel et le magnétisme animal; par P.-J.-C. Debreyne, docteur en médecine, prêtre et religieux de la Trappe. 1 v. in-8.

PENSÉES d'un prisonnier; par le comte de Peyronnet. 2 vol. in-8.

PENSEÉS et réflexions propres à former nos opinions sur les hommes et les choses; par M. d'Exauvillez. 1 vol. in-8.

PENSÉES sur divers sujets et discours politiques; par le vicomte de Bonald. 2 vol. in-8 (tomes 6e et 7e de ses œuvres complètes).

PENSÉES sur la philosophie de l'incrédulité; par l'abbé Lamourette. 1 vol. in-8.

— Les mêmes (13e vol. des Démonstr. évang., grand in-8. Edit Migne).

PENSÉES sur le christianisme, preuves de sa vérité; par Joseph Droz, de l'Académie française. 1 vol. in-8.

PENSÉES sur l'esprit et le dessein des philosophes irréligieux du XVIIIe siècle; par l'abbé Lamourette. 1 vol. in-8.

— Les mêmes (13e vol. des Démonstr. évang., grand in-8. Edit. Migne).

PENSÉES théologiques relatives aux erreurs du temps; par le R. P. Nicolas Jamin. 1 vol. in-12.

PERPÉTUITÉ de la foi de l'Eglise catholique touchant l'eucharistie; par Nicole. 1 vol. in-12.

PERPÉTUITÉ de la foi sur l'eucharistie, etc. 4 vol. in-4. Edit. Migne.

PEUPLE ramené à la foi (le); par le comte de Mirville. 2 vol. in-18.

PEUPLE ramené à la foi (le) par des raisons et des exemples; par M. de M.., revu par Guérin. 2 vol. in-18.

PHILOSOPHE catéchiste (le); par l'abbé Pey. 1 vol. in-12.

— Le même (Catéchisme, édit. Migne). 1 vol. grand in-8 compacte.

PHILOSOPHE chrétien (le); par Stanislas Ier (10e vol. des Démonstr. évang., grand in-8. Edit. Migne).

PHILOSOPHE chrétien (le), ou Lettres à un jeune homme entrant dans le monde, sur la vérité et la nécessité de la religion. 1 vol. 12.

PHILOSOPHE moderne (le), ou l'Incrédule condamné au tribunal de la raison; par l'abbé M. D. G. 1 vol. in-12.

PHILOSOPHES avant, pendant et après la révolution (Tableau des trois époques, ou les). 1 vol. in-8.

PHILOSOPHIE (la) et les philosophes; par Ed. Bricon.

PHILOSOPHIE allemande et Hégel, ou Exposé et examen critique des principaux systèmes de la philosophie allemande, depuis Kant; par Ott. 1 vol. in-8.

PHILOSOPHIE ancienne (Tableau des variations et contradictions de la), ou Ecole d'Athènes; par Riambourg. 1 vol. in-8.

PHILOSOPHIE catholique de l'histoire, ou l'Histoire expliquée; par le baron Alex. Guiraud. 2 vol. in-8.

PHILOSOPHIE catholique (Eléments de); par l'abbé Combalot. 1 vol. in-8.

PHILOSOPHIE (Consolation de la), traduit du latin de Boëce; par le P. René Cerisier. 1 vol. in-12.

PHILOSOPHIE de la tradition; par J.-F. Molitor. 1 vol. in-8.

PHILOSOPHIE de la vie; par Frédéric de Schlégel. 2 vol. in-8.

PHILOSOPHIE (Nouveaux éléments de); par M. l'abbé Doney. 2 vol. in-8.

PHILOSOPHIE de l'histoire (Etudes critiques sur la) et sur l'histoire de la philosophie; par l'abbé de Valroger. 2 vol. in-8.

PHILOSOPHIE de l'histoire (Observations sur la); par l'abbé Le François. 2 vol. in-8.

PHILOSOPHIE du christianisme (Essai sur la), considérée dans ses rapports avec la philosophie moderne; par l'abbé Cacheux. 2 vol. in-8.

PHILOSOPHIE du XVIIIe siècle, ouvrage posthume de J.-C. de la Harpe. 2 vol. in-8.

PHILOSOPHIE française (Essai de), pour les écoles primaires supérieures; par M. Boattier, ancien professeur de l'Université (logique et métaphysique). 2 parties en 1 vol. in-12.

PHILOSOPHIE (Abrégé de la); par Mgr Bouvier. 2 vol. in-8.

PHILOSOPHIE (Histoire de la), études critiques; par l'abbé de Valroger. 2 vol. in-8.

PHILOSOPHIE (Histoire de la), précis par MM. de Salinis et de Scorbiac. 1 vol. in-8.

PHILOSOPHIE (Introduction à l'étude de la); par Vincent de Gioberti, traduit de l'italien, par l'abbé Tourneur et l'abbé Defourny. 3 vol. in-8.

PHILOSOPHIE ( Manuel de), ou Eléments historiques et théoriques de philosophie moderne; par l'abbé Delalle. 1 vol. in-8.

PHILOSOPHIE (Manuel élémentaire de), ou Abrégé du cours complet de philosophie de M. Rattier, professeur de philosophie à Pont-Levoy. 1 vol. in-12.

PHILOSOPHIE (Mélanges de), d'histoire et de littérature; par l'abbé Feletz. 6 vol. in-8.

PHILOSOPHIE (Mélanges de) et de littérature. 2 vol. in-18 réunis en 1.

PHILOSOPHIE (Principes de la saine), conciliés avec ceux de la religion, ou la Philosophie de la religion; par l'abbé Para-du-Phanjas. 1 vol. in-8 et 2 vol. in-12.

— Les mêmes (10e vol. des Démonstr. évang., grand in-8. Edit. Migne).

PHILOSOPHIE religieuse (Cours de), d'après les aperçus des docteurs de l'Eglise et des philosophes anciens et modernes, spécialement destiné aux maisons d'éducation; par l'abbé Guignod de Briord. 1 vol. in-18.

PHILOSOPHIE (la Vraie), ou Recherches de la vérité, et le Parfait bonheur, ou Pratique de la vertu; par M. l'abbé... 1 vol. in-8 et 2 vol. in-18.

PHRÉNOLOGIE morale en opposition à la doctrine phrénologique matérielle de Broussais; par J.-L. Serrurier. 1 vol. in-8.

PIÈCES philosophiques et littéraires; par Boullier. 1 vol. in-12.

PIÈCES sur la religion, comprenant : Méthode pour discerner la véritable religion chrétienne d'avec la fausse; par le P. d'Orléans; Preuves de la vérité de la religion catholique; par le P. Campien. 1 vol. in-12.

PLAIDOYERS religieux (trois), ou le Dogme, la nécessité et les avantages de la confession, attaqués par un vieil officier et défendus par un jeune avocat. 3 vol. in-8, réunis en 1.

PLATON-POLICHINELLE, ou la Sagesse devenue folie pour la mettre à la portée du siècle; par un solitaire auvergnat. 3 v. in-12.

PLURALITÉ des mondes; par Fontenelle. 1 vol. in-12.

POLITIQUE chrétien (le), ou la Religion chrétienne vengée des outrages de l'incrédulité, sous le rapport de la politique; par M. Bourgin, curé de Sédan. 2 vol. in-8.

POLITIQUE (la) de Satan au XIXe siècle; par A. de Saint-Chéron. 1 vol. in-12.

POLITIQUE (Mélange de), de littérature et de morale; par le vicomte de Bonald. 2 vol. in-8.

POLITIQUE sacrée, tirée des paroles de l'Ecriture sainte; par Bossuet. 1 v. in-8.

— La même (tome 36e des œuvres complètes).

— La même, suivie d'opuscules; par le même. 3 vol. in-8.

POLITIQUES (écrits) de Fénelon. 1 vol. in-8.

PORTEFEUILLE d'un jeune philosophe chrétien. 1 vol. in-12.

PRÉJUGÉS légitimes contre les protestants. 1 vol. in-12.

PRÉPARATION évangélique; par Eusèbe (1er vol. des Démonstr. évang., grand in-8. Edit. Migne).

PRESCRIPTIONS (des); par Tertullien (1er vol. des Démonstr. évang., grand in-8. Edit. Migne).

PRÉSENCE réelle (Dissertation sur la), prouvée par l'Ecriture sainte; par Mgr Wiseman (15e vol. des Démonstr. évang. Edit. Migne).

PRÉSERVATIF contre l'incrédulité, ou Lettres d'un père à son fils sur la religion; par d'Exauvillez. 2 vol. in-18.

PRESSE (Crimes de la). 1 vol. in-8.

PRESSE (Liberté et licence de la); par M. Clausel de Coussergues. in-8.

PRÊTRE (Génie du); par l'abbé Popys de Castres. 1 vol. in-8.

PREUVES convaincantes de la vérité de la religion chrétienne; par Jacques (Matthieu-Joseph) (15e vol. des Démonstr. évang., grand in-8. Edit. Migne).

PREUVES de la religion de J.-C., avec la défense de la religion contre les difficultés des incrédules; par l'abbé Laurent Le François. 8 vol. in-12.

— Les mêmes, sans la défense; par le même. 4 vol. in-12.

PREUVES de la religion de Jésus-Christ, contre les spinosistes et les déistes. 4 vol. in-12.

PREUVES (dix) de la religion chrétienne, proposées aux universités d'Angleterre; par le P. Campien. 1 vol. in-12.

PREUVES du christianisme, mises à la portée de tout le monde. 1 vol. in-12.

PREUVES historiques de la religion chrétienne; par Beauzée. 1 vol. in-8.

— Les mêmes (14e vol des Démonstr. évang., grand in-8. Edit. Migne).

PREUVES d'un autre monde, fondées snr la philosophie, l'histoire et la religion. 1 vol. in-18.

PRÉVENTIONS contre la religion vaincues; par M. d'Exauvillez. 1 v. in-12.

PRINCIPES de la foi chrétienne; par l'abbé Duguet. 3 vol. in-12.

— Les mêmes (tome 6e des Démonstr. évang., in-4. Edit. Migne).

PRINCIPES fondamentaux de la foi; par Alletz. 1 vol. in-12.

PROBLÈMES de l'esprit humain, ou Origine, développement et certitude de nos connaissances; par B. Massias. 1. vol. in-8.

PROBLÈMES proposés à tous les âges et à toutes les conditions; par le P. Loriquet. 1 vol. in-32.

PRODROME d'ethnographie, ou Essai sur l'origine des principaux peuples anciens, contenant l'histoire du boudhisme et du brahmanisme, etc.; par l'abbé F.-L.-M. Maupied. 1 vol. in-8.

PROPRIÉTÉ (de la), réfutation du communisme et du socialisme; par M. Thiers. 1 vol. in-12.

PROTESTANTISME (le) aux prises avec la doctrine catholique, ou Controverses avec plusieurs ministres anglicans de l'université d'Oxford; par M. l'abbé Jager. 1 vol. in-8.

PROTESTANTISME apprécié par son histoire et sa doctrine, ou ma Conversion; par M. d'Exauvillez. 1 vol. in-12.

PROTESTANTISME (Conférences sur le); par Mgr Wiseman; trad. de l'anglais, par Nettement. 2 vol. in-8.

PROTESTANTISME dévoilé, ou le Catholicisme et le protestantisme mis en parallèle; par un curé de Genève. 1 vol. in-18.

— Le même (15e vol. des Démonstr. évang., grand in-8. Edit. Migne).

— Le même, abrégé. 1 vol. in-12.

PSYCHOLOGIE, ou Traité de l'immortalité de l'âme; par M. l'abbé Delalle. 1 vol. in-8.

PURS ESPRITS (des), dissertation; par Muzarelli (5e vol. in-12 de ses opuscules théologiques).

QUESTIONS diverses sur l'incrédulité; par Lefranc de Pompignan. 1 v. in-12.

QUESTIONS philosophiques sur la religion naturelle. 1 vol. in-12.

RAISON du christianisme (la), ou Preuves de la vérité de la religion, tirées des écrits des plus grands hommes de la France, de l'Angleterre et de l'Allemagne, depuis les trois derniers siècles, publiée par M. de Genoude. 4 vol. in-8.

RATIONALISME contemporain (Etudes critiques sur le), de l'éclectisme rationaliste et du syncrétisme, etc., etc.; par l'abbé H. de Valroger. 1 vol. in-8.

RATIONALISME (du) et de la tradition; par J.-B.-C. Riambourg. 1 v. in-8.

RATIONALISME en France (Mœurs et doctrines du); par l'abbé Constant de Latreiche. 1 vol. in-8.

RATIONALISTES (Histoire critique des systèmes) contemporains sur les origines de la révélation chrétienne, ou le Christ et l'Evangile; par l'abbé Chassay. 1 vol. in-12.

RECHERCHES de la vérité. 3 vol. in-12.

RECHERCHES philosophiques sur la nécessité de s'assurer par soi-même de la vérité. 1 vol. in-8.

RECHERCHES philosophiques sur les premiers objets des connaissances morales; par le vicomte de Bonald. 2 vol. in-8 (tome 8e et 9e des œuvres complètes).

RECHERCHES (Nouvelles) sur les contrariétés dogmatiques entre les catholiques et les protestants, ou Réponse aux objections contre la symbolique; par J.-A. Moehler. 1 vol. in-8.

RECHERCHES sur la nature et les causes des richesses des nations; par M. Smith. 6 vol. in-12.

RECUEIL de dissertations sur quelques principes de philosophie et de religion; par le cardinal de Gerdil (4e vol. de ses œuvres complètes, in-4).

— Le même; par le même. 1 vol. in-12.

RECUEIL de mandements sur l'instruction des peuples, et méthode à suivre pour l'enseignement de la religion; par l'abbé Mérault. 1 vol. in-12.

RECUEIL de réfutations des principales objections tirées des sciences et dirigées contre les bases de la religion chrétienne; par L. de Rouen, baron d'Alvimare. 1 vol. in-8.

RÉDEMPTION du genre humain (la), annoncée par les traditions et les croyances religieuses, figurée par les sacrifices de tous les peuples, pour servir d'appendice aux soirées de Saint-Pétersbourg; par Schmitt., trad. de l'allemand, par Henrion (13e vol. des Démonstr. évang., grand in-8. Edit. Migne).

RÉFLEXIONS philosophiques et littéraires sur le poëme de la Religion naturelle; par Thomas (Antoine-Léonard), de l'Académie française (11e vol. des Démonstr. évang., grand in-8. Edit. Migne).

RÉFLEXIONS sur la théorie et la pratique de l'éducation, contre les principes de J.-J. Rousseau; par le cardinal de Gerdil (1er vol. de ses œuvres complètes, in-4.).

— Le même; par le même. 1 vol. in-8 et in-12.

RÉFLEXIONS sur l'évidence intrinsèque de la vérité du christianisme; traduites de l'anglais de Thomas Ersvine. 1 vol. in-12.

RÉFLEXIONS sur les différends de religion; par Pélisson. 3 vol. in-12.

— Les mêmes (3e vol. des Démonst. évang., grand in-8. Edit. Migne).

RÉFORME (Lettres à un protestant sur la); par M. C..... 1 vol. in-8 (B.-M.).

RÉFORME. Motifs invincibles pour convaincre ceux de la religion prétendue réformée; par J. Lefèvre. 1 vol. in-12.

RÉFORMÉS (les Prétendus) convaincus de schisme; par Nicolle. 1 v. in-12.

RÉFUTATION de la Bible enfin expliquée de Voltaire; par l'abbé Clémence. 1 vol. in-12.

RÉFUTATION de l'évêque de Durham, sur les causes de la révolution française, la doctrine de l'Eglise catholique, le culte des saints, la présence réelle, les indulgences, etc., etc.; par le docteur John Lingard (14e vol. des Démonstr. évang., grand in-8. Edit. Migne).

RÉFUTATION du livre de J.-J. Rousseau, intitulé : *Emile, ou de l'Education.* 1 vol. in-8 et 2 vol. in-12.

RÉFUTATION des hérésies, ou le Triomphe de l'Eglise; par saint Liguori. 2 vol. in-12.

RÉFUTATION du livre de l'Esprit; par J.-F. de la Harpe. 1 vol. in-8.

RÉFUTATIONS (Recueil des) de quelques objections tirées des sciences et dirigées contre les bases de la religion chrétienne par l'incrédulité moderne; par le baron d'Alvimare. 1 vol. in-8.

RÉGÉNÉRATION de la France par le presbytère, l'école et la mairie; par M. Roselly de Lorgues. 1 vol. in-8.

RÈGNE (du) des vrais principes; par Cardon de Montreuil. 1 vol. in-12.

RELIGION (Analyse et extrait d'une exposition des preuves les plus sensibles de la véritable). 1 vol. in-12.

RELIGION catholique (de la), considérée comme condition indispensable au bonheur des peuples; par M. d'Exauvillez. 1 vol. in-8.

RELIGION (de la); par un homme du monde (M. Gin.). 5 vol. in-8.

RELIGION (de la), comme base de l'éducation; par P. Dusaulx. 1 vol. in-18.

RELIGION (de la), considérée dans ses rapports avec le but de toute législation; par J. Fiévée. 1 vol. in-8.

RELIGION de l'honnête homme; par le marquis de Caraccioli. 1 vol. in-12. — La même (11e vol. des Démonstr. évang., grand in-8. Edit. Migne).

RELIGION démontrée (la) par des preuves de faits et de sentiments; par Besnier. 1 vol. in-12.

RELIGION du philosophe, ou Démonstration de la religion révélée chrétienne et catholique; par Muzarelli (5e vol. in-12 de ses opuscules).

RELIGION chrétienne (la Vérité de la) prouvée par un déiste; par M. l'abbé Pey. 2 vol. in-12.

RELIGION (la) considérée comme unique base du bonheur; par Mme de Genlis. 1 vol. in-8.

RELIGION (la) et la liberté considérées dans leurs rapports; par l'abbé Bautain (Conférences de Notre-Dame, 1847-1848). 1 vol. in-8.

RELIGION (la) et la liberté. Oraison funèbre de Daniel O'Connel; par le P. Ventura. 1 vol. in-12.

RELIGION (la) prouvée et défendue par ses amis comme par ses ennemis, ou les Apologistes et les apologistes involontaires; par l'abbé Mérault. 2 vol. in-8 et in-12.

RELIGION (la) prouvée par son miraculeux établissement; par M. D. Delacroix. 1 vol. in-12.

RELIGION (la) prouvée par la révolution ; par l'abbé Clausel de Montals. 1 vol. in-8.

RELIGION (Traité de la) contre les athées, les déistes et les pyrrhoniens; par le P. Mauduit. 1 vol. in-12.

RELIGION (Traité de la véritable) ; par saint Augustin (2e vol. des Démonstr. évang., grand in-8. Edit. Migne).

RELIGION catholique (de la), considérée comme nécessité sociale; par Battu. 1 vol. in-8.

RELIGION chrétienne (Apologie de la), contre l'auteur du Christianisme; par Bergier. 2 vol. in-12.

RELIGION chrétienne (Apologie de la); par J.-J. Rousseau (9e vol. des Démonstr. évang., grand in-8. Edit. Migne).

RELIGION chrétienne (Apologie de la) et catholique, contre les blasphèmes et les calomnies de ses ennemis ; par Lambert. 1 vol. in-8.

RELIGION chrétienne (de la) ; par Addisson. 2 vol. in-8.

RELIGION chrétienne (la) autorisée par le témoignage des anciens auteurs païens ; par le P. Dominique de Colonia. 1 vol. in-8 (8e vol. des Démonstr. évang. Edit. Migne).

RELIGION chrétienne (la) démontrée par la conversion et l'apostolat de saint Paul, trad. de l'anglais de Syttleton, suivie des observations sur l'histoire et les preuves de résurrection de J.-C. ; trad. de l'anglais de G. West, par l'abbé Guénée. 1 vol. in-12.

— Le même (9e vol. des Démonstr. évang., grand in-8. Edit. Migne).

RELIGION chrétienne (la) démontrée par la résurrection de N. S. J.-C.; trad. de l'anglais de Ditton. 1 et 2 volumes in-8.

RELIGION chrétienne et catholique (Vrai système de) ; par l'abbé Choiseul du Plessis-Praslin (tome 3e des Démonst. évang. Edit. Migne).

RELIGION chrétienne (la) prouvée par les faits; par l'abbé Houtteville. 3 vol. in-4.

RELIGION chrétienne (la) prouvée par un seul fait, la guérison des catholiques à qui Hunéric fit couper la langue ; par Rulié. 1 vol. in-12.

RELIGION chrétienne (Vérité de la) établie par ses propres caractères, suivi du Traité de la divinité de N. S. J.-C., et de l'Art de se connaître soi-même ; par J. Abbadie. Edition avec des notes explicatives ou critiques ; par M. L., vicaire-général de Dijon. 4 vol. in-12.

RELIGION chrétienne (Vérité de la). Traité ; trad. du latin de Grotius, par le P. Talon de Beauvoir. 1 vol. in-12.

— Le même ; trad. par l'abbé Goujet. 1 et 2 vol. in-12.

— Le même (2e vol. des Démonstr. évang. Edit. Migne).

RELIGION mahométane (la) ; par le P. Nau. 2 vol. in-12.

RELIGION naturelle (Essai polémique sur la) ; par Duvoisin. 1 volume in-12.

RELIGION naturelle (Obligations de la) ; par Clarke. 3 vol. in-8 et in-12.

RELIGION (Discours sur la) naturelle et révélée ; par Leland (7e vol. des Démonstr. évang. Edit. Migne).

RELIGION vengée (la), poëme en 10 chants; par le cardinal de Bernis. 1 vol. in-8.

— La même (9e vol. des Démonstr. évang., grand in-8. Edit. Migne).

RELIGION vengée (la) de l'incrédulité par l'incrédulité elle-même; par Lefranc de Pompignan, évêque du Puy. 1 vol. in-12.

— La même (12e vol. des Démonstr. évang., grand in-8. Edit. Migne).

RÉPONSE à l'histoire des oracles de Fontenelle; par le P. Baltus. Edit. Migne.

RÉPONSE aux conseils raisonnables; par l'abbé Bergier (11e vol. des Démonstr. évang., grand in-8. Edit. Migne).

RÉPUBLIQUE des incrédules (la), ou le baron de Van Hesden; par le P. Michel-Ange Marin. 5 vol. in-12.

RÉSURRECTION de J.-C.; par Ditton. 1 vol. in-8.

— Le même (8e vol. des Démonstr. évang. Edit. Migne).

RÉSURRECTION de J.-C. (les Témoins de la), examinés et jugés selon les règles du barreau; par Thomas Sherlock; trad. de l'anglais par A. Lemoine (7e vol. des Démonstr. évang., grand in-8. Edit. Migne).

RÉSURRECTION de J.-C. (Observations sur l'histoire et les preuves de la); trad. de l'anglais de Gilbert West, par l'abbé Guénée. 1 vol. in-12.

— Le même (10e vol. des Démonstr. évang. Edit. Migne).

RÉSURRECTION de J.-C. (Preuves de la); par Chandler. 1 vol. in-8.

RÉSURRECTION de J.-C. (Témoignage de la), et de la divine authenticité de la religion catholique; par l'abbé Pejon. 1 vol. in-8.

RÉVÉLATION (la) prouvée par elle-même; par un ancien médecin. 1 vol. in-12.

REVUE catholique. Religion, philosophie, etc. (1841-1846). 6 vol. in-8.

RICHESSE du clergé; par Muzarelli (2e vol. in-12 de ses opuscules).

ROUSSEAU (J.-J.) accusateur des prétendus philosophes de son siècle, et prophète de leur destruction; par Muzarelli (6e vol. de ses opuscules).

ROUSSEAU (J.-J.) apologiste de la religion chrétienne; par Martin Dutheil. 1 vol. in-8.

ROUSSEAU (J.-J.). Réfutation; par le cardinal de Gerdil (1er vol. de ses œuvres, in-4).

RUINES morales et intellectuelles (les); par A. Nettement. 1 vol. in-8.

SACERDOCE (du) et de la philosophie; par Ed. Genères. 1 vol. in-8.

SAINTETÉ et divinité de l'Eglise catholique, démontrée par la vertu héroïque des saints; par Muzarelli (3e vol. de ses opuscules, in-12).

SOIRÉES de Saint-Pétersbourg, ou Entretiens sur le gouvernement temporel de la Providence, suivi d'un Traité sur les sacrifices; par le comte J. de Maistre. 2 vol. in-8.

SOLUTION de grands problèmes, mise à la portée de tous les esprits; par l'auteur de *Platon-Polichinelle*. 4 vol. in-18.

SOUFFRANCE morale (Esquisse de la); par M. Ed. Alletz. 2 vol. in-8.

SOUVENIRS de Tusculum, ou Entretiens philosophiques et religieux; par l'abbé Martin de Noirlieu. 1 vol. in-12.

SPIRITUALITÉ (de la) et de l'immortalité de l'âme ; par le P. Hubert Hayer. 3 vol. in-12.

STAEL (Réfutation de M$^{me}$ de) : Observations sur l'ouvrage de M$^{me}$ de Staël, ayant pour titre : *Considérations sur la révolution française ;* par le vicomte de Bonald (tome 13$^{e}$ des œuvres complètes, in-3).

STÉRILITÉ des missions protestantes démontrée par les protestants ; par Mgr Wiseman (16$^{e}$ vol. des Démonstr. évang., grand in-8. Edit. Migne).

SUICIDE (Histoire critique et philosophique du) ; par le P. Appiano Buonafède. 1 vol. in-8.

SYMBOLIQUE populaire, ou Exposition comparative des doctrines controversées entre les protestants et les catholiques ; par Buchmann, licencié en théologie ; traduit de l'allemand par Jean Cohen. 1 vol. in-8.

SYMBOLISME (du) dans les églises du moyen âge ; par MM. Mason Neale et B. Webb ; traduit de l'anglais et augmenté de notes par l'abbé Bourassé. 1 vol. in-8 (B. M.).

SYNAGOGUE (Harmonie entre l'Eglise et la), ou Perpétuité et catholicité de la religion chrétienne ; par P.-L.-B. Drach. 2 vol. in-8.

SYSTÈME abrégé de l'âme et de la liberté ; par Jacquelot (7$^{e}$ vol. des Démonstr. évang., grand in-8. Edit. Migne).

TABLEAU des preuves évidentes du christianisme ; par William Paley. 2 vol. in-8.

— Le même (14$^{e}$ vol. des Démonstr. évang., grand in-8. Edit. Migne).

TABLEAU des trois époques, ou les Philosophes avant, pendant et après la révolution. 1 vol in-8.

TABLEAU philosophique de l'*Esprit* de M. de Voltaire. 1 vol. in-8.

TABLEAU historique et philosophique de la religion, depuis l'origine des temps jusqu'à nos jours ; par Para du Phanjas. 1 vol. in-8.

TÉMOIGNAGE de la raison et de la foi, contre la constitution civile du clergé ; par Vauvilliers. 1 vol. in-8.

THÉISME (le), ou Introduction générale à l'étude de la religion ; par de Ferrière. 1 vol. in-12.

THÉOLOGIE astronomique, ou Démonstration de l'existence et des attributs de Dieu, par l'examen et la description des cieux ; par Derham ; traduit de l'anglais, par Bellanger. 1 vol. in-8.

— La même ( 8$^{e}$ vol. des Démonstr. évang., grand in-8. Edit. Migne).

THÉOLOGIE de l'eau, ou Essai sur la bonté, la sagesse et la puissance de Dieu, manifestées dans la création de l'eau ; par Fabricius (Jean Albert) (9$^{e}$ vol. des Démonstr. évang., grand in-8. Edit. Migne).

THÉOLOGIE naturelle ; par Pictet de Genève. 1 vol. in-8.

THÉOLOGIE des insectes, ou Démonstration des perfections de Dieu dans tout ce qui concerne les insectes ; traduit de l'allemand de Lesser, par P. Lyonnet, 2 vol. in-8.

THÉOPHILE, ou la Philosophie du christianisme. 1 vol. in-8.

THÉORIE des êtres insensibles, ou Cours complet de métaphysique ; par Para du Phanjas. 3 vol. in-8.

THÉORIE du bonheur; par l'auteur du *Comte de Valmont*. 6 vol. in-12.

THÉORIE du pouvoir politique et religieux dans la société civile, démontrée par le raisonnement et par l'histoire; par le vicomte de Bonald. 3 v. in-8.

TOLÉRANCE (de la); par Muzarelli (1er vol. in-12 de ses opuscules).

TOLÉRANCE (Essai sur la), précédé de la *Démonstration évangélique*; par Duvoisin. 1 vol. in-12 et in-18.

TORT du protestantisme envers les peuples; par E.-M. Masse. 1 vol. in-18.

TRADITION (Défense de la); par le docteur Lingard. 1 vol. in-8 (14e vol. des Démonstr. évang. Edit. Migne).

TRAITÉ contre Celse; par Origène (1er vol. des Démonstr. évang., grand in-8. Edit. Migne).

TRAITÉ contre les hérétiques prétendus réformés; précédé de la *Conduite admirable de la Providence pour procurer le salut du monde;* par saint Liguori (œuvres complètes, tome 19e, in-12.)

TRAITÉ de la divinité de l'Eglise romaine, avec des traits historiques; par Marius Aubert, in-12.

TRAITÉ de la divinité de N. S. J.-C.; par Abbadie. 1 v. in-8 et in-12.

TRAITÉ de la doctrine chrétienne orthodoxe; par Ellies du Pin (6e vol. des Démonstr. évang., grand in-8. Edit. Migne).

TRAITÉ de la propriété des biens ecclésiastiques; par Mgr Affre, archevêque de Paris. 1 vol. in-8.

TRAITÉ de la vérité et de l'inspiration des livres saints; par Jaquelot. 2 v. in-12.

TRAITÉ de l'homme, selon les différentes merveilles qui le composent; par le P. André. 2 vol. in-12.

TRAITÉ de l'infini créé, avec l'explication de la possibilité de la transubstantiation; par Malebranche. 1 vol. in-12.

TRAITÉ des combats singuliers et des duels; par le cardinal de Gerdil (8e vol. de ses œuvres complètes, in-4).

— Le même, 1 vol. in-12.

TRAITÉ sur l'immutabilité du gouvernement de l'Eglise; par dom Maur Capellari, aujourd'hui Grégoire XVI; traduit de l'italien, par M. Menghi d'Arville. 1 vol. in-12.

TRAITÉ sur divers sujets de métaphysique et de religion : — existence de Dieu, — immortalité de l'âme, — culte intérieur et extérieur, — véritable Eglise; par Fénelon. 1 vol. in-8 et in-12.

TRIOMPHE de Jésus-Christ et de son Eglise; par F. N. M. 1 vol. in-8.

TRIOMPHE de la Foi (le) sur tous les efforts des impies; par Mgr Jauffret. 2 vol. in-8.

TRIOMPHE de la religion (le); par L. Ancelin. 1 vol. in-12.

TRIOMPHE de la religion chrétienne sur toutes les sectes philosophiques; par l'abbé Léger. 1 vol. in-12.

TRIOMPHE de l'Evangile (le), ou Mémoires d'un homme du monde revenu des erreurs du philosophisme moderne; traduit de l'espagnol par J.-F.-A. Buynand des Echelles. 3 vol. in-8 et in-12.

TRIOMPHE de la foi sur l'incrédulité; par A. Peigné. 1 vol. in-12.

TRIOMPHE du Saint-Siége et de l'Eglise, ou les Novateurs modernes combattus avec leurs propres armes; par Maur Capellari (S. S. Grégoire XVI); traduit de l'italien, par l'abbé James. 2 vol. in-8.

— Le même (16e vol. des Démonstr. évang., grand in-8. Edit. Migne).

UNE JOURNÉE à Genève; Coup d'œil sur le berceau de la Réforme au XIXe siècle; par Victor de Bonald. 1 vol. in-8.

UNITÉ de l'Eglise, ou Réfutation du systéme de Jurieu. 1 vol. in-12.

UNIVERSITÉ catholique (l'). Revue religieuse, philosophique, scientifique; par MM. Gerbet, de Salinis, de Scorbiac, etc. 20 vol. in-8.

USAGE de célébrer l'office divin en langue non vulgaire. 1 vol. in-12.

USAGE de la raison et de la foi, ou l'Accord de la foi et de la raison; par Silvain Régis. 1 vol. in-4.

USAGE et abus des opinions controversées entre les gallicans; par Mgr Affre, archevêque de Paris. 1 vol. in-8.

VANDALISME (du) et du catholicisme dans l'art; par le comte de Montalembert. 1 vol. in-8.

VARIÉTÉS philosophiques, morales et littéraires. 2 vol. in-8.

VASSY (Massacre de). Réponse aux calomnies du protestantisme; par l'abbé Drioux. 1 vol. in-8.

VERITATE (de) religionis christianæ (Hugo Grotius). 1 vol. in-8.

VÉRITÉ catholique (la), ou Vues générales de la religion, considérée dans son histoire et dans sa doctrine; par M. Nouet. 1 vol. in-12.

VÉRITÉ reconnue; par M. de Guinaumont, 1 vol. in-8.

VÉRITÉ universelle (de la); par Lourdoueix. 1 vol. in-8.

VÉRITÉ de l'histoire de saint Paul; par William Paley. 1 vol. in-8.

VIEILLARD catholique (le) réfutant le demi-philosophe du jour sous l'ormeau du village; par M. Maupris, curé. 1 vol. in-12.

VOLTAIRE, apologiste de la religion; par Mérault. 1 vol. in-8.

VOLTAIRE (Discours sur); par Romain Cornut. 1 vol. in-8.

VOLTAIRE (Erreurs de), examen critique, etc.; par l'abbé Nonotte. 3 vol. in-12.

VOYAGE du monde de Descartes; par le P. Daniel. 1 vol. in-12.

VOYAGE d'un gentilhomme irlandais à la recherche d'une religion; par Thomas Moore; traduit de l'anglais, par l'abbé Didon. 1 vol. in-8.

— Le même (14e vol. des Démonstr. évang., grand in-8. Edit. Migne).

VRAIE religion (la) démontrée par un enchaînement de conséquences déduites de principes sûrs et incontestables, etc.; par Burnet (4e vol. des Démonstr. évang., grand in-8. Edit. Migne).

VUE de l'évidence de la religion chrétienne considérée en elle-même; par Jennyngs. 1 vol. in-8.

VUES de la religion chrétienne et catholique, classées selon l'ordre graduel et méthodique que Pascal leur a assigné; par l'abbé Germain. 1 v. in-8.

WASHINGTON; par M. Guizot. 1 vol. in-12.

ZODIAQUE de Denderah (Examen et explication du); par l'abbé Halma-Grand. 2 vol. in-8.

**ZODIAQUE** de Denderah. (Examen historique et critique des monuments astronomiques des anciens, du zodiaque, etc.); par le docteur Halma-Grand. 1 vol. in-8.

**ZODIAQUE** de Denderah (Notice sur le), et sur son transport en France, par Dumarson. 1 vol. in-12.

---

# TROISIÈME SÉRIE. — C.

## Enseignement religieux et piété.

**ABRÉGÉ** de la connaissance de l'amour de Jésus-Christ; par le R. P. Saint-Jure. 1 vol. in-12.

**ABRÉGÉ** de la doctrine chrétienne; par Lhomond. 1 vol. in-12.

**ABRÉGÉ** de la douloureuse passion de N. S. Jésus-Christ, d'après les Méditations d'A.-C. Emmerich. 1 vol. in-18.

**ABRÉGÉ** de la pratique de la perfection chrétienne du P. Rodriguez; par Tricotet. 2 vol. in-12.

**ABRÉGÉ** de l'enseignement de la religion, de l'abbé Mérault; par un frère des écoles chrétiennes. 1 vol. in-12.

**ABSTINENCE** des aliments (de l'). 1 vol. in-12.

**ADIEUX** (Mes) au monde; par M. Henri A. 1 vol. in-12.

**ADMIRABLE** Jésus (l'). Lectures spirituelles; par le P. Nouet. 2 vol. in-12.

**ADORATION** perpétuelle du Sacré-Cœur de Jésus. 1 vol. in-18.

**ADOLPHE ET MÉLANIE**, ou Persévérance après la première communion; par l'abbé Auber. 1 vol. in-18.

**ADORATION** chrétienne dans la dévotion du rosaire, ou Solidité et avantage de cette dévotion. 1 vol. in-12.

**AIMABLE** Jésus (l'). Lectures spirituelles; par le P. Nouët. 4 vol. in-12.

**AIMABLE** joug du Seigneur (l'). 1 vol. in-18.

**A LA REINE DES ANGES**; lectures courtes et pratiques pour chaque jour du mois de Marie. 1 vol. in-18.

**ALBERTINE**, ou la Connaissance de Jésus-Christ; par L. F. 1 vol. in-18.

**ALLONS** au ciel! traduit du latin du cardinal Bona, par l'abbé Prompsault. 1 vol. in-18.

**ALPHONSE** de Mirecourt, ou les Préventions contre la religion vaincues; par d'Exauvillez. 1 vol. in-18.

**A MARIE** : Gloire et amour. 1 vol. in-18.

**AMANDA** de Filz-Owald, ou Connaître Dieu, l'aimer et le servir. 2 v. in-18.

**ALTON-PARK**, ou Conversations sur des sujets moraux et religieux, à l'usage des jeunes personnes; trad. de l'anglais. 2 vol. in-8.

**AME** affermie dans la foi; par Baudrand. 1 vol. in-12.

**AME** chrétienne, formée par les maximes de l'Evangile; par Baudrand. 1 v. in-12.

AME contemplant les grandeurs de Dieu; par Baudrand. 1 vol. in-12.

AME éclairée (l'); par Baudrand. 1 vol. in-12.

AME embrasée de l'amour divin; par Baudrand. 1 vol. in-12.

AME élevée à Dieu (l'), suivie de l'âme pénitente et du nouveau pensez-y bien; par Baudrand. 1 vol. in-12.

AME consolée (l'), ou Mlle de Montmorency à Moulins; par Mlle Celliez. 1 v. in-12.

AME fidèle (l'), animée de l'esprit de Jésus-Christ; par Baudrand. 1 v. in-12.

AME intérieure, ou Conduite spirituelle dans les voies de Dieu; par Baudrand. 1 vol. in-12.

AME religieuse, élevée à la perfection par la vie intérieure; par Baudrand. 1 vol. in-12.

AME pénitente, ou Nouveau pensez-y bien; par Baudrand. 1 vol. in-12 et in-24.

AME sanctifiée dans toutes les actions de la vie; par Baudrand. 1 vol. in-12.

AME sur le calvaire, considérant les souffrances de Jésus-Christ; par Baudrand. 1 vol. in-12.

AME unie à Jésus-Christ dans le très-saint Sacrement de l'autel; par Mme de Carcado. 2 vol. in-12.

AMI (l') des pécheurs. 1 vol. in-12.

AMITIÉ (l'); par Farnier. 1 vol. in-12.

AMITIÉ (Traité de l') et de la gloire; par M. de Sacy. 1 vol. in-12.

AMITIÉ chrétienne (Excellence et caractère de l') et de la charité. 1 vol. in-18.

AMOUR de Dieu (de l'), ses motifs, ses qualités, ses effets; par le P. Pallu. 1 vol. in-12.

AMOUR de Dieu (Traité de l') à l'égard des hommes, et de l'amour du prochain; par le P. Avrillon. 1 vol. in-12.

AMOUR de Dieu (Traité de l'); par saint François de Sales. 2 vol. in-12 et 1 vol. in-18.

AMOUR de Dieu (Traité de l'); par le P. Antonin Massoulier. 1 vol. in-12.

AMOUR de Dieu (Traité de l'); par le comte de Stolsberg. 1 vol. in-18.

AMOUR de Jésus au très-saint Sacrement; par Boudon. 1 vol. in-18.

AMOUR de Jésus (Flammes de l'), ou Preuves de l'ardent amour de Jésus-Christ; par Pinard. 1 vol. in-12.

AMOUR de Jésus-Christ (Pratiques de l'); par saint Liguori. 1 vol. in-18 et in-12.

AMOUR de Jésus pour les hommes dans l'Eucharistie; par Xavier Lemaitre. 1 vol. in-18.

AMOUR de la croix (l'), sur le modèle de Jésus souffrant; par le P. de la Rue. 1 vol. in-18.

AMOUR des âmes (l'), ou Affectueuses méditations sur la Passion de Jésus-Christ, contenant l'horloge de la Passion; par saint Liguori. 1 vol. in-18.

AMOUR divin (de l'); par saint Liguori (tome 2e, œuvres complètes, in-12).

AMOUR du prochain (de l'); par le P. Pallu. 1 vol. in-12.

AMOUR infini (l') dans la divine Eucharistie; par l'abbé Jean-Wendel Wurtz. 1 vol. in-12.

ANALYSE de l'ouvrage du pape Benoît XIV sur les béatifications et canonisations. 1 vol. in-12.

ANGE conducteur dans la dévotion chrétienne; par le P. Goret. 1 vol. in-12.

ANGE consolateur (l'), ou Tableau des peines et des afflictions de la vie, avec des motifs de résignation. 2 vol. in-18.

ANGE gardien (Horloge de l'); par le P. J. Drexélius. 1 vol. in-18.

ANGES (de la Connaissance des saints) et des devoirs qu'il faut leur rendre; par Mgr de Fogasses. 1 vol. in-18.

ANGES (les Saints), et en particulier les anges gardiens. 1 vol. in-18.

ANGES (Dévotion au neuf chœurs des), et en particulier aux anges gardiens; par Boudon. 1 vol. in-18.

ANNÉE apostolique, ou Méditations pour tous les jours de l'année, tirées des Actes, des Épîtres des apôtres et de l'Apocalypse; par l'abbé Duquesne. 12 vol. in-12.

ANNÉE consolante, dédiée aux âmes affligées. 2 vol. in-18.

ANNÉE de la première communion; par l'abbé Quentin. 1 vol. in-18.

ANNÉE du chrétien (l'), contenant des instructions sur les mystères et les fêtes, l'explication des épîtres et des évangiles, avec l'abrégé de la vie d'un saint pour chaque jour de l'année; par le P. Griffet. 18 vol. in-12.

ANNÉE du chrétien (l'), ou le Chrétien sanctifié par la connaissance de Jésus-Christ, pendant les différents temps de l'année ecclésiastique, l'Avent, Noël, le Carême, Pâques, la Pentecôte; par Mgr Letourneur, évêque de Verdun. 6 vol. in-18.

ANNÉE liturgique. Première section, l'Avent. Deuxième section, le Carême liturgique; par dom Gueranger. 2 vol. in-12.

ANNÉE spirituelle, contenant une condnite et des exercices pour chaque jour de l'année; par Tricalet. 3 vol. in-12.

ANNUAIRE de Marie (l'), ou le Véritable serviteur de la sainte Vierge; par Menghi-d'Arville. 1 vol. in-12.

ANTHOLOGIE catholique; par M. Huet. 1 vol. in 12.

APOLOGUES et allégories chrétiennes, ou la Morale de l'Evangile développée et rendue sensible dans quatre livres d'apologues et d'allégories; par l'abbé Labiche. 1 vol. in-12.

ART de rendre heureux tout ce qui nous entoure, ou Petit traité sur le caractère; par l'abbé Caron. 1 vol. in-18.

ART (l') de se connaître soi-même; par J. Abbadie. 1 vol. in-12.

AUMONE (Traité de l'); par le P. Thomassin. 1 vol. in-8.

AU SANG de Jésus-Christ, ou le Mois de juin consacré à méditer sur les effets du sang de Jésus-Christ dans les âmes; par M. l'abbé Carney. 1 v. in-18.

AU TOMBEAU de mon Sauveur; par le P. de Géramb. 1 vol. in-18.

AUTORITÉ (de l') paternelle, de la piété filiale; par M. l'abbé Marduel. 2 v. in-8.

AUX PIEDS de la Vierge; par le comte de la Rivallière-Franendorf. 1 vol. in-18.

AVE MARIA (l'), ou les Beautés de la salutation angélique. 1 vol. in-18.

AVE MARIA (Traité de l'), ou Explication de cette prière, avec des exemples frappants; par l'abbé Bleton. 1 vol. in-18.

AVERTISSEMENTS de la Providence; par saint Liguori. 1 vol. in-18.

AVIS à une personne engagée dans le monde; par Clément. 1 vol. in-8 et in-12.

AVIS catholiques touchant la vraie dévotion de la sainte Vierge; par Boudon. 1 vol. in-24.

AVIS chrétiens et moraux pour l'institution des enfants; par messire Claude Joly. 1 vol. in-12.

AVIS d'une mère à son fils et à sa fille; par M^me^ de Lambert. 1 v. in-12.

AVIS et prières à l'usage des malades et des personnes qui les entourent. 1 vol. in-32.

AVOCAT des âmes du purgatoire; par le P. Bouyer. 1 vol. in-12.

BEAU soir de la vie (le), ou Traité sur l'amour de Dieu; par Caron. 1 v. in-18.

BONHEUR de la vie (le), ou le Service de Dieu, avec des traits historiques; par l'abbé Aubert. 1 vol. in-12 et in-18.

BONHEUR de la vie religieuse (du); par le P. Jérôme Platus; trad. par le P. A. Girard. 4 vol. in-12.

BONHEUR (du) des époux chrétiens. 1 vol. in-18.

CANTIQUES spirituels (Recueil de) à l'usage des petits séminaires et autres maisons d'éducation, avec les airs notés. 1 vol. in-12.

CARACTÈRE que saint Paul donne à la charité; par l'abbé Duguet. 1 vol. in-12.

CARACTÈRES de la vraie dévotion; par Grou. 1 vol. in-18.

CARÊME chrétien, latin et français (office de l'Eglise pendant ce temps). 1 vol. in-12.

CARÊME populaire (le), ou l'Ecole de Jésus souffrant. 2 vol. in-18.

CATÉCHÈSES d'un pasteur à ses enfants, quelques semaines avant et après la première communion; par l'abbé Girault de Troyes. 1 vol. in-12.

CATÉCHISME de Charancy, dit de Montpellier. 5 vol. in-12.

CATÉCHISME de Montpellier.

CATÉCHISME de Grenade, ou Introduction au symbole de la foi; par le P. de Grenade, trad. par Girard. 4 vol. in-8.

CATÉCHISME de la vie intérieure; par M. Ollier. 1 vol. in-18 (édit. Migne, in-8).

CATÉCHISME de l'honnête homme; par l'abbé Le François. 1 vol. in-12 (Edit. Migne, in-8).

CATÉCHISME de Meaux; par Bossuet. 1 vol. in-12 et in-8 (tome 6^e^ des œuvres). Voir aussi Catéchisme, édit. Migne, grand in-8.

CATÉCHISME de persévérance; par l'abbé Gaume. 8 vol. in-8.

— Le même, abrégé par le même. 1 vol. in-8.

CATÉCHISME philosophique, dogmatique, de Feller. 3 vol. in-12.

CATÉCHISME dogmatique et liturgique; par Challonet. 1 vol. in-12 (édit. Migne, in-8).

CATÉCHISME dogmatique et moral; par Couturier. 4 vol. in-12.

— Le même, abrégé par l'abbé ...... 1 vol. in-12.

CATÉCHISME de persévérance de Saint-Sulpice (Directoire des associés du). 1 vol in-8.

CATÉCHISME dit de l'empire francais (Explication du), renfermant l'explication de chaque leçon avec des traits historiques; par l'abbé Lasausse. 10 vol. in-12.

CATÉCHISME (Explication nouvelle du), ou le Dogme et la morale, expliqués par 400 traits historiques, distribués selon l'ordre des leçons du catéchisme; par l'abbé Guillon. 1 vol. in-12.

CATÉCHISME historique; par l'abbé Fleury. 1 vol. in-8, in-12 et in-18.

CATÉCHISME historique, dogmatique et moral des fêtes principales; par Meusi. 2 vol. in-12 (édit. Migne, in-8).

CATÉCHISME de l'empire. 1 vol. in-12.

CATÉCHISME historique, dogmatique et pratique, ou Exposition de la doctrine chrétienne, divisée en trois catéchismes; par le P. Bougeant. 2 vol. in-8.

CATÉCHISME (Nouveau), religieux, moral et politique. 1 vol. in-12.

CATÉCHISME pratique, ou Règles pour se conduire chrétiennement dans le monde; trad. de l'anglais, par un prêtre français. 1 vol. in-12.

CATÉCHISME pratique; par Gateu (édition des Catéchismes par Migne, in-8).

CATÉCHISME raisonné, historique et dogmatique à l'usage des collèges; par M. Thérou. 1 vol. in-18.

CATÉCHISME spirituel de la perfection chrétienne; par le P. Surin (édition Migne, in-8).

CATÉCHISME sur les fondements de la foi; par Aimé. 2 vol. in-12.

— Le même (édit. Migne des Catéchismes). 1 vol. grand in-8 compacte.

CATÉCHISME théologique; par Pomey. 1 vol. in-12 (édit. Migne, in-8).

CATÉCHISMES de Saint-Sulpice (Histoire des); par l'abbé Fayon. 1 vol. in-18.

CÉRÉMONIAL des religieuses hospitalières de la miséricorde de Jésus, de l'ordre de saint Augustin. 1 vol. in-8.

CÉRÉMONIE du sacre des rois (de la), avec des réflexions sur son origine, sur les règnes de rois de France, etc.; par l'abbé Juin. 1 vol. in-18.

CÉRÉMONIES de la messe (des), etc.; par saint Liguori (tome 11e de ses œuvres).

CÉRÉMONIES de la messe (Explication abrégée des); par le P. Lebrun. 1 et 2 vol. in-12.

CÉRÉMONIES de l'Eglise (Explication des); par C. de Vert. 1 vol. in-12.

CÉRÉMONIES et coutumes qui s'observent aujourd'hui parmi les juifs; trad. de l'italien de Léon de Modène, Robbin de Venise, par de Sémonville. 1 vol. in-12.

CHANTS sacrés pour les principales fêtes de l'année; par Mlle S. B. 1 vol. in-18.

CHAPELETS de N. S. Jésus-Christ et de la sainte Vierge; trad. de l'italien, par l'abbé Lachaise. 1 vol. in-32.

CHARITÉ (la) dans son principe, ses applications, etc.; par R. Renvoise. 1 vol. in-12.

CHARMES (les) de la société du chrétien. 1 vol. in-18.

CHATEAU de Malpertus (le), conversations sur les commandements; par M. d'Exauvillez. 1 vol. in-18.

CHEMIN de la croix (le); par saint Liguori. 1 vol. in-18.

CHEMIN de la croix en douze stations (le), selon l'historique de la Passion; d'après les évangélistes. 1 vol. in-18.

CHEMIN de la croix; par M. l'abbé Certes. 1 vol. in-12.

CHEMIN de la croix (Instructions sur le); revue par Mgr l'évêque de Belley. 1 vol. in-18.

CHEMIN de la perfection (le); par sainte Thérèse. 1 vol. in-12 et in-24 (tome 4e de ses œuvres).

CHEMIN de la vie (le), ou Exposition raisonnée des dogmes et de la morale chrétienne; par l'abbé Didon. 1 vol. in-18.

CHEMIN du Calvaire (le), ou Divers sujets de méditations sur les stations du chemin de la croix; par un prêtre du diocèse de Beauvais. 1 vol. in-18.

CHEMIN du ciel, ou Méditations courtes et affectueuses sur la Passion de N. S. Jésus-Christ; par un prêtre passionniste. 1 vol. in-18.

CHEMIN royal de la croix (le); trad. du latin de dom Benoît Haeften. 2 vol. in-12.

CHRÉTIEN charitable (le), qui va visiter les pauvres, les prisonniers, les malades, les agonisants, et qui instruit les ignorants; par le P. A. Bonnefom. 1 vol. in-18.

CHRÉTIEN consolé (le) dans les diverses situations de la vie, par la confiance en Dieu et l'abandon en sa providence. 1 vol. in-18.

CHRÉTIEN dans la tribulation et l'adversité (le); par de Villethierry. 1 vol. in-12.

CHRÉTIEN dans la tribulation (le) et dans l'adversité, le chrétien malade et mourant; par l'abbé Gérard. 1 et 2 vol. in-12.

CHRÉTIEN de l'Evangile (le) par opposition au chrétien du jour, ou Portrait du véritable chrétien; par l'abbé Paulmier. 1 vol. in-18.

CHRÉTIEN en solitude (le); par le P. Crasset. 1 vol. in-12.

CHRÉTIEN (le) étranger sur la terre; par Girard. 1 vol. in-12.

CHRÉTIEN fidèle à honorer Marie, par la méditation de ses litanies, en forme de mois de Marie. 1 vol. in-16 et in-12.

CHRÉTIEN inconnu (le), ou Idée de la vraie grandeur du chrétien; par Boudon. 1 vol. in-12.

CHRÉTIEN intérieur (le), ou la Conformité intérieure que doivent avoir les chrétiens avec Jésus-Christ. 1 vol. in-12.

CHRÉTIEN sanctifié (le) par de pieux exercices; par l'abbé Lasausse. 1 vol. in-12.

CHRÉTIEN sanctifié (le) par la prière et la fréquentation des sacrements; par Deville. 1 vol. in-18.

CHRIST mourant (le); trad. du P. J. Drexélius, par l'abbé Perrin. 2 vol. in-18.

CHRIST naissant (le); trad. du P. Drexélius; par l'abbé Perrin. 2 vol. in-18.

CHRISTIANISME (le) présenté aux hommes du monde; par Fénelon, ouvrage reeueilli et mis en ordre par M. l'abbé Dupanloup. 6 vol. in-18.

CIEL ouvert (le). 1 vol. in-12.

CITÉ mystique de Dieu (la), ou Vie révélée de la sainte Vierge; par Thomas Crosit. 7 vol. in-12.

CLAIRE Gambacorté, ou le Pouvoir de la religion dans le pardon des offenses; par un prêtre de Paris. 1 vol. in-18.

CODE chrétien (le), ou Sentences tirées de la Bible; par Mme Woillez. 1 vol. in-18.

COEUR admirable de la très-sainte Mère de Dieu; par J. Eudes. 2 v. in-8.

COLLOQUES du Calvaire, ou Méditations sur la Passion; par Tourbon. 1 v. in-18.

COMBAT spirituel (le); traduit de l'italien de Scupoli, par le P. Brignon. 1 vol. in-18.

COMÉDIE (Discours sur la); par Pierre Le Brun. 1 vol. in-12.

COMÉDIE (Traité contre la); par Bossuet. 1 vol. in-18 et in-12.

COMMENTAIRE affectif sur l'amour de Dieu; par Avrillon. 1 vol. in-12.

COMMENTAIRE affectif sur le psaume *Miserere*; par Avrillon. 1 vol. in-12.

COMMUNION (Traité de la sainte), avec des traits historiques; par Marius Aubert. 1 vol. in-18.

CONCEPTION immaculée de Marie (de la); par le P. Perrone (14e vol. des Démonstr. évang. Edit. Migne).

CONCILE (le saint) de Trente. 1 vol. in-12.

CONDUITE admirable de la Providence, pour procurer le salut du monde, par le moyen de Jésus Christ; par saint Liguori. 1 vol. in-12 et in-18 (19e vol. des œuvres).

CONDUITE chrétienne, où sont développées les vérités de la religion et les obligations du chrétien; par Nicque. 1 vol. in-12.

CONDUITE dans les voies de Dieu; par le P. Nouët. 1 vol. in-12.

CONDUITE dans les voies du salut; par le P. Nouët. 1 vol. in-12.

CONDUITE d'une dame chrétienne pour vivre saintement dans le monde; par l'abbé Duguet. 1 vol. in-12.

CONDUITE pour la confession et la communion; par saint François de Sales. 1 vol. in-18.

CONDUITE pour la lecture meditée de chaque jour. 1 vol. in-24.

CONDUITE pour le temps pascal; par M. Letourneur. 1 vol. in-18.

CONDUITE pour les principales actions de la vie chrétienne; par Saint-Jure. 1 vol. in-18.

CONDUITE pour passer le temps de l'Avent; par Avrillon. 1 vol. in-12.

CONDUITE pour passer le temps du Carême; par Avrillon. 1 vol. in-12.

CONDUITE pour passer les fêtes et octaves de la Pentecôte, du saint Sacrement et de l'Assomption; par le R. P. Avrillon. 1 vol. in-12.

CONDUITE spirituelle de la sœur Anne Violet, en tiers-ordre de saint François; par le P. Marin. 1 vol. in-12.

CONFÉRENCES et sermons de M. Ribier. 1 vol. in-12.

CONFÉRENCES monastiques pour les dimanches de l'Avent et du Carême; par un religieux bénédictin. 1 vol. in-12.

CONFÉRENCES sur la religion; par M. l'abbé Faudet. 1 vol. in-12.

CONFÉRENCES sur le dogme de la présence réelle et sur la fréquente communion; par l'abbé Vernat. 1 vol. in-12.

CONFÉRENCES sur les offices et les cérémonies de la semaine sainte à Rome; par Wiseman. 1 vol. in-12 (16e vol. des Démonstr. évang. Edit. Migne).

CONFÉRENCES sur l'oraison dominicale; par le P. Bizault. 1 vol. in-12.

CONFÉRENCES théologiques et spirituelles sur les grandeurs de Dieu; par le P. d'Argentan. 3 vol. in-12.

CONFÉRENCES théologiques et spirituelles sur les grandeurs de Jésus-Christ; par le P. d'Argentan. 1 vol. in-12.

CONFÉRENCES théologiques et spirituelles sur les grandeurs de la sainte Vierge; par le P. d'Argentan. 3 vol. in-12.

CONFESSION (de la), sa divinité et ses avantages prouvés par les faits; par l'abbé Guillois. 1 vol in-12.

CONFIANCE en Dieu (Traité sur la), pour mettre une âme en repos et en état de recevoir toutes sortes d'afflictions; par le P. Dusault. 1 vol. in-12.

CONFIANCE en la miséricorde de Dieu (Traité de la); suivi du *Faux bonheur des gens du monde*; par Mgr Languet, archevêque de Sens. 1 vol. in-12 et in-18.

CONFORMITÉ de la religion chrétienne avec la nature et les besoins de notre âme; par M. de S. 1 vol. in-18 et in-12.

CONGRÉGANISTE parfait de Notre-Dame-des-Sept-Douleurs (le); par le P. Lorenzo Remundinez. 1 vol. in-12.

CONNAISSANCE de Dieu et de soi-même (de la); par Bossuet. 1 vol. in-12 et in-18 (34e de ses œuvres).

CONNAISSANCE (la) de Jésus-Christ, ou le Dogme de l'Incarnation envisagé comme la raison suprême et dernière de tout ce qui est; par M. l'abbé Combalot.

CONNAISSANCE de Jésus-Christ (de la), avec des élévations sur chacun des mystères de Jésus-Christ; par Caussel, prêtre de Montpellier. 2 v. in-12.

CONNAISSANCE de soi-même, sous le titre de : *Art de se connaître soi-même*; par Abbadie. 1 vol. in-12.

CONNAISSANCE de soi-même (Traité de la); par J. Massée; traduit de l'anglais. 1 vol. in-8.

CONNAISSANCE et amour de Jésus-Christ (Abrégé de la) ; par le P. Saint-Jure. 1 vol. in-12.

CONNAISSANCE et amour de Jésus-Christ ; par M. de Genoude. 1 v. in-12.

CONNAISSANCE et amour de N. S. Jésus-Christ ; par le P. Pallu. 1 v. in-12.

CONNAISSANCE et amour du fils de Dieu, N. S. Jésus-Christ (de la) ; par le P. Saint-Jure. 5 vol. in-8.

CONSEILS à la jeunesse, extraits des *Devoirs des hommes ;* par Silvio Pellico. 1 vol. in-18.

CONSEILS à une femme chrétienne sur les devoirs de son état ; par M. de Fontaine de Resbecq. 1 vol. in-18.

CONSEILS d'une mère à sa fille pour le jour de sa première communion ; par M. A.-J. du Lys. 1 vol. in-18.

CONSEILS d'une mère chrétienne à sa fille. 1 et 2 vol. in-18.

CONSEILS et exemples en forme de dialogues, sur la sanctification du dimanche, sur les mauvaises chansons, les mauvais livres, les parures immodestes. 1 vol. in-12.

CONSIDÉRATIONS affectueuses sur la Passion de N. S. Jésus-Christ ; trad. du cardinal Fontana, par du Sein. 1 vol. in-18.

CONSIDÉRATIONS affectueuses sur quelques vérites de la religion ; trad. de saint Liguori. 1 vol. in-18.

CONSIDÉRATIONS sur divers points de la morale chrétienne ; par Mgr de la Luzerne. 4 vol. in-12.

CONSIDÉRATIONS sur la Passion de N. S. Jésus-Christ ; par le cardinal de la Luzerne. 1 vol. in-12.

CONSIDÉRATIONS sur le Cantique des cantiques, suivies du Traité sur l'immaculée conception ; par V.-J. Autist. 1 vol. in-12.

CONSIDÉRATIONS sur le dogme générateur de la piété catholique ; par l'abbé Gerbet. 1 vol. in-12.

CONSIDÉRATIONS sur l'éternité ; par Abelly. 1 vol. in-12.

CONSIDÉRATIONS sur les mœurs de ce siècle ; par Duclos (1765). 1 vol. in-12.

CONSIDÉRATIONS sur les devoirs des personnes engagées par état à servir les malades. 1 vol. in-18.

CONSOLATEUR (le), ou Pieuses lectures adressées aux malades et à toute personne affligée ; par le P. J. Lambillotte. 1 vol. in-18.

CONSOLATEUR des affligés et des malades (le) ; par M. Martin de Noirlieu. 1 vol. in-12.

CONSOLATEUR des âmes timorées (le) ; par le vénér. Louis de Blois ; trad. par M. Prompsault. 1 vol. in-18.

CONSOLATION de la philosophie de Boëce, dédiée aux malheureux. 1 vol. in-12.

CONSOLATION du chrétien (la), ou Motifs de confiance en Dieu dans les diverses circonstances de la vie ; par l'abbé Roissard. 1 et 2 vol. in-12.

CONSOLATIONS (des), ou Recueil de ce que la raison et la religion peuvent offrir de consolations aux malheureux ; par Jeauffret. 15 vol. in-8.

CONSOLATIONS chrétiennes, dédiées aux dames pieuses; par Mme Celnart. 1 vol. in-18.

CONSOLATIONS de l'âme fidèle contre les frayeurs de la mort; par C. Drelincourt. 2 vol. in-8.

CONSOLATIONS de la croix (les); par M. de Sambucy. 1 v. in-8.

CONSOLATIONS de la religion, dans la perte des personnes qui nous sont chères; par M. Louis Provana de Collegno. 1 vol. in-18.

CONSTITUTIONS des religieuses de Sainte-Aure, suivant la règle de saint Augustin. 1 vol. in-18.

CONTRAT de l'homme avec Dieu, par le saint baptême; par le P. Eudes. 1 vol. in-24.

CONVERSATIONS de dom Augustin, abbé de la Trappe, avec des petits enfants. 1 vol. in-18.

CONVERSATIONS entre une mère et ses enfants, sur les principaux points de la morale chrétienne; par Mme de Maussion. 2 vol. in-18.

CONVERSATIONS d'Emilie (les); par M..... 2 vol in-12 et in-18.

CONVERSION d'un pécheur (la), réduite en principes; par le P. F. de Salaza. 1 vol. in-12.

CORRECTION fraternelle (Traité de la). 1 vol. in-18.

CORRESPONDANCE de famille sur le choix des amis, et sur le danger des mauvaises liaisons. 1 vol. in-12 et 4 vol. in-18.

CORRESPONDANCE de Sophie. 2 vol in-12 réunis en 1.

COURONNE de la Grâce. 2 vol. in-18.

COURS de leçons religieuses, morales et historiques, dédié aux élèves de la maison royale de Saint-Denis; par Mme la baronne Damery, surintendante. 2 vol. in-12.

COURS de lectures sur les vérités importantes de la religion, qui peuvent se faire en tout temps, mais principalement à la prière du soir, etc.; par un ancien professeur de théologie de la Société de Saint-Sulpice. 2 vol. in-12.

COURS de morale chrétienne et de littérature religieuse; par Feller. 5 vol. in-8.

COURS de morale (Petit) pour l'éducation de la jeunesse. 1 vol. in-18.

COURS élémentaire de religion, à l'usage des maisons d'éducation et des écoles normales; par l'abbé Braye. 1 vol. in-12.

CRI de la vérité (le) contre la séduction du siècle; par Caraccioli. 1 vol. in-12.

CROIX et douleurs; par Émile Chavin. 1 vol. in-18.

CROIX (la): Principe et fin pratique de la doctrine, des devoirs, des vertus de toute la vie chrétienne, ouvrage divisé en 40 chemins de croix divers; par l'abbé Bize 1 vol. in-12.

CULTE catholique (Aperçu sur le); par l'abbé M. H. Raffray. 1 vol. in-18.

CULTE de l'amour divin (le) dans la dévotion au sacré cœur de Jésus par M. de Fumel. 2 vol. in-12.

CULTE des saints (du), et principalement de la sainte Vierge; par Mgr l'archevêque de Castorie. 1 vol. in-8 et in-12.

CULTE public (du), ou de la Nécessité du culte public en général et de l'excellence du culte public en particulier; par Mgr Jauffret. 1 vol. in-8.

DANSE (Traité contre la) et les mauvaises chansons; par l'abbé Gaultier. 1 vol. in-12.

DÉCADENCE des lettres et des mœurs (de la), depuis les Grecs et les Romains jusqu'à nos jours; par Rigoley de Juvigny. 1 vol. in-8.

DÉFENSE de la morale catholique; par Manzoni. 1 vol. in-12.

DÉLICES de la religion (les), ou le Pouvoir de l'Evangile pour nous rendre heureux; par l'abbé Lamourette. 1 vol. in-12.

DÉLICES des âmes affligées, ou Lettres de consolation tirées de saint Paul, saint Jérôme, saint Basile, etc., avec préface; par Mgr Olivier. 1 v. in-18.

DÉLICES des âmes pieuses; par M. l'abbé Gaume. 2 vol. in-18.

DÉLICES du jeune âge, ou le Joug du Seigneur, avec des traits historiques; par Marius Aubert. 1 vol. in-18.

DERNIÈRE cène de N. S. Jésus-Christ (la), d'après les contemplations de Anne-Catherine Emmerich; trad. de l'allemand, par un ecclésiastique. 1 vol. in-24.

DESCRIPTIONS des translations prodigieuses de la vénérable maison de la très-sainte Vierge à Lorette; par P.-C. Paulet. 1 vol. in-12.

DESTINÉES du christianisme (les); par l'abbé Polge. 1 vol. in-8.

DEVOIRS ecclésiastiques de Sevoy. 1 vol. in-8.

DEVOIRS des hommes (des); par Silvio Pellico. 1 vol. in-18.

DEVOIRS des maîtres et des domestiques; par Fleury. 1 vol. in-12 et in-18.

— Le même (tome 1er des opuscules). 1 vol. in-8.

DEVOIRS des vierges chrétiennes, tirés de l'Ecriture; par A. Paccore. 1 v. in-18.

DEVOIRS du jeune chrétien, ou Conseils à Théodore. 1 vol. in-18.

DÉVOTION à la très-sainte Trinité; par M. Boudon. 1 vol. in-24.

DÉVOTION à l'immaculée Vierge Marie, mère de Dieu; par Boudon. 1 vol. in-12.

DÉVOTION à Notre-Dame; par le P. Segneri. 1 vol. in-18.

DÉVOTION à N. S. Jésus-Christ dans l'Eucharistie; par le P. L. Vaubert. 2 vol. in-12.

DÉVOTION à saint Joseph, établie par les faits; trad. de l'italien du P. Patrignani, par le P. Loriquet. 1 vol. in-12.

DÉVOTION au cœur de Marie; par Mgr Hachette-des-Portes. 1 vol. in-12.

DÉVOTION au sacré cœur de Jésus. (Esprit et pratique.) 1 vol. in-12.

DÉVOTION aux neuf chœurs des Anges et aux saints Anges gardiens; par Boudon. 1 vol. in-18.

DÉVOTION aux souffrances et à la croix de N. S. Jésus-Christ. 1 vol. in-12.

DÉVOTION aisée (de la); par le P. Lemoine. 1 vol. in-32.

DÉVOTION de la voie de la croix; par l'abbé de Sambucy. 1 vol. in-18.

**DÉVOTION** des sept mercredis, ou Semaine de saint Joseph; par saint Liguori. 1 vol. in-32.

**DÉVOTION** du calvaire (la); par le P. Crasset. 1 vol. in-12.

**DÉVOTION** éclairée, ou Magasin des dévots; par Mme Leprince de Beaumont. 1 vol. in-12.

**DÉVOTION** envers N. S. Jésus-Christ, souverainement bon, souverainement grand, souverainement saint, ou Lectures spirituelles de l'homme d'oraison pendant tout le cours de l'année; par le P. Nouët. 10 vol. reliés en 5 vol. in-12.

**DÉVOTION** pratique aux sept principaux mystères douloureux de la très-sainte Vierge; par le P. Almeyda. 1 vol. in-12 et 2 vol. in-18.

**DÉVOTION** réconciliée avec l'esprit (la); par Lefranc de Pompignan, évêque du Puy. 1 vol. in-12.

— Le même, augmenté de traits historiques; par l'abbé Th. Perrin. 2 vol. in-18.

**DÉVOTION** véritable (la); par Muratori. 1 vol. in-12.

**DIALOGUES** spirituels, où la perfection chrétienne est expliquée pour toutes sortes de personnes; par le P. Surin. 2 vol. in-12.

**DIALOGUES** sur la sanctification du dimanche. 1 vol. in-18.

**DIALOGUES** sur le jurement et le blasphème. 1 vol. in-18.

**DIEU** inconnu; par M. Boudon. 1 vol. in-18.

**DIEU** me voit, ou Dialogue sur la présence de Dieu. 1 vol. in-18.

**DIEU** présent partout; par Boudon. 1 vol. in-24.

**DIEU** seul; par Boudon. 1 vol. in-18.

**DIEU** seul. L'amour de Jésus au très-saint Sacrement de l'autel; par Boudon. 1 vol. in-18.

**DIEU** seul, ou Association pour l'intérêt de Dieu seul; par Boudon. 1 vol. in-24.

**DIMANCHE** (le), souvenir des instructions du carême de 1838; par l'abbé Le Courtier. 1 vol. in-8 et in-12.

**DIMANCHE** utilement employé (le). Dialogues sur les vérités de la religion. 1 vol. in-18.

**DIRECTION** de saint François de Sales, pour la prière, la méditation, etc. 1 vol. in-18.

**DIRECTEUR** (le) des consciences scrupuleuses; par le P. Collombau Gilloste. 1 vol. in-12.

**DIRECTION** maternelle de la jeune fille; par Mme J. Saunders. 1 vol. in-12.

**DISCOURS** sur quelques sujets de piété et de religion; par le R. P. le Chapelain. 1 vol. in-12.

**DISSERTATION** sur l'ostensoir d'or offert par Fénelon à son église métropolitaine, in-8 (34e vol. de ses œuvres).

**DISSERTATION** sur le Messie; par Jacquelot. 1 vol. in-12.

**DISSERTATIONS** sur les fins dernières; par saint Liguori (tome 18e de ses œuvres), in-12.

DISSERTATIONS théologiques sur les exorcismes, l'Eucharistie, l'usure; par Duguet. 1 vol. in-12.

DIVERS entretiens sur la vie cachée de Jésus-Christ dans l'Eucharistie, pour disposer à la réception de ce sacrement les âmes qui s'en approchent souvent, etc.; par le P. Ch. Lallemant. 1 vol. in-18.

DIVERS essais pour enseigner les vérités fondamentales de la religion aux personnes qui ne savent pas lire; par Mgr l'évêque de Belley. 1 vol. in-12.

DIVERS suppléments aux œuvres de saint François de Sales; recueillis par l'abbé Baudry. 1 vol. in-8.

DIVINE doctrine de Jésus-Christ (la), ou Méditations sur le sermon de la montagne; par M. le duc du Maine. 1 vol. in-18.

DIVINE méthode de réciter le saint Rosaire par article, etc.; par le P. L. Bidault de Sainte-Marie. 1 vol. in-12.

DIVINES leçons de Jésus-Christ (les); par le P. Saint-Jure. 1 vol. in-12.

DIVINES prières (les) et méditations, ou Recueil de prières et méditations pour toutes les situations de la vie. 1 vol. in-18 et in-12.

DOCTRINE chrétienne de Lhomond. 1 vol. in-12.

DOCTRINE de Jésus-Christ, puisée dans les épîtres des apôtres et dans l'Apocalypse. 2 vol. in-12.

DOCTRINE spirituelle du P. Berthier. 1 vol. in-12.

DOCTRINE spirituelle; par Berthier, Surin, Saint-Jure, de la Mothe, sainte Thérèse, etc. 1 vol. in-18 et 1 vol. in-12.

DOUCE et sainte mort (la); par le P. Crasset. 1 vol. in-12.

DOUCEUR chrétienne (de la). 1 vol. in-18.

DOUZE vertus d'un bon maître (les); par J.-B. de la Salle. 1 vol. in-18.

ÉCHELLE sainte (l'); par saint Jean Climaque, trad. par Arnault d'Andilly. 1 vol. in-8 et in-12.

ÉCLAIRCISSEMENT sur le livre de la sainteté et des devoirs de la vie monastique. 1 vol. in-12.

ÉCOLIER chrétien (l'), ou Traité des devoirs d'un jeune homme qui veut sanctifier ses études; par Collet. 1 vol. in-18.

ÉDUCATION chrétienne, à l'usage des deux sexes; par l'abbé Blanchart. 2 vol. in-12.

ÉDUCATION des filles (de l'); par Fénelon. 1 vol. in-8, in-12 et in-18.

ÉGLISE catholique, bonheur de la connaître et de lui appartenir, suivi de la naissance du protestantisme. 1 vol. in-18.

ÉGLISES (des) et des temples des chrétiens. 1 vol. in-12.

ÉLÉVATIONS de l'âme vers Dieu; par Mgr Droste de Vischering, archevêque de Cologne; trad. par l'abbé Poncelet. 1 vol. in-12.

ÉLÉVATIONS sur les mystères; par l'abbé comte de Robiano. 1 vol. in-18.

ÉLÉVATIONS sur les mystères de la religion chrétienne; par Bossuet. 1 vol. in-12 et in-8 (tome 8e de ses œuvres).

ENFANCE chrétienne (l'); par M. J. Blanlo. 1 vol. in-18.

ENFER (Dogme catholique sur l'); par P. J. Carl. 1 vol. in-8.

**ENSEIGNEMENTS** pratiques et moraux pour tranquilliser dans leurs doutes les âmes timorées, etc.; par le P. Quadrupani. 1 vol. in-32.

**ENSEIGNEMENT** de la religion; par l'abbé Mérault. 5 vol. in-12.

— Le même, abrégé par un frère des écoles chrétiennes. 1 vol. in-12.

**ENTRETIENS** avec Jésus-Christ dans le saint Sacrement de l'autel; par le P. Dufault. 1 vol. in-12.

**ENTRETIENS** d'Angélique, pour exciter les jeunes personnes à la vertu; par Mlle Loquet. 1 vol. in-12.

**ENTRETIENS** d'Ariste et d'Eugène; par le P. Bouhours. 1 vol. in-12.

**ENTRETIENS** de Clotilde, pour exciter les jeunes personnes à la vertu, faisant suite aux entretiens d'Angélique; par Mlle Loquet. 1 vol. in-12.

**ENTRETIENS** de Théophile et d'Eugène sur la religion chrétienne; par Mésenguy. 1 vol. in-12.

**ENTRETIENS** devant le saint Sacrement. 1 vol. in-18.

**ENTRETIENS** familiers d'un curé de campagne avec la jeunesse, en forme de catéchisme, et connu sous le nom de Catéchisme de constance, édit. enrichie d'un grand nombre de traits d'histoire. 4 vol. in-12.

**ENTRETIENS** spirituels sur les principaux devoirs des personnes consacrées à Dieu, et autres qui tendent à la perfection; par Courbon. 1 vol. in-12.

**ENTRETIENS** d'un supérieur de communauté. 1 vol. in-12.

**ENTRETIENS** sur la dévotion; par Mme Leprince de Beaumont. 1 vol. in-12.

**ENTRETIENS** d'un pasteur avec ses enfants; par l'abbé Gérault. 3 v. in-12.

**ENTRETIENS** spirituels de saint François de Sales. 1 vol. in-12.

**ENTRETIENS** spirituels sur les principaux devoirs des personnes consacrées à Dieu; par M. Courbon. 1 vol. in-12.

**ENTRETIENS** sur la liturgie, nouvelle explication des prières et cérémonies du saint sacrifice; par l'abbé Pascal. 1 vol. in-12.

**ENTRETIENS** sur le sacrement de confirmation; par Mgr Jauffret. 1 vol. in-8.

**ENTRETIENS** sur les fêtes, jeûnes, usages, et principales cérémonies de l'Eglise; par Cochin. 1 vol. in-12.

**ENTRETIENS** sur les principales fêtes de l'année. 2 vol. in-18.

**EPIPHANIE** (l'); par le P. Ventura. 1 vol. in-18.

**ÉPITRES** et évangiles des dimanches (Explication littérale et morale des) et des principales fêtes de l'année, avec des notions liturgiques sur les principales cérémonies de l'Eglise; par l'abbé Guillois. 1 vol. in-12.

**ÉPITRES** spirituelles (les); de J. Davilla. 2 vol. in-12.

**ÉPITRES** spirituelles (les) de la mère J.-F. de Chantal. 1 vol. in-8.

**ESPRIT** (l') consolateur. 1 vol. in-12.

**ESPRIT** consolateur (l'); par l'abbé d'Hérouville. 1 vol. in-12.

**ESPRIT** de saint François de Sales (l'), recueilli par J.-P. Camus, évêque de Belley, abrégé par Collot. 1 vol. in-8 et 2 vol. in-12.

— Le même, complet, édit. nouvelle; par Dépery. 3 vol. in-8.

**ESPRIT** de saint Vincent de Paul, ou Modèle de conduite proposé à tous les ecclésiastiques, religieux et fidèles; par A. J. Ansart. 2 vol. in-12.

ESPRIT de sainte Thérèse, recueilli de ses œuvres; par M. Emery. 1 vol. in-12.

ESPRIT des souffrances de N. S. Jésus-Christ, d'après le P. Thomas de Jésus; par l'abbé Oudoul. 1 vol. in-12.

ESPRIT des cérémonies de l'Eglise; par l'abbé Chirat. 1 vol. in-12.

ESPRIT du christianisme (l'), ou la Conformité du chrétien avec Jésus-Christ; par le P. Nepveu. 1 vol. in-12.

ESPRIT du P. Avrillon. Conduite pour passer saintement le temps de l'Avent, du Carême, de la Pentecôte, de l'Assomption, etc.; mis en ordre par l'abbé Oudoul. 1 vol. in-18.

ESPRIT du R. P. Thomas de Jésus, sur les souffrances de N. S. Jésus-Christ, augmenté des trois heures d'agonie; par l'abbé Oudoul. 1 vol. in-18.

ESPRIT (l') et la pratique de la dévotion au sacré cœur de Jésus. 1 v. in-12.

ESPRIT et pensées de l'abbé Maury. 1 vol. in-8.

ESSAI sur le blasphème; par l'abbé Marquet. 1 vol. in-18.

ÉTERNITÉ (l') s'avance et nous n'y pensons pas; par le P. de Géramb. 1 v. in-12.

ÉTUDE du chrétien, ou le Disciple à la suite de son divin Maître, dans le jardin des Oliviers, devant les juges de Jérusalem et sur le Calvaire. 1 v. in-12.

EUCHARISTIE (l'); par M. E. Ferrand (collection des Grâces chrétiennes). 1 vol. in-18.

ÉVANGILE de la jeunesse; par M. l'abbé Pinard. 1 vol. in-12.

ÉVANGILE des doux et humbles de cœur (l'); par Lehoult-Courval. 1 vol. in-8.

ÉVANGILE médité et distribué pour tous les jours de l'année suivant la concorde des quatre évangélistes; par l'abbé Duquesne. 8 vol. in-12 et 2 vol. in-8.

ÉVANGILES de N. S. Jésus-Christ (les Saints), édition populaire. 1 v. in-12.

ÉVANGILES des dimanches et des principales fêtes de l'année (Explication des); par Mgr de la Luzerne. 4 vol. in-12.

EXAMEN de conscience à l'usage de la jeunesse et des maisons religieuses. Broch. in-18.

EXAMENS particuliers sur divers sujets, à l'usage de toutes les sœurs consacrées à Dieu, dans les fonctions d'institutrices gratuites, ou de servantes des pauvres et des malades. 1 vol. in-12.

EXCELLENCE de la dévotion au cœur adorable de Jésus-Christ; par le P. Galliffet. 2 vol. in-12 et in-18.

EXCELLENCE de la dévotion au saint scapulaire; par le P. Th. Chais. 1 v. in-18.

EXCELLENCE de la morale catholique, démontrée par Manzoni; trad. de l'italien, par Mme E. Tarbé. 1 vol. in-18.

— La même, traduction de l'abbé de Lacouture. 1 vol. in-12.

EXCELLENCE de la sainte messe, manière d'y assister, etc. 1 vol. in-12.

**EXCELLENCE** et pratique de la dévotion à la sainte Vierge; par le P. Galliffet. 1 vol. in-32.

**EXERCICE** de dévotion en l'honneur de la passion de N. S. Jésus-Christ, et de la compassion de la sainte Vierge. 1 vol. in-12.

**EXERCICE** de la présence de Dieu (le saint); par le P. Vaubert. 1 v. in-32.

**EXERCICE** de l'âme pour se disposer aux sacrements de pénitence et d'eucharistie; par l'abbé Clément. 1 vol. in-12.

**EXERCICE** de piété pour la communion, pour les trois jours qui la précèdent et pour les trois jours qui la suivent; par le P. Griffet. 1 vol. in-12 et in-18.

**EXERCICES** spirituels de saint Ignace; trad. en français, par l'abbé Clément. 1 vol. in-12.

**EXPLICATION** des premières vérités de la religion; par Callot. 1 vol. in-8.

**EXPLICATION** du mystère de la passion de N. S. Jésus-Christ, suivant la concorde. 1 vol. in-12.

**EXPLICATION** familière des principales vérités de la religion, à l'usage des enfants; par Mme de Lamartine. 1 vol. in-18.

**EXPLICATION** des cérémonies de la messe; par le P. Lebrun. 1 et 2 vol. in-12.

**EXPLICATIONS** du catéchisme; par Guillois. 1 vol. in-12.

**EXPOSITION** abrégée des preuves de la doctrine chrétienne; par M. Martin de Noirlieu. 1 vol. in-12.

**EXPOSITION** de la doctrine chrétienne. 4 vol. in-12.

**FÊTE-DIEU** (la), ou le Triomphe de la paix religieuse. 1 vol. in-12.

**FÊTES** mobiles (Traité des), jeûnes et autres observances annuelles de l'Eglise catholique, composé d'après Alban Butler; par Godescard. 2 vol. in-8 et in-12.

**FIDÈLE** au pied de la croix (le), ou Méditations; par le prince Hohenlohe. 1 vol. in-18.

**FIDÈLE** observation des commandements de Dieu (de la), avec des exemples appliqués à chaque précepte. 2 vol. in-18 réunis en 1.

**FIDÈLE** observation (de la) des commandements de l'Eglise, avec des exemples. 1 vol. in-18.

**FINS** dernières de l'homme; par le P. Pallu. 1 vol. in-12.

**FLAMMES** de l'amour de Jésus (les); par l'abbé Pinart. 1 vol. in-12.

**FLEURS** de pénitence pour le saint temps de carême. 1 vol. in-18.

**FLEURS** des fêtes de la très-sainte Vierge, ou Trente et une méditations et autant d'histoires, etc.; par M. L.-F. Guérin. 1 vol. in-18.

**FLEURS** (des) du mois de mai; par M. l'abbé R. 1 vol. in-18.

**FOI** (la), l'Espérance et la Charité; par M. L.-B. 1 vol. in-12 et 3 vol. in-18.

**FOI** (la), l'Espérance et la Charité, opposées à l'indifférence, au désespoir et à l'égoïsme du siècle; par l'abbé Le Guillou. 1 vol. in-12.

**FONCTIONS** papales à Rome pendant la semaine sainte; par G. Moroni, trad. par l'abbé Pascal. 1 vol. in-12.

**FONDEMENTS** de la foi (les); par Aymé. 2 vol. in-12.

FONDEMENTS de la vie spirituelle; par le P. Surin. 1 vol. in-12.

FORMULAIRES de prières, à l'usage des religieuses Ursulines. 1 vol. in-12.

FRUITS de la solitude; par le marquis de Chambray. 1 vol. in-8.

FRUITS du mois de Marie, ou Semaine à Marie. 1 vol. in-18.

GÉMISSEMENTS (les) et les espérances de la religion catholique; par Mgr Tharin. 1 vol. in-18.

GÉNIE du prêtre (le); par l'abbé Popis de Castres. 1 vol. in-8.

GLOIRE de la très-sainte Trinité (la) dans les âmes du purgatoire, et la dévotion au règne de Dieu; par Boudon. 1 vol. in-32.

GLOIRES de Marie (les), ou Paraphrases du *Salve Regina*; par saint Liguori. 2 vol. in-12 (tome 6e et 7e de ses œuvres).

GLOIRES de Notre-Dame-du-Puy (les); par Caillau. 1 vol. in-12.

GRACES chrétiennes (les); collection de Mme Richomme, composée de : *L'Apôtre des Indes, ou la Confirmation.* 1 vol. — *Les Pèlerins, ou la Foi.* 1 vol. — *La Clémence de Robert, ou l'Eucharistie.* 1 vol. — *La Charité.* 1 vol. — *Marguerite, ou l'Espérance.* 1 vol. — *Une Croisade, ou l'Extrême-Onction.* 1 vol. — *Les Sauvages, ou la Charité.* 1 vol. — *Augustin, ou la Pénitence.* 1 vol. En tout 10 vol. in-18.

GRAND jour approche (le), ou Lettres sur la première communion; par l'abbé Gaume. 1 vol. in-18.

GRAND moyen de la prière (du), suivi du Petit traité de la prière, etc.; par saint Liguori (œuvres complètes, tome 3e, in-12).

GRANDEURS de Dieu, de Jésus-Christ, de la sainte Vierge. (Voir les Conférences théologiques sur les....)

GRANDEURS de Marie (les), ou Méditations pour chaque octave des fêtes de la sainte Vierge; par l'abbé Duquesne. 2 vol. in-12.

GRANDEURS de la sainte Vierge Marie; par l'abbé V. 2 vol. in-12.

GUIDE consolateur des âmes portées au découragement et à la défiance. 1 vol. in-18.

GUIDE de la charité (le); par l'abbé Chirat. 1 vol. in-12.

GUIDE de la jeunesse (le) dans les voies du salut; par Arvisenet. 1 vol. in-32.

GUIDE des pécheurs (le); par le P. de Grenade. 1 vol. in-8.

GUIDE des personnes pieuses, ou Règles de conduite pour les personnes appelées à vivre dans le monde. 1 vol. in-18.

GUIDE des supérieurs (la), ou Avis à une supérieure; par une religieuse. 1 vol. in-8.

GUIDE du néophyte (le), ou la Religion du cœur; par le comte de la Rivallière-Frauendorf. 1 vol. in-12.

GUIDE spirituel pour la perfection; par le P. Surin. 1 vol. in-12.

HÉRÉSIES (Réfutation des), ou le Triomphe de l'Eglise; par saint Liguori. 2 vol. in-12.

HEURES d'un homme sage; par l'abbé Maurette. 1 vol. in-8.

HEURES sérieuses d'un jeune homme; par Ch. Sainte-Foi. 1 vol. in-32.

HEURES sérieuses d'une jeune femme; par Ch. Sainte-Foi. 1 vol. in-18.

**HISTOIRE** chalcographique des dix-sept années saintes, ou Jubilé universel. 1 vol. in-12.

**HISTOIRE** de la robe de Jésus-Christ, conservée dans la cathédrale de Trèves; par J. Marx, professeur du grand séminaire, approuvée par Mgr l'archevêque de Trèves; trad. de l'allemand par l'abbé Wayant, vicaire à Metz. 1 vol. in-18 et in-12.

**HISTOIRE** de la statue miraculeuse de Notre-Dame-de-Bonne-Délivrance, vénérée dans la chapelle des religieuses hospitalières de Saint-Thomas-de-Villeneuve, à Paris, suivie du Manuel de la confrérie de la bonne mort; par un prêtre du clergé de Paris. 1 vol. in-18.

**HISTOIRE** de la Trappe, ou Précis exact des règles, des usages de cet ordre; par M. de Grandmaison-y-Bruno. (Voir aussi *histoire des Trappistes.*) 1 vol. in-12.

**HISTOIRE** de Notre-Dame-de-Liesse; par M. Villette. 1 vol. in-8 et in-12.

**HISTOIRE** de Notre-Dame-de-Mont-Roland. 1 vol. in-18.

**HISTOIRE** des fêtes de l'Eglise et de l'esprit dans lequel elles ont été établies; par dom Jamin. 1 vol. in-12.

**HISTOIRE** des principaux sanctuaires de la mère de Dieu; par l'abbé Pouget. 1 vol. in-12.

**HISTOIRE** des temples des païens, des juifs et des chrétiens; par l'abbé Ballet. 1 vol. in-12.

**HISTOIRES** choisies, ou Livre des exemples tirés de l'Ecriture. 1 v. in-12.

**HOMÉLIES** de saint Grégoire-le-Grand. 1 vol. in-8.

**HOMÉLIES** (les Quarante), ou sermons de saint Grégoire-le-Grand, pape, sur les Evangiles de l'année, traduits en français. 1 vol. in-8.

**HOMMAGE** à la sainte Couronne; par Mme Caroline Falaize. 1 vol. in-12 et in-18.

**HOMME** d'oraison (l'). Œuvres complètes du P. Nouët. 30 v. in-12, savoir :

**HOMME** d'oraison (l'), sa conduite dans les voies de Dieu. 2 vol. in-12.

**HOMME** d'oraison (l') ses méditations et entretiens pour tous les jours de l'année. 12 vol., y compris 1 vol. des méditations spirituelles inédites, in-12.

**HOMME** d'oraison (l'), ses lectures spirituelles pendant le cours de l'année, ou Dévotion envers N. S. Jésus-Christ, souverainement bon, souverainement grand, souverainement saint. 10 vol. in-12.

**HOMME** d'oraison (l'), ses sept retraites annuelles. 6 vol. in-12.

**HOMME** religieux (l'); par le P. Saint-Jure. 4 vol. in-12, 2 vol. in-8.

**HOMME** intérieur (l'). Voir Homme (l') d'oraison.

**HOMME** (l') sous l'empire de la religion chrétienne; par J.-A. Picarogni. 1 vol. in-18.

**HORLOGE** de l'Ange gardien, ou les Douze heures du jour et de la nuit; trad. du latin du P. Jérémie Drexélius, par l'abbé Perrin. 1 vol. in-18.

**HORLOGE** de la passion, ou Réflexions et affections sur les souffrances de Jésus-Christ; par saint Liguori, traduit de l'italien par l'abbé Gaume. 1 vol. in-18 et in-12.

HUMILITÉ (Traité sur l'), sur le rapport des actions à Dieu et sur la prière. 1 vol. in-12.

IMITATION de Jésus-Christ (l'), avec des réflexions et des pratiques; par le P. Gonnelieu. 1 vol. in-18.

IMITATION de Jésus-Christ (l'), traduction nouvelle, avec des réflexions à la fin des chapitres; par M. l'abbé F. de Lamennais. 1 vol. in-18.

IMITATION de Jésus-Christ (l'), traduction *spéciale* à l'usage des *femmes*. 1 vol. in-12 et in-18.

IMITATION de Jésus-Christ (l'), traduite par Beauzée. 1 vol. in-12.

IMITATION de Jésus-Christ (l'), traduite par M. de Genoude. 1 vol. in-18.

IMITATION de Jésus-Christ (l'), traduite et paraphrasée en vers français; par P. Corneille. 1 vol. in-4, in-8 et in-12.

IMITATION de Jésus-Christ (l') méditée, ou Suite de considérations pieuses adoptées à chaque chapitre; par M. l'abbé Herbet. 2 vol. in-12.

IMITATION de la sainte Vierge; par l'abbé d'Hérouville. 1 v. in-12 et in-18.

IMITATION de la sainte Vierge, ou Nouveau mois de Marie; par Mme Tarbé des Sablons. 1 vol. in-18 et in-24.

IMITATION de saint Augustin; par l'auteur du *Voyage à Hippone*. 1 vol. in-18.

IMITATION de saint Joseph. 1 vol. in-18.

IMPORTANCE de la première communion. 1 vol. in-18.

IMPORTANCE de la prière pour obtenir de Dieu toutes les grâces et le salut éternel; par saint Liguori. 1 vol. in-18.

IMPORTANCE (de l') et de la manière de connaître sa vocation. 1 vol. in-18.

INDULGENCES (Manuel des dévotions et) autorisées par le Saint-Siége; par l'abbé de Sambucy. 3 vol. in-18.

INDULGENCES (Recueil de prières et œuvres pies auxquelles ont été attachées des); par M. l'abbé ***. 1 vol. in-12.

INDULGENCES (Traité des) et du jubilé, à l'usage des fidèles, d'après la tradition constante de l'Église et l'autorité des plus grands docteurs. 1 vol. in-12.

INDULGENCES (Traité dogmatique et pratique des); par Mgr. Bouvier. 1 v. in-12.

INDULGENCES (Valeur des); par Muzarelli (3e vol. de ses opuscules).

INSPIRATIONS d'une âme chrétienne au sacrifice de la messe, par Monbrion. 1 vol. in-18.

INSTRUCTION chrétienne (l') des pauvres, des ouvriers, des ouvrières et des domestiques. 1 vol. in-18.

INSTRUCTION chrétienne sur les huit béatitudes. 1 vol. in-12.

INSTRUCTION de la jeunesse en la piété chrétienne; par Gobinet. 1 vol. in-12.

INSTRUCTION de Mgr le Dauphin, fils de Louis XIV; par Bossuet. In-8 (tome 34 des œuvres complètes).

INSTRUCTION du pénitent; traduit du P. Segnery, par de Lagrange. 1 vol. in-12.

INSTRUCTION sur la religion, où l'on traite des sentiments qu'il faut avoir de Dieu, de Jésus-Christ, de l'Eglise catholique et de la vertu; par Gobinet. 1 vol. in-12.

INSTRUCTIONS chrétiennes pour les jeunes gens; par Humbert. 1 vol. in-12 et in-18.

INSTRUCTIONS courtes et familières sur les Evangiles, pour tous les dimanches et principales fêtes de l'année; par J. Lambert. 2 vol. in-12.

INSTRUCTIONS courtes et familières sur les principales fêtes de l'année; par l'abbé Reyre. 1 vol. in-12.

INSTRUCTIONS dogmatiques et morales sur le saint sacrifice de la messe; par l'abbé Basset. 1 vol. in-12.

INSTRUCTIONS et avis sur divers points de la morale et de la perfection chrétienne; par Fénelon. 1 vol. in-18, in-12 et in-8 (tome 18 des œuvres complètes).

INSTRUCTIONS et conseils aux filles de service et à tous les domestiques en général; par l'abbé C.-J. Buisson. 1 vol. in-12.

INSTRUCTIONS et prières à l'usage des domestiques et des ouvriers; par Collet. 1 vol. in-18.

INSTRUCTIONS et prières pour le jubilé de l'année sainte. 1 vol. in-12.

INSTRUCTIONS familières au peuple sur les préceptes du Décalogue et sur les sacrements; par saint Liguori. 1 vol. in-12 (tome 28e des œuvres complètes).

INSTRUCTIONS familières sur l'oraison mentale; par le P. de Courbon; édition augmentée de la *Méthode d'oraison* du P. Crasset et des *Maximes et avis* de saint François de Sales et de saint Vincent de Paul sur le même sujet. 1 vol. in-18 et in-12.

INSTRUCTIONS familières sur l'oraison mentale, et Méthode d'oraison. 1 vol. in-18.

INSTRUCTIONS générales en forme de catéchisme; par ordre de messire de Charancy, évêque de Montpellier. 5 vol. in-12.

INSTRUCTIONS pastorales de Mgr J.-Joseph Languet, archevêque de Sens. 1 vol. in-4.

INSTRUCTIONS pour éclairer les âmes pieuses dans leurs doutes et les rassurer dans leurs craintes; par le P. Quadrupani, barnabite. 1 vol. in-18.

INSTRUCTIONS pour la confrérie de Notre-Dame-du-Mont-Carmel; par le R. P. Panetier. 1 vol. in-12.

INSTRUCTIONS pour la première communion, distribuées pour chaque jour de la semaine; par l'abbé Régnault. 1 vol. in-18.

INSTRUCTIONS pour la première communion; par M. l'abbé Mérault. 1 vol. in-12.

INSTRUCTIONS pour la confirmation, distribuées pour chaque jour, pendant six semaines; par l'abbé Régnault. 1 vol. in-18.

INSTRUCTIONS pour les fêtes de l'année, l'Avent, le Carême, le temps pascal; par l'abbé Mérault. 2 vol. in-12.

INSTRUCTIONS pour vivre chrétiennement dans le monde; par le P. Quadrupani. 1 vol. in-24.

INSTRUCTIONS pratiques sur les indulgences et les confréries. 1 vol. in-18.

INSTRUCTIONS, sermons et mandements sur le jubilé; par Bossuet, Fénelon, Fléchier, Massillon, Bourdaloue, etc. 1 vol. in-18 et in-12.

INSTRUCTIONS spirituelles et pensées consolantes pour les âmes affligées, timides ou scrupuleuses; trad. du latin de Louis de Blois. 1 vol. in-12.

INSTRUCTIONS sur l'accord de la raison et de la foi dans les mystères; par Mgr de Pressy. 2 vol. in-4.

INSTRUCTIONS sur la danse, etc.; par un prêtre du diocèse de Metz. 1 vol. in-18.

INSTRUCTIONS sur la religion; par Gobinet. 1 vol. in-12.

INSTRUCTIONS sur la religion, ou Explications du catéchisme du diocèse de Paris, par demandes et réponses, accompagnées de traits historiques; par Collot. 1 vol. in-12.

INSTRUCTIONS sur les devoirs de l'enfance, avec des prières et des pensées, à l'usage des écoles chrétiennes; par M. de Noaille. 1 vol. in-32 et in-18.

INSTRUCTIONS sur les dimanches et fêtes; par Collot. 1 vol. in-12.

— Les mêmes (Catéchisme, édit. Migne). 1 vol., grand in-8, compacte.

INSTRUCTIONS sur les dispositions à apporter aux sacrements de pénitence et d'eucharistie. 1 vol. in-12.

INSTRUCTIONS sur les évangiles des dimanches et fêtes de l'année, à l'usage des adolescents. 4 vol. in-18, réunis en 1.

INSTRUCTIONS sur les fondements, la vérité et l'importance de la religion; par Dumoitiez. 1 vol. in-12.

INSTRUCTIONS sur les mauvaises chansons; par l'abbé Hulot. 1 vol. in-18.

INSTRUCTIONS sur les plus importantes vérités de la religion et les principaux devoirs du christianisme; par Mgr l'évêque de Toul. 1 vol in-12.

INSTRUCTIONS sur les romans; par l'abbé Hulot. 1 vol. in-18.

INSTRUCTIONS sur les spectacles; par l'abbé Hulot. 1 vol. in-18.

INSTRUCTIONS sur tous les mystères de N. S. Jésus-Christ et de la sainte Vierge; par l'abbé Gaudron 6 vol. in-12.

INTÉRIEUR (un), ou Influence de la vertu au sein de la famille; par Devoille. 2 vol. in-12.

INTÉRIEUR de Jésus-Christ, ou le plus parfait modèle de la vie de Dieu seul; par Tavernier. 1 vol. in-12.

INTÉRIEUR de Jésus et de Marie; par le P. Grou. 2 vol. in-12.

INTRODUCTION à la vie dévote; par saint François de Sales. 1 vol. in-8 et in-12.

— La même, édition à l'usage de de la jeunesse. 1 vol. in-18.

INTRODUCTION à la vie et aux vertus chrétiennes; par M. Olier. 1 v. in-18.

ITINÉRAIRE de la terre au ciel, ou Guide du chrétien dans les différents âges et les différentes positions de la vie. 2 vol. in-18.

JÉSUS-CHRIST parlant au cœur de la religieuse; méditations pour chaque jour du mois; par l'abbé F. de Palomica. 1 vol. in-24.

JÉSUS-CHRIST parlant au cœur de ses disciples, et Marie parlant au cœur de ses enfants. 1 vol. in-18.

JÉSUS en croix (Méditations sur les sept paroles de); traduit de l'italien du P. Bonis, par l'abbé Eudes. 1 vol. in-18.

JÉSUS, le saint des saints; dévotion envers N. S. Jésus-Christ, pour servir de lectures spirituelles à l'homme d'oraison; par le P. Nouët. 3 v. in-12.

JEU (de la passion du). 1 vol. in-8.

JEUNE communiant (le), ou Préparation à la première communion. 1 vol. in-18.

JOUR de communion (le), ou Jésus-Christ considéré sous les différents rapports qu'il a avec l'âme fidèle dans l'Eucharistie; par l'abbé Saint-Pard. 1 vol. in-12.

JOUR des morts (le) par A.-R. 1 vol. in-18.

JOURNAL des saints et méditations pour tous les jours de l'année; contenant un abrégé de la vie des saints pour chaque jour, une méditation, etc. par le P. E. Grosez. 3 vol. in-12.

JOURNÉE du chrétien; par M. de Genoude. 1 vol. in-18.

JOURNÉE du chrétien (la) sanctifiée par la prière et la méditation. 1 vol. in-18.

JOURNÉE pratique du chrétien, ou Conduite chrétienne pour tous les âges; par l'abbé de Sambucy. 1 vol. in-18.

JUGEMENT dernier (du); par Guill. Sherlock; traduit de l'anglais, par David Mazel. 1 vol in-8.

JUGEMENT particulier (du) et de l'autorité en matière de foi; par Lesley (4e vol. des Démonstr. évang., grand in-8. Edit. Migne).

JULES Chrétien, ou Dialogues sur les principes et les plus essentielles pratiques du chrétien, à l'usage des gens du monde. 3 vol. in-8.

LECTURES chrétiennes en forme d'instructions familières sur les épîtres et les évangiles des dimanches et fêtes, ou Manuel d'une mère chrétienne; par l'abbé Lécuy. 2 vol. in-12.

LECTURES chrétiennes en forme d'instructions familières sur les épîtres et les évangiles des dimanches et principales fêtes de l'année; par Cardon de Montreuil. 3 vol. in-12.

LECTURES chrétiennes, en forme de méditations, sur les grandes vérités de la religion; par le P. Antoine. 2 vol. in-12.

LECTURES de piété (Nouvelles), convenables à tous les états; par Champion de Pontalier. 4 vol. in-12.

LECTURES instructives et intéressantes recueillies de divers auteurs. 2 vol. in-18.

LECTURES spirituelles de l'homme d'oraison pendant tout le cours de l'année, ou Dévotion envers N. S. Jésus-Christ souverainement bon, souverainement grand, souverainement saint; par le P. Nouët. 10 vol. reliés en 5 vol. in-12.

LECTURES sur les vérités importantes de la religion (Cours de); par un ancien professeur de la Société de Saint-Sulpice. 2 vol. in-12.

LÉGENDES de la sainte Vierge; par J. Colin de Plancy (ouvrage approuvé par Mgr l'archevêque de Paris). 1 vol. in-8.

LÉGENDES des commandements de Dieu; par J. Colin de Plancy (ouvrage approuvé par Mgr l'archevêque de Paris). 1 vol. in-8.

LETTRES sur la secte dominante de nos jours; où il est traité de la grâce, de la charité, du déisme, de la philosophie et du droit politique; par Muzarelli (6e vol. in-12 de ses opuscules).

LETTRES à Eugène sur l'Eucharistie; par le P. de Géramb. 1 vol. in-12.

LETTRES à Théogène sur le culte religieux. 1 vol. in-12.

LETTRES ascétiques et morales; par le P. Michel-Ange Marin. 2 v. in-12.

LETTRES de Bossuet. 6 v. in-8 (tomes 37e à 42e de ses œuvres complètes).

LETTRES de Fénelon. 11 vol. in-8 (tomes 23 à 34 de ses œuvres complètes. (V. le détail au mot Correspondance, 2e partie du Catalogue.)

LETTRES de Fléchier. 1 vol. in-8 (tome 10e de ses œuvres).

LETTRES de Henri-Marie Boudon, archidiacre d'Evreux. 1 vol. in-12.

LETTRES de l'abbé Boileau sur différents sujets de morale et de piété. 2 vol. in-12.

LETTRES de Léandre à Théophile sur la manière de remplir chrétiennement ses devoirs dans le monde. 2 vol. in-18.

LETTRES de M. B... sur différents sujets de morale et de piété. 2 v. in-12.

LETTRES de Mme *** à une de ses amies, ou Motifs et moyens d'être plus chrétien. 4 vol. in-12.

LETTRES de piété adressées à des hommes du monde, par Fénelon; ouvrage recueillii et mis en ordre par M. l'abbé Dupanloup. 2 vol. in-18.

LETTRES de piété (Nouvelles), convenables à tous les états; par Champion de Pontalier. 4 vol. in-12.

LETTRES de piété écrites à différentes personnes; par l'abbé de Rancé 1 vol. et 2 vol. in-12.

LETTRES de piété et de direction; par Bossuet, in-8 (tomes 38e et 39e des œuvres complètes).

LETTRES de saint François de Sales. 4 vol. in-8.

LETTRES de saint François de Sales, adressées aux gens du monde. 1 vol. in-12 et in-8.

LETTRES de sainte Chantal, fondatrice de l'ordre de la Visitation de Sainte-Marie. 2 vol. in-8.

LETTRES de sainte Thérèse; trad. par M. F. Pélicot. 3 vol. in-8.

LETTRES du P. Roy de la Compagnie de Jésus, mort en Chine. 2 v. in-12.

LETTRES d'un père à son fils sur la religion; par M. d'Exauvillez, 1 vol. in-18.

LETTRES d'une solitaire inconnue, ou Jeanne Marguerite de Montmorency. 2 vol. in-8.

LETTRES spirituelles à une dame protestante convertie, ou Suite aux règles de la vie chrétienne; par l'abbé Prémord. 1 vol. in-12.

LETTRES spirituelles de M. de la Mothe, évêque d'Amiens. 1 vol. in-12.

LETTRES spirituelles du P. Surin. 2 vol. in-12.

LETTRES spirituelles sur la paix intérieure et autres sujets de piété ; par le P. Lambez. 1 vol. in-12.

LETTRES sur divers points de spiritualité : la fréquente communion, le fréquent usage des sacrements de pénitence et d'eucharistie, la direction, etc. ; par Fénelon. Tome 17e, in-8.

LETTRES sur le christianisme ; par Deluc. 1 vol. in-8.

— Les mêmes (12e vol. des Démonstr. évang., grand in-8. Edit. Migne).

LETTRES sur les spectacles ; par M. Desprez de Boissy. 2 vol. in-12.

LITANIES diverses tirées de l'Ecriture sainte. 1 vol. in-8.

LITURGIA gallicanâ (de), libri tres ; auctore J. Mabillon. 1 vol. in-4.

LITURGIE sacrée (Traité historique de la), ou de la Messe ; par M. Lazare-André Bocquillat. 1 vol. in-8.

LIVRE de la vie religieuse (le), contenant le Traité de la vie religieuse, celui des exercices religieux, l'Asile de la pauvreté et l'Alphabet religieux ; traduit de Thomas à Kempis, par l'abbé Prompsault. 1 vol. in-18.

LIVRE de la vie spirituelle (le), contenant : 1o le Traité de la vie intérieure du R. P. Bernezie ; 2o la Vraie et solide piété de saint François de Sales ; 3o la Doctrine spirituelle de sainte Thérèse, de M. de la Mothe, du P. Saint-Jure. 1 vol. in-8.

LIVRE de l'enfance chrétienne (le), ou Instruction d'une mère à ses enfants ; par Mme la vicomtesse de Flavigny ; ouvrage approuvé par Mgr l'archevêque de Paris. 1 vol. in-18.

LIVRE de prières (le) ; par Fénelon, avec des réflexions, ou le fidèle Adorateur. 1 vol. in-18.

LIVRE de tous (le), ou Foi, Espérance et Charité ; par Léger Noël. 1 vol. in-18.

LIVRE de tout le monde (le), ou Dialogues sur les commandements de Dieu, ouvrage spécial aux catéchismes de persévérance ; par l'abbé Prévost. 1 vol. in-12.

LIVRE des âmes (le), ou la Vie du chrétien sanctifiée par la prière et la méditation ; par Charles Sainte-Foi. 1 vol. in-18.

LIVRE des associés (le) aux archiconfréries du divin cœur de Jésus et de l'immaculé cœur de Marie ; par un aumônier de la Visitation. 1 v. in-18.

LIVRE des élus (le), ou Jésus-Christ crucifié ; par le P. Saint-Jure, 1 v. in-12.

LIVRE d'or (le), ou l'Humilité en pratique ; attribué au P. Sens de Sainte-Catherine. 1 vol. in-24.

LIVRE du chrétien (le), dans lequel se trouve tout ce que le chrétien doit savoir par rapport à la religion ; par Tricalet. 1 vol. in-12.

MADAME HERBET, ou la Religion mise à la portée de tout le monde ; conversation sur l'importance du salut, etc. ; traduit de l'anglais, par Octave B. 1 vol. in-8. (B. G.)

— La même... etc. ; conversation sur les sacrements ; par le même. 1 vol. in-18. (B. G.)

— La même... etc.; conversation sur le Décalogue; par le même. 1 vol. in-18. (B. G.)

MAL (du) sur la terre, ou A l'occasion du jubilé et de sa conciliation avec la bonté et les autres perfections de Dieu; par l'abbé Vrindts. 1 v. in-8.

MALADIES du siècle; par E. Alletz. 1 vol. in-8.

MANDEMENTS et instructions; par Hérault. 1 vol. in-12.

MANDEMENTS et instructions pastorales de Mgr de Boulogne, évêque de Troyes. 1 vol. in-8.

MANIÈRE de conduire les âmes dans la vie spirituelle. — Retraite pour les religieuses. — Retraite et entretiens pour les dames; par le P. Guilloré. 1 vol. in-8.

MANRÈSE, ou les Exercices spirituels de saint Ignace, mise à la portée de tous les fidèles, dans une exposition neuve et facile. 1 vol. in-12.

MANUEL d'exercices spirituels pour les personnes pieuses, ou Méditations et instructions, etc. 1 vol. in-18.

MANUEL de l'archiconfrérie de la très-sainte Vierge; par M. Desgenettes. 1 vol. in-12.

— Le même, abrégé. 1 vol. in-18.

MANUEL de la dévotion au saint scapulaire, d'après les documents les plus authentiques; par l'abbé de Sambucy. 1 vol. in-18.

MANUEL de la pieuse pensionnaire, ou Recueil de réflexions, prières, etc. 1 vol. in-32.

MANUEL de l'enfant de chœur, ou Recueil d'instructions et de prières, à l'usage des enfants employés au service de l'église; par l'abbé Petit. 1 v. in-18.

MANUEL de l'ouvrier chrétien. 1 vol. in-18.

MANUEL de piété à l'usage des fidèles; par Fénelon. 1 vol. in-18 et in-8 (tome 18e de ses œuvres).

MANUEL de piété, ou Recueil d'instructions, de méditations, de prières et de visites au saint Sacrement; par l'abbé Guillois. 1 vol. in-12.

MANUEL des âmes intérieures; par le P. Grou. 3 vol. in 18 et 1 vol. in-12.

MANUEL des associés du saint Rosaire, suivi du Rosaire vivant; par l'abbé Des Billiers. 1 vol. in-8.

MANUEL des chrétiens, ou Sentiments pieux d'une âme qui désire connaître, aimer et imiter Jésus-Christ; trad. du latin, par M. l'abbé Rabion. 1 vol. in-8. (B. M.)

MANUEL des confesseurs; par M. l'abbé Gaume. 2 vol. in-12.

MANUEL des congréganistes, ou Instructions et prières pour les congrégations, les confréries et les associations chrétiennes, à l'usage des paroisses; par l'abbé Marius Aubert. 1 vol. in-18.

MANUEL des dévotions et indulgences autorisées par le Saint-Siége, précédé du petit Manuel du chrétien; par l'abbé de Sambucy. 1 vol. in-18.

MANUEL des enfants de Marie, avec des traits historiques; par Marius Aubert. 1 vol. in-18.

MANUEL des enfants qui se disposent à la première communion; par Guillois. 1 vol. in-18.

MANUEL des institutions et des œuvres de charité de Paris. 1 vol. in-18.

MANUEL des personnes charitables. 1 vol. in-18.

MANUEL des personnes pieuses. 1 vol. in-18.

MANUEL des pieuses domestiques ; par l'abbé Ozanam. 1 vol. in-18.

MANUEL du chantre ; par M. Gomant. 1 vol. in-12.

MANUEL du chapelet et du rosaire de la sainte Vierge, d'après les documents les plus authentiques ; par l'abbé de Sambucy. 1 vol. in-18.

MANUEL du culte catholique, ou Histoire des mystères et des cérémonies de l'Eglise ; par Pissot. 1 vol. in-12.

MANUEL du pénitent, ou Conduite pour la confession ; par M. de Sambucy. 1 vol. in-18.

MANUEL du pieux écolier, ou Recueil de réflexions, de prières, etc. 1 vol. in-32.

MANUEL du rosaire vivant, publié par les deux directeurs principaux de cette institution. 1 vol. in-18.

MANUEL du rosaire vivant (Nouveau) ; par l'abbé des Billiers. 1 vol. in-18.

MANUEL pour les écoles primaires communales de jeunes filles ; par Mlle Sauvan, inspectrice des écoles primaires, etc. 1 vol. in-12.

MANUEL du chrétien, tiré de Bossuet, Fénelon et Bossuet ; par M. l'abbé Dassame. 1 vol. in-12.

MANUEL d'une femme chrétienne ; par l'abbé F.-E. Chassay. 1 vol. in-12.

MANUEL pratique des indulgences. Brochure in-12 (B. M.). (Voir Opuscules religieux.)

MARCELIN, ou l'Existence du purgatoire, et du devoir de prier pour les morts. 1 vol. in-18. (B. M.)

MARIE conversant avec ses enfants pendant le mois de mai. 1 vol. in-18.

MARIE, modèle, station du mois de mai, ou Exercices spirituels dédiés à la sainte Vierge ; par M. J. M. Rainaud. 2 vol. in-12.

MARIE (Vertus pratiques de), instructions et méditations en son honneur, discours sur ses fêtes, etc. ; par saint Liguori. 1 v. et 2 v. in-18 (B. L.). — Le même (tome 6e de ses œuvres complètes).

MATINÉES (les) et les veillées du mois de Marie. 2 vol. in-18 réunis en 1 (B. L.).

MAXIMES chrétiennes et morales ; par le R. P. dom Armand Jean. 2 vol. in-12 réunis en 1.

MAXIMES des saints (Explications des) ; par Fénelon. 1 vol. in-18.

MAXIMES pour se conduire chrétiennement dans le monde ; par l'abbé Clément. 1 vol. in-12.

MAXIMES spirituelles de saint Vincent de Paul. 1 vol. in-32.

MAXIMES spirituelles pour la conduite des âmes, utiles aux directeurs et aux pénitents ; par le P. Guillori. 1 vol. in-8 et 3 vol. in-12.

MAXIMES sur la comédie ; par Bossuet, in-8 (tome 37e des œuvres complètes).

MÉDAILLE miraculeuse (Notice historique sur l'origine et les effets de la) ; par un prêtre de la mission de Saint-Lazare. 1 vol. in-12 et in-18.

MÉDITATIONS courtes et affectueuses sur la passion de N. S. Jésus-Christ, ou le Chemin du ciel; par un prêtre passioniste. 1 vol. in-18 (B. L.).

MÉDITATIONS de l'enfance, ou Réflexions sur l'enfance de N. S. Jésus-Christ. 1 vol. in-18 (B. L.).

MÉDITATIONS diverses, précédées de : *les Gloires de Marie*, etc.; par saint Liguori (œuvres complètes, tome 7e, in-12).

MÉDITATIONS en forme de prières sur les principaux sujets de piété, ou le Fidèle au pied de la croix; par le prince de Hohenlohe. 1 v. in-18.

MÉDITATIONS en forme de retraite sur l'amour de Dieu; par le P. Grou. 1 vol. in-18.

MÉDITATIONS et entretiens pour tous les jours de l'année, comprenant : Vie cachée, vie souffrante, vie glorieuse, vie mystique de Jésus-Christ, vie de Jésus conversant avec les hommes; par le P. Nouët. 12 vol. in-12 (tome 3 à 14 de ses œuvres).

MÉDITATIONS et entretiens sur les indulgences et le jubilé; par le P. Nouët. 1 vol. in-12 (tome 13e de ses œuvres).

MÉDITATIONS et sentiments sur la sainte communion; par le P. Avrillon. 1 vol. in-12.

MÉDITATIONS eucharistiques; par Mme Louise de France. 1 vol. in-12.

MÉDITATIONS (les), ou les Songes d'Émilie. 1 vol. in-12.

MÉDITATIONS pour huit jours d'exercices spirituels, précédées de Voie du salut, et autres opuscules de piété; par saint Liguori (œuvres complètes, tome 1er, in-12).

MÉDITATIONS pour le temps du jubilé; par Bossuet. 1 vol. in-18 et in-8 (6e vol. de ses œuvres).

MÉDITATIONS pour servir de consolation dans les circonstances difficiles de la vie. 1 vol. in-18. (B.-L.)

MÉDITATIONS pour tous les jours de l'année, ou Année apostolique; par l'abbé Duquesne. 1 vol. in-12.

MÉDITATIONS pour tous les jours de l'année, sur les principaux devoirs du christianisme; par le P. Griffet. 1 vol. in-18 et in-12.

MÉDITATIONS pour tous les jours de l'Avent, de l'octave de Noël, et de celle de l'Epiphanie; par saint Liguori, trad. par Marguet. 1 vol. in-18.

MÉDITATIONS pour tous les temps de l'année : Avent, Noël, Carême, temps Paschal, Pentecôte, Saint-Sacrement, Assomption, etc. 8 vol. in-32.

MÉDITATIONS religieuses; par M. d'Exauvillez. 1 vol. in-18.

MÉDITATIONS spirituelles à l'usage des personnes qui veulent avancer dans la perfection; par le P. Nouët. 1 vol. in-12. (Supplément aux œuvres complètes.)

MÉDITATIONS sur la foi et la prière; par Vauvenargues (12e vol. des Démonstr. évang., grand in-8. Edit. Migne).

MÉDITATIONS sur la Passion, ou Colloques du Calvaire; par Courbon. 1 vol. in-18.

MÉDITATIONS sur la Passion de N. S. Jésus-Christ; par le P. Nouët. 2 v. in-12 (tome 4e et 5e de ses œuvres).

MÉDITATIONS sur la Passion de N. S. Jésus-Christ, en forme d'entretiens, pour chaque jour du mois. 1 vol. in-18.

MÉDITATIONS sur la règle de saint Benoist. 1 vol. in-12.

MÉDITATIONS sur la vie cachée de Jésus-Christ; par le P. Nouët. 2 vol. in-12 (tome 3e et 4e de ses œuvres).

MÉDITATIONS sur la vie de Jésus-Christ pour tous les jours de l'année, et pour les fêtes des saints; par le P. J. Haineufve. 4 vol. in-4.

MÉDITATIONS sur la vie de Jésus-Christ conversant avec les hommes; par le P. Nouët. 3 vol. in-12 (tome 8 à 10 de ses œuvres).

MÉDITATIONS sur la vie de Jésus dans les saints; par le P. Nouët. 2 vol. in-12 (tomes 11 et 12 de ses œuvres).

MÉDITATIONS sur la vie et la morale de Jésus-Christ, tirées des quatre évangélistes, pour chaque jour de l'année; par le P. Avancin. 1 vol. in-12 (B. M.).

MÉDITATIONS sur la vie et les mystères de N. S. Jésus-Christ, selon la méthode de saint Ignace. 4 vol. in-12 remis en 2.

MÉDITATIONS sur la vie glorieuse de Jésus-Christ sur la terre; par le P. Nouët. 1 vol. in-12 (tome 6e de ses œuvres).

MÉDITATIONS sur la vie mystique de Jésus-Christ dans le très-saint Sacrement; par le P. Nouët. 1 vol. in-12 (tome 7e de ses œuvres).

MÉDITATIONS sur la vie souffrante de Jésus-Christ; par le P. Nouët. 2 v. in-12 (tome 4e et 5e de ses œuvres).

MÉDITATIONS sur les épîtres catholiques de saint Jacques, saint Pierre et saint Jean. 6 vol. in-12.

MÉDITATIONS sur l'Evangile; par Bossuet. 1 vol. et 2 vol. in-12.

— Les mêmes. 2 vol. in-8 (tome 9e et 10e de ses œuvres complètes).

MÉDITATIONS sur les évangiles de l'année, et pour les fêtes de Notre Seigneur, de la sainte Vierge et des saints; par le R. P. Médaille. 1 vol. et 2 vol. in-18.

MÉDITATIONS sur les principales et les plus importantes vérités de l'Evangile, ou Couronne de l'année chrétienne. 2 vol. in-12.

MÉDITATIONS sur les principaux mystères de la Passion de N. S. Jésus-Christ; par le P. Bernezay. 1 vol. in-18.

MÉDITATIONS sur les sept paroles de Jésus en croix; trad. de l'italien du P. Bonis, par l'abbé Eudes. 1 vol. in-18.

MÉDITATIONS sur les souffrances et la croix de N. S. J.-C. 1 vol. in-18.

MÉDITATIONS sur l'humilité et la pénitence; par le P. Malebranche. 1 v. in-12.

— Les mêmes, dans ses œuvres complètes. 2 vol. grand in-8.

— Les mêmes (4e vol. des Démonst. évang., grand in-8. Edit. Migne).

MEILLEURE manière (de la) d'entendre la sainte messe; par le P. Letourneux. 1 vol. in-18.

MÉLANGES religieux; par Mlle Natalie Pitois. 1 vol. in-8.

MÉMOIRE et expérience dans la vie sacerdotale et dans le commerce avec le monde. 1 vol. in-8.

MÉMORIAL de la vie chrétienne, qui contient en abrégé tout ce que doit faire une âme pour arriver à la perfection ; par le P. Louis de Grenade ; trad. de l'espagnol par M. Girard. 2 vol. in-8.

MÉMORIAL des vierges chrétiennes ; par Arvisenet. 1 vol. in-18 (B. M.).

MÉMORIAL des chrétiens ; par l'abbé Duchaine. 1 vol. in-12.

MENTOR chrétien, ou Catéchisme de Fénelon ; par l'abbé Legris-Duval. 1 vol. in-18 (B. M.).

MENTOR de l'adolescence ; par l'abbé Marius Aubert. 1 vol. in-18.

MENTOR du premier âge, par l'abbé Marius Aubert. 1 vol. in-18.

MERVEILLES de la Providence, ou Lectures instructives pour tous les dimanches de l'année. 1 vol. in-8.

MESSE de paroisse (Explication des cérémonies de la grand') ; par M. Olier. 1 vol. in-12.

MESSE de paroisse (Traité de la), où l'on découvre les grands mystères cachés sous le voile des cérémonies ; par le P. Floriat. 1 vol. in-8.

MESSE (Excellence de la sainte), manière d'y assister ; considérations sur les souffrances de Jésus-Christ ; par Pinamonti. 1 vol. in-12.

MESSE (Explication des prières et cérémonies de la) ; extraite du P. Lebrun. 1 vol. et 2 v. in-12.

MESSE (Explication des cérémonies de la), avec les prières conformes à leurs significations, par un prêtre de Bayeux. 1 v. in-12.

MESSE (Explication littérale, historique et dogmatique des prières et des cérémonies de la), avec des dissertations, etc. ; par le P. Lebrun, de l'Oratoire. 8 vol. in-8.

MESSE grecque en l'honneur de saint Denis. 1 vol. in-12.

MESSE (Instructions dogmatiques et morales sur le saint sacrifice de la) ; par l'abbé Basset. 1 vol. in-12.

MESSE (Instructions sur les cérémonies de la), ou le Sacrifice de l'autel. 1 v. in-12.

MESSE (Manuel de la), ou Explication des prières et des cérémonies du saint sacrifice ; par M. Lecourtier, curé des Missions-Etrangères. 1 v. in-12.

MESSE (Meilleure manière d'entendre la sainte) ; par le P. Letourneux. 1 v. in-8.

MESSE (Traité de la) et de l'office divin ; par J. Grancolas. 1 vol. in-12.

MESSE (Traité du sacrifice de la) ; par le P. Judde. 1 vol. in-12 (tome 3e des œuvres spirituelles).

MESSE solennelle (Instruction sur les cérémonies de la), ou Sacrifice de l'autel ; par l'abbé Guillois. 2 vol. in-18 (B. L.).

MESSES (Cérémonies des grandes et petites) ; par l'abbé Banier. 1 v. in-12.

MÉTHODE facile d'oraison réduite en pratique, suivie de maximes spirituelles, ou Abrégé de la vie intérieure ; par le R. P. Nepveu. 1 vol. in-32.

MÉTHODE générale de catéchisme ; par l'abbé Dupanloup. 1 vol. in-12.

MÉTHODE pratique pour faire le catéchisme ; par Mgr l'évêque de Belley. 1 vol. in-12.

MÉTHODE pour consoler les malades et les aider à mourir, par le vénénérable serviteur de Dieu Laurent Scupoli, auteur du *Combat spirituel ;* traduit de l'italien par M. Tharin, ancien évêque de Strasbourg. 1 vol. in-18 (B. L.).

MÉTHODE pour converser facilement et continuellement avec Dieu ; par saint Alphonse de Liguori. 1 vol. in-18.

MÉTHODE pour la récitation en commun du saint rosaire. in-18.

MÉTHODE pratique pour converser avec Dieu ; par le P. A. Franc. 1 vol. in-12.

MÉTHODES et règles d'oraison, ou l'Homme d'oraison, sa conduite dans les voies de Dieu ; contenant toute l'économie de la méditation, de l'oraison affective et de la contemplation ; par le P. Nouët. 2 vol. in-12 (tome 1er et 2e de ses œuvres).

MIRACLES arrivés à Rome en 1796 ; preuves authentiques ; par Marchetti. 1 vol. in-12.

MIROIR de la sainte Vierge ; trad. de saint Bonaventure, par M. l'abbé Thivillier. 1 vol. in-12.

MIROIR (le) des âmes, ou Exposition des différents états des âmes par rapport à Dieu. 1 vol. in-12.

MIROIR des domestiques chrétiens, d'après Collet. 1 vol. in-18 (B.-M.).

MIROIR des jeunes chrétiens, ou Imitation de la sainte jeunesse de N. S. J.-C. ; extrait de Gobinet. 1 vol. in-18 (B.-M.).

MIROIR des jeunes personnes. 1 vol. in-18 (B.-M.).

MIROIR des religieuses ; par une supérieure de commnnauté. 1 vol. in-18.

MIROIR des vierges chrétiennes ; par Girard de Villethiery, refondu par un chanoine de Lyon. 1 vol. in-18 (B.-M.).

MIROIR du clergé. 2 vol. in-12.

MIROIR fidèle pour acquérir l'humilité par la connaissance de soi-même ; par le P. Seigneri. 1 vol. in-18.

MIROIR (le) fidèle, ou la Théorie et la pratique de la connaissance de soi-même ; par le P. Pinamonti. 1 vol. in-18.

MISSEL de Paris, latin-français, avec prime, tierce, sexte et les processions. 2 vol. in-12 (1754).

MOIS angélique, ou la Dévotion à la Reine et aux neuf chœurs des anges. 1 vol. in-18.

MOIS consacré au sacré cœur de Jésus (A.-M.-D.-G.). 1 vol. in-32.

MOIS (le) de Jésus, ou le Mois de janvier consacré à J.-C. 1 vol. in-18.

MOIS de juin consacré à méditer sur les effets du sang de J.-C. dans les âmes, ou au sang de J.-C. ; par l'abbé Carney. 1 vol. in-18.

MOIS (le) de juin, ou le mois d'adoration de la sainte Eucharistie. 1 vol. in-24. Lefort, à Lille.

MOIS (le Petit) de la sainte Enfance, ou les Premiers mystères de la vie de N. S. J.-C. présentés à la jeunesse ; par Mgr Letourneur, évêque de Verdun. 1 vol. in-18.

MOIS de Marie à l'usage des ouvriers et des habitants de la campagne, par un de leurs frères. 1 vol. in-18.

MOIS de Marie à l'usage des pensionnaires; par L. S. S. 1 vol. in-32 (B.-L.).

MOIS de Marie à l'usage des religieuses; par l'abbé L. S. S. 1 vol. in-18 (B.-L.).

MOIS de Marie au pied de la croix. Mois de toute l'année et de toute la vie offert à l'âme pénitente. 1 vol. in-18.

MOIS de Marie, accompagné d'hymnes et cantiques; par l'abbé Musy. 1 v. in-18.

MOIS de Marie, d'après les Pères, ou Un bouquet à Marie, pour chaque jour du mois de mai; par un prêtre d'Agen. 1 vol. in-18

MOIS de Marie de la jeunesse chrétienne (le); par l'abbé Michaud. 1 vol. in-18 (B. M.).

MOIS de Marie de l'enfance. 1 vol. in-32 (B. L.).

MOIS de Marie (Fruits du), ou Semaine à Marie. 1 vol. in-18.

MOIS de Marie des âmes intérieures; par MM. H. et L., prêtres. 1 vol. in-18 (A. M. D. G.).

MOIS de Marie (Le beau), ou Suite de lectures pieuses et touchantes sur les différents titres que l'Eglise donne à la sainte Vierge; par l'abbé Pétigny. 1 vol. in-18.

MOIS de Marie (Lectures courtes pour le), ou A la Reine des Anges. 1 v. in-18 (B. L.).

MOIS de Marie inédité (Petit); par l'abbé Herbet. 1 vol. in-32.

MOIS de Marie (Nouveau); par l'abbé Pinart. in-18.

MOIS de Marie (Nouveau); par un prêtre du diocèse de Belley. 1 vol. in-24.

MOIS de Marie (Nouveau), hommages à la sainte Vierge; par l'abbé Ouderel. 1 vol. in-18.

MOIS de Marie (Nouveau), ou Couronne à la sainte Vierge; par M. Hubert Lebon. 1 vol. in-18.

MOIS de Marie (Nouveau), ou Imitation de la sainte Vierge; par M^me Tarbé des Sablons. 1 vol. in-24.

MOIS de Marie (Nouveau), ou Imitation de la sainte Vierge; par Mgr Letourneur. 1 vol. in-18.

MOIS de Marie (Nouveau), ou le Mois de mai offert au saint cœur de Marie; par les abbés Gabrielli et Sambucy. 1 vol. in-18.

MOIS de Marie (Nouveau), ou Suite de lectures sur les mystères de la vie de la sainte Vierge, et de méditations sur les vérités du salut; par l'abbé de Bussy. 1 vol. in-18.

MOIS de Marie, ou la Rosée de mai. Marie consolatrice des cœurs affligés. 1 vol. in-18 (B.-L.).

MOIS de Marie, ou le Chrétien fidèle à honorer Marie par la méditation de ses litanies. 1 vol. in-16 et in-12.

MOIS (le) de Marie, ou le Mois de mai consacré à Marie; par Muzarelli (7e vol. in-12 de ses opuscules).

MOIS de Marie, ou Mois de mai consacré à la gloire de la mère de Dieu; approuvé par Mgr de Rodez. 1 vol. grand in-32.

MOIS de Marie paroissial; par l'abbé Laden, de Clermont. 1 vol. in-32.

MOIS de Marie, pieux exercices pour honorer la mère de Dieu; par le P. Pouget. 1 vol. in-18.

MOIS (le) de Marie populaire. 1 vol. in-18 (B.-L.).

MOIS de Marie, sous le titre de : les Deux quinzaines de mai, ou Fleurs du Carmel; par de Lormond. 1 vol. in-18.

MOIS (Station du) de Marie, ou Marie modèle, exercices spirituels dédiés à la sainte Vierge, par M.-J.-M. Renaud. 2 vol in-12.

MOIS de Marie; hommage à Joseph, époux de Marie; par Oudoul. 1 v. in-18.

MOIS de saint Joseph, ou Vie pratique du chaste époux de Marie; par Le Guillou. 1 vol. in-32 et in-18.

MOIS (le) eucharistique proposé aux personnes pieuses; par l'abbé Aubert. 1 vol in-18.

MOIS (le) perpétuel de Jésus, son cœur et ses plaies, manuel pratique de dévotion au sacré cœur de Jésus et au saint cœur de Marie, avec de nouvelles visites au saint Sacrement; par M. l'abbé Le Guillou. 1 vol. in-18.

MORALE (Excellence de la) catholique démontrée par Manzoni; trad. par Mme Ed. Tarbé. 1 vol. in-18.

— La même; trad. de l'abbé de Lacouture. 1 vol in-32.

— La même (14e volume des Démonstr. évangéliques. Edit. Migne).

MORALE (Considérations sur divers points de la) chrétienne; par Mgr de la Luzerne. 4 vol. in-32.

MORALE (Cours de) chrétienne et de littérature religieuse; par l'abbé Feller. 5 vol. in-8.

MORALE de la Bible, ou Explication des Commandements de Dieu, d'après les propres paroles de l'Ancien et du Nouveau Testament; par M. l'abbé Didon. 2 vol. in-12.

MORALE du christianisme offerte à la jeunesse; par M. D. S.... 1 vol. in-12, et 4 vol. in-18 réunis en 1 (B.-L.).

MORALE (Exposition raisonnée des dogmes et de la) du christianisme; par l'abbé Barran. 3 vol. in-8.

MORALE (Recherche des sources de la), ou l'Art de se connaître soi-même; par Abbadie. 1 vol. in-12.

MORALE (Traité de); par le P. Malebranche. 1 vol. in-12.

MORALISTE du premier âge. 1 vol. in-18.

MORT (Bonheur de la) chrétienne. 1 vol. in-12.

MORT (Consolation de la religion à la) des personnes qui nous sont chères; par O.-M.-L. Pravana de Lallegno. 1 vol. in-18.

MORT (Consolations de l'âme fidèle contre les frayeurs de la); par Charles Drelincourt. 2 v. in-8.

MORT (de la); par G. Sherloch; trad. de l'anglais, par David Mazel. 1 vol. in-8.

MORT (Douce et sainte); par le P. Crasset. 1 vol. in-12.

MORT (Entretiens spirituels pour servir de préparation à la); par Dom Robert-Morel. 1 vol. in-12.

MORT (Pensées édifiantes sur la), tirées des propres paroles de l'Ecriture sainte et des saints Pères; par Hersan; 1 vol. in-12.

MORT. Préparation au passage du temps à l'éternité; par le P. Niéremberg. 1 vol. in-18.

MORT (Retraite pour se préparer à la); par le P. Nouët. 1 vol. in 12.

MORT (Saints désirs de la); par le P. Lallemant. 1 vol. in-12.

MORT (Véritable préparation à la). 1 vol. in-12.

MOTIFS de consolation dans les souffrances; trad. de l'italien, de Pinamonti. 1 vol in-12 et in-18.

MOYENS de mener une vie chrétienne et parfaite; par un P. de la compagnie de Jésus. 1 vol. in-32.

MOYENS de perfection pour une vierge chrétienne; par M. Ogier. 1 vol. in-12.

MOYENS de salut pour les chrétiens de tous les sexes, de tous les états et de tous les âges; par ***. 1 vol. in-12.

MOYENS de s'établir dans la présence de Dieu et dans la sainte humilité, contenant l'exercice de la présence de Dieu, le miroir fidèle et le Livre d'or. 1 vol. in-32.

MYSTÈRE (du) de la Vierge, ou du Rôle de la femme dans la création; par l'abbé C. Symon de Latreiche. 1 vol. in-8.

MYSTÈRES de J.-C.; par l'abbé S. R. 1 vol in-18.

NEUVAINE au sacré cœur de Jésus; par saint Liguori. 1 vol. in-12.

NEUVAINE des trépassés, précédée de Les Gloires de Marie, etc.; par saint Liguori (œuvres complètes, tome 7e, in-12).

NEUVAINE en l'honneur de sainte Thérèse, précédée de Les Gloires de Marie, etc.; par saint Liguori (œuvres complètes, tome 7e, in-12).

NEUVAINE pour se préparer à la fête de la naissance de N. S. J.-C.; par Muzarelli (7e vol. in-12 de ses opuscules).

NEUVAINE pour se préparer à la fête du sacré cœur de Jésus-Christ; par Muzarelli (7e vol. in-12 de ses opuscules).

NEUVAINE pour se préparer à la fête du sacré cœur de la très-sainte Vierge Marie; par Muzarelli (7e vol. in-12 de ses opuscules).

NEUVAINES (Recueil des) à la très-sainte Vierge; etc., par M. de Sambucy. 1 vol. in-18.

NEUVAINES à Marie; par l'abbé Le Guillou. 1 vol. in-18.

NEUVAINES et méditations pour l'Avent, Noël, l'Epiphanie, la Pentecôte, le Saint-Sacrement, le Cœur de Jésus, précédé du Grand moyen de la prière, etc.; par saint Liguori (tome 3e de ses œuvres complètes, in-12).

NOTICE historique et critique sur la sainte couronne d'épines de N. S. J.-C. et sur les autres instruments de sa Passion, qui se conservent dans l'église métropolitaine de Paris. 1 vol. in-8.

NOTRE-DAME de bonne Délivrance (Histoire de la statue miraculeuse de) à Paris. 1 vol. in-18.

NOTRE-DAME de Fourvière, ou Recherches historiques sur l'autel tutélaire des Lyonnais et sur les principaux événements qui en ont retardé ou hâté la gloire; par l'abbé A. M. Cahour. 1 vol. in-8.

NOTRE-DAME de la Brêche (Notice historique sur). 1 vol. in-12.

NOTRE-DAME de Liesse (Histoire de); par M. Villette. 1 vol. in-12.

NOTRE-DAME de Lorette (Description des translations prodigieuses de la maison de); par Paulet. 1 vol. in-12.

NOTRE-DAME de Lorette (Histoire critique et religieuse de); par M. l'abbé Caillau. 1 vol. in-8 et in-12.

NOTRE-DAME de Mont-Rolland (Histoire de). 1 vol in-8.

NOTRE-DAME de Paix (Notice historique sur la statue miraculeuse de), au couvent de Picpus, à Paris, rue de Picpus, 15; par M. Hilarion, prêtre de Picpus. 1 vol. in-18.

NOTRE-DAME des Ermites (Einsidlen). 1 vol. in-18 et in-12.

NOTRE-DAME des sept Douleurs (Congréganiste parfait de); par le P. Lorenzo Remundinez. 1 vol. in-12.

NOTRE-DAME du Mont-Carmel (Instructions pour la confrérie de); par le P. Panetier. In-12.

NOTRE-DAME du Puy (Gloires de); par le P. Caillau. 1 vol. in-12.

OEUVRE de la sainte Enfance, ou association des enfants chrétiens pour le rachat des enfants infidèles en Chine. In-18 (1843).

OEUVRE (l') de saint Vincent de Paul, ou Trésors de la charité chrétienne; par Ch. Malo. 1 vol. in-12 (B.-M.).

OEUVRES choisies de saint François de Sales. 7 vol. in-12.

OEUVRES choisies du cardinal J. Sifrein Maury. 3 vol. in-8.

OEUVRES chrétiennes sur le verset *Audi Filia, et vide*; par Jean d'Avila. 1 vol. in-8.

OEUVRES complètes de saint François de Sales. 26 vol. in-8.

— Le même, 4 vol in-8.

OEUVRES de Bossuet, évêque de Meaux; édit. de Versailles. 30 vol. in-12. Elles renferment :

1° Ouvrages sur l'Écriture sainte; — 2° Ouvrages composés pour le diocèse de Meaux; — 3° Ouvrages composés pour le clergé de France; — 4° Ouvrages de piété et de morale; — 5° Sermons, panégyriques et oraisons funèbres; — 6° Ouvrages contre les protestants; — 7° Ouvrages sur le quiétisme; — 8° Ouvrages de théologie et de controverse; — 9° Ouvrages composés pour l'éducation du Dauphin; — 10° Lettres et mélanges; — 11° Tables générales des matières raisonnées et alphabétiques; — 12° Vie de Bossuet, par le cardinal de Bausset. Supplément.

OEUVRES de Bourdaloue. 34 vol. in-18.

OEUVRES de Fénelon, archevêque de Cambrai. 15 vol. in-12. Elles renferment :

1° Ouvrages de métaphysique et de théologie; — 2° Ouvrages sur le quiétisme; — 3° Ouvrages sur le jansénisme; — 4° Ouvrages de morale et de spiritualité; — 5° Mandements; — 6° Ouvrages de littérature; — 7° Écrits politiques; — 8° Correspondance, pièces justificatives; — 9° Tables générales, raisonnées et alphabétiques; — 10° Vie de Fénelon, par le cardinal de Bausset. Supplément.

OEUVRES de Fléchier, évêque de Nîmes. 10 vol. in-8.

OEUVRES complètes de l'abbé Baudrand (voir les ouvrages à leurs titres). 16 vol. in-12.

OEUVRES de l'abbé Mérault, vicaire général d'Orléans. 12 vol in-12.

OEUVRES de Massillon. 15 vol. in-12.

OEUVRES de saint François de Sales. 17 vol. in-8.

OEUVRES de saint Jean Climaque, contenant l'Echelle sainte et la Lettre au pasteur; traduct. nouvelle, par l'abbé P. 1 vol. in-8.

OEUVRES de saint Liguori; trad. de l'italien en français, par les abbés Vidal, Delalle et Bousquet. — Œuvres ascétiques, 16 vol. — Œuvres dogmatiques, 6 vol. — Œuvres morales, 7 vol. 1 vol. de table générale. En tout, 30 vol. in-12.

OEUVRES de saint Pierre d'Alcantara (3e vol. des œuvres de sainte Thérèse, grand in-8. Edit. Migne).

OEUVRES de sainte Thérèse, 10 vol. in-12.

OEUVRES diverses du P. Rapin : l'Esprit du christianisme, la Perfection du christianisme, l'Importance du salut. 1 vol. in-12.

OEUVRES dogmatiques du bienheureux Liguori, histoire des hérésies et leur réfutation, ou le Triomphe de l'Eglise. 2 vol. in-12.

OEUVRES du bienheureux Jean d'Avila (3e vol. des œuvres de sainte Thérèse, grand in-8. Edit. Migne).

OEUVRES du P. André. 4 vol. in-12.

OEUVRES du P. Berthier. 18 vol. in-12.

OEUVRES du P. Thomassin. 12 vol. in-8.

OEUVRES morales et religieuses d'Edouard Alletz. 4 vol. in-8.

OEUVRES de Nicole. 24 vol. in-18.

OEUVRES complètes du cardinal Bona. 1 vol. in-4 (texte latin).

OEUVRES spirituelles de dom Juan de Palafox. 1 vol. in-18.

OEUVRES spirituelles de Fénelon. 4 vol. in-12.

OEUVRES spirituelles de Mme de Bellefont, religieuse, fondatrice du couvent de Notre-Dame-des-Anges, de l'ordre de saint Benoît, à Rouen. 1 v. in-8.

OEUVRES spirituelles de M. Héliot. 1 vol. in-8.

OEUVRES spirituelles de saint Jean de la Croix. 2 vol. in-12.

— Les mêmes (Edit. Migne, 3e vol. faisant suite aux œuvres de sainte Thérèse, grand in-8).

OEUVRES spirituelles du P. Guilloré. 4 vol. in-8.

OEUVRES spirituelles du P. Huby, de la Compagnie de Jésus. 1 v. in-12.

OEUVRES spirituelles du P. Judde. — Retraite spirituelle. — Traités spirituels sur l'oraison. — Retraites pour les personnes en communauté. 5 vol. in-12.

OEUVRES spirituelles du P. le Valois. 3 vol. in-12.

OEUVRES spirituelles du P. Lombez. 3 vol. in-12.

OEUVRES spirituelles du P. Nouët, comprenant *l'Homme d'oraison*. 30 v. in-12.

OEUVRES spirituelles du P. Soyer. 1 vol. in-12.

OEUVRES spirituelles du P. Surin. 10 vol. in-12.

OEUVRES spirituelles et vie du P. Rigoleuc, de la Compagnie de Jésus. 2 v. in-12.

OFFICE de l'après-midi, latin-français, pour tous les jours de l'année, selon le bréviaire de Paris. 2 vol. in-12.

OFFICE de la quinzaine de Pâques. 1 vol. in-18.

OFFICE de saint Jacques le Majeur. 1 vol. in-12.

OFFICE propre de saint Charles Borromée. 1 vol. in-12.

OFFICES propres de SS. Gervais et Protais. 1 vol. in-12.

OFFICES de la semaine sainte, latin-français. Paris et Rome. 1 vol. in-12.

OPPOSITION du monde à Jesus-Christ, ou Jésus-Christ en butte à la contradiction du monde, etc. 1 vol. in-12.

OPUSCULES de piété et de morale ; par Bossuet. 1 vol. in-8 et in-12.

OPUSCULES précédés de *Pratiques de l'amour de J.-C.* etc.; par saint Liguori (œuvres complètes, tome 4e, in-12).

ORAISON (Méthode facile d') réduite en pratique ; par le P. Nepveu. 1 vol. in-32.

ORAISON (Méthodes et règles d'), ou l'Homme d'oraison, sa conduite, etc.; par le P. Nouët. 2 vol. in-12 (tomes 1er et 2e de ses œuvres).

ORAISON (Traité de l'); par le P. Judde, 1 vol. in-12 (3e vol. de ses œuvres spirituelles).

ORAISON dominicale (Chrétien sanctifié par l'); par le P. Grou. 1 v. in-32.

ORAISON dominicale (Conférences sur l'), par le P. Bizault. 1 vol. in-12.

ORAISON dominicale (Paraphrase de l') en forme de méditations; par le P. Segneri. 1 vol. in-12 et in-18.

ORAISON mentale (Instructions familières sur l'); par le P. Courbon. 1 v. in-8 et in-12.

ORAISON mentale (Instructions familières sur l') et la méthode d'oraison ; par le P. Crosset. 1 vol. in-18.

ORAISON mentale (Pratique de l') rendue facile à tous les fidèles, par un vicaire général. 1 vol. in-32.

ORAISON mentale (Propre ou Traité de l'). 1 vol. in-12.

ORAISON mentale (Règne de Dieu en l'); par Boudon. 1 vol. in-12.

ORAISON mentale (Science de l'); par le P. Berthier. 1 vol. in-12.

ORAISONS funèbres de Bossuet. 1 vol. in-12.

ORAISONS funèbres de Mascaron. 1 vol. in-12.

ORATOIRE du cœur (l'); par de Querdu le Gall. 1 vol. in-18.

OUVRAGE des six jours (Explication de l'); par Duguet. 1 vol. in-12.

OUVRIER (Heures poétiques et morales de l') : la famille, l'atelier, la patrie, l'église ; par Claudius Hébrard. 1 vol. in-12.

OUVRIER (Livre de l'), ses devoirs envers la société, sa famille et lui-même ; par Egron. 1 vol. in 18.

OUVRIERS et domestiques (Instructions et prières à l'usage des) ; par Collet. 1 vol. in-18.

OUVRIERS, ouvrières (Instruction chrétienne des), des pauvres, des domestiques. 1 vol. in-18.

PAIX intérieure (Lettres spirituelles sur la), et autres sujets de piété, par le P. Lombez. 1 vol. in-12.

PAIX intérieure (Traité de la) ; par le P. Lombez. 1 vol. in-18 et in-12.

PALMIER céleste (le), ou Choix de jolies prières ; par Fénelon. 1 v. in-18.

PANÉGYRIQUES de Fléchier. 3 vol. in-12.

PANÉGYRIQUES des saints, prêchés par le R. P. Moutenar. 2 vol. in 8 en 1.

PAPE (Autorité du) ; par saint Liguori (tome 17e *bis* des œuvres complètes). In-12.

PARABOLES de l'évangile (Explication littérale et morale des). 1 vol. in-18.

PARABOLES du docteur Krummacher, trad. de l'allemand, par l'abbé Beautain. 1 vol. in-12.

— Les mêmes, abrégées et choisies ; trad. par Marmier à l'usage des écoles. 1 vol. in-18.

PARADIS des âmes pieuses (le), contenant divers exercices de piété et des méditations religieuses ; trad. du latin de Horstius. 1 vol. in-18 (B. M.).

PARAPHRASE de l'Oraison dominicale, en forme de méditations ; par le P. Seigneri. 1 vol. in-12 et in-18.

PARAPHRASE du *Regina cœli*, précédé de la Religieuse sanctifiée, etc. ; par saint Liguori (œuvres complètes, tome 9e, in-12).

PARAPHRASE du *Salve, Regina*, précédé de Les Gloires de Marie, etc. ; par saint Liguori (œuvres complètes, tome 6e, in-12).

PARFAIT adorateur (le) du sacré cœur de Jésus ; par Nicollet. 1 v. in-12.

PARFAITE religieuse (la), ouvrage également utile à toutes les personnes qui aspirent à la perfection ; par le R. P. Michel-Ange Marin. 1 v. in-12.

PAROISSIEN (le Bon), ou la Semaine religieuse. Journal périodique. 3 vol. in-8.

PAROLES tirées de l'Écriture sainte, pour servir de consolation aux personnes qui souffrent ; par le P. Bouhours. 1 vol. in-18.

PARTERRE des serviteurs de Marie, extrait du P. Paul de Barri. 1 v. in-12.

PASSION (Méditations sur la), ou Colloques du Calvaire ; par Courbon. 1 vol. in-18.

PASSION (la Douloureuse) de N. S. J.-C., d'après les méditations d'Anne-Catherine Emmerich. 1 vol. in-8.

PASSION (Considérations sur la) de N. S. J.-C. ; par le cardinal de la Luzerne. 1 vol. in-12.

PASSION (Exercices de dévotion en l'honneur de la) de N. S. J.-C., et de la Compassion de la sainte Vierge. 1 vol. in-12.

PASSION (Méditations sur les principaux mystères de la), par le P. Bernezay. 1 vol in-18.

PASTORAL (le), ou Devoirs des pasteurs ; par saint Grégoire-le-Grand ; trad. par l'abbé J.-H.-R. Prompsault. 1 vol. in-18.

PASTORALE Parisiense ill. et rev. Antoine Leclerc de Juigné. 3 vol. in-4.

PATER (le), ou les Beautés de l'Oraison dominicale. 1 vol. in-18 (B.-L.).

PATER (le) médité, ou Douze explications de l'Oraison dominicale adaptées aux principaux exercices de la vie chrétienne ; par l'abbé Herbet. 1 vol. in-18. (Voir aussi Oraison dominicale.)

PAUVRES (Instruction chrétienne des), des ouvriers, des ouvrières, des domestiques. 1 vol. in-18.

PÉCHÉS (les Sept) capitaux et les sept vertus à y opposer, avec des réflexions et des traits d'histoire ; par l'abbé Perrin. 1 vol in-18.

PÉCHEURS (Guide des), par le P. de Grenade. 1 vol. in-8.

PÉDAGOGUE (le) chrétien, ou Manière de vivre saintement ; par le P. Philippe d'Outreman. 1 vol. in-12.

PÈLERINAGES aux sanctuaires de la mère de Dieu, ou Année de Marie ; par MM. D*** et B***. 2 vol. in-12, ornés de 52 gravures (B.-M.).

PÈLERINS (les), ou Voyage allégorique à Jérusalem. 1 vol. in-12.

PÉNITENT (le) instruit; par le P. Seigneri. 1 vol. in-12 et in-18.

PÉNITENT (le Vrai) formé sur le modèle de David. 1 vol. in-12.

PÉNITENT (le Vrai), ou Motifs de conversion. 1 vol. in-12.

PENSÉES de la solitude chrétienne sur l'éternité, le mépris du monde et la pénitence ; par le P. Toussaint de Saint-Luc. 1 vol. in-12.

PENSÉES de Massillon sur différents sujets de morale et de piété. 1 vol. in-12 et in-18.

— Les mêmes (8e vol. des Démonstr. évang. grand in-8. Edit. Migne).

PENSÉES diverses sur la dévotion ; par Victor Gilet. 1 vol in-8.

PENSÉES de saint Augustin. 1 vol. in-18 (B.-L.).

PENSÉES de Nicole, suivies de son Traité sur les moyens de conserver la paix avec les hommes. 1 vol. in-18.

PENSÉES édifiantes sur la mort, tirées des propres paroles de l'Ecriture sainte et des saints Pères ; par Hersan. 1 vol. in-12.

PENSÉES et réflexions chrétiennes pour tous les jours de l'année ; par le P. Nepveu. 4 vol. in-12 et 5 vol. in-18.

PENSÉES ingénieuses des anciens et des modernes, par le P. Bouhours. 1 vol. in-12.

PENSÉES sur l'amour de Dieu, précédées du Château de l'âme ; par sainte Thérèse. 1 vol. in-12 (tome 5e de ses œuvres).

PENSÉES sur les fins dernières de l'homme ; trad. de saint Liguori. 2 vol. in-18 (B.-L.).

PENSÉES sur les plus importantes vérités de la religion et sur les principaux devoirs du christianisme ; par le P. Humbert. 1 vol. in-12.

PENSEZ-Y-BIEN (le Nouveau), ou l'Ame pénitente ; par l'abbé Baudrand. 1 vol. in-12.

PENSEZ Y BIEN, ou Réflexions sur les quatre fins dernières. 1 vol. in-18.

PERFECTION (Abrégé de la pratique de la) chrétienne du P. Rodriguez; par Tricolet. 2 vol. in-12.

PERFECTION chrétienne comprise dans le saint rosaire, par le P. J.-A. Favre. 1 vol. in-18.

PERFECTION chrétienne expliquée, ou Dialogues spirituels; par le P. Surin. 2 vol. in-12.

PERFECTION (Pratique de la) chrétienne; par saint Alphonse Rodriguez. 4 vol. in-8.

PERFECTION (Traité de la) chrétienne du R. P. Rodriguez. Edition revue et adaptée à l'usage des personnes du monde; par l'abbé Cruice. 2 v. in-8.

PERFECTION (Traité de la) du chrétien; par le cardinal de Richelieu. 1 v. in-12.

PERRUQUES (Histoire des), où l'on fait voir leur origine, leur usage, leur forme, l'abus et l'irrégularité de celles des ecclésiastiques; par J.-B. Thiers. 1 vol. in-12.

PERSÉVÉRANCE chrétienne, ou Moyens d'assurer les fruits de sa première communion; par M. l'abbé Fayon, directeur des catéchismes de Saint-Sulpice. 1 vol. in-12 et in-18.

PERSÉVÉRANCE (Catéchisme de); par l'abbé Gaume. 8 vol. in-8.

— Le même, abrégé; par le même. 1 vol. in-18.

PETIT carême de Massillon. 1 vol. in-8, in-12 et in-18.

PETIT catéchisme historique de Fleury. 1 vol. in-18.

PETIT traité de la prière, précédé du Grand moyen de la prière, etc.; par saint Liguori (œuvres complètes, tome 3e, in-12).

PETITES lectures religieuses pour les petits enfants; par Léon Guérin. 1 v. in-18.

PETITS traités spirituels, précédés de Préparation à la mort, etc.; par saint Liguori (œuvres complètes, tome 2e, in-12).

PHILOSOPHIE (Introduction à la), ou de la Connaissance de Dieu et de soi-même; par Bossuet. 1 vol. in-8 et in-12.

PIÉTÉ (la Vraie et solide), par Fénelon; recueillie de ses œuvres, par l'abbé Dupanloup. 4 vol. in-18.

PIÉTÉ (la Vraie et solide) expliquée par saint François de Sales. 1 v. in-12.

PIÉTÉ filiale (la), ou Devoirs des enfants envers leurs parents. 2 vol. in-18.

PIÉTÉ filiale (Ecole de la); par Vallos. 1 vol. in-12.

PIEUX sentiments d'une femme désabusée du monde. 1 vol. in-18.

PLACIDE à Scholastique, ou Manière de se conduire dans le monde. 1 vol. in-12.

PONTIFICALE romanum. 1 vol. in-8.

POEME de saint Prosper contre les ingrats; latin-français. 1 vol. in-12.

PORTEFEUILLE d'un jeune philosophe chrétien, ou Morceaux choisis des meilleurs écrivains, sur la vérité et la sainteté du christianisme; par M. Martin de Noirlieu. 1 vol. in-12.

POUVOIR de Marie, ou Paraphrase du *Salve, Regina*; par saint Liguori. 1 vol. in-18.

PRATIQUE abrégée de perfection ; par saint Liguori (œuvres complètes, tome 7e, in-12).

PRATIQUE de l'amour de Dieu; par saint Alphonse de Liguori. 1 vol. in-18.

PRATIQUE de l'amour envers Jésus-Christ; par saint Liguori. 1 vol. in-18 (B.-L.).

PRATIQUE de la règle de saint Benoît. 2 vol. in-12.

PRATIQUE des personnes associées au rosaire vivant. 1 v. in-18.

PRATIQUE des vertus chrétiennes. 1 vol. in-18 (B.-L.).

PRATIQUE efficace pour bien vivre et bien mourir. 1 vol. in-12.

PRATIQUES de piété à l'usage des confréries érigées en faveur des âmes du purgatoire; par l'abbé Reboul. 1 vol. in-18.

PRÉ (Abrégé du) spirituel de Jean, surnommé Moschus, prêtre et solitaire; trad. par Arnaud d'Andilly. 1 vol. in-12.

PRÉDESTINATION des saints (de la) et du don de la persévérance; par saint Augustin. 1 vol. in-12.

PRÉDICATEUR (le) de l'amour de Dieu; par le P. Surin. 1 vol. in-12.

PRÉDICATEUR (le), ou Examen de ce qu'il doit être et de ce qu'il doit dire; par l'abbé Morel. 1 vol. in-12.

PREMIÈRE Pâque, ou l'Enfance conduite au céleste banquet (préparation à la première communion); par l'abbé Pendaries. 1 vol. in-12.

PRÉPARATION à la mort; par saint Liguori, trad. par l'abbé Salet. 1 vol. in-18.

PRÉPARATION à la mort (ou Entretiens spirituels en forme de prières pour servir de); par dom Robert Morel. 1 vol. in-12.

PRÉPARATION au passage du temps à l'éternité; par le P. Nieremberg. 1 vol. in-18.

PRÉSENCE de Dieu (de la), qui renferme tous les principes de la vie intérieure; par le P. de Gonnelieu. 1 vol. in-12 et in-18.

PRÉSENCE de Dieu (Exercice de la); par Boudon; 1 vol. in-18.

PRÉSENCE de Dieu (le Saint exercice de la); par le P. Vaubert. 1 vol. in-32 (B.-L.).

PRÉSENCE de Dieu (Traité de la), en forme d'élévations; par M. Ruivet, vicaire général de Belley. 1 vol. in-18.

PRÉSENCE (Traité de la) réelle de Jésus-Christ dans l'Eucharistie, avec des traits historiques; par Marius Aubert. 1 vol. in-18.

PREUVES historiques de la religion chrétienne; par Beauzée. 1 vol. in-12.

PREUVES simples et claires de la divinité de Jésus-Christ. 1 vol. in-12.

PRIÈRE (du Grand moyen de la), suivi du Petit traité de la prière, etc.; par saint Liguori (tome 3e de ses œuvres complètes).

PRIÈRE (Importance de la) pour obtenir de Dieu toutes les grâces et le salut éternel; par saint Liguori. 1 vol. in-18 (B.-L.).

PRIÈRE (Traité de la); par Nicolle. 1 vol. in-12.

PRIÈRES et cérémonies pour la consécration d'un évêque selon le pontifical romain. 1 vol. in-12.

PRIÈRES et méditations en l'honneur du précieux sang de N. S. J.-C. 1 v. in-18.

PRIÈRES et méditations pour le chemin de la croix. 1 vol. in-18.

PRINCIPES et questions de morale naturelle; par le comte Fortia d'Urban. 1 vol. in-12.

PRINCIPES et règles de la vie chrétienne; par le cardinal Bona, traduct. de M. l'abbé J.-H.-R. Prompsault. 1 vol. in-18.

— Le même; trad. par M. Cousin.

PRINCIPES fondamentaux de la religion, ou Catéchisme de l'âge mûr; par Alletz. 1 vol. in-12.

— Les mêmes (Catéchismes. Edit. Migne). 1 vol. grand in-8 compacte.

PRISONNIERS. (Voir Consolation du chrétien dans les fers.)

PROCESSIONS (des) de l'Eglise. 1 vol. in-12.

PROGRÈS (les) de la vie spirituelle selon les différents états de l'âme, suivis des Secrets de la vie spirituelle, qui en découvrent les illusions; par le P. Guilloré. 1 vol. in-8.

PROJET de conduite spirituelle pendant l'année, selon l'esprit de l'Eglise; par le P. Guimont. 1 vol. in-18.

PROVIDENCE (Mystères de la), simples récits faits aux ouvriers de Paris dans les conférences de saint François-Xavier, en 1844 et 1845; par de Roosmalen. 1 vol. in-12.

PROVIDENCE (la), traité historique, dogmatique et moral; par le P. Touron. 1 vol. in-12.

— Le même, refait pour le style et enrichi d'anecdotes; par le vicomte Walsh. 1 vol. in-8.

PROVIDENCE (la) faisant tout pour le bonheur des hommes; par M.-J. Trenqualye. 1 vol. in-12.

PURGATOIRE (Manuel de dévotion aux âmes du). 1 vol. in-12.

PURGATOIRE (Pieux souvenirs des âmes du); par Mgr l'évêque de Belley. 1 vol. in-18.

PURGATOIRE (le), ou Traité historique, dogmatique et moral; par l'abbé T. Perrin. 2 vol. in-12.

QUARANTE homélies ou sermons de saint Grégoire-le-Grand, pape, sur les Evangiles de l'année; trad. en français. 1 vol. in-8.

QUATRE (des) fins de l'homme; par Denis le Chartreux. 1 v. in-12.

QUATRE (les) fins de l'homme, avec des réflexions capables de toucher les plus endurcis et de les ramener dans la voie du salut; par l'abbé Rouault, revu par Collet. 1 vol. in-18.

QUATRE (les) livres de l'Imitation de Jésus-Christ; trad. et paraphrasés en vers français, par P. Corneille. 1 vol. in-4.

QUINZAINE de Pâques, ou semaine sainte. 1 vol. in-18.

QUINZAINES (les deux) de mai, ou les Fleurs du Carmel et la couronne de Marie; par C. de Lormond. 1 vol. in-18.

RATIONALE divinorum officiorum; à R. Guillelma Durando. 1 vol. in-8.

RÉCIT d'un miracle arrivé au sujet du très-saint Sacrement, précédé des Triomphes des martyrs, etc., par saint Liguori (œuvres complètes, tome 16e, in-12).

RECUEIL de ce que la raison et la religion peuvent offrir de consolation aux malheureux; par Jeauffret. 15 vol. in-18.

RECUEIL de mandements et lettres pastorales de Mgr Hyacinthe-Louis de Quélen, archevêque de Paris. 2 vol. in-4.

RECUEIL des neuvaines de la très-sainte Vierge, approuvées et enrichies d'indulgences par le Saint-Siége; par l'abbé de Sambucy. 1 vol. in-18.

RECUEIL de prières et œuvres pies auxquelles ont été attachées des indulgences par les Souverains-Pontifes; traduit de l'italien, par M. l'abbé Tharin, vicaire général. 1 vol. in-12 et in-18.

RECUEIL des miracles faits par saint Dominique; par Frangipane. 1 vol. in-8.

RÉFLEXIONS chrétiennes sur divers sujets de morale, utiles aux personnes qui font la retraite spirituelle un jour de chaque mois; par le P. Croizet 2 vol. in-12.

RÉFLEXIONS sur le temps de l'Avent; par l'abbé Thuet. 1 vol. in 12.

RÉFLEXIONS chrétiennes sur les huit béatitudes; par l'abbé Gaultier. 1 v. in-18.

RÉFLEXIONS diverses sur Jésus-Christ, ou Caractères divins de Jésus-Christ dans sa doctrine et dans ses œuvres; par d'Aguesseau (8e vol. des Démonstr. évang. Edit. Migne, in-8).

RÉFLEXIONS divines, précédées de la Vérité de la foi, rendue évidente par ses signes de crédibilité, etc.; par saint Liguori (œuvres complètes, tome 18e, in-12).

RÉFLEXIONS d'une âme pénitente pour chaque jour du mois, sur le psaume *Miserere*. 1 vol. in-18.

RÉFLEXIONS et affections sur la passion de Jésus-Christ; par saint Liguori (œuvres complètes, tome 5e, in-12).

RÉFLEXIONS et prières inédites; par Mme la duchesse de Duras. 1 vol. in-12.

RÉFLEXIONS morales sur les quatre Evangiles; par un abbé de la Trappe (M. l'abbé de Rancé). 4 vol. in-12.

RÉFLEXIONS pieuses sur divers points de spiritualité, précédées de la *Voie du salut* et autres opuscules de piété; par saint Liguori (œuvres complètes, tome 1er, in-12).

RÉFLEXIONS, sentiments et pratiques de piété sur les sujets les plus intéressants de la morale chrétienne; par le P. Baudrand. 1 vol. in-12.

RÉFLEXIONS, sentiments et pratiques sur la divine enfance de Jésus-Christ; par Avrillon. 1 vol. in-18.

RÉFLEXIONS spirituelles; par le P. Berthier. 5 vol. in-12.

RÉFLEXIONS sur la miséricorde de Dieu; par Mme de la Vallière. 1 vol. in-12 et in-18.

RÉFLEXIONS sur le nouveau système du R. P. Lamy, touchant la dernière pâque de Jésus-Christ; par le R. P. D. G. B. 1 vol. in-12.

RÉFLEXIONS sur les O de l'Avent en forme d'homélies; par l'abbé Gaultier. 1 vol. in-12.

RÉFLEXIONS sur les suites et les conséquences des mauvais livres. 1 vol. in-12.

RÉFLEXIONS sur les tribulations de l'Eglise; par Muzarelli (3e vol. in-12 de ses opuscules).

RÉFLEXIONS théologiques, morales et affectives sur les attributs de Dieu; par Avrillon. 1 vol. in-12.

RÉFLEXIONS théologiques, morales et affectives sur les attributs de Dieu, en forme de méditations pour chaque jour du mois; par le P. Avrillon. 1 vol. in-12.

RÉFORMÉS (Méthode d'instruction pour ramener à l'Eglise romaine les prétendus); par de la Forest, curé de Lyon. 1 vol. in-8 et in-12.

RÈGLE du tiers-ordre de la pénitence, institué par le séraphique patriarche saint François, pour les personnes séculières qui désirent vivre religieusement dans le monde. 1 vol. in-12.

RÈGLE du tiers-ordre de saint François; par le P. Léonard. 1 vol. in-12.

RÈGLE du monastère de Sainte-Marie, précédée de la Religieuse sanctifiée; par saint Liguori (œuvres complètes, tome 9e, in-12).

RÈGLES de la vie chrétienne, d'après les livres saints et les auteurs catholiques les plus approuvés, ou Lettres spirituelles à une dame anglaise protestante, convertie à la foi catholique; par l'abbé Premord; trad. de l'anglais, par M. l'abbé C.-J. Busson. 2 vol. in-12.

RÈGLES de la vie spirituelle; par Louis de Blois. 1 vol. in-18.

RÈGLES et constitutions du monastère de Saint-Eutrope. 1 vol. in-18.

RÈGLEMENT de la communauté de MM. les prêtres de Saint-Sulpice. 1 v. in-8.

RÈGLEMENT de vie d'un chrétien, précédé de la Voie du salut, et autres opuscules de piété; par saint Liguori (œuvres complètes, tome 1, in-12).

RÈGLEMENT de vie pour les personnes du monde qui veulent mener une vie chrétienne; par MM. les prêtres de Saint-Sulpice. 1 vol. in-18.

RÈGLEMENT donné par Mme la duchesse de Liancourt à Mlle de La Roche-Guyon, sa petite-fille, pour sa conduite et pour celle de sa maison, etc. 1 vol. in-18.

RÈGLEMENT de l'abbaye de Notre-Dame-de-la-Trappe; par l'abbé de Rancé. 1 vol. in-12.

RÈGLEMENTS et exercices de piété à l'usage de la congrégation sous le titre de l'Annonciation de la très-sainte Vierge; par l'abbé Caron. 1 vol. in-24.

RÈGNE de Dieu (le), ou l'Oraison mentale; par Boudon. 1 vol. in-12.

REGRETS, espérances et consolations d'une âme chrétienne; par C. Victor d'Anglars. 1 vol. in-18.

REGRETS et consolations, livre des âmes affligées; par M. d'Exauvillez, précédé dans le même volume de : *Modèle des femmes chrétiennes*, ou *Vie de Denise Darnaud*. 2 vol. in-18, réunis en 1.

RELIGIEUSE dans la solitude, retraite de dix jours. 1 vol. in-12.

RELIGIEUSE sanctifiée par les vertus propres de son état, ou la Véritable épouse de Jésus-Christ; par saint Liguori. 2 vol. in-12 (tomes 8e et 9e des œuvres complètes).

RELIGIEUX (Vie des) et des religieuses, ou Obligations de ceux qui embrassent cette vie; par Girard de Villethierry. 1 vol. in-12.

RELIGION chrétienne (la) méditée dans l'esprit véritable de ses maximes, par l'abbé Débonnaire et le P. Jard. 6 vol. in-12.

RELIGION (la) considérée comme l'unique base du bonheur et de la véritable philosophie; par Mme de Genlis. 1 vol. in-12.

RELIGION (la) en aide au malheur. 1 vol. in-18.

RELIGION du cœur, à l'usage des personnes du monde; par M. le chevalier de Lasne-d'Aiguebelles. 1 vol. in-12 et in-18 (B.-C.).

RELIGION (la) du cœur, ou le Guide du néophyte; par le comte de la Rivallière-Frauendorf. 1 vol. in-12.

RELIGION expliquée aux enfants (la) après leur première communion; par d'Exauvillez. 1 vol in-18.

RELIGION méditée; par l'abbé Rohrbacher. 2 vol. in-18.

RELIGION (la) présentée au cœur; par Mlle Brun. 1 vol. in-18 (B.-G.).

RELIGION personnifiée; par l'abbé Bouchard. 1 vol. in-12.

RÉSIGNATION (Traité de la) à la volonté de Dieu, dans les peines de la vie, enrichi de nombreux traits d'histoire; par l'abbé Marguet. 1 vol. in-18.

RESPECT dû à la sainteté des églises (du), et des profanations qui s'y commettent; par Boudon. 1 vol. in-24.

RETOUR à Dieu (le), et le remède à tous les maux de l'âme, ouvrage utile pour les retraites; par l'abbé Ody. 1 vol. in-18.

RETOUR de l'enfant prodigue, ou Dialogues sur les dispositions à apporter au sacrement de pénitence. 1 vol. in-18.

RETRAITE d'après les exercices spirituels de saint Ignace; par J.-B. Boucher. 1 vol. in-12.

RETRAITE de huit jours (Sujets de méditations pour une); par le P. de Galifet. 1 vol. in-12.

RETRAITE de la Pentecôte, pour disposer les fidèles à cette solennité; par M. l'abbé Lecourtier. 1 vol. in-18.

RETRAITE et méditations à l'usage des religieuses et des personnes qui vivent en communauté; par Tiberge. 1 vol. in-12.

RETRAITE pour les dames; par le P. Guilloré, ouvrage refondu par l'abbé A. Ch. 1 vol. in-18.

RETRAITE pour les hommes; par Miquel. 1 vol. in-12.

RETRAITE pour les religieuses et pour les personnes vivant en communauté; par le P. Judde. 1 vol. in-12 (5e vol. de ses œuvres spirituelles).

RETRAITE pour se préparer à la mort; par le P. Nouët. 1 vol. in-12.

RETRAITE spirituelle, appelée grande retraite de trente jours, suivie des règles sur le discernement des esprits, etc.; par le P. Judde. 2 v. in-12 (1er et 2e vol. de ses œuvres spirituelles).

RETRAITE spirituelle; par le P. Bourdaloue. 1 vol. in-8 et in-12.

RETRAITE spirituelle pour un jour de chaque mois; par le P. Jean Croiset. 2 vol. in-12.

RETRAITE spirituelle sur l'amour de Dieu (Méditations en forme de). 1 v. in-12 et in-18.

RETRAITES annuelles (sept), de l'homme d'oraison; par le P. Nouët. 6 v. in-12.

RÉVÉLATIONS (les) de sainte Brigitte. 1 vol. in-18.

RITUEL de Milan (texte latin). 1 vol. in-8.

RITUEL romain (texte latin). 1 vol. in-18.

RITS (des) de l'église catholique; par Jean-Étienne Duranti (texte latin). 1 vol. in-8.

ROBE de l'ange (la), ou les Délices des cœurs chastes; par Hubert Lebon. 1 vol. in-18.

ROBE de Jésus-Christ (Histoire de la); par J. Marx. 1 vol. in-18.

ROMANS (Entretiens sur les); par M. l'abbé J. 1 vol. in-12.

ROSAIRE (Divine méthode de réciter le saint) par articles, etc.; par le P. Bidault de Sainte-Marie. 1 vol. in-18.

ROSAIRE (Explication des quinze mystères du), mystères joyeux, douloureux et glorieux; par l'abbé Bletton. 15 petits volumes in-18 reliés en 3.

ROSAIRE (Instruction sur l'origine et l'excellence du). 1 vol. in-18.

ROSAIRE médité (le Saint); par L. Veuillot. 1 vol. in-18.

ROSAIRE médité grain à grain (le), ou Considérations instructives et affectives sur les quinze mystères du rosaire de la très-sainte Vierge; par M. Dupont. 1 vol. in-12.

ROSAIRE (Nouveau manuel des associés du saint); par M. l'abbé Bérault des Billiers. 1 vol. in-18.

ROSAIRE (Solide dévotion du), ou l'Idée et l'excellence de cette dévotion, etc., avec une paraphrase du *Pater* et de l'*Ave Maria*. 1 vol. in-18.

ROSAIRE (Véritable esprit de la confrérie du saint); par un curé de Trèves. 1 vol. in-18.

ROSAIRE vivant (Explication des quinze mystères du); par un prêtre du diocèse de Valence. 3 vol. in-18.

ROSÉE de mai (la), ou Marie consolatrice des cœurs affligés (Nouveau mois de Marie). 1 vol. in-18 (B.-L.).

ROSIER de mai (le), ou Guirlande à Marie; par Alph. Constant. 1 v. in-18.

ROSIER mystique (le), ou Choix des plus belles vertus que la mère de Dieu offre à l'imitation des hommes; trad. du latin du P. J. Drexelius. 2 vol. in-18.

ROUTE du ciel (la); pensées pour chaque jour du mois; trad. de l'italien de saint Alphonse de Liguori. 1 vol. in-18 (B.-L.).

**SACRA SEGES**, ou Recueil de morceaux peu connus sur des sujets religieux; par Pornin. 2 vol. in-8.

**SACRIFICE** de l'autel, ou Instruct. sur les cérémonies de la messe. 1 v. in-12.

**SACRIFICE** de l'autel (le), ou Entretiens sur les cérémonies de la messe solennelle; par M. l'abbé Guillois. 2 vol. in-18 (B.-L.).

**SAGE** (le) réfléchissant sur l'éternité. 1 vol. in-18.

**SAGESSE** chrétienne (la); par Arvisenet. 1 vol. in-12 et in-18.

**SAGESSE** (la Vraie), pour faire suite à l'Imitation de N. S. Jésus-Christ. 1 petit vol. in-18.

**SAINT** emploi des vacances (le), proposé aux étudiants; par Muzarelli (7e v. in-12 de ses opuscules).

**SAINT** exercice de la présence de Dieu; par le P. Vaubert. 1 vol. in-32.

**SAINT VINCENT DE PAUL** peint par ses écrits; par M. Gossin. 1 vol. in-8.

**SAINTE** voie de la croix (la), contenant des exercices pour chaque station, des méditations pour chaque jour de la semaine sainte, et la couronne des cinq plaies de Jésus crucifié; trad. de l'italien de saint Alphonse de Liguori. 1 vol. in-32 (B.-L.).

**SAINTS** désirs (les) de la mort; par le P. Lallemand. 1 vol. in-12.

**SAINTES** voies (les) de la croix, où il est traité des peines intérieures et extérieures, et des moyens d'en faire usage; par Boudon. 1 vol. in-12 et in-18.

**SALUTATION** angélique (Méditations sur l'oraison dominicale et sur la); trad. par de Lucques. 1 vol. in-18. (Voir aussi *Ave Maria.*)

**SCIENCE** du crucifix (la), en forme de méditations; par le P. Pierre Marie, édit. revue par le P. Grou. 1 vol. in-12 et in-18.

**SCIENCE** et la pratique du chrétien; par Boudon. 1 vol. in-12.

**SCRUPULES** (Traité des), de leurs causes, de leurs espèces, de leurs suites dangereuses, de leurs remèdes généraux et particuliers; par Duguet. 1 vol. in-12 et in-18.

**SCRUPULES** (Traité sur les); par le P. dom Jamin. 1 vol. in-12.

**SCRUPULEUSES** (Ames). Instructions spirituelles, et pensées consolantes pour les âmes affligées, timides ou scrupuleuses; trad. du latin de Louis de Blois. 1 v. in-12 et in-18.

**SECRET** (du) des mystères, ou l'Apologie de la rubrique des Missels; par M. P.-L.-L. Devallemont. 2 vol. in-12, suivis d'un 3e : Examen des réflexions de M. l'abbé Dupin sur les deux premières parties.

**SECRETS** de la vie spirituelle, qui en découvrent les illusions; par le P. Guillori. 1 vol. in-12.

**SEIGNEUR** (le) est mon partage, ou Lettres sur la persévérance après la première communion; par un ancien missionnaire d'Amérique, l'abbé Gaume. 1 vol. in-18 (B.-G.).

**SEMAINE** de saint Joseph, ou Méditations et prières en l'honneur de ce grand saint pour les sept mercredis, ou les sept jours qui précèdent sa fête; par saint Liguori. 1 vol. in-32.

**SEMAINE** eucharistique. 1 vol. in-18.

SEMAINE sainte, ou Quinzaine de Pâques. 1 vol. in-18.

SEMAINE sainte à Rome (Conférences sur les offices et les cérémonies de la); par Mgr Wiseman. 1 vol. in-12 (16e vol. des Démonstr. évang. Edit. Migne).

SENTENCES chrétiennes, tirées des Pères de l'Eglise; par de Laval. 2 vol. in-12.

SENTENCES et instructions chrétiennes de saint Jean Chrysostôme; trad. par M. de Laval. 2 vol. in-12.

SENTENCES tirées de saint Augustin; traduites par M. de Laval. 2 v. in-12.

SENTIMENTS chrétiens, ou Paraphrases diverses des livres saints. 1 vol. in-18 (B.-L.).

SENTIMENTS chrétiens propres aux personnes malades et infirmes, pour se sanctifier dans leurs maux; par Marin Filassier. 1 vol. in-12.

SENTIMENTS pieux d'un chrétien qui désire connaître et aimer Jésus-Christ. 1 vol. in-12.

SEPT dons du Saint-Esprit (les); par l'abbé Perrin. 1 vol. in-18.

SERMONS choisis de Bossuet. 2 vol. in-12 et 16 vol. in-12.

SERMONS choisis de Fénelon, précédés de ses dialogues sur l'éloquence. 1 vol. in-12 et in-8.

SERMONS de Massillon. 15 vol. in-12.

SERMONS de Bourdaloue. 16 vol. in-12.

SERMONS de Mgr Borderie, évêque de Versailles. 4 vol. in-12.

SERMONS du R. P. Maccarthy. 4 vol. in 12.

SERMONS et discours inédits de M. de Boulogne, évêque de Troyes. 8 vol. in-8.

SERMONS du P. Elisée. 4 vol. in-12.

SERMONS de l'abbé Poulle. 2 vol. in-12.

SERMONS et panégyriques; par Bossuet. 17 vol. in-12.

SOLDAT chrétien (Manuel ou mémorial); par Cardon de Montreuil. 1 vol. in-18 et in-24.

SOLDAT chrétien (le), ou Recueil de prières et d'instructions à l'usage des militaires; par l'abbé Monrocq. 1 vol. in-24.

SOLIDE vertu (la), ou Traité des obstacles à la solide vertu, des moyens d'y parvenir, etc., suivi des exercices spirituels de saint Ignace; par le P. Bellecius; trad. par l'abbé Berthon. 1 et 2 vol. in-12.

SOLITAIRE chrétien (le), réfléchissant et priant; par l'abbé Lasausse. 2 v. in-18.

SOUFFRANCES de Jésus-Christ (Dévotion aux) et à sa croix. 1 vol. in-12. (Voir aussi *Croix*.)

SOUFFRANCES de N. S. Jésus-Christ (les); trad. du portugais du P. Thomas de Jésus, par le P. Alleaume. 2 vol. in-12.

SOUFFRANCES de N. S. Jésus-Christ (Esprit du P. Thomas de Jésus sur les), augmenté des Trois heures d'agonie; par l'abbé Oudoul. 1 vol. in-18.

SOUFFRANCES et consolations, à l'usage des malades; méditations, par Mme Tarbé des Sablons. 1 vol. in-18.

**SOUFFRANCES** et résignations. 1 vol. in-18.

**SOUFFRANCES** (Motifs de consolation dans les); trad. de l'italien de Pinamonti. 1 vol. in-12 et in-18.

**SOUVENIR** à Marie, ou la Sainte Vierge considérée dans ses grandeurs et ses bienfaits; par M. l'abbé Gueulette. 1 vol. in-18.

**SOUVENIR** de la première communion, ou Moyens de persévérance, etc. 1 vol. in-18.

**SOUVENIR** de la sainte Famille, ou Mois de janvier, hommage à Jésus, sauveur du monde; mois de mars, hommage à saint Joseph; mois de mai, hommage à Marie; par l'abbé Oudoul. 3 vol. in-18 réunis en 1.

**SOUVENIRS** de conférences, prônes et instructions entendues à Sainte-Valère, de 1830 à 1835. 2 vol. in-12.

**SOUVENIRS** de la première communion; par M. l'abbé Triest. in-32.

**SOUVENIRS** du Calvaire; par M. Oudoul, curé du diocèse de Bourges. 1 vol. in-18.

**SPECTACLES** (Instructions sur les); par l'abbé Aulot. 1 vol. in-18.

**SPECTACLES** (Lettres sur les); par M. Desprez de Boissy. 2 vol. in-12.

**SPECTACLES** (Principes de l'homme raisonnable sur les), d'après les témoignages des philosophes, des auteurs dramatiques, des comédiens, etc.; par Cardon de Montreuil. Broch. in-32.

**SUICIDE** (Entretiens sur le); par Mgr Guillon. 1 vol. in-8 et in-18.

**SUICIDE** (Histoire critique et philosophique du); par Appiano Buonafède. 1 vol. in-8. (Voir série B.)

**SUICIDE** (Nature, causes et remèdes du), ou Antidote contre le désespoir. 1 vol. in-32.

**SUICIDE** (Pensées sur le); par le P. Debreyne. 1 vol. in-8.

**SUPERSTITIONS** (Traité des), selon l'Ecriture sainte, les conciles, etc.; par M. Jean-Baptiste Thiers. 1 vol. in-12.

**TABLEAU** de la miséricorde divine, ou Motifs de confiance en Dieu; par l'abbé Bergier. 1 vol. in-12.

**TABLEAU** de l'humanité et de la bienfaisance, ou Précis historique des charités qui se font dans Paris. 1 vol. in-18 (1769).

**TABLEAU** des fêtes de la reine du ciel; par M. L.-F. Guérin. 1 vol. in-18.

**TABLEAU** d'une vraie religieuse, suivi des avis de M. de la Motte, évêque d'Amiens. 1 vol. in-12.

**TABLEAU** poétique des fêtes chrétiennes; par le vicomte Walsh. 1 v. in-8.

**TABLEAUX** de la pénitence; par A. Godeau. 2 vol. in-12.

**TENTATIONS** (Traité des), précédé du traité du découragement dans les voies de la piété; par le P. Michel. 1 vol. in-18.

**TENTATIONS** (Traité des), suivi des prières et d'une instruction sur les scrupules; par M. D., supérieur des missions. 1 vol. in-12.

**THÉOLOGIE** à l'usage des gens du monde; par Charles Sainte-Foi. 1 vol. in-12.

**THÉORIE** du bonheur, ou l'Art de se rendre heureux; par l'abbé Gérard. 1 vol. in-12 (tome 6e du *Comte de Valmont*).

THÉOTIME, ou la Science du divin amour, recueillie de saint François de Sales; par un aumônier de la Visitation. 1 vol. in-18.

TIERS-ORDRE (Règle du) de saint François; par le P. Léonard. 1 vol. in-12.

TIERS-ORDRE (Règle du) de la pénitence, institué par saint François pour les personnes qui désirent vivre religieusement dans le monde. 1 vol. in-12.

TRADUCTION des psaumes et des cantiques de l'office divin; par saint Liguori (œuvres complètes, tome 13e, in-12).

TRAITÉ abrégé de l'obligation des chrétiens. 1 vol. in-12.

TRAITÉ abrégé des obligations des chrétiens. 1 vol. in-12.

TRAITÉ contre l'amour des parures et le luxe des habits; par l'abbé Gaultier. 1 vol. in-18.

TRAITÉ contre le luxe des hommes et des femmes; par Dupradel. 1 vol. in-12.

TRAITÉ de la différence du temps et de l'éternité; par le P. Neiremberg. 1 vol. in-12.

TRAITÉ de la joie de l'âme chrétienne; par le P. Lombez. 1 vol. in-12.

TRAITÉ de la lecture chrétienne, dans lequel on expose les règles propres à guider les fidèles dans les choix des livres, et à les leur rendre utiles; par D. Nicolas Jamin. 1 vol. in-12 et in-18 (B.-C. et B.-L.).

TRAITÉ de la vérité et du mensonge; par le P. Thomassin. 1 vol. in-8.

TRAITÉ de l'Eucharistie; par Pellisson. 1 vol. in-12.

TRAITÉ de l'exposition du saint Sacrement de l'autel; par M. J.-B. Thiers. 6 vol. in-12.

TRAITÉ des devoirs de la vie chrétienne; par le P. de Tracy. 2 vol. in-12.

TRAITÉ des devoirs des gens du monde et des chefs de famille; par Collet. 1 vol. in-12.

TRAITÉ des devoirs du chrétien envers Dieu, accompagné de traits historiques analogues aux vérités des chapitres; par C. L. et F.-P. B. 1 vol. in-12.

TRAITÉ des indulgences et du jubilé, suivi des méditations de Bossuet et des sermons de Bourdaloue sur cette matière. 1 vol. in-12.

TRAITÉ des récompenses et des peines éternelles, tiré des livres saints; par l'abbé Le Pelletier. 1 vol. in-12.

TRAITÉ des vanités du siècle; trad. de saint Jean Chrysostôme, par Martiany. 1 vol. in-12.

TRAITÉ dogmatique et pratique des indulgences; par Mgr Bouvier. 1 vol. in-12.

TRAITÉ du baptême et de la confirmation; par Tournely (texte latin). 1 v. in-8.

TRAITÉ du culte des saints, et en particulier de la sainte Vierge; par Jean de Néocassel, évêque de Castorie (texte latin). 1 vol. in-8.

TRAITÉ historique de l'ancienne pâque des Juifs; par le R. P. Lamy. 1 vol. in-12.

**TRAITÉ** sur la sanctification des dimanches et des fêtes; par l'abbé Marguet. 1 vol. in-18.

**TRAITÉ** sur les moyens de connaître la vérité dans l'Eglise (tiré des ouvrages de Languet, archevêque de Sens). 1 vol. in-12.

**TRAITÉS** spirituels, comprenant les traités sur la confession, sur l'oraison, sur le saint sacrifice; par le P. Judde. 1 vol. in-12 (3e vol. de ses œuvres spirituelles).

**TRAITÉS** spirituels (Petits), précédés de Préparation à la mort, etc.; par saint Liguori (œuvres complètes, tome 2e, in-12).

**TRENTE ET UN** (les) oratoires de Marie, ou Pèlerinages aux plus célèbres sanctuaires élevés à Notre-Dame dans les cinq parties du monde, pour chaque jour du mois de mai; par l'abbé Ch. F***. 1 vol. in-18.

**TRÉSOR** caché dans le sacré cœur de Marie, etc.; par Muzarelli (7e v. in-12 de ses opuscules).

**TRÉSOR** (le) des âmes dévouées aux SS. cœurs de Jésus et de Marie; par le P. Eudes. 1 vol. in-24.

**TRÉSOR** des enfants de Marie, ou Méditations catholiques; par Marius Aubert. 1 vol. in-18.

**TRÉSOR** des serviteurs de Marie, ou Méditations sur les vertus et les prérogatives de la sainte Vierge; par le P. Dupont. 1 vol. in-12.

**TRÉSOR** des supérieures, ou Lettres sur la manière de gouverner les maisons religieuses; par le P. Beaufils. 1 vol. in-12.

**TRÉSOR** (le) du chrétien, ou Principes et sentiments propres à renouveler le christianisme dans les âmes; par l'abbé Champion de Pontarlier. 3 v. in-12.

**TRÉSOR** du pieux communiant, ou Manière de bien recevoir la sainte communion et d'en conserver les fruits, etc. 1 vol. in-18.

**TRÉSORS** de confiance en Dieu; trad. de l'italien. 1 vol. in-18.

**TRÉSORS** (les) de la grâce, ou Tableau des principaux moyens employés par la divine Providence pour la conversion des âmes, suivi de traits historiques. 2 vol. in-18.

**TRIOMPHE** (le) de la miséricorde de Dieu sur un cœur endurci, ou Confessions de saint Augustin. 1 vol. in-12.

**TRIOMPHE** de la pureté sous les auspices de Jésus, l'époux des vierges, et de Marie, leur reine et leur modèle. 1 vol. in-18.

**TRIOMPHE** (le) de l'Homme-Dieu, ou le Passage d'une âme qui va reprendre le saint joug de Jésus-Christ; trad. du latin de Besombes de Saint-Geniès, par le P. Brunet. 2 vol. in-12.

**TROIS** vocations (les), lettres dédiées aux mères chrétiennes; par l'abbé Auber. 1 vol. in-12.

**UN BOUQUET** à Marie pour chaque jour du mois de mai, ou Mois de Marie d'après les Pères; par un prêtre d'Agen. 1 vol. in-18.

**UN JOUR** du ciel passé sur la terre, ou le Livre des enfants qui se disposent à faire ou à renouveler leur première communion; par l'abbé Herbet. 1 vol. in-18.

UNE PENSÉE pour chaque jour, tirée des écrits de saint François de Sales. 1 vol. in-18.

UNE PREMIÈRE ANNÉE dans le monde, journal d'une élève des dames du Sacré-Cœur; publié par l'abbé Th. B. 1 vol. in-12 (B.-M.).

USAGE (de l') de célébrer le service divin dans l'Eglise en langue non vulgaire. 1 vol. in-12.

USAGE (de l') des passions; par le P. Sénault de l'Oratoire. 1 vol. in-18.

USAGE (du saint et fréquent) des sacrements de pénitence et d'eucharistie; par le P. Pallu. 1 vol. in-12.

VEILLES (les) de saint Augustin, évêque d'Hippone; trad. de l'italien, par l'abbé Gazzera. 1 vol. in-8.

VERBE (le) incarné. 1 vol. in-12.

VÉRITABLE (le) pénitent, ou les Sentiments et les devoirs d'une âme pénitente contenus dans les sept psaumes de la pénitence; par Girard de Villethierry. 1 vol. in-12.

VÉRITABLE préparation à la mort. 1 vol. in-12.

VÉRITABLE sagesse, ou les Sept dons du saint Esprit. 1 vol. in-18 (B.-L.).

VÉRITÉS (les) de la foi mises à la portée de tous les fidèles. 1 vol. in-18.

VERTU de pureté, son excellence, moyens de la conserver. 1 vol. in-18.

VERTU (la) des chérubins, ou l'Amour de Dieu, avec des traits historiques; par Marius Aubert. 1 vol. in-18.

VERTU (la) des séraphins, ou l'Amour de Jésus-Christ, avec des traits historiques; par Marius Aubert. 1 vol. in-18.

VERTU (la) parée de tous ses charmes, ou Traité sur la douceur; par l'abbé Caron. 1 vol. in-18 (B.-L.).

VERTUS chrétiennes (Nouveaux essais pratiques des). 1 vol. in-18 (B.-L.).

VERTUS chrétiennes (Pratique des). 1 vol. in-18 (B.-L.).

VERTUS (les) de la mère de Dieu; par le R. P. François Arias, de la compagnie de Jésus. 1 vol. in-24.

VERTUS (les Douze) d'un bon maître; par J.-B. de la Salle. 1 vol. in-18.

VERTUS (Traité des), et des moyens de les acquérir; par le P. A. de Paz, trad. du latin par Brouillon. 1 vol. in-12.

VIA CRUCIS, ou Chemin de la croix, avec une instruction sur l'origine, par Mgr Giraud, évêque de Rodez; et de considérations, etc., par M. l'abbé Certes. 1 vol. in-12.

VIA CRUCIS, ou Méthode pratique du chemin de la croix, d'après l'ouvrage du bienheureux Léonard du Port-Maurice. 1 vol. in-18.

VIE cachée avec Jésus en Dieu; par M. Boudon. 1 vol. in-12.

VIE (Divers entretiens sur la) cachée de Jésus-Christ dans l'eucharistie; par le R. P. Ch. Lalemant. 1 vol. in-18.

VIE cachée de Jésus, méditations, par le P. Nouët. 2 vol. in-12 (tome 3e et 4e de ses œuvres).

VIE chrétienne (Entretiens sur la), divisés en trois parties; par M..... 1 v. in-12.

VIE chrétienne, ou Principes de la sagesse; par le P. Colombe. 2 v. in-12

VIE de Jésus conversant avec les hommes; méditations, par le P. Nouët. 3 vol. in-12 (tomes 8 à 10 de ses œuvres).

VIE de Jésus dans les saints, méditations; par le P. Nouët. 2 vol. in-12 (tomes 11e et 12e de ses œuvres).

VIE de Jésus-Christ dans l'eucharistie, et vie des chrétiens qui se nourrissent de l'eucharistie; par Girard de Villethierry. 1 vol. in-12 et in-18.

VIE (Devoirs et obligations de la) des justes; par J. Girard de Villethierry. 1 vol. in-12.

VIE des veuves chrétiennes. 1 vol. In-12.

VIE (Devoirs et obligations de la) des vierges; par J. Girard de Villethierry. 1 vol. in-12.

VIE du chrétien. 1 vol. in-18.

VIE (la) et doctrine de N. S. Jésus-Christ, rédigées en méditations pour tous les jours de l'année; par l'abbé de Saint-Pard. 2 vol. in-12.

VIE glorieuse de Jésus-Christ sur la terre; méditations, par le P. Nouët. 1 vol. in-12 (tome 6e de ses œuvres).

VIE intérieure (Exercices de la); par Gonnelieu. 1 vol. in-18 et in-12.

VIE intérieure (Introduction à la); par Masson. 2 vol. in-12.

VIE intérieure (Pratique de la), avec les devoirs de piété que tout chrétien doit rendre à Dieu, etc.; par Gonnelieu. 1 vol. in-12.

VIE intérieure (Traité de la); par le P. Bernezai. 1 vol. in-12.

VIE mystique de Jésus-Christ dans le très-saint Sacrement; méditations, par le P. Nouët. 1 vol. in-12 (tome 7e de ses œuvres).

VIE religieuse (Bonheur de la); par le P. Jérôme ; trad. du latin par le P. Ant. Girard. 4 vol. in-12.

VIE religieuse (Livre de la); trad. de Thomas à Kempis, par l'abbé Prompsault. 1 vol. in-18.

VIE souffrante de Jésus; méditations, par le P. Nouët. 2 vol. in-12 (tome 4e et 5e de ses œuvres).

VIE spirituelle (Fondements de la); par Bernezai. 1 vol. in-12.

VIE spirituelle (Fondements de la), tirés du livre de l'Imitation; par le P. Surin. 1 vol. in-12.

VIE spirituelle (Livre de la). 1 vol. in-8.

VIE spirituelle (Manière de conduire les âmes dans la). — Retraite pour les religieuses. — Retraite et entretiens pour les dames; par le P. Guilloré. 1 vol. in-8.

VIE spirituelle (Progrès de la) selon les différents états de l'âme, etc.; par le P. Guilloré. 1 vol. in-8.

VIE spirituelle (Secrets de la), qui en découvrent les illusions; par le P. Guilloré. 1 vol. in-12.

VIE spirituelle (Règles de la); par Louis de Blois. 1 vol. in-18.

VIERGES chrétiennes (Devoirs des), tirés de l'Ecriture; par Ambroise Paccore. 1 vol. in-18.

VIERGES chrétiennes (Miroir des); par Girard de Villethierry; refondu par un chanoine de Lyon. 1 vol. in-18 (B.-M.).

VISITES au saint Sacrement et à la sainte Vierge; par saint Liguori. 1 vol. in-12 et in-18 (tome 4e des œuvres complètes, in-12).

VISITEURS (les) miséricordieux, ouvrage destiné aux personnes qui se dévouent aux œuvres de charité. 1 vol. in-12.

VISITEUR spirituel des religieuses; par Louis Belley. 1 vol. in-18.

VOIE (la) de la véritable et solide vertu; par M. l'abbé Leguay. 1 vol. in-12.

VOIE (la) du pardon, ou Connaissance abrégée de ce qu'il faut faire et savoir pour s'approcher avec fruit du sacrement de pénitence. 1 vol. in-12 et in-18 (A.-M.-D.-G.).

VOIE (la) du salut, suivie de réflexions pieuses sur divers points de spiritualité et autres opuscules de piété; par saint Liguori. 1 vol. in-12 et in-18 (œuvres complètes, tome 1er, in-12) (B.-L.).

VOIE du salut, ou Guide du chrétien pour les sacrements de pénitence et d'eucharistie, suivie d'une conduite pour le carême; par l'abbé Niel. 1 v. in-18.

VOIES (les) de la Providence, ou Aide-toi, Dieu t'aidera; par Lucy Saunders. 1 vol. in-12.

VOIES (les) saintes de la croix; par Boudon. 1 vol. in-18.

VOYAGE (le) angélique, ou le Palais de l'amour divin; par Marius Aubert. 1 vol. in-18.

VOYAGE de Sophie et d'Eulalie au palais du vrai bonheur, pour servir de guide dans les voies du salut; par Mme Loquet. 1 vol. in-12.

VOYAGE mystérieux de l'île de la Vertu à Proute. 1 vol. in-12.

VOYAGES liturgiques de France; par le sieur de Moléon (Lebrun Desmarettes. 1 vol. in-8.

VRAI (le) pénitent dirigé dans les pratiques des vertus. 1 vol. in-12.

ZODIAQUE (le) chrétien, ou les Douze signes de la prédestination; trad. du latin du P. Drexelius, par l'abbé Perrin. 1 vol. in-18,

---

# QUATRIÈME SÉRIE. — D.

## Vies de saints et autres.

ABULCHER BISCIARAH (Histoire d'); par A. de Bouclon. 1 vol. in-12.

ACARIE (Vie de la V. mère Marguerite), dite du Saint-Sacrement, religieuse carmélite déchaussée, fille de la B. sœur Marie de l'Incarnation; par Tronson de Chenevière. 1 vol. in-8.

ACCORAMBUONI (Victoria, ou Vittoria), nouvelle italienne du XVIe siècle, suivie d'une notice sur le pape Sixte V. 1 vol. in-12 (B.-C.).

ADÉLAIDE (Vie de sainte), impératrice d'Allemagne; par l'abbé Hunkler. 1 vol. in-18 (B.-G.).

— La même; par Hubert Lebon. 1 vol. in-32.

— La même; par M. de Nilinse. 1 vol. in-18.

ADÉLAIDE et Victoire de France (Mémoires historiques de Mmes). 2 vol. in-18.

AFFRE (Mgr), archevêque de Paris, esquisse biographique; par H. de Riancey. 1 vol. in-18.

AFFRE (Mgr), archevêque de Paris. 1 vol. in-18 (B.-L.).

AGATHANGE de Vendôme et Cassien de Nantes (Abrégé de la vie et du martyre des RR. PP.). 1 vol. in-12.

AGNÈS de Lauwrens, ou Mémoires de sœur Saint-Louis; par L. Veuillot. 2 vol. in-12.

AGNÈS de Saint-Amour, ou la Fervente novice; par P. Michel-Ange Marin. 2 vol. in-12.

AGNÈS d'Aquillinqui (Vie de la M.), abbesse des capucines de Marseille; par le P. Hyacinthe de Verclos. 1 vol. in-8.

AGNÈS de Jésus (Vie de la M.), religieuse de l'ordre de saint Dominique; par M. de Lantage. 1 vol. in-12.

AGRICOL (Vie de saint), évêque et patron de la ville d'Avignon; par l'abbé Clément. 1 vol. in-12.

ALACOQUE (Vie de la V. M. Marguerite-Marie), religieuse de la Visitation; par Mgr Languet. 1 et 2 vol. in-12.

— La même, avec le recueil des écrits de la V. Mère. 1 vol. in-32 (A.-M.-D.-G.).

ALAIN de Solminihac (Vie de Mgr), évêque de Cahors; par le P. Léonard Chastenet. 1 vol. in-12.

ALEXANDRE-LE-GRAND (Histoire d'), par Quinte-Curce; trad. par Beauzée. 2 vol. in-12.

ALFRED-LE-GRAND (Vie d'); par le comte de Stolberg. 1 vol. in-18.

ALPHONSE, ou Puissance de la vertu; vie d'un frère des Ecoles chrétiennes; par Mitraud. 1 vol. in-12.

ALVAREZ (Vie du P. Balthazar); par le P. Louis Dupont. 2 vol. in-12.

AMABLE (Vie de saint), prêtre et curé en Auvergne, sous l'épiscopat de saint Sidoine Apollinaire; trad. par l'abbé Faydet. 1 vol. in-12.

AMBOISE (Vie du cardinal d'), premier ministre de Louis XII; par l'abbé Legendre. 1 vol. in-4 et 2 vol. in-12.

AMBROISE (Vie de saint), archevêque de Milan; par M. Godefroy Hermant. 1 vol. in-4.

— La même, abrégée; par Hubert Lebon. 1 vol. in-32.

AMOUR (la Novice fervente, ou Agnès de Saint-), par le P. Marin. 2 v. in-12.
— Œuvres de l'abbé Proyart. 17 vol. in-12.

ANDRÉ AVELLIN (Vie de saint), théatin, etc., précédée de la Vie de saint Gaétan; par le P. de Tracy. 1 vol. in-12.

ANGÈLE de Merici, fondatrice de l'ordre de Sainte-Ursule, suivie de notions sur les communautés d'ursulines; par l'abbé Parenty. 1 vol. in-12.

— La même; par le P. Quarré. 1 vol. in-12.

— La même; par Hubert Lebon. 1 vol. in-32.

ANGÈLE de Foligny (Vie de sainte). 1 vol. in-12.

ANNE de Saint-Augustin (Vie de la V. M.), compagne de sainte Thérèse ; par Salvatori. 1 vol. in-12.

ANNE d'Autriche (Mémoires pour servir à l'histoire d') ; par Mme de Motteville. 6 vol. in-12.

ANNONCIADE (Vie de la V. servante de Dieu, la M. Marie-Joseph-Albertine de l'). 1 vol. in-12.

ANNUAIRE biographique (années 1830-1834) ; par Henrion. 2 vol. in-8.

ANNNUAIRE biographique, ou Supplément annuel et continuation de toutes les biographies ; par Henrion. 2 vol. in-8.

ANTHELME (Vie de saint), septième général des chartreux, et évêque de Belley ; par J. Chemont. 1 vol. in-12.

ANTOINE (Vie de saint), père du désert ; suivie de la vie des saints militaires. 1 vol. in-12 (B.-C.).

APOTRES (Actes des), suite à l'histoire de Jésus-Christ ; par le P. Ligny. 1 vol. in-12.

ARBOUZE (Vie de la B. M. Marguerite d'), abbesse et réformatrice de l'abbaye royale du Val-de-Grâce ; par l'abbé Fleury. 1 vol. in-8.

— La même, in-8 (tome 3e de ses opuscules).

ARMAING (Vie de la sœur Germaine d'), religieuse des Pauvres filles de la première règle de Sainte-Claire ; par J.-B. C***. 1 vol. in-12.

ARMELLE (Vies de la bonne), servante, et de Jacques Cochois, laquais, ou les Serviteurs vertueux. 1 vol. in-18 (B.-L.).

ARMELLE NICOLAS (Vie d') ; par l'abbé Busson. 1 vol. in-12.

ARONDINEAU (Vie et opuscules de P.-L.), ou les Souvenirs de l'amitié. 2 vol. in-12.

ARTHUR de Bretagne et de Dunois (Vies d') ; par M. Al. Mazas. 1 vol. in-8.

ATHANASE-LE-GRAND et l'Eglise de son temps ; par Mœhler. 3 vol. in-18.

ATHANASE (Vie de saint), patriarche d'Alexandrie ; par Hermant. 2 vol. in-8.

— La même, abrégée ; par Hubert Lebon. 1 vol. in-32.

AUBUSSON LAFEUILLADE (Histoire d'). 1 vol. in-12.

AUBUSSON (Histoire de Pierre d'), grand-maître de Rhodes ; par le P. Bouhours. 1 et 2 vol. in-12.

— La même, extraite du P. Bouhours. 1 v. in-12.

— La même. 1 vol. in-12 (B.-L.).

AUGER (Vie du P. Edmond), de la compagnie de Jésus, confesseur de Henri III, roi de France ; par le P. Dorigny. 1 vol. in-12.

AUGUSTE et Victorine, ou Notice sur la mort d'Auguste Ignace et de Victorine Marie, sa sœur. 1 vol. in-18.

AUGUSTE (Histoire de l'empereur), abrégée de Crevier ; par J.-F. Rolland. 1 vol. in-12.

AUGUSTE IGNACE (Notice sur la vie et la mort d') et de Victorine Marie, sa sœur. 1 vol. in-18.

AUGUSTIN (Vie de saint), évêque d'Hippone ; par l'abbé Petit. 1 vol. in-12.

— La même. 2 vol. in-18 (B.-L.).

— La même. 2 vol. in-18 (B.-G.).

— La même; par Hubert Lebon. 1 vol. in-32.

AUGUSTIN (Vie de saint), ses œuvres, son siècle, influence de son génie; par Poujoulat. 3 vol. in-8.

— La même, abrégée; par le même. 1 vol. in-12.

AUGUSTIN (Vie de saint), apôtre des Anglais, archevêque de Cantorbéry, et histoire du premier établissement du christianisme en Angleterre; trad. de l'anglais du R. Fred. Oakeley, de l'Université d'Oxford; par Jules Gondon. 1 vol. in-12.

AUGUSTINE P*** (Le Modèle des jeunes pensionnaires, ou Vie d'). 1 vol. in-18 (B.-L.).

AVILA (Vie du P. Jean d'), prêtre séculier; trad. de l'espagnol du P. de Grenade, par un P. de la compagnie de Jésus. 1 vol. in-18.

— La même, trad. par le P. de Saint-Jure. 1 vol. in-12.

— La même, suivie de ses œuvres. 2 vol. in-4.

AVRANTHON (Vie de Mgr), d'Alex, évêque de Genève; par le P. Le Masson. 2 vol. in-12 (B.-L.).

AYMÉ (Un Ange de la terre, ou Notice sur la vie et la mort de Mlle d'). 1 v. in-18 (B.-C.).

BACON de Vuralam et saint Thomas de Cantorbéry, deux chanceliers d'Angleterre; par A. F. Ozanam. 1 vol. in-12.

BAILLY (Vie d'un vertueux jeune homme de Lorraine, J.-B. Etienne-Aimé), sous-diacre. 1 vol. in-12.

BALMONT (Vie de Mme de Saint-); par le P. Desbillons. 1 vol. in-8 et in-12.

BARLAAN (Actes de saint), martyr; par le P. Baltus. 1 vol. in-18.

BARILLON (Abrégé de la vie de Mgr Henri de), évêque de Luçon; par Dubos. 1 vol. in-12.

BAR (Vie de la V. mère Catherine de), dite en religion Mathilde du Saint-Sacrement. 1 vol. in-12.

BARTHÉLEMY des Martyrs (Vie de dom); par A. Caillot. 1 vol. in-12.

— Le même. 1 vol in-12.

BASILE-LE-GRAND (Vie de saint), et vie de saint Grégoire de Nazianze; par Godefroy Hermant. 2 vol. in-4.

— La même; par Hubert Lebon. 1 vol. in-32.

BATHILDE (Vie de sainte), reine de France. 1 vol. in-18 (B.-L.).

BATTEVILLE (Mémoires de Mme la baronne de), ou la Veuve parfaite; par Mme Leprince de Beaumont. 1 vol. in-12.

BAUDILLE (Martyre de saint), apôtre de Nîmes; par M. Mathon, chanoine. 1 vol. in-12.

BAYARD (Histoire de), ou le Bon chevalier sans paour et sans reprousche, en style gothique très-intelligible; par Michaud. 1 vol. in-18.

BAYARD (Histoire de); par Guyard de Berville, édit. corrig. 1 vol. in-12 (A.-M.-D.-G.).

BAYARD (Histoire de); par Delandine de Saint-Esprit. 1 vol. in-12.

BEAUREGARD (Vie du P. Antoine G.-N.-C. Saulnier de), abbé de la Trappe de Melleray; par deux de ses amis. 1 vol. in-8.

BEAUVAIS (Vie de Mgr de), ancien évêque de Senez; par l'abbé de Sambucy. 1 vol. in-12.

BELLEFONT (Vie de Mme de), supérieure et fondatrice des religieuses bénédictines de Notre-Dame-des-Anges, à Rouen. 1 vol. in-8.

BELLARMIN (Vie du cardinal); par le P. Frizon. 2 vol. in-12 et 1 vol. in-4.

BELVAL (Mémoires de M. de), ou la Vérité reconnue; par Loisson de Guinaumond. 1 vol. in-12 et in-8.

BENOIT, dit le Maure (Vie de saint), ou le Nègre, fils de l'esclave canonisé par Pie VII, le 24 mai 1807; trad. de l'italien de Carletti, par Allibert. 1 vol. in-18.

BENOIT (Vie de saint); par dom J. Mège. 1 vol. in-4.

— La même. 1 vol. in-12.

BERCHMANS (le Parfait modèle, ou la vie de Jean); par le P. Frizon. 1 v. in-18.

BERNARD de Corleon (L'Histoire de F.), religieux de la province de Palerme, ou le Capucin de Sicile. 1 vol. in-12.

BERNARD (Vie de saint); par l'abbé Ratisbonne. 2 vol. in-12.

— La même; par Godescard. 1 vol. in-18.

— La même; par l'abbé F. 1 vol. in-18 (B.-G.).

— La même; par Hubert Lebon. 1 vol. in-32.

BERNARD (Vie du P.), dit le pauvre prêtre; par le P. Lempereur. 1 vol. in-12 (B.-C.).

— La même. 2 vol. in-18 (B.-L.).

BERNARD (Vies de saint), de saint Dominique, de saint Bruno et de saint Benoît. 1 vol. in-12 (B.-L.).

BERNARDI (Vita Beati), auctore Gaufrido Grosso. 1 vol. in-4.

BERNEX (Vie de Mgr de Roussillon de) évêque et prince de Genève. 2 vol. in-12.

BERRY (Mémoires sur la vie et la mort du duc de); par M. de Châteaubriand. 1 vol. in-8 et in-12.

BERRY (Mémoires historiques de S. A. R. Mme la duchesse de); par Nettement. 3 vol. in-8.

BERRY (La duchesse de) en dix-sept tableaux; par M. E. Lefranc. 1 v. in-8.

BESOMBES (Vie et mémoires de M. Pierre-Louis). 1 vol. in-12.

BERTHE (Vie de sainte), et histoire de l'abbaye de Blangy; par l'abbé Parenty. 1 vol. in-18.

BÉRULLE (Vie du cardinal de), fondateur de la congrégation de l'Oratoire; par Caraccioli. 1 vol. in-12.

— La même; par Habert de Cerizi. 1 vol. in-12.

— La même. 1 vol. in-18 (B.-L.).

BÉRULLE (Histoire de Pierre de), cardinal de la sainte Eglise, fondateur de la congrégation de l'Oratoire; par M. Tabaraud. 2 vol. in-8 en 1.

**BICHIER** (Vie de la sœur Marie-Lucie-Elisabeth), fondatrice et supérieure de la congrégation des Filles de la croix. 1 vol. in-12.

**BIENFAITEURS** (Vies de quelques) de l'humanité; par de Beaufort. 1 vol. in-8.

**BIGNON** (Vie de Jérôme), avocat général et conseiller d'Etat; par l'abbé Perau. 1 vol. in-12.

**BILLEFONT** (Vie de Mme de), fondatrice des religieuses bénédictines. 1 vol. in-8.

**BIOGRAPHIE** (Petite) des Français les plus célèbres; par A. et B***. 2 vol. in-18 (C.-B.-G.).

**BIOGRAPHIE** catholique; histoire des hommes qui se sont rendus célèbres par leurs vertus, leurs fonctions, leurs erreurs, etc.; ouvrage publié sous la direction de M. de Genoude. 2 vol. in-8.

**BIOGRAPHIE** des jeunes gens; par le chevalier A. de Beauchamp. 4 vol. in-12.

**BISCOT** (l'Héroïne de charité, ou Vie de Jeanne); par un prêtre de Paris. 1 vol. in-18 (B.-L.).

**BLANCHE** (Histoire de la reine), mère de saint Louis; par Th. Nisard. 1 v. in-12.

**BLANCHE** de Bourbon, ou Reine et martyre; par Alexandre Desves. 1 vol. in-12.

**BLONAY** (Vie de la mère Marie Aymée de), troisième supérieure du monastère de la Visitation; par Charles-Auguste de Sales, évêque et prince de Genève. 1 vol. in-8.

**BOCHARD** de Champigny (Histoire de la vie, mort et miracles du R. P. Honoré), capucin; par le P. Henri de Calais. 1 vol. in-12.

**BOECE** (Histoire de), sénateur romain, avec l'analyse de tous ses ouvrages; par dom Gervaise. 1 vol. in-12.

**BOISGELIN** (Notice historique sur son éminence Mgr le cardinal de), archevêque de Tours; par Mgr l'évêque d'Alais (de Bausset). 1 vol. in-12.

**BOISSY** (Vie et lettres spirituelles de Mlle Franc de), première supérieure des écoles chrétiennes du diocèse de Cahors. 1 vol. in-8.

**BON** (Vie de la mère Marie), de l'Incarnation ursuline; par le P. Jean Maillard. 1 vol. in-12.

**BONAVENTURE** (Histoire abrégée de la vie de saint), de ses vertus, de son culte, écrite par un religieux cordelier, le P. Boule. 1 vol. in-8 et in-12.

**BORDEAUX** (Vie anecdotique du duc de). 1 vol. in-12.

**BORGHÈSE** (Vie de Camille de), princesse des Ursins. 1 vol. in-12.

**BORGHÈSE** (Vie de la princesse), née Guendoline Talbot, comtesse de Shreusbry; par A. Zeloni. 1 vol. in-12.

**BORIE** (Vie de Mgr), vicaire apostolique du Tong-King, martyr dans la persécution suscitée le 3 janvier 1838; par un prêtre du diocèse de Tulle. 1 vol. in-12.

**BORIE** (Vie du vrai serviteur de Dieu, Pierre-Rose-Ursule Dumoulin), évêque d'Acanthe....., etc. (Voir aussi Vie de Mgr Borie.)

BOSSUET (Histoire de); par de Bausset. 4 vol. in-12.

BOSSUET (Histoire de), abrégée; par J.-J.-E. Roy. 1 vol. in-12 (B.-M.).

— La même, abrégée; par F.-J.-L. 1 vol. in-12 (B.-L.).

— La même, abrégée; par Ant. Caillot. 1 vol. in-12. (Voir l'histoire complète, 2e partie du Catalogue.)

BOUDON (Vie de M.), grand archidiacre d'Evreux; par Collet. 1 v. in-12.

BOULLIER (Vie de M.), curé de Laval, ou le Modèle des prêtres. 1 vol. in-18.

BOURBON-CONDÉ (Vie de S. A. sérénissime Mme la princesse Louise-Adélaïde de), religieuse bénédictine de l'adoration perpétuelle du Saint-Sacrement, première supérieure et fondatrice du monastère du Temple, suivie de ses lettres, etc. 3 vol. in-8.

BOURBON-CONDÉ, duc d'Enghien (Eloge de Louis-Antoine-Henri de); par Macquart. 1 vol. in-8.

BOURDOISE (Vie de M.), premier prêtre de la communauté de Saint-Nicolas-du-Chardonnet; par Bouchard. 1 vol. in-4.

BRÉTIGNY (Vie de M. de), prêtre, fondateur des Carmélites de France et des Pays-Bas; par le P. de Beauvais.

BRITTO (Vie du P. Jean de), de la compagnie de Jésus, mis à mort aux Indes; par le P. de Beauvais. 1 vol. in-12.

BRUNO (Vie de saint). Voir Bernard.

BRUNO (Vie de saint), fondateur des Chartreux; par le P. de Tracy. 1 v.

— La même; par dom Du Creux. 1 vol. in-12.

BRYDAINE (Vie du P.), ou le Modèle des prêtres; par l'abbé Carron. 1 vol. in-12 et in-18 (B.-L.).

BUFFON (Vie de); par A. de Chesnel. 1 vol. in-12.

BUS (Vie du V. César de), fondateur de la congrégation de la doctrine chrétienne; par le P. Dumas. 1 vol. in-4.

— La même; par le même. 1 vol. in-8 et in-12.

CADRIEU (Vie et lettres spirituelles de Mme de), morte en odeur de sainteté. 1 vol. in-12.

CAFFARA (Vie du P. D. Paul), prêtre de la congrégation du très-saint Rédempteur, précédée des Triomphes des martyrs, etc.; par saint Liguori. 1 vol. in-12 (tome 16e de ses œuvres).

CALVIN (Histoire de la vie, des ouvrages et des doctrines de); par M. Audin. 2 vol. in-8.

— La même, édition abrégée. 1 vol. in-12.

CAPITAINES (Vies des grands) de Cornélius-Népos; par Hitblée Paul. 1 v. in-12.

CAPITAINES français (Vies des grands) du moyen âge; par Al. Mazas. 7 v. in-8.

CARMÉLITES de Compiègne (Histoire des religieuses), conduites à l'échafaud, le 17 juillet 1794; par la sœur Marie de l'Incarnation. 1 vol. in-12.

CASSIODORE (Vie de), premier ministre de Théodoric-le-Grand, et ensuite abbé de Viviers; par le P. de Sainte-Marthe. 1 vol. in-12.

CATHELINEAU (Vie de Jacques), surnommé le saint de l'Anjou, généralissime de la Vendée; par E. de Genoude. 1 vol. in-8.

CATHERINE (Vie de sainte); par M. de Rouvray. 1 vol. in-18.

— La même; par Hubert Lebon. 1 vol. in-32.

CATHERINE de Bologne (Vie de sainte); par le P. Crasset; trad. du latin, par l'abbé Petit, vicaire général d'Evreux. 1 vol. in-12.

CATHERINE de Gènes (Vie de sainte); par J. Desmarest. 1 v. in-4 et in-12.

CATHERINE de Ricci (Vie de sainte), religieuse de l'ordre de saint Dominique; trad. de l'italien, par l'abbé Allibert. 1 vol. in-12.

CATHERINE de Sienne (Vie de sainte). 1 vol. in-18 (B.-L.). (Voir aussi 2e partie du Catalogue.)

CHANTAL (Vie de sainte Jeanne-Françoise de), fondatrice de l'ordre de la Visitation; par le P. Beaufils. 1 vol. in-32.

— La même; par l'abbé Marsollier. 2 vol. in-12.

— La même; par l'abbé Cordieu. 1 vol. in-12.

— La même; par Hubert Lebon. 1 vol. in-32.

CHANTEAU (Abrégé de l'histoire de la conversion de M. de); par Feuillet. 1 vol. in-18.

CHAMPIGNY (Histoire de la vie, mort et miracles du R. P. Honoré Bochard de), capucin; par le P. Henry de Calais. 1 vol. in-12.

CHARETTE (Vie du général); par M. le Bouvier Desmortiers. 1 vol. in-8.

CHARLEMAGNE (Histoire de) et son siècle; par E. Roy. 1 vol. in-12.

CHARLEMAGNE; par Capefigue. 2 vol. in-8.

CHARLEMAGNE (Histoire de), commençant à l'avénement de Pepin au trône; par Mme de Bawr. 1 vol. in-18.

CHARLEMAGNE (Histoire de); par Thénisard. 1 vol. in-12.

CHARLES V, surnommé le Sage (Histoire de), roi de France; par J. Roy. 1 vol. in-12 (B.-M.).

CHARLES V (Histoire de), roi de France; par l'abbé Barthélemy. 1 v. in-12.

CHARLES-QUINT (Histoire de), d'après Robertson; édition corrigée. 1 vol. in-12 (B.-M.).

CHARLES X (Histoire de), roi de France. 1 vol. in-12.

CHARLES XII (Histoire de), roi de Suède; par Voltaire. 1 vol. in-12 (édit. A.-M.-D.-G.).

CHARLES BORROMÉE (Vie de saint), archevêque de Milan; trad. de l'italien de Guissano, par Edme Cloysault. 2 vol. in-8 et et 4 vol. in-12.

— La même; par M. de Chennevières. 1 vol. in-12.

— La même; par Touron. 1 vol. in-4.

— La même; par Hubert Lebon. 1 vol. in-32.

— La même, abrégée, du P. Basilicapetri; par Caillot. 1 vol. in-12.

— La même, abrégée; par Touron. 1 vol. in-18 (B.-L.).

CHARTREUSE (Grande), ou Tableau historique et descriptif de ce monastère, précédée de la vie de saint Bruno; par Albert du Boys. 1 vol. in-8.

CHASTEUIL (Vie de M.), solitaire du Mont-Liban; par Marchety. 1 v. in-12.

CHATILLON (Vie de Gauthier de). Voir Montmorency.

CHAUGY (Vie de la mère de), secrétaire de sainte Chantal. 2 vol. in-12.

CHESTONNAC (Vie de Mme), fondatrice de l'ordre des religieuses de Notre-Dame; par le P. Beaufils. 1 vol. in-12.

— La même. 1 vol. in-18.

CHEVERUS (Vie du cardinal de), archevêque de Bordeaux; par Huen Dubourg. 1 vol. in-8 et in-12.

— La même abrégée. 1 vol. in-18 (B.-L.).

CHRISTINE, reine de Suède (Histoire de); par Catteau-Calleville. 2 v. in-8.

— La même; par Lacombe. 1 vol. in-12.

CHRYSOSTOME (Vie de saint Jean); par Hermant. 2 vol. in-8.

— La même, abrégée; par Hubert Lebon. 1 vol. in-32.

— La même. 1 vol. in-18 (B.-L.).

CHRYSOSTOME (Vie du P. Jean), religieux pénitent du troisième ordre de Saint-François; par Marie Boudon. 1 vol. in-12.

CITÉ mystique (Abrégé de la), ou Vie de la très-sainte Vierge, révélée à la sœur Marie de Jésus. 1 vol. in-12.

CLAIRE (Vie de sainte), de l'ordre de Saint-François-d'Assise; par le P. Prudent de Faucogney, capucin. 1 vol. in-12.

— La même; par Hubert Lebon. 1 vol. in-32.

CLAUDE BERNARD (le Père des malheureux, ou Vie de), dit le pauvre prêtre; par X***. 1 vol. in-18 (B.-L.).

CLAVER (Vie du P.), de la compagnie de Jésus, apôtre de Carthagène et des Indes occidentales; par le P. B.-G. Fleuriau. 1 vol. in-12.

CLÉMENT XI (Vie de); par M. de Lafitau, évêque de Sisteron. 2 vol. in-12.

CLÉMENT XIV GANGANELLI (la Vie du pape). 1 vol. in-12.

CLERMONT (Vies de Louis de) et de Jean le Meingre de Boucicaut; par M. Al. Mazas. 1 vol. in-8.

CLISSON (Histoire d'Olivier), connétable de France; par M. de Clisson. 1 v. in-12.

CLISSON (Vie d'Olivier de). Voir Duguesclin.

CLOTILDE (Eloge historique de la servante de Dieu Marie) de France, reine de Sardaigne. 1 vol. in-12.

CLOTILDE (Vie de sainte), reine de France; par Mme de Renneville. 1 vol. in-12 (B.-L.).

— La même; par M. de Rouvray. 1 vol. in-18.

CLOTILDE de France (Vie de), reine de Sardaigne, sœur de Charles X, béatifiée en 1808; par J. Remy. 2 vol. in-12.

— La même; par J.-D. T. 1 vol. in-8 et 2 vol. in-12.

COLBERT (Vie de); par A. de Serviez. 1 vol. in-12.

COLETTE (Vie de sainte), d'après les manuscrits de l'abbé de Saint-Laurent. 1 vol. in-12.

COMARMOND (Vie du jeune Henri), étudiant au séminaire de Viviers; par M. d'Exauvillez. 1 vol.

COMMENDON (Histoire du cardinal); par Fléchier. 1 vol. in-8 (tome 2e des œuvres complètes).

CONCILIIS (Marie, étoile de la mer, ou Conversion, pensée et sentiment de Louis-Marie de).

CONDÉ (Histoire du grand). 1 vol. in-12.

CONDÉ (Essai sur l'histoire du grand); par L.-J. Bourbon-Condé, son quatrième descendant. 1 vol. in-8.

— La même, abrégée. 1 vol. in-12 (B.-M. et B.-L.).

CONDÉ (Vie, lettres et œuvres de S. A. S. M$^{me}$ la princesse Louise-Adélaïde de Bourbon). 3 vol. in-8.

CONDREN (Vie du P. Charles), second général de l'Oratoire; par Denis Amelotte, de la même congrégation. 1 vol. in-4.

— La même; par Caraccioli. 1 vol. in-12.

CONQUÉRANTS tartares qui ont subjugué la Chine (Histoire des deux); par le R. P. Pierre-Joseph d'Orléans, de la Compagnie de Jésus. 1 vol. in-8.

CONTEMPORAINS illustres (Vie des); par un homme de rien. in-12.

CONSTANCE (Histoire de), premier ministre du roi de Siam; par le P. d'Orléans. 1 vol. in-12.

CONSTANTIN-LE-GRAND et son siècle; par l'abbé Hunkler. 1 vol. in-12.

CONVERSIONS (Tableau des principales) qui ont eu lieu parmi les protestants au XIX$^{e}$ siècle. 1 vol. in-12.

CORMEAUX (Vie de M.), curé en Bretagne et zélé missionnaire, décapité en 1794; par l'abbé Lasausse. 1 vol. in-12.

CORNEILLE (Vie de Pierre); par Levavasseur. 1 vol. in-12.

CORTONE (la Nouvelle Madeleine, ou Vie de sainte Marguerite de); par M. Allibert. 1 vol. in-18.

COUCI (Vie d'Enguerrand de). Voir Marche.

CRÉTENET (Vie de vénérable messire Jacques), prêtre et instituteur de la congrégation des prêtres missionnaires de Saint-Joseph de Lyon, avec un abrégé de la vie de la V. M. Madeleine de Saint-François, supérieure du premier monastère de Sainte-Elisabeth de Lyon; par un ecclésiastique (l'abbé Orame). 1 vol. in-8.

CRILLON (Histoire du brave). 1 vol. in-12 (B.-L.).

CROMWELL (Précis historique sur); par le chevalier de Langeac. 1 vol. in-8.

CRUZAMANTE, ou la Sainte amante de la croix. 1 vol. in-12.

CYPRIEN (Vie de saint), évêque de Carthage; trad. de l'anglais de G.-A. Poole, par Collombet. 1 vol. in-8.

— La même; par dom Gervaise. 1 vol. in-4.

— La même, abrégée; par Hubert Lebon. 1 vol. in-32.

DAMES FRANÇAISES du XVII$^{e}$ siècle (Vie des) les plus célèbres par leurs vertus. 1 vol. in-12.

DANTE ALIGHIERI (Histoire de); par M. le chevalier Artaud de Montor. 1 vol. in-8.

DARNAND (Modèle des femmes chrétiennes, ou Vie de Denise); par M. l'abbé P. 1 vol. in-18.

DAUPHIN (Vie du), père de Louis XV; par l'abbé Proyart. 1 et 2 v. in-12.

— La même (tome 7e et 8e des œuvres complètes).

DAUPHIN (Vie du), père de Louis XVI; par l'abbé Proyart. 1 vol. in-12.

— La même (tome 9e des œuvres complètes).

DAUPHINE (Vie de Mme), mère de Louis XVIII, publiée par l'abbé Sicard ou plutôt Sérieys. 1 vol. in 12.

DAUPHIN, père de Louis XVI. 1 vol. in-12.

DAUPHIN de France (Mémoire pour servir à l'histoire de Louis,), mort à Fontainebleau, le 20 décembre 1765. 2 vol. in-12.

DAYMÉ (Notice sur la vie et la mort de Jenny), ou un Ange de la terre. 1 v. in-18 (B.-L.).

DÉCALOGNE (l'Ecolier vertueux, ou Vie édifiante d'un écolier de l'Université de Paris); par Proyart. 1 vol. in-12 et in-18 (16e vol. de ses œuvres).

DEMIA (Vie de M.), instituteur des sœurs de Saint-Charles, suivie de l'esprit de cet institut. 1 vol. in-8 et in-12.

DESMARAIS DE CHAMBON (Vie de Mme), ou Modèle des âmes chrétiennes; par M. Labiche de Reignefort. 1 vol. in-12.

DEUX (Vie de) enfants des catéchismes de Saint-Sulpice, ou Elisa et Marie. 1 vol. in-18.

DICTIONNAIRE des hommes célèbres (Petit) de toutes les nations, depuis Adam jusqu'à nos jours; par Rolland. 2 vol. in-12.

DICTIONNAIRE historique de Feller, ou Histoire abrégée des hommes illustres; par F.-X. de Feller. In-8.

— 1er supplément au même de 1830 à 1834; par Henrion. 2 vol. in-8.

— 2e supplément de 1833 à 1839; par Perennès. 1 vol. in-8.

DICTIONNAIRE historique et bibliographique portatif; par l'abbé Ladvocat. 3 vol. in-18.

DIPLOMATES européens (les); par Capefigue. 4 vol. in-8.

DOMINIQUE (Vie de saint); par le R. P. Lacordaire. 1 vol. in-8 et in-12.

— La même; par le P. Thouron. 1 vol. in-4.

DOMINIQUE (Vie de saint). Voir Bernard.

DROUOT (Vie du général). 1 vol. in-18 (B.-L.).

DUGUESCLIN (Histoire de Bertrand); par Guyard de Berville. Edit. corrigée. 2 vol. in-12 réunis en 1 (A.-M.-D.-G.).

— La même; par le même. 1 vol. in-12 (B.-M. et B.-L.).

— La même; par M. Fr. Michel. 1 vol. in-12.

DUGUESCLIN (Vies de) et d'Olivier de Clisson; par M. Al. Mazas. 1 v. in-8.

DUGUAY-TROUIN; par de Lalandelle. 1 vol. in-12.

DUNOIS (Vie de). Voir Arthur de Bretagne.

DUPARC-POULAIN-DU-BOIS-ANGER (Vie de Mlle). 1 vol. in-12.

DUQUESNE (Vie du marquis); par Richer. 1 vol. in-12.

DURAND (Vie de Mlle Françoise), institutrice, morte en odeur de sainteté, ou le Triomphe de Jésus-Christ dans une âme chrétienne; par le P. J. Eudes. 1 vol. in-12.

ÉCOLIERS vertueux, ou Vie de plusieurs jeunes gens; par l'abbé Caron. 2 vol. in-18.

ÉCOLIERS (les Parfaits), ou Vies de plusieurs étudiants : Ubaldin, Bercius, Ruffin, Daumond et Albini. 1 vol. in-18.

EDME (Vie de saint), archevêque de Cantorbéry, tirée des manuscrits de l'abbaye de Pontigny ; par Edme Chamillard. 1 vol. in-12.

ÉLÉONORE (Vie de l'impératrice); par le P. Brumoy. 1 vol. in-12.

ÉLISA ET MARIE, ou Vie de deux enfants du catéchisme de Saint-Sulpice. 1 vol. in-18.

ÉLISABETH de France (Histoire de Mme); par Mme Guénard. 3 vol. in-18.

ÉLISABETH de France (Eloge historique de Mme) ; par A. Ferron. 1 v. in-18.

ÉLISABETH de France (Histoire de Mme); par Ant. Ferrand. 1 vol. in-8.

ÉLISABETH de l'Enfant-Jésus (Vie de la V. mère) ; par M. Madeleine de Mauron. 1 vol. in-8.

ÉLISABETH de Hongrie (Vie de sainte) ; par le comte de Montalembert. 1 vol. in-4.

— La même ; par le même. 2 vol. in-12.

— La même, abrégée par le même. 1 vol. in-18.

— La même. 2 vol. in-18 (B.-L.).

ÉLISE, suivie de Florine, ou Vie de deux jeunes personnes du catéchisme de Saint-Sulpice. 1 vol. in-18.

ÉLOGES et vies des reines, princesses, dames, demoiselles, illustres en piété; par Hilarion de Coste. 1 vol. in-8.

ÉLOI (Vie de saint), évêque de Noyon ; trad. par Ch. Barthélemy, précédée d'études historiques, littéraires et artistiques sur le VIIe siècle ; par le même. 1 vol. in-8, écrite par Saint-Ouen.

ÉLOI (Vie et sermons de saint), évêque de Noyon, écrite par saint Ouen, et trad. en français, par l'abbé Levêque. 1 vol. in-8.

ELSE (Abrégé de la vie de la mère Marie-Augustine de Saint-), carmélite professe de Montauban, décédée à Lectoure. 1 vol. in-18.

ENFANT de Marie (Une); notice sur la vie et la mort de Mlle ***. 1 vol. in-18 (B.-L.).

ENFANTS (les Jeunes) ; par Blanchard. 1 vol. in-12 (Lehuby).

ENGEL (Vie édifiante de Caroline-Florence), enfant de l'ouvroir de Saint-Roch, morte en 1844, à l'âge de dix-sept ans. 1 vol. in-18.

ENGEL (Vie de Caroline-Florence), enfant de l'ouvroir de l'Immaculée-Conception, morte à Paris, en 1844, à l'âge de dix-sept ans ; par l'abbé Crabot. 1 vol. in-18.

ENGHIEN (Eloge du duc d') ; par Maquart. 1 vol. in-8.

EPHREM (Vie du P. Vincent-Joseph-Marie-Ferrer), ou Histoire d'un moine de nos jours, mort à l'abbaye de la Trappe d'Aiguebelle, suivie d'une notice sur la vie de sa sœur, Marie Ephrem, etc. 1 vol. in-12.

ÉPIPHANE (Vie de saint), archevêque de Salamine et docteur de l'Eglise; par dom Gervaise. 1 vol. in-4.

ÉTIENNE HARDING (Vie de saint), abbé et principal fondateur de l'ordre de Citeaux; par J.-D. Dalgairns, éditée par le R. Newman, et trad. de l'anglais, par l'abbé E.-V. 1 vol. in-12.

ÉTIENNE (Vie de dom Pierre-François de Paule-Malmy), fondateur et abbé de la Trappe d'Aiguebelle; par Casimir Gaillardin. 1 vol. in-12.

ÉTUDIANTS (Vie de plusieurs jeunes), ou les Parfaits modèles Ubalin, Bercius, Ruffin. 1 vol. in-18 (B.-M.).

ÉTUDIANTS (Particularités édifiantes sur la vie et la mort de quelques jeunes). 1 vol. in-18.

EUDES (Vie du P. Jean), missionnaire apostolique, et instituteur de la congrégation de Jésus et de Marie; par le P. de Montigny. 1 vol. in-12.

— La même, abrégée; par l'abbé P. 1 vol. in-18.

EUSTELLE (Vie de Marie), morte en 1842, suivie du recueil de ses écrits. 2 vol. in-8.

EXILÉE (l') d'Holy-Rood. 1 vol. in-8.

EXTATIQUE (l') et les stigmatisées du Tyrol; par l'abbé F. Nicolas. 1 vol. in-12.

FARE (Vie de sainte), fondatrice de Fare-Moutier, en Brie; par Robert Regnault. 1 vol. in-12.

FARE (Vie et miracles de sainte), fondatrice et première abbesse de Fare-Moutier, en Brie; par F. Robert Regnault, religieux minime. 1 v. in-12.

FAURE (Vie du P. Charles), abbé de Sainte-Geneviève; par le P. Lallemand. 1 vol. in-4 et in-8.

FEMME chrétienne; par A. Rodières. 1 vol. in-12.

FÉLIX DE VALOIS (Vie de saint) et de saint Jean de Matha; par l'abbé Prat. 1 vol. in-12.

FÉLIX DE VALOIS (Vie de saint), précédée de la vie de saint Jean de Matha, patriarches de l'ordre de la Sainte-Trinité, et rédempteurs des captifs. 1 vol. in-8 (1695).

FEMMES (Vies des saintes), des martyrs et des vierges, pour tous les jours de l'année, tirées des écrivains sacrés, etc. 3 vol. in-8.

— Les mêmes, abrégées. 2 vol. in-12.

FEMMES célèbres de 1789 à 1795, et leur influence dans les révolutions; par E. Lautullier. 2 vol. in-8.

FÉNELON (Histoire de); par Bausset. 4 vol. in-12.

FÉNELON (Histoire de), abrégée; par J.-J.-E. Roy. 1 vol. in-12 (B.-M.).

— La même, abrégée; par F.-J.-L. 1 vol. in-12 (B.-L.).

— La même, abrégée; par Ant. Caillot. 1 vol. in-12. (Voir l'histoire complète, 2e partie du Catalogue.)

FERDINAND (Vie de saint), roi de Castille et de Léon; par le P. de Ligny. 1 vol. in-12.

FERDINAND ET ISABELLE (Histoire des rois catholiques); par l'abbé Mignot. 2 vol. in-12.

FERDINAND II (Histoire de), empereur d'Autriche; par Hunkler. 1 vol. in-12.

FERRANDI ANICIENSIS (Vita Joannis). 1 vol. in-8.

FERRONNAYS (le Comte de la) et Marie-Alphonse Ratisbonne, ou Mes impressions de quinze jours à Rome; par le vicomte Walsh. 1 vol. in-12.

FESCH (Vie du cardinal), archevêque de Lyon; par l'abbé Lyonnet. 2 vol. in-8.

FESCH (la Vérité sur le cardinal), ou Réflexions sur sa vie; par M. l'abbé Lyonnet, par un ancien vicaire général de Lyon. 1 vol. in-8.

FESCH (Défense de la vérité sur le cardinal); par un ancien vicaire général de Mgr d'Amasie. 1 vol. in-8.

FIACRE (Vie de saint) et Histoire de son monastère; par M. Ansart. 1 vol. in-12.

FIACRE (Vie du V. F.), Augustin déchaussé; par le P. Gabriel. 1 v. in-12.

— Le même; par Ousar. 1 vol. in-12.

FIDEL (Vie de saint) de Sigmaringa, de l'ordre des capucins; par le P. Théodore de Paris. 1 vol. in-18.

— La même; par le P. Daniel. 1 vol. in-12.

FIORETTI, ou Petites fleurs de saint François d'Assise; trad. par Riche.

FISHER (Histoire de Jean), cardinal et évêque de Rochester. 1 vol. in-18 (B.-L.).

FONDATRICES (Vies des) d'ordres religieux, et de quelques dames qui ont édifié le monde et le cloître par leur piété et leurs vertus depuis le IIIe siècle jusqu'à nos jours; par M. N. Jubin. 2 vol. in-18.

FONDATRICES des maisons de retraite en France (Vies des).

FONTAINE (Vie de la V. mère Louise-Eugénie de), première fondatrice de la Visitation de Sainte-Marie de Paris; par une dame de qualité. 1 vol. in-12.

FORNARI (Vie de la vénérable mère Victoire), fondatrice de l'ordre des Annonciades célestes, suivie de l'abrégé de la vie de la vraie mère Marie-Madeleine-Lomellini Centurion, religieuse du même ordre, et d'Etienne Centurion, barnabite; par Collet et Montis. 1 vol. in-12.

FOUGEROUX (Vie de M. F.-E. Xavier), ancien chef de bureau au ministère des finances, membre de plusieurs sociétés charitables; par M. Gossin. 1 vol. in-18 (B.-G.).

FOURRIER (Vie du bienheureux Pierre), curé de Mattaincourt; par le P. Jean Bedel.

— La même. 1 vol. in-12 (A.-M.-D.-G.).

FRANÇOIS Ier (Histoire de); par Mme Sophie de Maraise. 1 vol. in-12 et in-18.

FRANÇOIS D'ASSISE (Vie de saint), instituteur de l'ordre des Frères mineurs; par le P. Chalippe (R.).

— La même; par Emile Chavin. 1 vol. in-8.

— La même, abrégée; par le même. 1 vol. in-18.

— La même; par l'abbé Petit. 1 vol. in-12 (B.-L.).

FRANÇOIS DE BORGIA (Vie de saint); par Ant. Verjus. 2 vol. in-12.

FRANÇOIS DE CARACCIOLA (Vie de saint), ou l'Enfant privilégié de la Providence; trad. de l'italien, par M. Alibert. 1 vol. in-18.

FRANÇOIS DE PAULE (Vie de saint), fondateur de l'ordre des Minimes; par le P. Hilarion de Coste. 1 vol. in-4.

— La même, abrégée. 1 vol. in-18.

**FRANÇOIS DE SALES** (Vie de saint), évêque et prince de Genève; par Marsollier. 3 vol. in-12.

— La même; par M. Loyau-d'Amboise. 1 vol. in-8.

— La même, abrégée; par Guérin. 1vol. in-18.

— La même. 1 vol. in-18 (B.-L.).

— La même; par Hubert Lebon. 1 vol. in-32.

**FRANÇOIS-XAVIER** (Vie de saint), apôtre des Indes; par le P. Bouhours. 2 vol. in-12.

— La même, abrégée; par Pallegoix. 1 vol. in-12.

— La même, abrégée. 1 vol. in-18 (B.-L.).

— La même; par Hubert Lebon; 1 vol. in-32.

**FRANÇOIS RÉGIS** (Vie de saint Jean), de la Compagnie de Jésus, apôtre du Vélay, du Vivarais et des Cévennes; par le P. Daubenton. 1 v. in-12.

— La même. 1 vol. in-4.

— La même, abrégée. 1 vol. in-18 (B.-L.).

**FRANÇOISE-DE-LA-CROIX** (Vie de la vén. mère), institutrice des religieuses hospitalières de la Charité de Notre-Dame, ordre de saint Augustin, par le P. Pin. 1 vol in-12.

**FRANÇOISE-D'AMBOISE** (Vie de la B.), duchesse de Bretagne; par Barrin. 1 vol. in-12 et in-18 (B.-L.).

**FRANÇOISE ROMAINE** (Vie de sainte), fondatrice des Oblates de la tour des Miroirs. 2 vol. in-12.

**FRAYSSINOUS** (Vie de Mgr), évêque d'Hermopolis; par le baron Henrion. 2 vol. in-8.

**FRÉTAT** de Serra (Vies édifiantes de MM.). Boursoul, Beurier et Morel de la Motte, ou les Modèles du clergé; par M. l'abbé Caron. 1 vol. in-12.

**FRÈZE** (Vie de Calixte), mort à Saint-Sulpice; par M. d'Exauvillez. 1 vol. in-18.

**FULCRAN** (Vie de saint), évêque de Lodève; par Mgr Debousquet, évêque de la même ville. 1 vol. in-32.

**GABRIELLE-MARIE DE Q...** (Notices sur la vie de), Marie L. D..., Angèle de Sainte-C..., comtesse de P..., élèves de la congrégation de Notre-Dame (maison dite des Oiseaux). 1 vol. in-8.

**GAETAN DE THIENNE** (Vie de saint), instituteur des Théatins; par dom Bernard. 1 vol. in-12.

— La même, abrégée; par Hubert Lebon. 1 vol. in-32.

**GAETAN DE THIENNE** (Vie de saint), instituteur de la congrégation des clercs réguliers, dits Théatins; du bienheureux Jean Marinou; de saint André Avellin et du bienheureux card. Paul Burali d'Arezzo, de la même congrégation; par le P. de Tracy, théatin. 1 vol. in-12.

**GAGELIN** (Vie de l'abbé), missionnaire en Cochinchine et martyr en 1833. 1 vol. in-12.

**GALLARD TE :RAUBE** (Vie de Victorine de), décédée à Paris, en 1836, en odeur de sainteté. 1 vol. in-12.

GARRAYE (Vies de M. et de Mme de), ou les Epoux charitables. 2 vol. in-18 (B.-L.).

GÉNÉRAUX (Histoire des) et chefs vendéens; par J. Crétineau-Joly. 1 vol. in-8.

GENEVIÈVE (Vie de sainte), patronne de Paris et du royaume de France, suivie de l'histoire de l'abbaye, de l'église et des reliques de la sainte, accompagnée de notes critiques, pièces justificatives, etc.; par M. l'abbé P.-M-.B. Saintyves. 1 vol. in-8.

GENEVIÈVE (Vie de sainte), patronne de Paris; par M. Le Nain de Tillemont. 1 vol. in-12.

— La même; par Girard. 1 vol. in-18.

— La même; par Ch. Lefeuve. 1 vol. in-18.

— La même; par Hubert Lebon. 1 vol. in-32.

GERMAIN L'AUXERROIS (Vie de saint), patron de la paroisse du Louvre et de la ville d'Auxerre; par Ch. Lefeuve. 1 vol. in-24.

GERMONIO (Vie d'Anastase), archevêque et comte de Tarentaise; par l'abbé Bonnefoy. 1 vol. in-12.

GEORGES (Histoire du chevalier de Saint-), prétendant à la couronne d'Angleterre, et du prince Charles-Edouard, son fils; par M. de Marlès. 1 vol. in-12 (B.-B.).

GERSON (Essai sur la vie de Jean), chancelier de l'Université; par l'abbé L'Ecuy. 1 vol. in-18.

GERTRUDE (Vie et révélations de sainte). 2 vol. in-12.

GODEFROY DE BOUILLON (Histoire de), par M. d'Exauvillez. 1 vol. in-12.

GOHIER (Vie de Antoine), clerc tonsuré, mort au diocèse de Bayeux. 1 vol. in-18.

GONZAGUE (Vie de saint Louis de); par le P. Cépari. 1 vol. in-12.

— La même; par le P. d'Orléans. 1 vol. in-12.

— La même; par Gillet. 1 vol. in-18 (B.-L.).

— La même; par Hubert Lebon. 1. vol in-32.

GONZAGUE (Vie du frère Louis de), ou le Pieux ermite; par M. P., prêtre du Belley. 1 vol. in-18.

GONZAGUE (le Parfait modèle de la jeunesse chrétienne dans la vie de saint Louis de); par le P. Croiset. 1 vol. in-18.

GOSVINI (Vita Beati), auctore Richardo Gibbono. 1 vol. in-12.

GOURDAN (Vie du P. Simon), chanoine régulier de Saint-Augustin, en l'abbaye de Saint-Victor de Paris; par dom Gervaise. 1 vol. in-12.

GRÉGOIRE-LE-GRAND (Histoire du pontificat de saint); par Maimbourg. 2 vol. in-12.

GRÉGOIRE VII; par Muzarelli (2e vol. in-12 de ses opuscules).

GRÉGOIRE VII (Histoire du pape) et de son siècle; par J. Voigt, trad. par l'abbé Jager.

GRÉGOIRE DE NAZIANZE (Vie de saint), archevêque de Constantinople, extraite de ses œuvres; par Bauduer. 1 vol. in-8.

— La même, précédée de celle de saint Basile-le-Grand; par Hermand. 2 vol. in-8.

— La même, abrégée; par Hubert Lebon. 1 vol. in-32.

GRÉGOIRE VII (Vie et pontificat de), publiés par sir R. Griesley, baronnet; par Mgr Wiseman (16e vol. des Démonstr. évang., grand in-8. Edit. Migne).

GUELDRES (Vie de la B. Philippe de), reine de Sicile...., depuis religieuse au monastère de Sainte-Claire de Pont-à-Mousson; par le P. Roland, cordelier. 1 vol. in-12.

— La même; par le P. Mérigot. 1 vol. in-8.

GUERRIERS français (Vies des), ou Modèles de fidélité, de courage, de vertus militaires, etc. 1 vol. in-12.

GUIBOUT (Notice sur la vie de Louise-Euphrasie); par l'abbé Frappaz. 1 vol. in-12.

GUILLAUME TELL (Histoire de), mise à la portée de la jeunesse; par Mlle Clara Filleul de Pétigny. 1 vol. in-12.

HARPE (Vie de la). 1 vol. in-18.

HAUTERIVE (Histoire de la vie et des travaux politiques du comte d'), diplomatie française de 1784 à 1830; par Artaud de Montor. 1 vol. in-8.

HÉLYE (Vie du bienheureux Thomas), aumônier du roi saint Louis; par J.-L.-A. Colin. 1 vol. in-12.

HÉLYOT (Vie de Mme); par le P. Crosset. 1 vol. in-8 et in-12.

— La même, suivie de la vie de Mme de Maillefer; par l'abbé Montis. 1 v. in-12.

HENRI-LE-GRAND (Histoire de); par Mme la comtesse de Genlis. 2 v. in-12.

HENRI IV (Histoire de), roi de France et de Navarre. 1 vol. in-12 (B.-L.).

HENRI IV, dit le Grand (Histoire de); par Hardouin de Péréfixe. 1 vol. in-12.

HENRI VII, dit le Sage (Histoire de), roi d'Angleterre; par l'abbé Marsollier. 2 vol. in-12 reliés en 1.

HENRI de Portugal (Vie de l'infant dom); par l'abbé de Cournand. 2 vol. in-12 réunis en 1.

HENRI (Vie du bon), cordonnier, ou l'Artisan chrétien. 1 vol. in-18 (B.-L.).

HÉRÉSIARQUES (Histoire des plus fameux) qui ont paru en Europe depuis 1040. 1 vol. in-12.

HÉRIS (Vie de Rose-Françoise-Gilbert des), morte en odeur de sainteté, le 6 janvier 1040; par l'abbé Michon. 1 vol. in-12.

HÉROINES chrétiennes (les Jeunes), ou Vies édifiantes et traits d'histoire dédiés aux jeunes personnes. 1 vol. in-18 (B.-L.).

HÉROINES chrétiennes (les Nouvelles), ou Vies édifiantes de dix-sept jeunes personnes; par l'abbé Caron. 1 et 2 vol. in-18 (B.-L.).

HÉROINES (les Trois) chrétiennes, ou Vies édifiantes de trois jeunes demoiselles; par l'abbé Caron. 1 vol. in-18.

HÉROS chrétiens (les), ou les Martyrs du sacerdoce pendant la révolution; par l'abbé Dubois. 1 et 2 vol. in-12.

HÉROS de la Vendée, ou Biographie des principaux chefs vendéens; par M. de Préa. 1 vol. in-18 (B.-M.).

HÉROS chrétiens (les Jeunes). 2 vol. in-18 (B.-L.).

HISTOIRES édifiantes pour servir de lecture aux jeunes gens; par Collet. 1 vol. in-12.

HOHENLOHE (Cures miraculeuses opérées par le prince de). 1 vol. in-12.

HOLTZAUSER (Vie du vénérable serviteur de Dieu Barthélemy), premier supérieur général des clercs séculiers, vivant en communauté; trad. de l'italien, et revue par M. l'abbé Tresvaux. 1 vol. in-12.

HOMMES d'état les plus célèbres de France. 1 vol. in-12 (B.-L.).

HOMMES célèbres (les) de la France; par d'Exauvillez. 1 vol. in-12 (B.-M.).

HOMMES de la France (les Grands); par Th. Muret. In-8.

HOMMES illustres (Vies des) de Plutarque; trad. par Mme Dacier. 15 vol. in-18.

HUBERT (Histoire en abrégé de la vie de saint), prince du sang de France, duc d'Aquitaine. 1 vol. in-8 (1678).

HUGUES (Vie de saint), évêque de Grenoble, suivie de celle de Hugues II, son successeur; par Albert de Boys. 1 vol. in-8.

HUMIÈRES (Vie de Mme d'), abbesse de Monchy. 1 vol. in-8.

HURTER (la Vie, les travaux et la conversion de Frédéric), ancien président du consistoire de Schaffhouse; par A. de Saint-Chéron. 1 v. in-18.

HYACINTHE MARISCOTTI (Vie de sainte), religieuse professe du tiers-ordre de Saint-François; par le P. Flaminius M.-A. de Latera; trad. de l'italien, par l'abbé Allibert. 1 vol. in-12.

IGNACE DE LOYOLA (Vie de saint), fondateur de la compagnie de Jésus; par le P. Daniel Bartoli. 2 vol. in-8.

— La même; par le P. Bouhours. 2 vol. in-12 et in-18.

— La même; trad. du latin de Ribadeneira, par Mlle Evelina de Tresson. 1 vol. in-12.

— La même, abrégée. 1 vol. in-18 (B.-L.).

IGNACE DE LOYOLA (Vie de saint), chevalier de la très-sainte Vierge, fondateur de l'ordre des jésuites; par S. du Terrail. 1 vol. in-12.

INNOCENT III (Histoire du pape) et de son siècle; par F. Hurter, président du consistoire à Schaffhouse; trad. de l'allemand, par l'abbé Jager. 2 vol. in-8.

IRÈNE (Histoire de l'impératrice); par l'abbé Mignot. 1 vol. in-12.

IRÉNÉE (Vie de saint), deuxième évêque de Lyon, docteur de l'Eglise et martyr; par dom Gervaise. 2 vol. in-12.

— La même; par l'abbé J.-M. Prat. 1 vol. in-8.

ISABELLE (Vie de Mme), sœur de saint Louis, fondatrice de l'abbaye de Longchamps; par Daniélo. 1 vol. in-12.

— La même; par le P. Nicolas Caussin. 1 vol. in-12.

ISABELLE (Vie de sainte), sœur du roi saint Louis, fondatrice du monastère royal de Longchamps; par le P. Nicolas Caussin. 1 vol. in-12.

— La même; par Hubert Lebon. 1 vol. in-32.

ISIDORE (Vie de saint), ou le Bon laboureur; par l'abbé Dognon. 1 vol. in-12.

IVAN (Vie du P.), fondateur des religieuses de la Miséricorde; par l'abbé de Montis. 1 vol. in-12.

JACQUES II à Saint-Germain; par Capefigue.

JEAN L'ÉVANGÉLISTE (Vie de saint). 1 vol. in-18.

JEAN DE LA CROIX (Vie de saint); par Dosithée de Saint-Alexis. 2 v. in-4.

— La même; par Collet. 1 vol. in-12.

— La même; par N.-N. R. 1 vol. in-12.

JEAN DE DIEU (Vie de saint); par Marc Trapadoux. 1 vol. in-8.

JEAN DE MATHA et de Saint-Félix de Valois, patriarches de l'ordre de la Sainte-Trinité et de la Rédemption des captifs. 1 vol. in-8 (1695).

— La même; par l'abbé J.-M. Prat. 1 vol. in-8.

JEAN NÉPOMUCÈNE (Vie de saint), ou le Martyr du secret de la confession; par le R. P. J.-B. de Marne. 1 vol. in-12 et in-18.

— La même, abrégée. 1 vol. in-18 (B.-L.).

JEANNE I^re^, reine de Naples (Histoire de); par l'abbé Mignot. 1 vol. in-12.

JEANNE D'ARC (Notice sur); par Michaud.

JEANNE D'ARC; par Anna Marie. 2 vol. in-8.

JEANNE D'ARC (Histoire de); par J.-J.-E. Roy. 1 vol. in-12 (B.-L.).

— La même; par ***. 1 vol. in-12 (B.-L.).

— La même; par M^lle^ Celliez. 1 vol. in-18 (B.-G.). Voir aussi 2^e^ partie du Catalogue.

JEANNE D'ARC, chronique française du XV^e^ siècle, ou le Récit d'un preux chevalier; par Max. de Mont-Rond. 1 vol. in-12 (B.-C. et B.-L.).

JEANNE D'ARC, d'après les chroniques contemporaines; par Guide Gierre; trad. de l'allemand, par Léon Boré. 1 vol. in-8.

JÉROME (Eloge de saint). 1 vol. in-12.

JÉROME (Vie de saint), ses écrits, sa doctrine, etc.; par F.-Z. Collombet. 2 vol. in-18.

— La même; par le P. Dolci. 1 vol. in-4.

— La même, abrégée; par Hubert Lebon. 1 vol. in-32.

JÉROME (Vie du bienheureux F. de), jésuite, ou le Missionnaire; par M. Allibert. 1 vol. in-18.

JÉSUS-CHRIST (Histoire de).

JÉSUS-CHRIST (Histoire de la sainte jeunesse de); par un directeur de séminaire, le P. Grisot. 1 vol. in-8 et in-12.

JÉSUS-CHRIST (Chronologie de); par le marquis de..... 1 vol. in-12.

JÉSUS-CHRIST (Histoire de Notre Seigneur) et des apôtres, uniquement composée avec les quatre évangélistes fondus ensemble, etc.; par A.-L.-J.-B. de Jessé. 2 vol. in-8.

JÉSUS-CHRIST (Histoire de Notre Seigneur), racontée aux enfants; par M^me^ la vicomtesse de V. 1 vol. in-18.

JÉSUS-CHRIST (Histoire de Notre Seigneur); par le P. de Ligny, suivie des Actes des apôtres. 4 vol. in-12.

JÉSUS-CHRIST (Histoire de Notre Seigneur) et de son siècle, d'après les documents originaux; par le comte de Stolberg; trad. de l'allemand, par l'abbé Jager. 2 vol. in-8 et 1 vol. in-12.

JÉSUS-CHRIST (Itinéraire et vie de), pendant sa mission sur la terre; par J. Vallès.

JÉSUS-CHRIST (Vie de Notre Seigneur), au point de vue de la science; trad. de l'allemand de Jean Kuhn, par Nettement. 1 vol. in-12.

JÉSUS-CHRIST (Vie de Notre Seigneur), Dieu-homme; par le R. P. Ferdinand de Valverdé; trad. de l'espagnol, par l'abbé Beguier. 5 vol. in-8.

JÉSUS-CHRIST (Histoire de la vie de Notre Seigneur); par le P. de Ligny, édit. abrégée. 1 vol. in-12.

JÉSUS-CHRIST (Vie de Notre Seigneur), ou Concorde des quatre évangélistes; par l'abbé Arnault, vicaire de Saint-Louis-d'Antin. 1 vol. in-12 (B.-M.).

JÉSUS-CHRIST (Vie de Notre Seigneur); par M. de Genoude. 1 vol. in-8 et in-12.

JÉSUS-CHRIST (Précis de la vie de Notre Seigneur), extrait de l'Evangile, à l'usage de la jeunesse; par M. Peigné. 1 vol. in-12 et in-18.

JÉSUS-CHRIST (Vie de Notre Seigneur), et histoire du dogme et de la morale du christianisme, selon la Vulgate, les versions arabe, persane, syriaque, etc.; par l'abbé H. Berger. 2 vol. in-12.

JÉSUS-CHRIST (Recherches historiques sur la personne de) et sa famille; par M. Peignat. 1 vol. in-8.

JEUNES CHRÉTIENS (les), histoires exemplaires de divers enfants contemporains des deux sexes, etc.; par A. de Saint-Gervais. 1 vol. in-18.

JEUNESSE CHRÉTIENNE (Galerie de la), ou Vies des saints qui se sont illustrés dans l'âge le plus tendre. 1 vol. in-12.

JOANNIS DE CASTRO (Vita). 1 vol. in-4.

JOSEPH (Vie de saint), époux de la sainte Vierge, proposée pour modèle aux âmes pieuses; trad. de l'italien, par Mme Tarbé. 1 vol. in-18.

JOSEPH DE CAPERTINO (Vie de saint); par le P. Viguier. 1 vol. in-12.

JOSÉPHINE D. (Notice sur la vie et la mort édifiantes d'une jeune personne), morte à Paris en 1839; par un prêtre de Saint-Sulpice. 1 vol. in-32.

JOSSE (Vie de saint), prince de Bretagne; par L. Abelly. 1 vol. in-18.

JOSEPH (Vie de saint), époux de la sainte Vierge; par l'abbé P... 1 vol. in-12.

JOUVE (la Jeune vierge, ou Notice sur Mlle Aloysa), morte à Grenoble, le 21 janvier 1821. 1 vol. in-18 (B.-L.).

JOUVIN (Abrégé de la vie et des vertus dè la très-honorée sœur Julienne). 1 vol. in-12.

JOVIEN (Histoire de l'empereur); par l'abbé de la Bletterie. 2 vol. in-12.

JOYEUSE (le Duc de), capucin, ou le Courtisan prédestiné; par M. de Caillière. 1 vol. in-12.

JUIGNÉ (Vie de Mgr Leclerc de), archevêque de Paris; par l'abbé Lambert. 1 vol. in-18.

JULES CÉSAR (Vie de), suivie du tableau de ses campagnes, avec des observations critiques; par A. de Beauchamp. 1 vol. in-8.

JULIEN (Histoire de l'empereur); par l'abbé de la Bletterie. 1 vol. in-12.

JULIENNE, ou la Servante de Dieu; par le vicomte Walsh. 1 vol. in-12 (B.-M.).

JUSTES (Vies des), ou Devoirs et obligations pour vivre chrétiennement; par Girard de Villethierry. 1 vol. in-12.

JUSTES (Vies des) dans la profession des armes; par l'abbé Caron. 1 vol. in-12 et in-18.

JUSTES (Vies des) dans l'état du mariage; par l'abbé Caron. 2 vol. in-12.

JUSTES (Vies des) dans l'étude des lois de la magistrature; par l'abbé Carron. 1 vol. in-12.

JUSTES (Vies des) dans les conditions ordinaires de la société; par l'abbé Caron. 1 vol. in-12, suivies des Vies des nouveaux justes dans les mêmes conditions, par le même. 1 vol. in-12 réunis. 2 vol. in-12.

JUSTES (Vies des) dans les plus haut rangs de la société; par l'abbé Caron. 4 vol. in-12.

JUSTES (Vies des) dans les plus humbles conditions; par l'abbé Caron. 1 v. in-12.

JUSTES (Vies des) parmi les filles chrétiennes; par l'abbé Caron. 1 v. in-12.

JUSTES (Nouveaux), ou Vies de Mlle Victoire Conin de Saint-Luc, du comte Forbin, de Mlle Dargent, M. Sauvage, Céleste Offray, Adélaïde de Cicé; par l'abbé Caron. 1 vol. in-12.

KEEPSAKE religieux, ou Livre des saints, renfermant les vies de la sainte Vierge, de sainte Ursule, de sainte Clotilde, etc.; par MM. Gerbert, Lacordaire, Lacarrière, etc., etc. 1 vol. grand in-8.

KERDERF (Vie de Mlle de), première supérieure des maisons de retraite, et de Mlle de Saint-Luc, religieuse de cette congrégation. 1 vol. in-12.

LABRE (Vie du bienheureux Benoît Joseph), mort à Rome, en odeur de sainteté; trad. de l'italien de Marconi. 1 vol. in-12.

— La même; par Marchetti. 1 vol. in-12.

— La même. 1 vol. in-12 et in-18 (B.-L.).

LABRE (Triomphe de l'humilité, ou Vie abrégée du bienheureux Benoît-Joseph), mort en odeur de sainteté. 1 vol. in-18 (B.-L.).

LAFEUILLADE (Vie de François-Philibert, dit), soldat au régiment du Vexin. 1 vol. in-18 (B.-L.).

LAFOSSE (Vie de Mme), guérie miraculeusement, le 31 mai 1725, à la procession du Saint-Sacrement de la paroisse Sainte-Marguerite; par le P. Laurent. 1 vol. in-12.

LAMOUROUS (Vie de Mlle de), dite la Bonne mère, fondatrice et première supérieure de la maison de la Miséricorde de Bordeaux; par l'abbé Pouget. 1 vol. in-12.

— La même, abrégée. 2 vol. in-18 (B.-L.).

**LANTAGES** (Vie de M. de), catéchiste de Saint-Sulpice, puis supérieur du séminaire du Puy. 1 vol. in-12 et in-18.

**LAURENT** (Eloge historique du bienheureux) de Brindes, capucin; par un académicien des Arcades de Rome, M. Roubaud. 1 vol. in-12.

— La même; par Paul Desnoyers. 1 vol. in-12.

**LECKZINSKA** (Vie de Marie), princesse de Pologne, reine de France; par l'abbé Proyart. 1 vol. in-12.

— La même (tome 12e de ses œuvres complètes).

**LE FÈVRE** (Vie du P.), jésuite, premier compagnon de saint Ignace. 1 v. in-18.

**LEGRAS** (Vie de Mme Louise Marillac, veuve), fondatrice des filles de la Charité; par Gobillon. 1 vol. in-12.

— La même; par Collet. 1 vol. in-12.

— La même; par..... 1 vol. in-12 (B.-M.).

**LENOBLETZ** (Vie de M.), prêtre et missionnaire de Bretagne; par le P. Ant. de Verjus. 1 vol. in-8 et 2 vol. in-12.

**LENOIR** (Guide ou modèle des âmes pieuses qui aspirent à la perfection, ou Vie de la vénérable sœur Françoise Radégonde); par l'abbé Labiche de Reignefort. 1 vol. in-12.

**LÉON-LE-GRAND** (Vie de saint) et histoire de son pontificat; par M. de Saint-Chéron. 2 vol. in-8.

— La même, abrégée; par Hubert Lebon. 1 vol. in-32.

**LÉON-LE-GRAND** (Histoire du pontificat de saint); par le P. Maimbourg. 2 vol. in-12.

**LÉON X** (Vie de), écrite par Paul Jove. 1 vol. in-12.

**LÉON X** (Histoire abrégée de); par Audin. 1 vol. in-12.

**LÉON XII** (Histoire du pape); par M. Artaud de Montor. 2 vol. in-8.

**LÉONIE** (Lettres de), précédées de sa vie. 2 vol. in-12 réunis en 1.

**LÉONIE** (Vie de). 1 vol. in-8.

**LÉONIE** (Vie et lettres de). 3 vol. in-12 réunis en 1.

**LÉONISSA** (Vie du bienheureux P. Joseph de), capucin, missionnaire apostolique; par le P. Daniel. 1 vol. in-12.

**LEPELLETIER DE SOUZI** (Vie de Claude), ou Modèle des jeunes gens; par l'abbé Proyart. 1 vol. in-12 et in-18.

— La même (16e vol. des œuvres complètes de l'abbé Proyart).

**LEQUIEN** (Vie du P. Antoine), du Saint-Sacrement, religieux de l'ordre des Frères prêcheurs. 1 vol. in-12.

**LESLEY** (Extrait de la vie de Georges de), ou le Triomphe de la piété filiale. 2 vol. in-18 (B.-L.).

**LESTRANGE** (Vie de dom Augustin de), abbé de la Trappe; par un religieux de son ordre. 1 vol. in-12.

**LIAUTARD** (Mémoires de M. l'abbé), fondateur du collége Stanislas, recueillis par l'abbé Denis. 2 vol. in-8.

**LIDWINE**, vierge (Vie de la bienheureuse); par le V. P. Bruchman. 1 vol. in-12.

LIGUORI (Vie de la sœur Thérèse Marie de), précédée des triomphes des martyrs; par saint Liguori. 1 vol. in-12 (tome 16e de ses œuvres).
LIGUORI (Vie de saint); par l'abbé Jeancard. 1 vol. in-8.
— La même. 1 vol. in-12 (22e vol. des œuvres complètes).
— La même; par l'abbé Gillet. 1 vol. in-12 (B.-L.).
LOPEZ (Vie du bienheureux Grégoire); par François Losa, curé de la cathédrale de Mexico; trad. par Arnault d'Andilly. 1 vol. in-12.
LOS VALIENTES (la Marquise de); par le R. P. Michel-Ange Marin. 2 vol. in-12.
LOUIS, dauphin de France (Mémoires, pour servir à l'histoire de). 2 vol. in-12.
LOUIS, dauphin de France (Mémoires pour servir à l'histoire de), mort à Fontainebleau en 1765; par le P. Griffet. 2 vol. in-12.
LOUIS (Histoire de saint); par de Bury. 2 vol. in-12 (B.-M.).
LOUIS (Histoire de saint), roi de France; par le sire de Joinville. 1 v. in-8.
LOUIS (Histoire de saint Loys, saint); par sire Jehan de Joinville. 1 v. in-18.
LOUIS (Saint) et son siècle; par le vicomte Walsh. 1 vol. in-8 (B.-M.).
LOUIS (Histoire de saint), roi de France; par M. le marquis de Villeneuve-Trans. 3 vol. in-8.
LOUIS IX le Pieux (Histoire de) et de son siècle; par Frontin, auteur des *Annales du moyen âge*. 2 vol. in-8.
LOUIS XI (Histoire de); par J.-J.-E. Roy. 1 vol. in-12 (B.-M.).
LOUIS XII (Histoire de); par M. Varillas. 3 vol. in-12.
LOUIS XII (Histoire de), roi de France; par A.-L. Delaroche. 1 v. in-12.
LOUIS XII, surnommé le Père du peuple (Histoire de). 1 vol. in-12 (B.-L.).
LOUIS XIII (Histoire de la vie de); par M. de Bury. 4 vol. in-12.
— La même; par le même. 2 vol. in-12.
LOUIS XIV (Histoire de), à l'usage de la jeunesse. 1 vol. in-12 (B.-L.).
LOUIS XIV (Histoire de); par Gabourd. 1 vol. in-8 (B.-M.).
LOUIS XIV; par l'auteur du *Grand Condé*. 1 vol. in-12.
LOUIS XIV (Mémoires pour servir à l'histoire de); par l'abbé de Choisy. 3 v. in-12 en un seul.
LOUIS XVI et ses vertus aux prises avec la perversité de son siècle; par l'abbé Proyart. 5 vol. in-12.
LOUIS XVI (Histoire de); par A.-J.-B. Bouvet de Cressé. 1 vol. in-12.
LOUIS XVI (Histoire de) avec anecdotes de son règne; par de Bourniseaux. 4 vol. in-8.
LOUIS XVI (Histoire de), terminée par le fac-similé de son testament; par R.-J. Durdent. 1 vol. in-8.
LOUIS XVI (Précis de la captivité et de la mort du bon roi). 1 vol. in-18.
LOUIS XVII (Vie du jeune); par A. Antoine. 1 vol. in-18.
LOUIS XVII (Histoire de). 2 vol. in-18 (B.-L.).
LOUIS XVIII (Histoire de); par Alphonse de Beauchamp. 1 vol. in-12.
LOUIS XVIII (Histoire de); par Antoine. 1 vol. in-18.
LOUIS XVIII à ses derniers moments; par Charles du Rozoir. 1 vol. in-12.

LOUIS XVIII (Vie de), continuée jusqu'à sa mort; par A. de Beauchamp. 2 vol. in-8.

LOUIS XVIII (Précis historique de S. M.); par J.-R. 1 vol. in-18.

LOUISE DE FRANCE (Vie de), religieuse carmélite, fille de Louis XV; par l'abbé Proyart. 2 vol. in-12.

— La même (tome 13e et 14e de ses œuvres complètes).

LORIQUET (Vie du P.), de la compagnie de Jésus. 1 vol. in-12.

LUMAGUE (Vie de la V. servante de Dieu Marie), institutrice des filles de la Providence; par l'abbé Collin. 1 vol. in-12.

LUTHER (Histoire de la vie, des ouvrages et des doctrines de); par M. Oudin. Edit. abrégée. 1 vol. in-12.

MABILLON (Hist. de dom), bénédictin; par E. Chavin de Malan. 1 vol. in-12.

MABILLON (Vie de J. de); par Ruinart-Thierry. 1 vol. in-12.

MADELEINE DE SAINT-FRANÇOIS (Abrégé de la vie de la vénérable mère), première religieuse et supérieure du premier monastère de Sainte-Elisabeth de Lyon, précédée de la vie du vénérable messire Jacques Crétenet, prêtre et instituteur de la congrégation des prêtres missionnaires de Saint-Joseph de Lyon; par un ecclésiastique. 1 vol. in-8.

MAES (Vie de Mme); par l'abbé Parenty. 1 vol. in-18.

MAINTENON (Vie de Mme de). 2 vol. in-12.

MAINTENON (Mme de), peinte par elle-même; par Suard. 1 vol. in-8.

MAINTENON (Histoire de Mme de) et de la cour de Louis XIV; par M. Lafont d'Aussonne. 2 vol. in-12 et 1 in-8.

MAINTENON (Mémoires sur Mme de), recueillis par les dames de Saint-Cyr. 1 vol. in-12.

MAKRENA MIECZISLAWSKA, ou Histoire d'une persécution de sept ans. 1 v. in-12.

MALBESTE (Vie de M. Michel-Charles), ancien curé de Sainte-Elisabeth; par M. l'abbé Z. Frappaz. 1 vol. in-12.

MALESHERBES (Vie de Chrétien-Guillaume de Lamoignon); par Chas, avocat. 1 vol. in-12.

MARCHE (Vies de Jacques de la) et d'Enguerrand de Couci; par M. Al. Mazas. 1 vol. in-8.

MARGUERITE DE VALOIS (Hist. de la reine), première femme de Henri IV; par A. Mongez. 1 vol. in-8.

MARGUERITE DE CORTONE (Vie de sainte), ou la Nouvelle Madeleine; par M. Allibert. 1 vol. in-18.

MARGUERITE DU SAINT-SACREMENT (Vie de sœur), carmélite de Beaune; par un prêtre de l'Oratoire, le P. Amelotte. 1 vol. in-8.

— La même; par Tronson. 1 vol. in-8.

MARGUERITE-MARIE (Vie et révélations de la V. servante de Dieu), religieuse de la Visitation; par l'abbé Boulanger. 1 vol. in-12.

MARGUERITE-MARIE (Vie de la vénérable), religieuse de la Visitation, morte en odeur de sainteté; par Mgr Languet. 2 vol. in-12 (A.-M.-D.-G.).

MARIE-ANGÉLIQUE (Vie de); par Boudon. 1 vol. in-12.

MARIE-ANTOINETTE devant le XIXe siècle; par Mme Simon Viennot. 2 vol. in-8.

MARIE-ANTOINETTE (Eloge historique de), reine de France; par Marjosé. 1 vol. in-8.

MARIE-ANTOINETTE (Histoire de); par l'auteur de *l'Eloge de Louis XVI*. 1 vol. in-8.

MARIE-ANTOINETTE (Histoire de), reine de France; par Montjoie. 2 vol. in-8.

MARIE-ANTOINETTE (Histoire de), reine de France; par M.-L. Achaintre. 1. vol. in-12.

MARIE-ANTOINETTE (Histoire de), suivie d'un précis de la vie de Mme Elisabeth. 1 vol. in-12 (B.-L.).

MARIE-CHARLOTTE-LOUISE (Histoire de), reine des Deux-Siciles; par A. Serieys. 1 vol. in-8.

MARIE-CLOTILDE DE FRANCE (Histoire de la vénérable), reine de Sardaigne. 2 vol. in-18 (B.-L.).

MARIE-CLOTILDE-XAVIER DE FRANCE (Vie de la V. servante de Dieu), sœur de Louis XVIII, reine de Sardaigne; trad. de l'italien de Louis de Battiglia et annotée par M.-J. D.-T. 1 vol. in-8 et 2 vol. in-12.

— La même; par J. Remy. 2 vol. in-12.

— La même. Eloge historique.

MARIE DE L'INCARNATION (Vie de la bienheureuse), fondatrice des Carmélites de France; par M. l'abbé Tron. 1 vol. in 12.

MARIE DE L'INCARNATION (Vie de la bienheureuse sœur), dite dans le monde, Mme Accarie, converse et professe et fondatrice des Carmélites de France; par J. B.-A. Boucher. 1 vol. in 8.

MARIE DE L'INCARNATION (Vie de la vénérable mère), nommée auparavant Marie Guyart, première supérieure des Ursulines de la Nouvelle-France; par le P. Charlevox. 1 vol. in 12.

— La même; par Jean Maillard. 1 vol. in 12.

— La même; par dom Claude Martin. 1 vol. in-12.

MARIE DE SAINTE THÉRÈSE (Vie de très-sublime contemplative sœur), carmélite; par l'abbé Brion. 1 vol. in-12.

MARIE DE SAVOIE (Vie de), reine de Portugal et de Marie-Isabelle sa fille; par le P. d'Orléans. 1 vol. in-12.

MARIE JACOBE (Vies de sainte) et de sainte Marie Salomé. 1 vol. in-18.

MARIE LOUISE DE JÉSUS (Vie de la sœur), supérieure des Filles de la sagesse, instituées à Poitiers; par M. de Montfort. 1 vol. in-12.

MARIE MADELEINE DE LA TRINITÉ (Vie de la mère), fondatrice des religieuses de Notre Dame-de Miséricorde; par Croiset. 1 vol. in-8.

— La même; par le P. Alex. Piny. 1 vol. in 12.

MARIE-MADELEINE DE PAZZI (Vie de sainte); par le P. Céparé. 1 vol. in-12.

MARIE STUART (Histoire de); par Caussin. 1 vol. in-12.

MARIE STUART (Histoire de) ; par M. de Marlès. 1 vol. in-12.

MARIE STUART (Histoire de), reine d'Ecosse; par R.-B. 1 vol. in-12 (B. B.).

MARIE-THÉRÈSE D'AUTRICHE (Vie de), reine de France; par le P. Frossen. 1 vol. in 12.

MARIE THÉRÈSE DE FRANCE (Vie de), fille de Louis XVI; par Nettement. 1 vol. in 8.

MARIÉS (Vie des gens), ou Obligations de ceux qui s'engagent dans le mariage; par Girard de Villethierry. 1 vol. in-12. (Voir aussi Des Justes dans l'état du mariage.)

MARIN MERSENNE (Vie du P.), théologien, philosophe, mathématicien; par le P. Hilarion de Coste. 1 vol. in 12.

MARINON (Vie du bienheureux Jean), théatin, etc.; par le P. de Tracy. 1 v. in 12.

MARINS célèbres (Vie des). 1 vol. in 12.

MARINS (Vies et campagnes des plus célèbres); par Gérard. 1 vol. in-12.

MARTHE (Histoire de la vie de sainte), hôtesse de Jésus-Christ. 1 vol. in 12.

MARTIN (Vie de saint), évêque de Tours; par dom Gervaise. 1 vol. in-4.

— La même. 1 vol. in 12.

MARTIN (Vie de Thomas), laboureur, ou le Passé et l'avenir expliqués. 1 vol. in-8.

— Le même; par M. S....., ancien magistrat. 1 vol. in 8.

MARTYROLOGE universel, traduit en français du martyrologe romain et avec un dictionnaire universel des saints; par l'abbé Chastelain, revu par M. de Saint Allais. 1 vol. in 8.

MARTYRS de la foi (les) pendant la révolution française; par l'abbé Aimé Guillon. 4 vol. in 8.

MARTYRS (les Jeunes) de la foi chrétienne; par Ch. Malo. 1 vol. in 12 (B. M.).

MARTYRS (Véritables actes des); par Ruinart Maupertuis. 2 vol. in-8 et 3 vol. in 18.

MARTYRS (Victoires des), ou Vies des martyrs les plus célèbres; par saint Liguori. 1 vol. in-12.

— Le même. (Voir ses œuvres complètes.)

MARTYRS DU MAINE (les), épisode de l'histoire de l'Eglise pendant la révolution française; par l'abbé Perrin. 2 vol. in-12.

MARTYRS du sacerdoce, ou les Héros chrétiens pendant la révolution; par l'abbé Dubois. 2 vol. in 12.

MARTYRS (les) et les confesseurs de la foi dans les missions de la Cochinchine et du Tong-King, en 1833. 1 vol. in-18 (B.-L.).

MARTYRS (Victoires des), ou Vies des martyrs les plus célèbres; par St-Liguori. 1 vol. in-12.

— Les mêmes (œuvres complètes).

MATEL (Vie de la V. mère Jeanne-Marie Chézard de), fondatrice des religieuses de l'ordre du Verbe incarné; par le P. Antoine Boissieu. 1 v. in-8.

— La même. 1 vol. in-12; par M. l'abbé Prat.

MAUNOIR (Vie du P. Julien), ou le Parfait missionnaire; par le R. P. Boschet. 1 vol. in-12.

MAUR (Apologie de la mission de saint), apôtre des Bénédictins en France; par dom Thierry Ruinart, bénédictin de Saint-Maur. 1 vol. in-8.

MAURE (Vie de sainte), vierge. (Voir saint Prudence, évêque de Troyes). 1 vol. in-8 et in-12.

MAZARIN (Histoire du cardinal); par Aubery. 2 et 4 vol. in-12. (Voir aussi 2e part. du Cat.).

MEJANÉS (Vie de Mme de), fondatrice et première supérieure générale des sœurs de Sainte-Chrétienne; par l'abbé Chalandon. 1 vol. in-12.

MELUN (Vie de Mlle de), princesse d'Epernay, fondatrice de plusieurs hôpitaux, suivie de pensées consolantes, propres à tranquilliser et à diriger les âmes troublées et affligées. 1 vol. in-12 et in-8.

MICHEL-ANGE BUONARROTTI (Vie de), peintre, sculpteur et architecte de Florence; par l'abbé Hauchecorne. 1 vol. in-12.

MIECZYSLAWSKA (Récit de Makréna), abbesse des Basiliennes de Minsk, ou Histoire d'une persécution de sept ans. In-12.

MIECZYSLAWSKA (Martyre de sœur Irena-Makréna) et de ses compagnes, en Pologne. In-12.

MILITAIRES (Vies des saints), ouvriers, servantes; trad. de l'allemand. 1 vol. in-12.

MIRACLES (Recueil de) faits par l'intercession de saint Dominique; par Silvestre Frangipane. 4 vol. in-8.

MIRAMION (Vie de Mme), par l'abbé de Choisy. 1 vol. in-12.

MODÈLE de la jeunesse française, ou le Génie, les vertus et les belles actions des rois et des grands hommes qui ont illustré la France depuis Henri IV jusqu'à nos jours; par C. Taillard. 2 vol. in-12.

MODÈLE de la piété au milieu du monde (le), ou Vie de Melle Marie-Charlotte D;... par M. l'abbé de Villiers. 1 vol. in-8.

MODÈLE de perfection chrétienne, ou Vies de plusieurs saints et saintes. 1 vol. in-12 (B.-L.).

MODÈLE (le parfait), ou Vie de plusieurs jeunes étudiants, Ubalin, Bercius, Ruffin, etc. 1 vol. in-8.

MODÈLES du clergé, ou Vie édifiante de MM. Frétat de Sarra, évêque de Nantes; Boursoul, prêtre; Beurrier, prêtre eudiste, et Morel de la Motte, chanoine de Rennes; par l'abbé Caron. 2 vol. in-12.

MODÈLES des premières communiantes et souvenirs du Sacré-Cœur de Paris. 1 vol. in-18.

MONIQUE (Vie de sainte), mère de saint Augustin; par l'abbé Petit. 1 vol. in-12 (B.-L.).

— La même; par Hubert Lebon. 1 vol. in-32.

MONK (Vie du général); par Thomas Gumble. 1 vol. in-18.

MONTAUSIER (Vie de M.), duc et pair de France, écrite sur les Mémoires de la duchesse d'Uzès, sa fille; par N... (le P. Le Petit). 2 vol. in-12.

MONTFERRAND (Vie de la V. mère Jeanne de Lestonnac, marquise de), fondatrice de l'ordre de Notre-Dame, ou la Digne fille de Marie. 1 vol. in-18.

— La même; par le P. Beaufils. 1 vol. in-12.

MONTFORT (Vie du V. serviteur de Dieu Louis Grignon de), missionnaire apostolique, instituteur des Filles de la sagesse; par l'abbé Grandet. 1 vol. in-12 et in-8.

— La même. 1 vol. in-18 (B.-L.).

MONTMORENCY (Jeanne-Marguerite de), ou la Solitaire des Pyrénées; par M. Sabatier de Castres. 1 vol. in-18.

MONTMORENCY (Vie de Mathieu de) et de Gauthier de Châtillon; par M. Al. Mazas. 1 vol. in-8.

MONTMORENCY (Vie de Mme la duchesse de), supérieure de la Visitation de Moulins; par le P. Garreau. 2 vol. in-12.

— La même. 1 vol. in-12 (B.-L.).

MORT des justes (la), ou Recueil des dernières actions et des dernières paroles de quelques personnes illustres en sainteté; par le P. Lallemant. 1 vol. in-12.

MORTS édifiantes (Recueil des); par M***. 1 vol. in-18.

MOTTE (Vie de Mgr d'Orléans de la), évêque d'Amiens; par l'abbé Proyart. 1 vol. in-12.

— La même (tome 15e des œuvres complètes).

MOTTE (Mémoires en forme de lettres sur Mgr Louis-François d'Orléans de la), évêque d'Amiens; par M. l'abbé d'Argnies. 3 vol. in-12.

MOUETTE (Relation de la captivité du sieur) dans les royaumes de Fez et de Maroc. 1 vol. in-12.

MUNET (Vie de), élève du grand séminaire de Lyon. 1 vol. in-18.

MURAT (Vie privée et publique de Joachim). 1 vol. in-8.

MUSARD (Vie de M.), ou le Modèle des pasteurs, mort à Reims pour la foi en 1796; suivie de notices sur les prêtres de Reims et de Châlons mis à mort pendant la révolution; par le P. Loriquet. 1 vol. in-12 et in-18.

NAPOLÉON (Histoire de). 1 vol. in-12 (B.-L.).

NAPOLÉON (Histoire de); par l'abbé de Villiers. 1 vol. in-12 (Lehuby).

NAPOLÉON Bonaparte (Histoire de); par Améd. Gabourd. 1 v. in-8 (B.-M.).

NAPOLÉON Bonaparte (Histoire de), offrant un tableau complet de ses opérations militaires, politiques et civiles, de son élévation et de sa chute; par P.-F.-H. 4 vol. in-8.

NAPOLÉON (Illustrations de l'histoire de), ou Vie religieuse de ce grand homme; par M. Doublet. 1 vol. in-12.

NAPOLÉON (Enfance de), depuis sa naissance jusqu'à sa sortie de l'Ecole militaire; par le chevalier de Beauterne. 1 vol. in-12.

NAPOLÉON (Etudes sur); par le lieutenant-colonel de Baudus. 2 vol. in-8.

NAPOLÉON (Histoire de); par Delandine de Saint-Esprit. 2 vol. in-12.

NAPOLÉON (Histoire de), depuis ses premières campagnes jusqu'à son exil; par M..... 1 vol. in-8.

NAPOLÉON Bonaparte (Chagrins domestiques de) à Sainte-Hélène. 1 v. in-8.

NATIVITÉ (Vie et révélation de la sœur de la). 4 vol. in-8.

NICOLAS (Vie de saint); par Mgr de Bervanger. 1 vol. petit in-18.

NICOLAS DE FLUE (Vie du bienheureux), dit le frère Klaus; par l'abbé Hunkler. 1 vol. in-12 (B.-C.).

NICOLAS DE FLUE (Vie du bienheureux), et histoire des confédérés à l'assemblée de Stanz; par Guide-Gœrres. 1 vol. in-12.

NONNE (Vie de sainte) et de son fils saint Devy (David, archevêque de Menevie en 519). 1 vol. in-8.

NOTICE sur la vie et la mort de Mlle ***, ou une Enfant de Marie. 1 v. in-18.

NOTICE sur la vie et la mort d'Auguste Ignace L., suivie de Victorine. 1 vol. in-18.

NOTRE-DAME de la Treille (Histoire de), patronne de Lille. 1 v. in-18 (B.-L.).

NOUE (Vie de Jeanne de la), fondatrice de l'hospice de la Providence à Saumur, et de la congrégation des sœurs de Sainte-Anne, servante des pauvres; par M. J.-A. Macé. 1 vol. in-12.

NOVICE (Fervente). (Voir Agnès de Saint-Amour.)

O'CONNEL (le Libérateur de l'Irlande, ou Vie de Daniel). 1 v. in-18 (B.-L.).

ODILLE (Histoire de la vie de sainte), patronne de l'Alsace; par le baron de Bussières. 1 vol. in-18.

OISEAUX (Vies de plusieurs jeunes élèves de la maison dite des), ou Souvenir de la congrégation de Notre-Dame. 1 vol. in-12.

OLIER (Vie de M.), fondateur du séminaire Saint-Sulpice, accompagnée de notices sur un grand nombre de personnages contemporains; par l'abbé Fayon, prêtre de Saint-Sulpice. 2 vol. in-8.

ORIGÈNE (Vie de). (Voir Tertullien.)

ORLÉANS de la Motte (Vie de M.), évêque d'Amiens; par l'abbé Proyart. 1 vol. in-12.

ORLÉANS (les Six), essai historique sur la branche cadette de la maison de Bourbon. 1 vol. in-8.

ORLÉANS (Oraison funèbre de S. A. S. Mme la duchesse douairière); par l'abbé Fentrier. 1 vol. in-4.

ORLÉANS (Journal de la vie de Mme la duchesse d'); par Delille. 1 v. in-8.

OSSAT (Vie du cardinal d'); par Mme d'Arconville. 2 vol. in-8.

OVERBERG (Vie de Bernard), professeur à l'Ecole normale de Munster; traduit de l'allemand de Schubert, par Léon Boré. 1 vol. in-18.

OVIDE (Vie de saint); par P.-M. Médard, capucin. 1 vol. in-12.

PALAFOX (Vie du vénérable dom Jean de), évêque d'Angélopolis et ensuite d'Osme. 1 vol. in-8.

PALÉMON (Relation de la vie et de la mort du frère), religieux de la Trappe, dit dans le monde comte de Santena. 1 vol. in-18.

PATRICE (Histoire de la vie et du purgatoire de saint); par le R. P. F. Bovillon. 1 vol. in-18.

PAUL (Vie de saint), apôtre; par dom Gervaise. 3 vol. in-12.

— La même; par Mgr Godeau, évêque de Vence. 1 vol. in-12.

— La même; par M. Beaufort. 1 vol. in-18.

— La même; par M. d'Exauvillez. 1 vol. in-18.

PAUL (Vie de saint), apôtre, considéré comme un modèle parfait de la charité. 1 vol. in-18.

PAUL (la Vérité de l'histoire de saint); par William Paley. 1 vol. in-8.

PAULIN (Vie de saint), évêque de Nôle; par le P. Frassen. 1 vol. in-8 et in-12.

— La même; par Dom Gervaise. 1 vol. in-4 et in-12.

PARÉDÈS (Vie de la V. Marianne de Jésus de), vierge séculière américaine, ou le Lys de Quito; par l'abbé Clavera, traduit de l'italien. 1 vol. in-18.

PÉLAGE (Vie de), contenant l'histoire des ouvrages de saint Jérôme et de saint Augustin contre les pélagiens. 1 vol. in-12.

PÉLAGIE (Histoire de la convertion de sainte), fameuse pénitente de la ville d'Antioche. 1 vol. in-12.

PERBOYRE (Notice sur la vie et la mort de Jean-Gabriel), prêtre de la congrégation de la Mission, martyrisé en Chine le 11 septembre 1840. 1 vol. in-8.

PÈRES du désert (Choix de vies des). 1 vol. in-18 (B.-L.).

PÈRES du désert (Vies choisies des). 2 vol. in-12 (B.-C.).

— Les mêmes, d'après le P. Marin. 2 vol. in-12 (B.-M.).

PÈRES (Vies des), des martyrs et des autres principaux saints; traduit de l'anglais d'Allan Butler, par Godescart. 10 vol. in-8.

— Supplément aux mêmes. 1 vol. in-8.

— Les mêmes, choisies et abrégées. 6 vol. in-12 (A.-M.-D.-G.).

PÈRES (Vies des) des déserts d'Orient, avec leur doctrine spirituelle et leur discipline monastique; par le P. Michel-Ange Marin. 9 vol. in-12.

— Les mêmes, abrégées sous ce titre : Principales vies des Pères des déserts d'Orient, etc.; par le même. 2 vol. petit in-12.

PÈRES des déserts d'Orient (Vies des S. S.), avec figures; par le même. 2 vol. petit in-12.

PÈRES des déserts d'Orient (Vies des); par Villefort. 3 vol. in-12.

PÈRES des déserts d'Occident (Vies des); par Villefort. 3 vol. in-12.

PÈRES des déserts d'Occident (Vies des S. S.), avec figures; par le P. Marin. 3 vol. in-12.

PÈRES du désert (Vies choisies des). 2 vol. in-12 (B.-C.).

— Les mêmes; d'après le P. Marin. 1 vol. in-12 (B.-M.).

PÈRES des déserts (Vies des saints) et de quelques saintes, écrites par des Pères de l'Eglise; traduit par M. Arnauld d'Andilly. 3 vol. in-8.

PERRAUD (Vie de la mère Jeanne), religieuse du tiers-ordre de Saint-Augustin; par un père augustin déchaussé (le Père Raphaël). 1 vol. in-8.

PERSONNAGES (Vies des) célèbres qui ont illustré le christianisme par leurs écrits, leurs travaux apostoliques et les institutions utiles qu'ils ont fondées. 2 vol. in-12.

PHILIPPE-AUGUSTE (Histoire de), roi de France. 1 vol. in-12 (B.-L.)

PHILIPPE-AUGUSTE (Histoire de) et de son règne; par J.-B. Champagnac. 1 vol. in-12 (Lehuby).

PHILIPPE-AUGUSTE (Histoire de); par Capefigue. 2 vol. in-8.

PHILIPPE DE MACÉDOINE (Histoire de), père d'Alexandre-le-Grand; par M. Olivier. 2 vol. in-12.

PHILOMÈNE (Vie de sainte); par Hubert Lebon. 1 vol. in-32 (Biblioth. des enfants pieux).

PHILOSOPHES (Abrégé de la vie des plus illustres) de l'antiquité, avec leurs dogmes, leurs systèmes et un recueil de leurs plus belles maximes; par Fénelon. 1 vol. in-8 (tome 22e des œuvres complètes).

— Les mêmes. (Voir œuvres choisies de Fénelon). Edit. in-8.

— Les mêmes. 1 vol. in-18.

PHOTIUS (Histoire de), auteur du schisme des Grecs, d'après les monuments originaux la plupart inconnus; par M. l'abbé Jager. 1 vol. in-8.

PHOTIUS (Histoire de), patriarche schismatique de Constantinople; par le P. Chrysostôme Faucher. 1 vol. in-12.

PICHEGRU (Mémoire du duc de Rovigo sur la mort de). 1 vol. in-8. (Voir à la lettre E.)

PIE V (Vie de saint, pape; par le vicomte de Falloux. 2 vol. in-8.

PIE VI (Eloge de), avec l'histoire religieuse de l'Europe sous son pontificat; par Charles du Rosoir. 1 vol. in-8.

PIE VI (Histoire du pape) et de son pontificat. 1 vol. in-12 et 2 vol. in-18 (B.-L.).

PIE VI (Mémoires historiques et philosophiques sur); par Bourgoing. 2 vol. in-8.

PIE VII (Histoire du pape), extraite de M. Artaud. 1 vol. in-12 et 2 vol. in-18 (B.-L.).

PIE VII (Histoire du pape); par M. Artaud de Montor. 1 vol. in-8.

PIE VII (Précis de la vie du pontificat de); par l'abbé Blanchard. 1 v. in-12.

PIE VII (Précis historique sur); par J. Cohen. 1 vol. in-8.

PIE VIII (Histoire du pape); par M. Artaud de Montor. 1 vol. in-8.

PIERRE-LE-GRAND (Histoire de); par J.-N. Dubois, professeur à l'Université. 1 vol. in-12 (B.-M.).

PIERRE (Vie de saint), apôtre. 1 vol. in-12 (B.-M.).

PIERRE (Vie de saint), prince des apôtres; par un prêtre de Valence. 1 v. in-18.

— La même; par d'Exauvillez. 1 vol. in-18.

— La même; par Hubert Lebon. 1 vol. in-32.

PIERRE (Vie de saint), ou Histoire de Simon-Pierre, prince des apôtres, d'après l'Evangile, les actes des apôtres et la tradition; par l'abbé Vincent. 1 vol. in-12.

PIERRE II (Vie de saint), archevêque de Tarentaise; par M. l'abbé Chevray. 1 vol. in-8.

PIERRE-LE-GRAND; par J.-N. Dubois, professeur de l'Université. 1 vol. in-12 (B.-M.).

POLIGNAC (Histoire du cardinal de); par le P. Ch. Faucher. 2 vol. in-12.

PONCONAS (Vie de la mère de), institutrice de la congrégation des Bénédictines réformées, en Dauphiné. 1 vol. in-8.

PORTRAIT historique de l'empereur de Chine; par P.-J. Bouvet. 1 vol. in-12.

PORTUGAISE (Histoire de la vertueuse), ou le Modèle des femmes chrétiennes; par l'abbé Maydieu. 1 vol. in-12.

POSSEVIN (Vie du P. Antoine), de la compagnie de Jésus, nonce en Suède, en Pologne, en Moravie, etc.; par le P. Jean d'Origny.

POTOT (Vie du P.), de la compagnie de Jésus, ancien avocat, ancien chef de bataillon, ancien chanoine, mort en 1837; par un Père de la même compagnie. 1 vol. in-12.

PRINCESSES DE FRANCE (les), modèles de vertu et de piété; par Prévault. 2 vol. in-18 reliés en 1 (B.-L.).

PRIVAT (Vie de saint), martyr, premier évêque et patron du Gévaudan; par l'abbé Rabeyrolle. 1 vol. in-18.

PRUDENCE (Vie de saint), évêque de Troyes, et de Sainte-Maure, vierge. 1 vol. in-12 et in-18.

QUÉLEN (Vie de Mgr de), archevêque de Paris; par d'Exauvillez. 2 vol. in-8 réunis en 1.

— La même; par le baron Henrion. 1 vol. in-8.

— La même, abrégée. 1 vol. in-18.

QUÉRIOLET (Vie de M. de); par le P. Dominique de Sainte-Catherine. 1 v. in-18.

RADÉGONDE (Vie de sainte), reine de France au VI<sup>e</sup> siècle; par M. Ed. de Fleury. 1 vol. in-8.

RAGOT (Vie de M.-P.), curé du Crucifix, au Mans, ou le Bon prêtre. 1 vol. in-8.

RANCÉ (Vie de l'abbé dom Armand le Bouthillier de), réformateur de la Trappe; par dom Pierre le Nain. 2 vol. in-12.

— La même; par Marsollier. 2 vol. in-12.

— La même; par d'Exauvillez. 1 vol. in-12.

RATISBONNE (Comte de la Ferronays et Marie-Alphonse); par le comte Théobald Walsh, édition augmentée de la relation de G. Garré, 1 vol. in-12.

RATISBONNE (Vie et conversion miraculeuse d'A.-M.), extrait des procès authentiques dressés à Rome; par M. Ch. V..... 1 vol. in-18.

RÈGLES pour la congrégation du Saint-Rédempteur, précédées de la Vie du bienheureux Liguori; par saint Liguori (œuvres complètes).

REICHSTADT (le Duc de). Notice sur la vie et la mort de ce prince; par M. de Montbel. 1 vol. in-8.

REINE BLANCHE (Histoire de la), mère de saint Louis; par T. Nisard. 1 v. in-12.

REINES (Vies des), princesses, dames, demoiselles illustres en piété; par Hilarion de Coste. 1 vol. in-8.

RELATION abrégée des travaux de l'apôtre du Chablais. 2 vol. in-32.

RELIGIEUX (Relation de la vie et de la mort de quelques) de l'abbaye de la Trappe. 4 vol. in-12.

RENÉ D'ANJOU (Histoire de); par le vicomte de Villeneuve Bargemont. 3 vol. in-8.

RENTY (Vie de M. de), ou Modèle d'un parfait chrétien; par le P. Saint-Jure. 1 vol. in-12.

— La même; par le P. Saint-Jure. 1 vol. in-18.

— La même. 2 vol. in-18 (B.-L.).

RESTITUTE (Vie de la bienheureuse vierge et martyre sainte); par le P. Dagneau. 1 vol. in-18.

RICCI (Vie du P. Mathieu), de la compagnie de Jésus; par le P. d'Orléans. 1 vol. in-12 et in-18.

RICHARD- (Histoire de) Cœur-de-Lion, duc de Normandie, roi d'Angleterre; par Champagnac. 1 vol. in-12 (Lehuby).

RICHARD-COEUR-DE-LION (Histoire de), roi d'Angleterre, ses exploits, ses expéditions, sa captivité, etc.; par J.-B. Champagnac. 1 vol. in-12 (Lehuby).

RICHELIEU (Histoire du cardinal de); par Aubry. 2 vol. in-12.

— La même; par le P. Caussin. 2 vol. in-12. (Voir aussi 2e partie du Catalogue.)

RIENZI et Rome à son époque; par Félix Papencordt; trad. de l'allemand, par Léon Boré. 1 vol. in-8.

RIVIER (Vie de Mme), fondatrice et supérieure de la congrégation de Marie, par l'auteur de la Vie du cardinal de Cheverus. 1 vol. in-12.

RIVIÈRE (Mémoires posthumes touchant la vie et la mort de Charles-François, duc de). 1 vol in-8.

ROBESPIERRE (Vie de). (Voir Histoire de la Conjuration.)

RODOLPHE DE HAPSBOURG, empereur d'Allemagne; par M. l'abbé Kunkler. 1 v. in-12 (B.-B.).

RODRIGUEZ (Vie du bienheureux Alphonse), frère coadjuteur de la compagnie de Jésus. 1 vol. in-12.

ROGEAU (Vie de Mlle Sylvie), morte en 1842, âgée de vingt ans; par l'abbé Crépon. 1 vol. in-12.

ROSE (Vie de la sœur sainte), religieuse converse à l'Hôtel-Dieu de Saint-Nicolas-de-Compiègne; par Avrillon. 1 vol. in-12.

ROSE DE LIMA (Vie de sainte), surnommée de sainte Marie, religieuse du tiers-ordre de Saint-Dominique; par le P. Léonard Hanson. 1 v. in-12.

ROUSSEAU (Vie de la sœur Bernardine), ou la Mère des pauvres; par l'abbé Parenty. 1 vol. in-18 (B.-L.).

RUFIN (Vie de), prêtre de l'église d'Aquilée; par dom Gervaise et l'abbé Gouget. 2 vol. in-12.

SAGES (Histoire des sept); par M. de Larrey. 1 vol. in-8.

SAINT-GEORGES (Histoire du chevalier de), prétendant à la couronne d'Angleterre; par M. de Marlès. 1 vol. in-12.

SAINTS (Vies choisies des principaux), disposées par ordre chronologique; traduit de Buller, par Godescard. 6 vol. in-12 (A.-M.-D.-G.).

SAINTS (Essai sur une nouvelle vie des); par M.-O. Philomarie. 1 vol. in-8.

SAINTS (Vie des), pour tous les jours de l'année, avec des réflexions et des aspirations; par M. Jean de Beaumont. 2 vol. in-12.

— Les mêmes; par Mesenguy. 1 et 2 vol. in-12.

— Les mêmes, abrégées; par l'abbé d'Assance. 2 vol. in-18.

SAINTS (Vie des), sous le titre de Vie des pères, des martyrs et des autres principaux saints; traduit de l'anglais d'Alban Butler, par Godescart. 10 vol. in-8.

— Supplément aux mêmes. 1 vol. in-8.

— Les mêmes, choisies et abrégées. 6 vol. in-12 (A.-M.-D.-G.).

SAINTS (Vies des), nouvellement écrites par une réunion d'ecclésiastiques et d'écrivains catholiques, sous la direction religieuse du comité nommé par Mgr l'archevêque de Paris; publiées par Delloye. 2 vol. in-8.

SAINTS (Journal des) et méditations pour tous les jours de l'année; par E. Grosez. 3 vol. in-12.

SAINTS (Vies des), racontées aux enfants, suivies de l'histoire des fêtes de l'Eglise; par A. Fontaine de Resbecq. 2 vol. in-12 (B.-C.).

SAINTS (Vies des) canonisés le dimanche de la Trinité, 26 mai 1839; par Mgr Wiseman (16e vol. des Démonstr. évangél. In-8. Edit. Migne).

— Le même. 1 vol. in-12.

SAINTS (Vies des) dans les conditions les plus humbles de la société; par l'abbé Caron. 1 vol. in-12 et 2 vol. in-18 (B.-L.).

SAINTS (Discours sur les vies des) de l'Ancien Testament; par Cabrisseau. 6 vol. in-12.

SAINTS (Vies des) du diocèse de Paris; par l'abbé Hunkler. 1 vol. in-8.

SALADIN (Histoire de), sultan d'Egypte; par Marin. 2 vol. in-12.

SALES (Vie du comte Louis de), frère de saint François de Sales; par le P. Buffier. 1 vol. in-12.

— La même. 1 vol. in-18 (B.-M.).

— La même. 2 vol. in-18 (B.-L.).

SALLE (Vie de M. de la), instituteur des frères des écoles chrétiennes; par l'abbé Marsollier. 2 vol. in-12.

— La même; par le P. Garreau. 1 vol. et 2 vol. in-12.

— La même, abrégée. 1 vol. in-18 (B.-L.).

SANZAY (Vie de Mgr d'Aviau du Bois de), archevêque de Bordeaux; par M. l'abbé Lyonnet. 2 vol. in-8.

SAVEUSES (Vie de M. Charles de), prêtre, supérieur et restaurateur des Ursulines de Magny; par le Père Jean-Marie de Vernon, religieux du tiers-ordre de Saint-François. 1 vol. in-8.

SAVONAROLA (Histoire de Fra Hiéronimo); par P.-J. Carle. 1 vol. in-8.

SCANDERBERG (Histoire de), roi d'Albanie; par le P. Duponcet. 1 vol. in-12.

SERNIN (le Modèle des pasteurs, ou Précis de la vie de M. de). 1 vol. in-12.

SERVITEURS (Notice sur les soixante-dix) de Dieu mis à mort pour la foi, en Chine, au Tong-King, et en Cochinchine, déclarés vénérables par le pape Grégoire XVI; par l'abbé Rousseau. 1 vol. in-12.

SÉVIGNÉ (Vie de Mme de); par le vicomte Walsh. 1 vol. in-12.

SILLERY (Vie de l'illustre serviteur de Dieu Noël Brûlart de), chevalier de Malte, grand'-croix de l'ordre. 1 vol. in-12.

SILVESTRE II (Histoire du pape) et de son siècle; par C.-F. Hock, trad. de l'allemand et enrichie de notes, par l'abbé Axinger. 1 vol. in-8.

SIMON-PIERRE (Histoire de), prince des apôtres, d'après l'Evangile, les Actes des apôtres et la tradition; par M. Emile Vincent. 1 v. in-12 (B.-M.).

SIXTE V (la Vie du pape); traduite de l'italien de Gregorio Leti. 2 vol. in-12.

SOBIESKI (Histoire de Jean), roi de Pologne; par l'abbé Coyer. 3 v. in-12.

SOEURS de la charité (les), ou Beautés de l'histoire des dames, sœurs et filles de la charité; par l'auteur des *Jeunes martyrs de la foi chrétienne*. 1 vol. in-18.

SOLANGE (Vie de sainte), vierge-martyre, patronne du Berry; suivie de celle de saint Urbin, patron du même pays; par l'abbé Oudoul. 1 v. in-12.

SOLITAIRE inconnu (Vie d'un), mort en odeur de sainteté en Anjou; par Joseph Grandet. 1 vol. in-12 et in-8.

SOLITAIRES (Histoire des) d'Orient, tirée des auteurs ecclésiastiques. 1 vol. in-12 (B.-L.).

SOLITAIRES d'Orient et d'Occident (Vies des saints), avec leurs figures; par le P. Michel-Ange Marin. 1 vol. petit in-12.

SOLITAIRES D'ORIENT (Vie des), tirée des auteurs ecclésiastiques. 1 vol. in-12 (B.-L.).

SOPHIE (Vie et correspondance de); par l'auteur des *Trois Pauline*. 1 vol. in-12 et 3 vol. in-18 reliés en 1.

SOUVENIRS de la congrégation de Notre-Dame, ou Vie de plusieurs jeunes élèves de la maison dite des *Oiseaux*. 1 vol. in-12.

SOUVENIRS de Saint-Acheul, Sainte-Anne, Aix, Bordeaux, Forcalquier, Montmorillon, Dôle et Billon, de 1814 à 1828, ou Vies de plusieurs jeunes étudiants élevés dans ces huit maisons. 1 vol. in-12 (A.-M.-D.-G.).

SOUVENIRS du Sacré-Cœur de Paris, précédés du Modèle des premières communiantes. 1 vol. in-18.

SOUZI (Vie de Lepelletier de), ou le Modèle des jeunes gens; par l'abbé Proyart. 1 vol. in-18.

— La même (tomes 10e et 11e des œuvres complètes).

SPINOLÆ (Vita P. Caroli); auctore Fabri Ambrosio Spinola. 1 vol. in-8.

STANISLAS Ier (Histoire de), roi de Pologne, duc de Lorraine, etc.; par Proyart. 1 et 2 vol. in-12 (tomes 11e et 12e de ses œuvres).

STANISLAS KOSTKA (Vie de saint); par le P. d'Orléans. 1 vol. in-12.

— La même, abrégée. 1 vol. in-18 (B.-L.).

— La même; par Hubert Lebon. 1 vol. in-32.
— La même, ou Lettres d'un frère à ses sœurs; par A. de Blanche. 1 vol. in-18.

STÉFANELLI (Abrégé de la vie de Louis), mort en odeur de sainteté, avec un règlement pour les domestiques. 1 vol. in-12.

SUGER (Histoire de), abbé de Saint-Denis; par Nettement. 1 vol. in-12.

SUSO (Vie et épîtres du bienheureux Henri), de l'ordre des Frères prêcheurs; par E. Chavin. 1 vol. in-12.

SYLVIE, ou Vie et correspondance d'une jeune personne; par M. l'abbé Grépon. 1 vol. in-12.

TALLEYRAND-PÉRIGORD (Histoire de la vie et de la mort de M. de), prince de Bénévent; par M.-S. de Chennevières. 1 vol. in-8.

TALLEYRAND-PÉRIGORD (Vie et mort de M. de), prince de Bénévent; par S.-D. 1 vol. in-8.

TAMERLAN (Histoire de), empereur des Mogols et conquérant de l'Asie; par les PP. Margat et Brumoy. 2 vol. in-12.

TERTULLIEN (Vie de) et d'Origène, qui contient d'excellentes apologies de la foi contre les païens et les hérétiques.....; par de La Motte. 1 vol. in-8.

TERTULLIEN (Histoire de) et d'Origène; par le P. de La Motte. 1 v. in-12.

THAIS, comtesse de Rupelmonde, ou le Monde et la solitude; par M. l'abbé Didon. 1 vol. in-18.

THAMAS-KOULI-KAN (Histoire de), sophi de Perse; par le P. Ducerceau. 2 vol. in-12.

THAMAS-KOULI-KAN (Histoire de), roi de Perse; par l'abbé de Claustre. 1 vol. in-12.

THAYER (Relation de la conversion de M.), ministre protestant. 1 v. in-12.

THÉODORE (Histoire de); par Fléchier. 1 vol. in-12 (B.-L.) et 1 vol. in-8 (tome 1er de ses œuvres).

THÉODULE, ou l'Enfant de bénédiction. 1 vol. in-18.

THÉRÈSE (Vie de sainte), fondatrice des Carmélites déchaussées, écrite par elle-même, et traduite par Arnaud d'Andilly. 1 vol. in-12 (1er et 2e vol. de ses œuvres) et 1 vol. in-4.
— La même; par J.-B.-A. Boucher. 2 vol. in-8.
— La même; par Grégoire et Collombet. 1 vol. in-8 et in-12.
— La même, abrégée. 1 vol. in-12 et in-18 (B.-L.).
— La même; par Hubert Lebon. 1 vol. in-32.

THOMAS BECKET (Histoire de), archevêque de Cantorbéry, saint et martyr. 1 vol. in-12 (B.-M.).

THOMAS BECKET (Vie de saint), archevêque de Cantorbéry. 1 vol. in-4.
— La même; par l'abbé Robert. 1 vol. in-8 et in-12 (B.-M.).

THOMAS D'AQUIN (Vie de saint); par le P. Touron. 1 vol. in-4.

THOMAS DE CANTORBÉRY (saint) et Bacon de Verulam, deux chanceliers d'Angleterre; par A.-F. Ozanam. 1 vol. in-12.
— La même; par l'abbé Bareille. 1 vol. in-8.

— La même, abrégée. 1 vol. in-18 (B.-L.).

— La même; par Hubert Lebon. 1 vol. in-32.

TILLEMONT (Vie de M. Le Nain de); par M. de Fronchai, chanoine de Laval. 1 vol. in-12.

TITUS ET VESPASIEN (Histoire des empereurs); par Crevier. 1 vol. in-12.

TOUL (Histoire de la ville de) et de ses évêques; par A.-D. Thiéry. 2 vol. in-8.

TOUR-D'AUVERGNE (Histoire d'Henri de la), duc de Bouillon; par M. l'abbé Marsollier. 3 vol. in-12.

TOURNON (Histoire du cardinal de), ministre de France; par le P. Charles Fleury. 1 vol. in-8.

TRAPPE (Relation de la vie et de la mort de quelques religieux de l'abbaye de la). 4 vol. in 12.

TREMBLAY (Histoire de la vie du P. Joseph le Clerc du); par l'abbé Richard. 2 vol. in-12.

TROIS héroïnes chrétiennes (les), ou Vies édifiantes de trois jeunes demoiselles; par l'abbé Caron. 1 vol. in-18 (B.-L.).

TRONCHAY (Vie de Mlle de Bellère du), appelée sœur Louise, ou le Triomphe de la pauvreté, etc. 1 vol. in-12.

TULARD (Mémoires pour servir à la vie de Mme) et à l'histoire de son institution des sœurs de la charité de la société de Sillé-le-Guillaume, actuellement à Evron. 1 vol. in-12.

TURENNE (Histoire de); par Raguenet. 1 vol. in-12 (B.-L.).

URSIN (Vie de saint), évêque et apôtre du Berry; suivie de celle de sainte Solange, patronne du même pays; par l'abbé Oudoul. 1 vol. in-32.

VALFRÉ (Vie du bienheureux), surnommé le saint Vincent de Paul du Piémont, béatifié en 1834. 1 vol. in-18.

VALLIÈRE (Lettres de Mme la duchesse de la), avec un abrégé de sa vie pénitente. 1 vol. in-12.

VALOIS (Vie de la V. sainte de Dieu Jeanne de), reine de France; par le P. Pierre de Mareuil. 1 vol. in-12.

— La même; par Pierquin de Gembloux. 1 vol. in-4.

VARONI (Vie de la bienheureuse Baptiste). 1 vol. in-12.

VAUBAN (Histoire de); par l'auteur de l'*Histoire de Napoléon*. 1 v. in-12 (B.-L.).

VAUDRISSE (le Jeune ouvrier, ou Souvenir de la vie de Léandre). 1 vol. in-18 (B.-L.).

VENDÉE (la) et Madame; par le général Dermoncourt. 1 vol. in-8.

VÉNÉRANT (Vie de saint), précédée de la vie de saint Mauxe; par J.-B. Chemin. 1 vol. in-32.

VERTUS des missionnaires et du clergé; par P. Bourgoing. 1 vol. in-12.

VESPASIEN (Histoire des empereurs) et Titus, abrégée de Crévier; par J.-F. Rolland. 1 vol. in-12.

VEUVES (Vies des), ou Devoirs et obligations des veuves chrétiennes; par l'abbé Girard de Villethierry. 1 vol. in-12.

VOLTAIRE (Vie de); par Lyon. 1 vol. in-8 et in-12.

— La même; par Mazure. 2 vol. in 12.

VOLTAIRE (Particularités curieuses sur la vie et la mort de); par l'abbé Harel. 1 vol. in-8.

VOLTAIRE (Vie de); par Lepan. 1 vol. in-8 et in-12.

VICTORINE ET AUGUSTE, ou Notices sur la vie et la mort d'Auguste-Ignace L. et de Victorine-Marie, sa sœur. 1 vol in-18.

VIERGE MARIE (Vie de la sainte), mère de Dieu; par l'abbé Bijex. 1 vol. in-8.

— La même, tirée des saintes Ecritures, et du témoignage des SS. Pères par un prêtre du diocèse de Genève. 1 vol. in-12 et in 18.

— La même; par Mme la princesse de Craon. 1 vol. in-18.

— La même; par Mme Daniel.

— La même; par M. Colin de Plancy. 1 vol. in-18.

— La même; par Hubert Lebon. 1 vol. in-32.

— La même; par l'abbé Degoug. 1 vol. in-18.

VIERGE (Vie et vertus de la très-sainte), tireés de l'Evangile et des SS. Péres, ou la Solitude des vierges; par le P. Gentil. 1 vol. in-12.

VIERGES (Vies des), ou Devoirs et obligations des filles chrétiennes; par l'abbé Girard de Villethierry. 1 vol. in-12. (Voir aussi Vies des justes parmi les filles chrétiennes.)

VIERGES chrétiennes (Mémoires des), par Arvisenet. 1 vol. in-18 (B.-M.).

VIERGES (Galerie des jeunes), ou Modèle des vertus qui assurent le bonheur des femmes; par Mme de Renneville. 1 vol. in-12.

VINCENT DE PAUL (Vie de saint), par Abelly. 2 vol. in-8 et 6 vol. in-12.

— La même; par Collet. 1 vol. in-12.

— La même; par Capefigue. 1 vol. in-12.

— La même, abrégée; par Hubert Lebon. 1 vol. in-32.

— La même, abrégée. 1 vol. in-18 (B.-L.).

VINCENT DE PAUL (Saint) peint par ses écrits; par M. Gosselin. 1 v. in-8.

VIOLET (Conduite spirituelle de la sœur Anne); par le P. Michel-Ange Marin. 1 vol. in-12.

VIRGINIE (Vie de sœur), morte en odeur de sainteté, ou la Parfaite religieuse; par M. Perrodin. 1 vol. in-18 et in-12.

VIRGINIE, ou la Vierge chrétienne, histoire sicilienne, pour servir de modèle aux jeunes personnes qui aspirent à la perfection; par le P. Marin. 2 vol. in-12.

VIVAISE (Vie d'Adolphe), diacre de l'église de Soissons. 1 vol. in-18.

VOYAGEURS (Vies et aventures des); par Mme Woillez. 1 vol. in-12.

VOYAGEURS modernes (Vies et aventures remarquables des plus célèbres); par J.-B.-J. de Chantal. 2 vol. in-12.

XAINTONGE (Vie de la vénérable mère Anne); par le P. C.-B. Arnoulx. 1 vol. in-12.

XIMÉNÈS (Vie du cardinal), archevêque de Tolède et régent d'Espagne; par Marsollier. 2 vol. in-12.

— La même; par Fléchier. 1 vol. in 8 et in-12 (3e vol des œuvres complètes).

— La même. 1 vol. in-12 (B.-M.).

YVAN (Vie du vénérable P.), fondateur des religieuses de Notre-Dame-de-la-Miséricorde; par l'abbé Montis. 1 vol in-32.

ZÉNOBIE (Histoire de), impératrice de Palmyre; par M. Euvoi de Hauteville. 1 vol. in-12.

ZITE (Vie de sainte), servante de Lucques au XIIIe siècle; par le baron de Montreuil. 1 vol in 8.

— La même, abrégée. 1 vol. in-18.

ZUMALACARRÉGUI, duc de la Victoire, capitaine-général de l'armée de Charles V; par le général D.-J.-A. Zaratiégui; traduite par Alexandre Hournon. 1 vol. in-8.

---

# CINQUIÈME SÉRIE. — E.

## Histoire.

ABRÉGÉ chronologique de l'Histoire d'Allemagne; par P. S. 1 vol. in-12.

ABRÉGÉ chronologique de l'Histoire de Danemarck et de Russie. 1 vol. in 12.

ABRÉGÉ chronologique des conciles généraux; par A. Gauthier. 1 vol. in-8.

ABRÉGÉ chronologique des grands fiefs de la couronne de France. 1 vol. in-12.

ABRÉGÉ chronologique, généalogique et géographique de la religion catholique; par Mme la comtesse de Sémallé. 3 vol. in-12.

ABRÉGÉ chronologique de l'Histoire des Juifs jusqu'à la ruine de Jérusalem. 1 vol. in-12.

ABRÉGÉ chronologique de l'Histoire du Nord; par M. Lacombe. 2 v. in-12.

ABRÉGÉ chronologique de l'Histoire ottomane; par M. Delacroix. 2 vol. in-12.

ABRÉGÉ chronologique de l'Histoire des Empereurs (Nouvel). 2 v. in-12.

ABRÉGÉ chronologique de la décadence et de la chute de l'empire romain; par Caillot. 2 vol. in-12.

ABRÉGÉ chronologique de l'Histoire ancienne des empires et des républiques qui ont paru avant J.-C.; par Lacombe. 1 vol. in-12.

ABRÉGÉ des Commentaires de M. de Folard sur l'Histoire de Polybe. 3 vol. in-4.

ABRÉGÉ de l'Histoire d'Espagne; par le R. P. Duchesne. 1 vol. in-12.

ACTES du martyre de Louis XVI, recueillis par Seguin. 1 vol. in-8.

AFFAIRES de Cologne relatives à Mgr de Drost. 1 vol. in-8.

AGITATION IRLANDAISE (l') depuis 1829, le procès, la condamnation, l'acquittement de Daniel O'Connell; par Jules Gondon. 1 vol. in-12.

AGONIE de la France; par M. le marquis de Villeneuve. 2 vol. in-8.
ALLEMAGNE (illustrations de l'); par Roy. 1 vol. in-12.
ALMANACH du clergé de France, d'après les documents du ministère des cultes et des secrétariats des évêchés; par A. Desprez. 1 v. in-12 (1844).
AMBOISE (conjuration d'), ou la Renaudie, chronique de 1560; par V. Boreau. 2 vol. in-8.
ANECDOTES historiques et politiques pour servir à l'histoire de la conquête d'Alger en 1830; par J.-T. Merle. 1 vol. in-8.
ANGLETERRE (de l'); par Rubichon. 1 vol. in-8.
ANNALES de la Propagation de la Foi, recueil périodique. 24 vol. in-8.
ANNALES de la Sainte-Enfance, nos 1 à 6. 1 vol. in-12.
ANTIQUITÉS de l'Eglise anglo-saxonne; par Lingard. 1 vol. in-8.
ANTIQUITÉS grecques et romaines; par M. Lebas. 1 vol. in-12.
ANTIQUITÉS nationales; par MM. Boutteville et Paulin Paris. 1 vol. in-12.
APOLOGIE de Louis XIV et de son conseil sur la révocation de l'édit de Nantes, avec une dissertation historique sur la Saint-Barthélemy; par de Caveyrac. 1 vol. in-8.
APOLOGIE du clergé, des congrégations et des jésuites; par M. de Montlosier. 1 vol. in-8.
APPEL au tribunal de l'opinion publique du rapport de M. Chabrond, et du décret rendu à l'Assemblée nationale le 2 octobre 1790; par Mounier. 1 vol. in-8.
APPEL à tous les Français contre les calomnies par lesquelles on cherche à flétrir la conduite du comte de Bourmont en 1815. 1 vol. in-8.
APPEL aux royalistes contre la division des opinions; par Nettement; pour faire suite à l'*Exposition royaliste*. 1 vol. in-8.
ARIANISME (Histoire de l'), depuis sa naissance jusqu'à sa fin, avec l'origine et les progrès de l'hérésie des Sociniens; par le P. Louis Maimbourg. 11 vol. in-12.
ATHANASE-LE-GRAND... et histoire de l'Arianisme; par Jean Adam Mœhler et J. Cohen 3 vol. in-8.
ATLAS de l'histoire ancienne et de l'histoire romaine, par Rollin. 1 vol. in-4.
BARTHÉLEMY (Massacre de la Saint-)...
BEAUTÉS de l'histoire de l'Eglise, ou ses combats et ses triomphes; par M. Bonnety. 2 vol. in-12.
BEAUTÉS de l'histoire des croisades et des ordres religieux et militaires qui en sont nés (édition revue par M. l'abbé Laurent). 1 vol. in-12.
BEAUTÉS de l'histoire du Canada; par D. Dainville. 1 vol. in-12.
BEAUTÉS des lettres édifiantes; par Caillot. 1 vol. in-12.
BEAUTÉS historiques de la maison d'Autriche; par René Périn. 2 vol. in-12.
BEAUTÉS historiques du christianisme; par M. Piton. 1 vol. in-12.
BEAUTÉS du christianisme; par A. Caillot. 1 vol. in-12.
BEAUTÉS et merveilles du christianisme; par P.-J.-B. Nougaret. 2 vol. in-12.

BEAUTÉS de l'histoire de Pologne, depuis le VI$^{e}$ siècle jusqu'au règne de Stanislas-Auguste; par Nougaret. 1 vol. in-12.

BIBLE de la famille, ou Histoire de l'Ancien Testament. 4 vol. in-18.

BIBLE de la jeunesse, ou Abrégé de l'histoire de la Bible contenant l'Ancien et le Nouveau Testament; par M. l'abbé l'Ecuy. 2 vol. in-8.

BIBLE de l'enfance; par M. l'abbé Martin de Noirlieu. 3 vol. in-32 et 1 vol. in-18.

BIBLIOTHÈQUE des chroniques de l'histoire de France (Petite), contenant une revue historique et littéraire des chroniqueurs latins et français qu ont écrit sur l'histoire de France; par A. Mazure. 2 vol. in-12.

BOURBONS (les), ou Précis historique sur les princes et princesses de ce nom; par Montjoie. 1 vol. in-8.

BOURBONS martyrs (les), ou les Victimes augustes. 1 vol. in-8.

BOURBONS de Goritz (les) et les Bourbons d'Espagne; par le comte Robert de Custine. 1 vol. in-8.

BOURRIENNE et ses erreurs volontaires et involontaires, ou Observations sur ses Mémoires. 2 vol. in-8.

CALENDRIER historique et chronologique; par l'abbé Le Fêve. 1 v. in-12.

CAMPAGNE de Moscou; par E. Labaume. 1 vol. in-8.

CAMPAGNES du corps sous les ordres du prince de Condé; par le marquis d'Ecquevilly.

CAPTIVITÉ de Louis XVI dans la tour du Temple, journal de Cléry. 1 vol. in-8 et in-12.

CAPTIVITÉ et mort de Louis XVI. 2 vol. in-18.

CARNET historique et chronologique pour servir à l'étude de l'histoire de France, d'Angleterre, d'Allemagne et des papes; par Mazas. 1 vol. in-12.

CENT jours (les), par Capefigue. 2 vol. in-8.

CÉRÉMONIE (de la) du sacre des rois, avec des réflexions sur son origine; par M. l'abbé Juin. 1 vol. in-18.

CÉRÉMONIES et coutumes des Juifs; par E. de Modène. 1 vol. in-12 et in-18.

CHARLES V détrôné, ou la Politique de l'Europe jugée par l'abandon de la légitimité espagnole; par le comte Louis de Calvimont. 1 vol. in 8.

CHEVALERIE ancienne et moderne (de la), avec la manière d'en faire les preuves, pour tous les ordres de chevalerie; par le P. Ménestrier. 1 vol. in-12

CHEVALERIE (Histoire de la); par J. Roy. 1 vol. in-12.

CHINOIS (les) pendant une période de 4,458 années; par H. de Chavannes de la Giraudière. 1 vol. in 8. (B.-M.).

CHOIX de lettres édifiantes écrites des missions étrangères; par l'abbé de Montmignon. 8 vol. in-8.

CHOIX de chroniques et mémoires sur l'histoire de France, avec notices biographiques; par J.-A.-C. Buchon. 17 vol. in-4.

CHRONIQUES de France; par M$^{me}$ Amable Tastu. 1 vol. in-8.

CHRONOLOGIA romanorum pontificum; auctore Marangoni. 1 vol. in-folio.

CHRONOLOGIE historique (Eléments de); par Frédéric Schoel. 2 vol. in-18.

CHRONOLOGIE, ou Histoire générale classique, comprenant l'histoire ancienne; par Villeroi. 1 vol. in-12.

CHRONOLOGIE historique des papes, des conciles généraux et des conciles des Gaules et de France; par L. de Malastrie. 1 vol. in-8.

CHUTE DE ROME (la) et les invasions du v$^{e}$ siècle; par L. Rollet de Bellarue. 2 vol. in-8.

CIEUTAT (les), ou le Siége de Villeneuve d'Agen sous Henri III; par E. Nyon. 1 vol. in-8.

CLERGÉ (le) de France pendant la révolution; par E. Hocquart. 1 v. in-12.

CONCORDAT expliqué au roi (le); par l'abbé Vinson. 1 vol. in-8.

CONCORDAT et recueil de bulles et de brefs de N. S. P. le pape Pie VII. 1 vol. in-8.

CONCORDATS de 1801 et 1817, ou Lettres au rédacteur du *Courrier de Londres.*

CONGRÈS DE VIENNE (le) dans ses rapports avec la circonscription actuelle; par Capefigue. 1 vol. in-8.

COMPLÉMENT de la correspondance de la cour de Rome avec Bonaparte; par A. Muzarelli. 1 vol. in-8.

CONJURATION de Rienzi, tyran de Rome, en 1347; par le P. Ducerceau. 1 vol. in-12.

CONJURATION du général Mallet (Histoire de la); par l'abbé Lafon. 1 vol. in-8.

CONJURATION des espagnols contre Venise, en 1618, suivie de la conjuration des Gracques; par de Saint-Réal. 1 vol. in-18 et in-12.

CONJURATION de Louis-Philippe-Joseph d'Orléans et de Maximilien Robespierre; par Richer Scrisy. 2 vol. in-12.

CONJURATION de Louis-Philippe-Joseph d'Orléans, surnommé Égalité, d'après l'histoire qu'en a publiée Montjoie en 1786. 1 vol. in-8.

CONQUÊTE de Grenade, d'après Washington-Irwing; par A. Lemercier. 1 vol. in-12.

CONQUÊTE du tombeau de Jésus-Christ, épisode de l'histoire des Croisades; par M. l'abbé Hunkler. 1 vol. in-12.

CONSIDÉRATIONS militaires et politiques sur les guerres de l'Ouest, pendant la révolution française; par le marquis de la Boissière. 1 v. in-8.

CONSIDÉRATIONS sur le règne des quinze premiers papes qui ont porté le nom de Grégoire; par Artaud de Montor. 1 vol. in-8.

CONSIDÉRATIONS sur la marche du parti libéral (Quelques), dans les premiers mois de 1822, et sur certains discours de ses députés; par M. Clausel de Coussergues. 1 vol. in-8.

CONSPIRATION dite de la rue des Prouvaires, 2 février 1832. 1 vol. in-8.

CONSTANTIN-LE-GRAND et son règne; par Hunkler. 1 vol. in-12.

CONSTANTINE ET L'ALGÉRIE; par l'abbé Suchet. 1 vol. in-8.

CONTES DU BOCAGE, précédés d'un tableau historique de la Vendée; par M. Edouard Ourliac. 1 vol. in-12.

CONTINUATION de l'Histoire de l'Eglise de Bérault Bercastel jusqu'en 1830 ; par M. l'abbé comte de Robiano. 4 vol. in-8.

CONVERSATIONS amusantes et instructives sur l'histoire de France, à l'usage de la jeunesse ; par Mme Mallès de Beaulieu. 2 vol. in-12.

COUP D'OEIL sur la campagne d'Afrique en 1830. 1 vol. in-8.

COUP D'OEIL sur Lisbonne et Madrid en 1814, suivi d'un Mémoire politique concernant la constitution promulguée par les Cortès à Cadix ; par Ch. d'Hautefort. 1 vol. in-8.

COUP D'OEIL sur le royaume de Sardaigne ; par N.-M. Troche. 1 vol. in-8.

COUP D'OEIL sur l'Eglise de France ; par M. l'abbé Clausel de Montals. 1 v. in-8.

COURS d'histoire universelle ancienne, du moyen âge, moderne ; par l'abbé Giraut. 10 vol. in-18.

COUVENT DE SAINT-LAZARE (le) à Venise, ou Histoire succincte des méchitaristes arméniens ; par Eugène Boré. 1 vol. in-12.

CRIMES de la révolution française, obligation de les réparer par la pénitence ; par Beauchamp. 1 vol. in-8.

CROISADE de MM. Michelet et Quinet contre les jésuites (la), expliquée à ceux qui veulent voir clair. 1 vol. in-18.

CURIOSITÉS naturelles, historiques et morales de l'empire de Chine ; par A. Caillot. 2 vol. in-12.

DERNIÈRE époque de l'histoire de Charles X, ses voyages, sa mort ; par M. de Montbel, précédée de souvenirs historiques et politiques ; par A. Poujol. 1 vol. in-8.

DERNIÈRES années du règne et de la vie de Louis XVI ; par Hue. 1 vol. in-8.

DESCRIPTION historique du royaume de Macaçar ; par le comte de Carcodo. 1 vol. in-12.

DEUX chanceliers d'Angleterre, Bacon de Verulam et saint Thomas de Cantorbéry ; par Ozanam. 1 vol. in-8.

DICTIONNAIRE historique, bibliographique de l'histoire des patriarches, depuis Adam jusqu'à nos jours ; par Rolland. 2 vol. in-12.

DICTIONNAIRE (Nouveau) des siéges et batailles mémorables et des combats maritimes les plus fameux de tous les peuples anciens et modernes jusqu'à nos jours ; par F.-M. M. 6 vol. in-8.

DICTIONNAIRE des conciles, suivi d'une collection des canons les plus remarquables ; par Alletz. 1 vol. in-8.

DICTIONNAIRE des hérésies, des schismes et des erreurs. 2 vol. in-8.

DIPLOMATIE de la France et de l'Espagne depuis l'avénement de la maison de Bourbon ; par Capefigue. 1 vol. in-8.

DISCIPLINE ecclésiastique ; par Muzarelli (3e vol. in-12 de ses opuscules).

DISCOURS sur l'histoire universelle ; par Bossuet. 1 v. in-12 et in-8 (35e v. de ses œuvres).

**DISCOURS** (Recueil de), prononcés dans les deux chambres, et de ceux qui devaient l'être à l'occasion de la proposition de M. Baude, ex-préfet de police, relative à l'exclusion perpétuelle de la branche aînée des Bourbons; par le vicomte Walsh. 1 vol. in-8.

**DISSERTATION** sur les tremblements de terre, etc..., qui firent échouer les projets de Julien de rebâtir le temple de Jérusalem; par M. Warburton. 2 vol. in-12.

**DISSERTATION** sur le pape Libère et les artifices des hérétiques. 1 v. in-12.

**DOCUMENTS** historiques, critiques, apologétiques, concernant la compagnie de Jésus (renfermant une foule d'ouvrages et de brochures faites à différentes époques pour répondre aux calomnies répandues contre les jésuites); recueil classé, mis en ordre et publié par M. de Saint-Victor, 1827-1830. 3 vol. in-8.

**DUCHESSE DE BERRY** (la) en dix-sept tableaux; par E. Lefranc. 1 v. in-8.

**DUC DE REICHSTADT** (le), notice sur la vie et la mort de ce prince, rédigée à Vienne sur des documents authentiques; par le baron de Montbel. 1 vol. in-8.

**DUCS DE BOURGOGNE** (Histoire des XIV^e et XV^e siècles); par F. Valentin. 1 vol. in-8.

**DYNASTIES ÉGYPTIENNES** (les) suivant Manéthon, considérées en elles-mêmes et sous le rapport de la chronologie et de l'histoire; par Mgr Bovet. 1 vol. in-8.

**ÉCLAIRCISSEMENTS** sur le martyre de la légion thébaine et sur l'époque de la persécution des Gaules; par P. de Rivaz. 1 vol. in 8.

**ÉCLAIRCISSEMENTS** sur les causes de la révocation de l'édit de Nantes; par de Rulhières. 1 vol. in-8.

**ÉCLAIRCISSEMENTS** sur une question importante, relative à la mort de M. Grégoire, ancien évêque constitutionnel. 1 vol. in-8.

**ÉDUCATION** complète, ou Abrégé de l'histoire universelle; par M^me Leprince de Beaumont. 4 vol in 12.

**ÉGLISE** schismatique russe (l'), d'après les relations récentes du prétendu synode; par le P. Thiner; trad. de l'italien, par Mgr Luquet. 1 v. in-8.

**ÉMIGRANTS** au Brésil (les); par L.-F. 1 vol. in-18.

**EMPEREUR NAPOLÉON** (l'), tableaux et récits des batailles. 1 vol. in-12.

**ENFANCE DE NAPOLÉON**, depuis sa naissance jusqu'à sa sortie de l'Ecole militaire; par le chevalier de Beauterne. 1 vol. in-18.

**ENFANTS DE MÉROVÉE** (les), récits historiques du V^e au VIII^e siècle; par E. Nyon. 1 vol. in-8.

**ESPRIT** de l'histoire; par Antoine Ferrand. 4 vol in-8.

**ESQUISSES DRAMATIQUES** du gouvernement révolutionnaire, de 1793 à 1795; par Ducancel. 1 vol. in-8.

**ESQUISSES HISTORIQUES**, ou Cours méthodique d'histoire; par Lévi. 1 v. in-18.

**ESSAI** de l'histoire monastique d'Orient; par un bénédictin de Saint-Maur (le P. Louis Bulteau). 1 vol. in-8.

ESSAI historique et critique sur l'Atlantique des anciens, où l'on fait voir la conformité de l'histoire des Atlantiques et de celle des Hébreux; par F.-C. Bacot. 1 vol. in 8.

ESSAI historique sur l'abbaye de Cluny; par P. Lorain. 1 vol. in-8.

ESSAI historique sur la destruction des ordres religieux en France au XVIIIe siècle; par le P. J.-M. Prat. S. J. 1 vol. in-8.

ESSAI historique sur les causes et les effets de la révolution de France; par Beaulieu. 6 vol. in-8.

ESSAI historique sur l'influence de la religion en France, pendant le XVIIe siècle, ou Tableau des établissements formés à cette époque, etc.; par M. Picot. 2 vol. in-8.

ESSAI sur les juifs de la Chine; par l'abbé Sionnet. 1 vol. in-8.

ESSAI sur l'histoire politique et constitutionnelle de la Belgique; par B.-V. Waille. 18 vol. in 8.

ESSAI de l'histoire monastique d'Orient. 1 vol. in-8.

ESSAIS historiques et critiques sur les Juifs anciens et modernes. 1 vol. in-12.

ÉTABLISSEMENTS des Français dans la régence d'Alger (de l'), et des moyens d'y assurer la prospérité; par M. P. Genty de Bussy. 2 vol. in-8.

ÉTAT de la France sous la domination de Bonaparte; par Pichond. 1 vol. in-8.

ÉTAT du royaume de Barbarie, Tripoli, Tunis et Alger, etc.; avec la tradition de l'Eglise pour le rachat ou le soulagement des captifs; par le P. Godefroid. 18 vol. in-12.

ÉTAT présent (l') de la religion mahométane; par le P. Michel Nau. 1 vol. in-12.

ÉTUDES critiques des historiens de la révolution française, ou Histoire des histoires de cette révolution; par Cyprien Desmarets. 1 vol. in-12.

ÉTUDES historiques sur les révolutions d'Espagne et de Portugal; par L. Ch. de Haller. 2 vol. in-8.

ÉTUDES sur Napoléon; par le lieutenant-colonel de Baudus. 2 vol. in-8.

EUROPE pendant le consulat et l'empire de Napoléon (l'); par Capefigue. 10 vol. in-8.

EXAMEN des principes de la constitution civile du clergé; par M. l'évêque de Viviers. 1 vol. in-8.

EXPLICATION abrégée des coutumes et des cérémonies des Romains; trad. du latin de Nieuport. 1 vol. in-12.

EXPLICATIONS du maréchal Clauzel. 1 vol. in-8.

EXPOSITION royaliste, 1789-1842; par Nettement. 1 vol. in-8.

FANATISME dans la langue révolutionnaire (du), ou de la Persécution suscitée par les barbares du XVIIIe siècle contre la religion chrétienne et ses ministres; par La Harpe. 1 vol. in-8 et in-12.

FASTES (les) de la gloire, ou les Braves recommandés à la postérité. 5 vol. in-8.

FERMES du petit Atlas.....; par l'abbé Landmann. 1 vol. in-8.

**FLANDRE** (Abrégé chronologique de l'histoire de), depuis Baudouin Ier jusqu'à Charles II ; par A.-J. Panckoucke. 1 vol. in 12.

**FORFAITS** du 6 octobre, ou Examen approfondi du rapport de la procédure du Châtelet sur les faits des 5 et 6 octobre 1789. 1 vol. in-8. 1790.

**FRANÇAIS** en Algérie (les), souvenirs d'un voyage fait en 1841 ; par Louis Veuillot. 1 vol. in-8 (B.-M.).

**FRANÇAIS** (l'Honneur), ou Histoire des vertus et des exploits de notre nation, depuis l'établissement de la monarchie jusqu'en 1771 ; par de Sacy. 12 vol. in-12.

**FRANÇAISE** (Histoire critique de l'établissement de la monarchie) dans les Gaules ; par l'abbé Dubos. 3 vol. in-12.

**FRANCE** (Histoire maritime de) ; par Léon Guérin. 2 vol. in-12.

**FRANCE** (la) au XIIe siècle, pendant les règnes de Louis-le-Gros et Louis-le-Jeune ; par J. Roy. 18 vol. in-12 (B.-M.).

**FRANCE** (Histoire de) pendant les guerres de religion ; par Charles Lacretelle. 4 vol. in-8.

**FRANÇOIS** Ier et la renaissance ; par M. de la Gournerie. 1 v. in-8 (B.-M.).

**FRANÇOIS** Ier et la renaissance, 1515-1547 ; par Capefigue. 4 vol. in-8.

**GERMAINS** avant le christianisme (les). Recherches sur les origines, les traditions, les institutions des peuples germaniques, et sur leurs établissements dans l'empire romain ; par Ozanam. 2 vol. in-8.

**GOUVERNEMENT** de juillet (le), les partis et les hommes politiques de 1830 à 1835. 2 vol. in-8.

**GRECS** (des) et des Turcs ; par M. de Genoude (tome 1er de ses œuvres).

**GUIZOT** (la Présidence du conseil de M.) et la majorité de 1847 ; par un homme d'État. 1 vol. in-8.

**HARANGUE** du cardinal du Perron sur l'article du serment prononcé devant le tiers-état. 1 vol. in-8

**HÉRÉSIES** (Lettres sur les) et sur la secte dominante de nos jours ; par Muzarelli. 6e vol. in-12 de ses opuscules théologiques.

**HERMITE** (l') de Belleville, ou Choix d'opuscules politiques, littéraires et satiriques de Charles Colnet, précédés d'une notice sur la vie. 1 v. in-8.

**HISTOIRE** (Cours d'), à l'usage de la jeunesse, comprenant : tableau chronologique d'histoire ancienne et moderne, histoire sainte, ecclésiastique, ancienne, romaine, de France, du Bas-Empire, d'Italie et d'Angleterre. 12 vol. in-18 et 4 vol. in-12 (A.-M.-D.-G.).

**HISTOIRE** (Cours élémentaire et méthodique d'), à l'usage de la jeunesse, contenant : histoire ancienne, du moyen âge, moderne ; par l'abbé Giraud. 9 vol. in-18.

**HISTOIRE** ancienne (Abrégé chronologique de l') des empires et des républiques qui ont paru avant Jésus-Christ ; par Lacombe. 1 vol. in-8.

**HISTOIRE** ancienne (Abrégé de l') de Rollin ; par l'abbé Taillhé. 3 v. in-12. — La même, abrégée ; par Caillot. 1 vol. in-12.

**HISTOIRE** ancienne, à l'usage des maisons d'éducation ; par M. Trouillet. 1 vol. in-18.

HISTOIRE ancienne ; par l'abbé Gaultier. 1 vol. in-12.

HISTOIRE ancienne ; par E. Lefranc. 1 vol. in-12.

— La même, abrégée par le même, et spécialement destinée aux institutions de demoiselles. 1 vol. in-18.

HISTOIRE ancienne (Cours d') ; par Ch. Lenormant. 1 vol. in-8.

HISTOIRE ancienne (Cours élémentaire et méthodique d'), à l'usage de la jeunesse ; par l'abbé Giraud. 3 vol. in-18.

HISTOIRE ancienne, racontée aux enfants ; par Lamé Fleury. 1. vol. in-18.

HISTOIRE ancienne des Egyptiens, des Assyriens, des Grecs ; par Rollin. 14 vol. in-12.

— La même. 7 vol. in-8. Tome I à VII de ses Œuvres.

— La même, abrégée ; par Tailhé. 4 vol. in-12.

HISTOIRE ancienne des Egyptiens, des Assyriens, des Mèdes, des Perses, des Grecs et des Carthaginois, etc. 1 vol. in-18 (A.-M.-D.-G.).

HISTOIRE ancienne (Instruction sur l'), par demandes et par réponses ; par C.-C. Le Tellier. 1 vol. in-12.

HISTOIRE ancienne, mise à la portée des enfants, avec questionnaire ; par Belèze. 1 vol. in-18.

HISTOIRE ancienne (Précis de l') ; par MM. Poirson et Cayx. 1 vol. in-8.

HISTOIRE ancienne, rédigée sur un plan nouveau, avec 32 tableaux synoptiques d'histoire, de géographie, d'arts, d'inventions ; par Victor Boreau. 1 vol. in-12.

HISTOIRE ancienne ; par le comte de Ségur. 3 vol. in-8.

HISTOIRE ancienne ; par Th. Burette. 3 vol. in 12.

HISTOIRE ancienne des Saliens ; par de Fortia-d'Urban. 1 vol. in-12.

HISTOIRE antidiluvienne de la Chine ; par le marquis de Fortia-d'Urban. 3 vol. in-12.

HISTOIRE (Illustration de l') d'Algérie ; par J.-J. Roy. 1 vol. in-12.

HISTOIRE d'Alger ; par Stéphen d'Estry. 1 vol. in-8.

HISTOIRE d'Algérie et des autres Etats barbaresques, depuis les temps les plus anciens jusqu'à ce jour ; par le baron de Vinchon. 18 vol. in-8.

HISTOIRE d'Allemagne ; par le P. Barre. 11 vol. in 4.

HISTOIRE d'Allemagne, depuis les temps les plus reculés jusqu'en 1838 ; par Kohlrausch ; trad. de l'allemand, par A. Guinefolle. 2 vol. in-8.

HISTOIRE d'Allemagne (Illustrations de l') ; par J.-J. Roy. 1 vol. in-12.

HISTOIRE d'Alsace (Précis de l') ; par M. Ragon. 1 vol. in-18. (Voir Histoire de la province d'Alsace, depuis Jules-César jusqu'au mariage de Louis XV ; par le P. L. Lagulle.)

HISTOIRE d'Amérique (Abrégé de l'), depuis sa découverte jusqu'à nos jours, ou le Robertson de la jeunesse ; par Lebrun. 1 vol. in-12.

HISTOIRE d'Amérique ; par Robertson. 4 vol. in-12.

HISTOIRE d'Angleterre (Abrégé chronologique de l'), trad. de l'anglais ; par M. Salmon. 2 vol. in-8.

HISTOIRE d'Angleterre (Abrégé chronologique de l') ; par M. du Port du Tertre. 3 vol. in-12.

**HISTOIRE** d'Angleterre, abrégée de Lingard, Hume et Smollet; par Valentin. 1 vol. in-12.

**HISTOIRE** d'Angleterre (abrégée du docteur Lingard); par M. de Marlès. 2 vol. in-12.

**HISTOIRE** d'Angleterre (abrégée du docteur Lingard); par MM. Vincent et de Roujoux. 6 vol. in-12.

**HISTOIRE** d'Angleterre, à l'usage de la jeunesse, depuis la conquête des Romains jusqu'à nos jours. 1 vol. in-12 (B.-L.).

**HISTOIRE** d'Angleterre; par Lamé Fleury. 2 vol. in-18.

**HISTOIRE** d'Angleterre, depuis la première invasion des Romains jusqu'en 1763. 6 vol. in-8.

**HISTOIRE** d'Angleterre, depuis la première invasion des Romains jusqu'en 1688; par le docteur John Lingard; trad. de l'anglais, par le baron de Roujoux. 14 vol. in-8, avec la continuation depuis la révolution de 1688 jusqu'à nos jours; par Marlès. 7 vol. in-8, en tout, 21 vol. in-8.

**HISTOIRE** d'Angleterre (Illustrations de l'); par J.-J. Roy. 1 vol. in-12.

**HISTOIRE** d'Angleterre, d'Ecosse et d'Irlande. 2 vol. in-18 (A.-M.-D.-G.).

**HISTOIRE** d'Angleterre, du docteur Lingard (Justification de l'). 1 vol. in-8.

**HISTOIRE** d'Asie, d'Afrique et d'Océanie, et histoire générale du mahométisme. 1 vol. in-18 (A.-M.-D.-G.).

**HISTOIRE** de Carthage (Abrégé de l'); par Ch. Du Rosoir et A. Savagner. 1 vol. in-12.

**HISTOIRE** de Christine, reine de Suède, avec un précis historique de la Suède; par J. Catteau-Calleville. 2 vol. in-8.

**HISTOIRE** de Constance, premier ministre du roi de Siam, et de la dernière révolution de cet État; par le P. Dorléans. 1 vol. in-12.

**HISTOIRE** calcographique des dix-sept années saintes du Jubilé universel. 1 vol. in-12.

**HISTOIRE** contemporaine (Petite), ou Récits des événements survenus depuis Louis XVI jusqu'à 1830; par Ant. de Saint-Gervais. 1 vol. in-12.

**HISTOIRE** critique des projets formés depuis trois cents ans pour la réunion des communions chrétiennes; par M. Tabaraud. 1 vol. in-8.

**HISTOIRE** de Bretagne; par M. Daru. 3 vol. in-8.

**HISTOIRE** d'Ecosse; par W. Robertson. 3 vol. in-8.

**HISTOIRE** d'Ecosse, d'Angleterre et d'Irlande. 2 vol. in-18 (A.-M.-D.-G.).

**HISTOIRE** d'Ecosse, d'après Fraizer Tiller, précédée de l'histoire d'Irlande, d'après Thomas Moore; par de Marlès. 1 vol. in-12.

**HISTOIRE** d'Ecosse, racontée par un grand-père à son petit-fils; par Walter Scott. 11 vol. in-12 et 3 vol. in-8.

**HISTOIRE** d'Egypte (Illustrations de l'); par M. Roy. 1 vol. in-12.

**HISTOIRE** d'Espagne. 1 vol. in-12.

**HISTOIRE** d'Espagne (Abrégé chronologique de l') et du Portugal; par Lacombe et Macquier. 2 vol. in-8.

**HISTOIRE** d'Espagne (Abrégé de l'); par le P. Duchesne. 1 vol. in-12.

HISTOIRE d'Espagne (Abrégé chronologique de l'); par Desormeaux. 5 vol. in-12.

HISTOIRE générale d'Espagne; par J. Ferreras, trad. par M. d'Hermilly. 10 vol. in-4.

HISTOIRE d'Espagne et de Portugal (Illustrations de l'); par J.-J. Roy. 1 vol. in-12.

HISTOIRE de l'Eglise; par Bérault-Bercastel. 24 vol. in-12.

HISTOIRE de l'Eglise gallicane; par les PP. Longueval, Fontenay, Brumoy et Berthier. 26 vol. in-12.

HISTOIRE de France (Abrégé chronologique de l'); par le président Hénault. 3 vol. et 5 vol. in-8.

HISTOIRE de France (Abrégé de l'), par demandes et par réponses; par Ragon et Clauselles. 1 vol. in-12.

HISTOIRE de France (Abrégé de l'), depuis son origine jusqu'à nos jours; par M. d'Exauvillez. 2 vol. in-18.

HISTOIRE de France (Abrégé de l') jusqu'à Charles IX; par Bossuet. 3 vol. in-8.

HISTOIRE de France, composée par Mgr le Dauphin, fils de Louis XIV, d'après les leçons de Bossuet, et revue par lui. 3 vol. in-8 (édition Lebel).

HISTOIRE de France; par Mme de Saint-Ouen. 1 vol. in-18.

HISTOIRE de France abrégée (Illustrations de l'), depuis Pharamond jusqu'à nos jours; par J.-J. Roy. 2 vol. in-12.

HISTOIRE de France abrégée (Illustrations de l'), sous la république, le consulat, l'empire et la restauration; par J.-J. Roy. 1 vol. in-12.

HISTOIRE de France, à l'usage de la jeunesse, depuis le commencement de la monarchie jusqu'à nos jours. 2 vol in-18 (A.-M.-D.-G.).

— La même. 2 vol. in-12. Tome III et IV du Cours d'histoire (A.-M.-D.-G.).

HISTOIRE de France avant Clovis, pour servir d'introduction à l'Histoire de France de Velly. 1 vol. in-12.

HISTOIRE de France (Chronique de l'); par Mme Amable Tastu. 1 vol. in-8.

HISTOIRE de France (Conversations instructives et amusantes sur l'), à l'usage de la jeunesse; par Mme Mallès de Beaulieu. 2 vol. in-12.

HISTOIRE de France, depuis la mort de Louis XVI jusqu'au traité de paix du 28 octobre 1815. Continuation d'Anquetil; par Gallais. 2 vol. in-8.

HISTOIRE de France, depuis l'établissement des Français dans la Gaule; par Henrion. 4 vol. in-8.

HISTOIRE de France, depuis les origines gauloises jusqu'à nos jours; par Lefranc. 2 vol. in-12.

HISTOIRE de France, depuis les origines gauloises jusqu'à nos jours; par Amédée Gabourd. 3 vol. in-12.

HISTOIRE de France, écrite par Mezeray (Observations critiques); par le P. Daniel. 1 vol. in-12.

HISTOIRE de France (Nouveau cours d'); par A. Mazas. 4 vol. in-8.

HISTOIRE de France; par le P. Daniel (édition abrégée). 12 vol. in-12.

HISTOIRE de France; par Mennechet, professeur du duc de Bordeaux. 4 vol. in-12.

HISTOIRE de France (Précis de l'), depuis les temps les plus reculés jusqu'en 1789; par MM. Cayx et Poirson. 1 vol. in-8.

HISTOIRE de France (Petite bibliothèque des chroniques de l'), contenant une revue historique et littéraire des chroniqueurs latins et français qui ont écrit sur l'histoire de France; par A. Mazure. 2 vol. in-12.

HISTOIRE de France (Recueil de divers écrits servant à l'éclaircissement de l'); par l'abbé Lebœuf. 2 vol. in-12.

HISTOIRE de France sous le ministère du cardinal Mazarin; par A. Bazin. 2 vol. in-8.

HISTOIRE de France, depuis l'établissement de la monarchie jusqu'au règne de Louis XIV; par l'abbé Velly. 30 vol. in-12.

HISTOIRE de France (Abrégé chronologique de l'); par Mezeray. 14 vol. in-12.

HISTOIRE de France (Cours d'); par Mme Amable Tastu. 2 vol. in-8.

HISTOIRE de France (Revue chronologique de l'), depuis la première convocation des notables jusqu'au départ des troupes étrangères, 1787-1818; par Montgaillard. 1 vol. in-8.

HISTOIRE de France sous Louis XIII; par A. Bazin. 4 vol. in-8.

HISTOIRE de France (Tableau de l'); par Alletz. 2 vol. in-12.

HISTOIRE de France depuis Clovis jusqu'à Louis XIV (Nouvel abrégé chronologique de l'). 5 vol. in-12.

HISTOIRE de la chevalerie; par J.-J. Roy. 1 vol. in-12.

HISTOIRE de la ligue formée contre Charles-le-Téméraire; par le baron Th. de Bussière. 1 vol. in-8.

HISTOIRE (Fragments d'); par Laurentie. 1 vol. in-8.

HISTOIRE (Précis de l'); par le marquis de Villeneuve. 1 vol. in-8.

HISTOIRE (Rudiments de l'), ou Idée générale et précise des peuples les plus célèbres, tant anciens que modernes; par Domairon. 4 vol. in-12.

HISTOIRE de l'abbaye de Cluny, depuis sa fondation jusqu'à sa destruction; par M. P. Lorain. 1 vol. in-8.

HISTOIRE de l'abbaye de la Trappe; par M.-L.-D.-B. 1 vol. in-8.

HISTOIRE de l'Afrique française (Nouvelle histoire); par M. l'abbé Demanet. 2 vol. in-12 reliés en 1.

HISTOIRE de l'Ancien et du Nouveau Testament, racontée aux enfants, ou Histoire du royaume de Dieu; par Mme Joly et M. l'abbé Charé. 1 vol. in-18.

HISTOIRE de l'Ancien Testament (Abrégé de l'). 9 vol. in-12.

— Le même. 1 vol. in-12.

HISTOIRE de l'Ancien et du Nouveau Testament et des Juifs; par le R. P. Dom Augustin Calmet. 3 vol. in-8.

HISTOIRE de l'Ancien et du Nouveau Testament; par Bernard Overberg, trad. par M. l'abbé Didon. 1 vol. in-12.

HISTOIRE de l'Ancien Testament (Abrégé de l') et de la morale; par Mesenguy. 1 vol. in 12.

HISTOIRE de l'Ancien et du Nouveau Testament, depuis la création du monde jusqu'à la ruine de Jérusalem, ou Biographie catholique des hommes qui se sont rendus célèbres par leurs vertus chrétiennes, etc.; par une société d'ecclésiastiques et d'hommes de lettres, sous la direction de M. de Genoude. 2 vol. in-8.

HISTOI E de l'armée de Condé; par Th. Muret. 2 vol. in-8.

HISTOIRE de la Belgique; par Dewez. 2 vol. in-8.

HISTOIRE politique et constitutionnelle de la Belgique (Essai sur l'); par B.-V. Vaille. 1 vol. in-8.

HISTOIRE de la Chine; traduite du P. Martin, par l'abbé Lepelletier. 2 v. in-12.

HISTOIRE de la chute de l'empire de Napoléon; par E. Labaume. 2 vol. in-8.

HISTOIRE de la chute des jésuites au XVIIIe siècle; réponse à M. le comte Alexis de Saint-Priest, pair de France; par Paul Lamarche, avocat. 1 v. in 12.

HISTOIRE de la conjuration de Louis-Joseph-Philippe-d'Orléans Egalité. 3 vol. in-8.

HISTOIRE de la conjuration de Robespierre; par Gallois. 1 vol. in 8.

HISTOIRE de la conquête d'Espagne par les Arabes; par M. de Marlès. 1 v. in-12 (B.-M.). (Voir histoire d'Espagne.)

HISTOIRE de la conquête de la Chine par les Tartares; trad. de l'espagnol de Palafox, évêque d'Osma, par C. Sieur Colle. 1 vol. in-8 et in-12.

HISTOIRE de Hongrie, depuis la première invasion des Huns jusqu'en 1778; par M. de Sacy. 2 vol. in-12.

HISTOIRE de l'arianisme, depuis sa naissance jusqu'à sa fin, avec l'origine et les progrès de l'hérésie des sociniens; par le P. Maimbourg. 3 v. in-18.

HISTOIRE d'Irlande, depuis l'invasion de Henri II; par Thomas Leland. 7 vol. in-12.

HISTOIRE de la conjuration du général Mallet; par M. l'abbé Lafon. 1 vol. in-8.

HISTOIRE de la conquête du Mexique (abrégé de l'histoire espagnole d'Antonio de Joler); par Oct. B. 2 vol. in-18 (B.-G.).

HISTOIRE de la conquête du Mexique, ou de la Nouvelle Espagne, par Fernand Cortez; traduite de l'espagnol de D. Antonio de Yoler, par Citri de la Guette. 2 vol. in-12.

HISTOIRE de la décadence de l'empire après Charlemagne; par le P. Maimbourg. 2 vol. in-12 et 1 vol. in-18.

HISTOIRE de la destruction du paganisme en Occident; par M. Beugnot. 2 vol. in-8.

HISTOIRE de la Grèce ancienne; par M. M. Julien. 1 vol. in-12.

HISTOIRE de la Grèce ancienne. 1 vol. in-12 (B.-M.).

HISTOIRE de la Grèce (Illustrations de l'); par Miroy. 1 vol. in-12.

HISTOIRE de la guerre d'Espagne et de Portugal sous Napoléon, pendant les années 1807 à 1815, suivie de la campagne de 1814 dans le midi de la France; par A. de Beauchamp. 4 vol. in-8.

HISTOIRE de la Louisiane; par Barbé Marbois. 1 vol. in-8.

HISTOIRE de la maison de Bourbon au trône d'Espagne; par Targe. 6 vol. in-12.

HISTOIRE de la papauté; par M. Henrion. 3 vol. in-12.

HISTOIRE de la Petite-Bretagne, appelée aussi Bretagne armorique; par A.-M.-L. de Bussy. 1 vol. in-12.

HISTOIRE de la province d'Alsace, depuis Jules-César jusqu'à Louis XV; par le P. Laguille. 7 vol. in 12.

HISTOIRE de la réforme protestante en Angleterre et en Irlande, en forme de lettres; par William Cobbett. 1 vol. in-12 et 2 vol. in-18.

HISTOIRE de la réforme (suite), ou Nouvelles lettres sur l'histoire de la réforme en Angleterre; par le même. 1 vol. in-18.

HISTOIRE de la religion avant la venue de Jésus-Christ (Abrégé de l'); par Lhomond. 2 vol. in-12.

HISTOIRE de l'Amérique; par W. Robertson; trad. par M. de la Roquette. 4 vol. in-8.

HISTOIRE de la conquête d'Angleterre par les Normands; par A. Thierry. 4 vol. in-8.

HISTOIRE de la maison d'Autriche, depuis Rodolphe de Hapsbourg jusqu'à la mort de Léopold II (1218-1792); par William Coxe. 5 vol. in-8.

HISTOIRE de la conquête et de la découverte du Pérou; par A. de Zarate. 2 vol. in-12.

HISTOIRE de la conquête de la Flandre, ou Relation de ce qui s'est passé dans la découverte de ce pays par Ferdinand de Soto; par P. Richelet. 1 vol. in-12.

HISTOIRE de la république de Venise; par P. Daru. 8 vol. in-12.

HISTOIRE de la guerre de Flandre, trad. de l'italien du cardinal Bentivoglio; par Ant. Oudin. 1 vol. in-4.

— La même, traduite par Loiseau. 4 vol. in-12.

HISTOIRE de la révolution d'Avignon et du comté Venaissin en 1789 et années suivantes; par Ch. Soulier. 2 vol. in-8.

HISTOIRE de la révolution du 10 août 1792, des causes qui l'ont produite, des événements qui l'ont suivie; par M. Peltier. 2 vol. in-8.

HISTOIRE de la révolution du dix-huit brumaire, ou Suite de l'histoire de Bonaparte; par M. Gallais. 2 vol. in-8.

HISTOIRE de la révolution du 20 mars 1815, ou Cinquième et dernière partie de l'histoire du 18 brumaire et de Bonaparte; par M. Gallais. 1 v. in-8.

HISTOIRE de la révolution française, à l'usage de la jeunesse. 1 vol. in-12 (B.-L.).

HISTOIRE de la révolution française, racontée par un professeur à ses élèves, ou Histoire contemporaine; par M. A. de Saint-Gervais. 1 vol. in-12.

HISTOIRE de la révolution française; par l'abbé Papon. 6 vol. in-8.

HISTOIRE de la révolution française; par le vicomte de Conny. 8 vol. in-8 et 14 vol. in-12.

HISTOIRE de la révolution française; par M. Thomas. 1 vol. in-12.

HISTOIRE de la révolution française (Journées mémorables de l'); par le vicomte Walsh. 5 vol. in-8.

HISTOIRE de la révolution française et de l'empire, depuis 1787 jusqu'en 1814; par de la Motte Langon. 3 vol. in-8 et in-12.

— La même édition, corrigée par un directeur de séminaire. 3 vol. in-12.

HISTOIRE de la révolution religieuse, ou de la Réforme protestante en Suisse; par de Haller. 1 vol. in-8.

HISTOIRE de la Suisse, depuis son origine jusqu'à nos jours; par M. de Marlès. 1 vol. in 12 (B.-M.).

HISTOIRE de la Suisse (Illustrations de l'); par J.-J. Roy. 1 vol. in-12.

HISTOIRE de la Suisse; par H. Zschokke, trad. de l'allemand; par J.-L. Manget. 2 vol. in-8.

HISTOIRE de l'Eglise (Abrégé de l'); par Lhomond. 1 vol. in-12.

HISTOIRE de l'Eglise, depuis son établissement jusqu'au pontificat de Grégoire XVI, contenant l'exposition suivie et détaillée de tous les faits importants, avec les réflexions et les éclaircissements nécessaires pour en faciliter l'intelligence; par l'abbé Receveur. 8 vol. in-12.

HISTOIRE de la Trappe, ou Précis exact des règles, usages.... etc., de cet ordre célèbre; par de Grandmaison y Bruno. 1 vol. in-12.

HISTOIRE de l'assassinat de Gustave III, roi de Suède. 1 vol. in-8.

HISTOIRE de la révolution de France; par A.-F.-B. de Moleville. 14 vol. in-8.

HISTOIRE de la restauration; par Capefigue. 4 vol. in-12.

HISTOIRE de la révolution de juillet; par A. Nettement. 1 vol. in-8.

HISTOIRE de l'Eglise, par Bérault-Bercastel (Continuation de l'); par M. l'abbé comte de Robiano. 4 vol. in-8.

HISTOIRE de l'Eglise, pendant les XVIIIe et XIXe siècles; continuation et supplément aux histoires de l'Eglise jusqu'à ce jour; par le baron Henrion. 4 vol. in-8.

HISTOIRE de l'empire des schérifs en Afrique; par l'abbé Boulet. 1 vol. in-12.

HISTOIRE de l'établissement, des progrès et de la décadence du christianisme du Japon; par le P. Charlevoix. 2 vol. in-8 et in-12.

HISTOIRE de l'établissement du christianisme, tirée des seuls auteurs juifs et païens; par Bullet. 1 vol. in-8 (12e vol des Démonst. évang. Edit. Migne).

HISTOIRE de l'Ethiopie occidentale, trad. par le P. Labot. 5 vol. in-12.

HISTOIRE de l'expédition de Russie; par le marquis de Chambray. 3 vol. in-8 et atlas.

HISTOIRE de l'hérésie constitutionnelle qui soumet la religion au magistrat; par M. Boyer, directeur au séminaire de Saint-Sulpice. 1 vol. in-8.

HISTOIRE de l'hérésie des Iconoclastes; par le P. Maimbourg. 2 vol. in-12.

HISTOIRE de l'Inde ancienne et moderne; par M. de Marlès. 1 vol. in-12 (B.-M.).

HISTOIRE du Loango-Kakongo et autres royaumes d'Afrique; par l'abbé Proyart. 1 vol. in-12 et 17e vol. des œuvres complètes.

HISTOIRE de Lorraine (Abrégé chronologique de l'); par Henriquez. 2 vol. in-12.

HISTOIRE de Piémont, de Sardaigne et de Savoie; par J.-L. Vincent. 1 vol. in-12.

HISTOIRE de plusieurs déportés à Sinnamari. 1 vol. in-12.

HISTOIRE de l'Orénoque; par le P. Joseph Gumilla. 3 vol. in-12.

HISTOIRE de l'Inde ancienne et moderne, depuis deux mille ans avant Jésus-Christ jusqu'à nos jours; par M. de Marlès. 6 vol. in-8.

HISTOIRE de l'empire de Russie, sous le règne de Catherine II et à la fin du XVIIIe siècle; par M. Tooke. 6 vol. in-8.

HISTOIRE de l'île de Saint-Domingue; par M. Bryan Edwards. 1 v. in-12.
— La même; par le P. F.-X. de Charlevoix. 2 vol. in-4.

HISTOIRE de Normandie; par Orderic Vital, publiée par M. Guizot. 5 vol. in-8.

HISTOIRE des ducs de Normandie; par Guillaume de Jumiége, publiée par Guizot. 1 vol. in-8.

HISTOIRE de l'événement de Varennes au 20 juin 1791; par le comte de Sèze. 1 vol. in-8.

HISTOIRE de Napoléon et de la Grande-Armée (année 1812); par le comte de Ségur. 2 vol. in-8.

HISTOIRE de plusieurs révoltes et usurpations; par M. Oct. B***. 1 vol. in-18 (B.-G.).

HISTOIRE de Pologne, depuis son origine jusqu'à nos jours; par M. L. S. 2 vol. réunis en 1 vol. in-12 (B.-C.).

HISTOIRE de Pologne; par M. de Marlès. 1 vol. in-12 (B.-M.)

HISTOIRE de Russie (Abrégé de l'), depuis son origine jusqu'à nos jours; par M. l'abbé Perrin. 2 vol. in-12.

HISTOIRE de Russie. 1 vol. in-12 (B.-L.).

HISTOIRE de Russie (Illustrations de l'); par J.-J. Roy. 1 vol. in-12.

HISTOIRE de Russie; par Karamsin, trad. par MM. Saint-Thomas et Jauffret. 11 vol. in-8.

HISTOIRE de Russie et du Danemark (Abrégé de l'); par P.-H. Mallet. 1 vol. in-12.

HISTOIRE de Sardaigne, ou la Sardaigne ancienne et moderne, considérée dans ses lois, sa topographie, ses productions et ses mœurs; par Mimaut, ancien consul de France en Sardaigne. 2 vol. in-8.

HISTOIRE de Venise; par Valentin. 1 vol. in-12 (B.-M.).

HISTOIRE des Anabaptistes; par le P. Catrou. 1 vol. in-4.

HISTOIRE générale des Antilles; par le P. Dutertre. 2 vol. in-4.

HISTOIRE des campagnes de 1814 et de 1815, ou Histoire politique et militaire des deux invasions de la France; par Alph. Beauchamps. 4 vol. in-8.

HISTOIRE des campagnes du prince de Condé; par le marquis d'Ecquevilly. 3 vol. in-8.

HISTOIRE des chevaliers de Malte (Abrégé de l'), extraite de Vertot. 1 vol in-12 (B.-M.).

HISTOIRE des chevaliers de Malte, revue et continuée jusqu'à nos jours; par A.-M.-L. de Bussy. 3 vol. in-12.

HISTOIRE des chevaliers de Saint-Jean-de-Jérusalem, appelés depuis chevaliers de Malte; par l'abbé de Vertot, nouvelle édition, à l'usage de la jeunesse. 5 vol. in-12 (A.-M.-D. G.).

HISTOIRE des comtes de Foix de la première race; par Hipp. Gauchéraud. Gaston III, dit Phœbus. 1 vol. in-8.

HISTOIRE des conciles...... (Voir aussi Abrégé chronologique des conciles); par Gauthier. 1 vol. in-8.

HISTOIRE des conjurations, conspirations et révolutions célèbres, tant anciennes que modernes; par Dupont du Tertre et Désormeaux. 10 vol. in-12.

HISTOIRE des croisades (Abrégé de l'); par M.-T. Delacroix. 2 vol. in-18.

HISTOIRE des croisades (Beautés de l') et des ordres religieux qui en sont nés; par l'abbé Laurent. 1 vol. in-12.

HISTOIRE des croisades; par M. Michaud. 7 vol. in-8.

HISTOIRE des croisades; par le P. L. Maimbourg. 4 vol. in-12.

HISTOIRE des croisades (Abrégé de l'); par Valentin. 1 vol. in-12 (B.-M.).

HISTOIRE des croisades (Abrégé de l'); par MM. Michaud et Poujoulat. 2 vol. in-12.

HISTOIRE des croisades contre les Albigeois; par le P. J.-B. Langlois. 1 v. in-12.

HISTOIRE des cinq Propositions de Jansénius. 3 vol. in-18.

HISTOIRE des Amazones anciennes et modernes; par M. l'abbé Guyon. 1 v. in-12.

HISTOIRE des Arabes sous le gouvernement des califes; par l'abbé de Marigny. 3 vol. in-12.

HISTOIRE de Savoie, de Piémont et de Sardaigne (Abrégé de l'); par J.-L. Vincent. 1 vol. in-12.

HISTOIRE de Pologne avant et sous le roi Jean Sobieski; par N.-A. de Salvandy. 2 vol. in-8.

HISTOIRE d'Espagne et de Portugal (Illustrations de l'); par Roy. 1 vol. in-12.

HISTOIRE de Portugal d'après Schaeffer; par M. de Marlès. 1 vol. in-12.

HISTOIRE des derniers Pharaons et des premiers rois de Perse, selon Hérodote, tirée des livres prophétiques et du livre d'Esther; par Mgr de Bovet, archevêque de Toulouse. 2 vol. in-8.

HISTOIRE des deux faux dauphins; par A. de Beauchamp. 2 vol. in-12.

HISTOIRE des ducs de Bourgogne abrégée, histoire des XIVe et XVe siècles; par Valentin. 1 vol. in-8 (B.-M.).

HISTOIRE des ducs d'Orléans; par M. Laurentie. 4 vol. in-8.

HISTOIRE des ducs et des rois de Bretagne; par de Roujoux. 4 vol. in-8.

HISTOIRE des émigrés français depuis 1789 jusqu'en 1828; par Ant. de Saint-Gervais. 3 vol. in-8.

HISTOIRE des empereurs (Abrégé chronologique de l'); par ***. 2 v. in-12.

HISTOIRE des empereurs et des princes qui ont régné pendant les six premiers siècles de l'hérésie; par Le Nain de Tillemont. 6 vol. in-4.

HISTOIRE des empereurs romains (Abrégé de l'), extrait de Crevier par J.-F. Rolland. 5 vol. in-12.

— La même, abrégée; par Caillot. 1 vol. in-12.

HISTOIRE des empereurs romains; par Crevier. 6 v. in-8 et 12 v. in-12.

HISTOIRE des empereurs romains (Précis de l'); par Dumont. 1 vol. in-8.

HISTOIRE des Francs; par M. de Peyronnet. 4 vol. in-8.

HISTOIRE des Français; par saint Grégoire de Tours; traduite du latin, par Michel de Marolles, abbé de Villeloin. 1 fort vol. in-12.

HISTOIRE des guerres des Pays-Bas; par Itrado, traduite par Du Ryer. 2 v. in-8 et 4 vol. in-12.

HISTOIRE des Hébreux rapprochée des temps contemporains; par Robelleau. 2 vol. in-8.

HISTOIRE des hérésies et leur réfutation, ou le Triomphe de l'Eglise; par saint Liguori. 2 vol. in-12 (tomes 20e et 21e de ses œuvres).

HISTOIRE des Iconoclastes; par le P. Maimbourg. 1 vol. in-4 et 2 v. in-12.

HISTOIRE des îles Mariannes converties à la religion chrétienne; par le P. Le Gobien. 1 vol. in-12.

HISTOIRE des Indes-Orientales, anciennes et modernes; par M. l'abbé Guyon. 3 vol. in-12.

HISTOIRE des Gaulois, depuis les temps les plus reculés jusqu'à la soumission de la Gaule à la domination des Romains; par A. Thierry. 3 v. in-8.

HISTOIRE des ducs de Bourgogne et de la maison de Valois; par M. de Barante. 13 vol. in-8.

HISTOIRE des Indiens de l'Amérique septentrionale (Abrégé de l'); par F. Barago, traduite de l'allemand. 1 vol. in-12 (B.-C.).

HISTOIRE des Juifs (Abrégé chronologique de l') jusqu'à la ruine de Jérusalem; par Charbuy. 1 vol. in-8.

HISTOIRE des Juifs; par Flavius Josephe, trad. par Arnaud d'Andilly. 6 v. in-12.

HISTOIRE des Juifs, depuis Jésus-Christ jusqu'à présent, continuation de l'histoire de Flavius Josephe. 7 vol. in-12.

HISTOIRE des missions principales données en France, 1820-1821. 2 vol. in-12 réunis en 1.

HISTOIRE des ordres religieux et militaires, ainsi que des congrégations séculières des deux sexes, ornée de 800 figures; par le P. Helyot. 8 vol. in-4.

HISTOIRE des ordres religieux, suivie du tableau des congrégations religieuses formées en France depuis le XVII^e siècle ; par M. Henrion. 2 v. in-12 (B.-C.).

HISTOIRE des ordres royaux, religieux, hospitaliers et militaires de Notre-Dame-du-Mont-Carmel et de Saint-Lazare-de-Jérusalem ; par Gauthier de Sibert. 2 vol. in-12.

HISTOIRE des plus fameux hérésiarques (Abrégé de l') qui ont paru en Europe, depuis 1040, et précis des causes du schisme de l'Eglise anglicane. 1 vol. in-12.

HISTOIRE des principaux hérétiques ; par M. H***. 1 vol. in-18.

HISTOIRE des progrès et de la chute de Mysore sous les règnes d'Hydeo-Aly et Tippoo-Saïb ; par Michaud. 2 vol. in-8.

HISTOIRE des religieuses carmélites de Compiègne, conduites à l'échafaud, le 17 juillet 1794. 1 vol. in-12.

HISTOIRE des révolutions, conjurations, conspirations célèbres, tant anciennes que modernes ; par Duport du Tertre et Désormeaux. 10 vol. in-12.

HISTOIRE des révolutions d'Angleterre ; par le P. d'Orléans. 4 vol. in-12.

HISTOIRE des révolutions d'Espagne ; par le P. d'Orléans, revue par les PP. Roulié et Prumay. 5 vol. in-12.

HISTOIRE des révolutions de Portugal ; par Vertot. 1 vol. in-18 (édition A.-M.-D.-G.).

HISTOIRE des révolutions de Suède ; par Vertot. 2 et 3 vol. in-12 et in-18 et 2 vol. in-12 (édition corrigée).

HISTOIRE des six restaurations ; par Frédéric Dollé. 1 vol. in-12.

HISTOIRE des Juifs, depuis la destruction de Jérusalem jusqu'à ce jour (1826) ; par M. Ch. Malo. 1 vol. in-8.

HISTOIRE des Suisses, depuis les temps les plus reculés jusqu'à nos jours ; par P.-H. Mallet. 4 vol. in-8.

HISTOIRE des institutions d'éducation ecclésiastiques ; par Auguste Theiner. 2 vol. in-8.

HISTOIRE des papes, depuis Saint-Pierre jusqu'à nos jours ; par le comte A. de Beaufort. 4 vol. in-8.

HISTOIRE des principaux hérésiarques et de plusieurs révoltes et usurpations. 1 vol. in-18.

HISTOIRE des prisons de Paris et des départements ; par J.-B. Nougaret. 4 vol. in-12.

HISTOIRE des révolutions de Norwège ; par J.-P.-G. Catteau-Calleville. 2 vol. in-8.

HISTOIRE des sauvages ; par Lafitteau. 4 vol. in-12.

HISTOIRE des traités de 1815 et de leur exécution, publiée sur des documents officiels et inédits ; par M.-J. Crétineau-Joly. 1 vol. in-8.

HISTOIRE des trappistes du val Sainte-Marie, avec des notices sur les autres monastères de la Trappe. 1 vol. in-8.

**HISTOIRE** des variations des églises protestantes, suivie des avertissements aux protestants; par Bossuet. 2 et 4 vol. in 12 et 2 vol. in-8 (tomes 19e et 20e de ses œuvres).

**HISTOIRE** d'Irlande, d'après Thomas Moore, suivie de l'histoire d'Ecosse, d'après Fratzer Tiller; par de Marlès. 1 vol. in-12.

**HISTOIRE** d'Irlande, d'Angleterre et d'Ecosse. 2 vol. in-18 (A.-M.-D.-G.).

**HISTOIRE** d'Italie; par E.-O. Mazas de Sarrazin. 2 vol. in-18 (suite du Cours A.-M.-D.-G.).

**HISTOIRE** d'Italie (Illustration de l'); par J.-J. Roy. 1 vol. in-12.

**HISTOIRE** du Bas-Empire (Abrégé de l'), extrait de Lebeau; par F. Delarue. 5 vol. in-12.

— La même, abrégée; par Ant. Caillot. 2 vol. in-12 (B.-L.).

**HISTOIRE** du Bas-Empire depuis l'avénement de Constantin jusqu'à la prise de Constantinople par Mahomet II (A.-M.-S.-S. G). 2 vol. in-8.

**HISTOIRE** du Bas-Empire, ou du Moyen âge des Etats musulmans et des Grecs modernes, avec un tableau des croisades et un coup d'œil sur les ordres militaires. 1 vol. in-8 (A.-M.-D.-G.).

**HISTOIRE** du bienheureux Nicolas de Flue et des confédérés à l'assemblée de Stang; par Guido Gœrres. 1 vol. in-12.

**HISTOIRE** du Canada et voyages que les frères-mineurs récollets y ont faits pour la conversion des infidèles; par le P. F. Gabriel Sagard Théodat. 1 vol. in-12.

— La même; par D. Dainville. 1 vol. in-12.

**HISTOIRE** du clergé de France pendant la révolution, d'après Barruel, Montjoie, Picot, Aimé Guillon, l'abbé Sicard, Lacretelle, etc., et les différents Mémoires et journaux relatifs à la révolution; par M. R. 3 v. in-12.

**HISTOIRE** du clergé de France pendant la révolution, depuis la convocation des états-généraux jusqu'au rétablissement du culte (1803). 3 v. in-12.

**HISTOIRE** du clergé pendant la révolution; par l'abbé Barruel. 2 vol. in-12.

**HISTOIRE** du 10 août, du 18 brumaire, du 18 fructidor, du 20 mars; par Gallais. 5 vol. in-8. (Voir Histoire de la révolution du, etc.)

**HISTOIRE** de Venise; par Valentin. 1 vol. in-12.

**HISTOIRE** du clergé de France, civilisateur, missionnaire, martyr; par P. Christian. 2 vol. in-8.

**HISTOIRE** du grand schisme d'Occident; par le P. L. Maimbourg. 2 vol. in-12 et 2 vol. in-18.

**HISTOIRE** du Bas-Empire, depuis Constantin; par M. Lebeau. 27 v. in-12.

**HISTOIRE** du Brésil, depuis sa découverte, en 1500, jusqu'en 1810; par Alph. de Beauchamp. 3 vol. in-8.

**HISTOIRE** du christianisme au Japon; par M.-D.-L.-C. 2 vol. in-18.

**HISTOIRE** du Bourbonnais et des Bourbons qui l'ont possédé; par de Coiffier Demoret. 2 vol. in-8.

**HISTOIRE** des transformations religieuses et morales des peuples; par Boulland. 1 vol. in-8.

**HISTOIRE** de Danemark; par M. Mallet. 7 vol. in-12.

HISTOIRE du jacobinisme; par l'abbé Barruel. 5 vol. in-8.

— La même, abrégée; par le même. 2 vol. in-12.

HISTOIRE du Japon; par le P. Charlevoy. 6 vol. in-12 et 3 vol. in-8.

— La même, abrégée. 2 vol. in-12 et 2 vol. in-18.

HISTOIRE du monde; par Henry et Charles de Riancey. 4 vol. in-8.

HISTOIRE du moyen âge, à l'usage des maisons d'éducation; par M. Trouillet. 1 vol. in-18.

HISTOIRE du moyen âge, à l'usage des maisons d'éducation; par F.-G. 2 v. in-12 (B.-L.).

HISTOIRE du moyen âge et des temps modernes (A.-M.-D.-G.). 1 v. in-18.

HISTOIRE du moyen âge (Introduction à l'), depuis l'an 395 jusqu'à la prise de Constantinople, en 1453; par Chesnon, 1 vol. in-8.

HISTOIRE du moyen âge (Leçons d'); par Mondelot. 1 vol. in-8.

HISTOIRE du moyen âge; par Casimir Gaillardin. 3 vol. in-8 et in-12.

HISTOIRE du moyen âge (Résumé d'); par MM. H. et C. de Riancey. 1 vol. in-18.

HISTOIRE du Nord (Abrégé chronologique de l'), ou des États du Danemark, de Russie, de Suède, de Pologne, de Prusse, de Courlande; par Lacombe. 2 vol. in-12.

HISTOIRE du Nouveau Testament (Abrégé de l'); trad. de Schmid. 2 vol. in-18 (B.-M.).

HISTOIRE du Paraguay; par Mlle Celliez. 2 vol. in-18 (B.-G.).

HISTOIRE du Paraguay; par le P. Charlevoy. 6 vol. in-12.

HISTOIRE du Pérou. (Voir aussi Histoire de sa conquête et histoire de sa découverte.)

HISTOIRE du peuple de Dieu, depuis son origine jusqu'à la naissance du Messie; par le P. Berruyer (suivie de la partie qui regarde le Nouveau Testament), édition corrigée et annotée à Besançon. 10 vol. in-12 et in-8.

HISTOIRE du Portugal, continuée jusqu'à nos jours; par de Marlès. 1 vol. in-12.

HISTOIRE du luthérianisme; par le P. L. Maimbourg. 1 vol. in-18.

HISTOIRE du ministère du cardinal de Richelieu; par A. Jay. 2 vol. in-8.

HISTOIRE du règne de Louis XVI, pendant les années où l'on pouvait prévenir ou diriger la révolution française; par Droz. 3 vol. in-8.

HISTOIRE du ministère du cardinal Ximénès; par Marsollier. 2 vol. in-12.

HISTOIRE du Portugal et de l'Espagne (Illustration de l'); par Roy. 1 v. in-12.

HISTOIRE du premier concile œcuménique de Nicée, avec des notes d'éclaircissement et de critique sur les endroits difficiles qui s'y rencontrent. 1 vol. in-8.

HISTOIRE du procès de Louis XVI, ou Recueil authentique et complet de tous les rapports, opinions, notes, discours et pièces publiés à l'occasion de ce procès; par L.-J. Jauffret. 8 vol. in-8.

HISTOIRE du protestantisme en France, depuis son origine jusqu'à nos jours, précédée de l'histoire des hérésies de Wiclef, de Jean Hus et de Luther; par Roisselet de Sauclières. 4 vol. in-8.

HISTOIRE du royaume des Pays-Bas, depuis 1814 jusqu'en 1838, et depuis la révolution de 1830 jusqu'en 1842; par de Galache. 3 vol. in-8.

HISTOIRE du schisme des Grecs; par le P. Maimbourg. 2 vol. in-12.

HISTOIRE du siége de Jérusalem par Titus, d'après Flavius Josephe; par Biechy, 1 vol. in-12.

HISTOIRE ecclésiastique (Abrégé chronologique de l'); par Macquer. 2 vol. in-12.

HISTOIRE ecclésiastique de Fleury. 25 vol. in-12.

HISTOIRE ecclésiastique, depuis Jésus-Christ jusqu'à l'an 1814, suivie d'un abrégé des preuves de la religion par demandes et par réponses (A.-M.-D.-G.). 1 vol. in-18.

HISTOIRE ecclésiastique; mémoires historiques sur les affaires ecclésiastiques de France, pendant les premières années du XIXe siècle; par Mgr Jauffret. 2 et 3 vol. in-8.

HISTOIRE ecclésiastique (Mémoires pour servir à l'histoire ecclésiastique) pendant le XVIIIe siècle; par M. Picot. 4 vol. in-8.

HISTOIRE et découverte de l'Amérique, et voyage des premiers navigateurs au Nouveau-Monde; par Colomb, Cortez et Pizarre; trad. de l'allemand de Campe. 2 vol. in-12 et 6 vol. in-18 (édition corrigée par Rolland).

HISTOIRE générale de l'empire du Mogol, depuis sa fondation, sur les mémoires de Manarechi; par le P. Catrou. 2 vol. in-12.

HISTOIRE moderne (Abrégé de l'), à l'usage des jeunes gens; par l'abbé Tailhé. 5 vol. in-12.

HISTOIRE moderne, avec tableaux synoptiques d'histoire, de géographie, d'inventions; par V. Boreau. 2 vol. in-12.

HISTOIRE du règne de Charles-Quint; par Robertson. 6 vol. in-12.

HISTOIRE et tableau de l'univers; par M.-J.-F. Danielo. 4 vol. in-8.

HISTOIRE du schisme d'Angleterre; par Sanderus. 1 vol. in-12.

HISTOIRE générale, civile, naturelle, politique et religieuse de tous les peuples du monde; par l'abbé Lambert. 14 vol. in-12.

HISTOIRE générale classique; par Villeroi. 1 vol. in-12.

HISTOIRE générale des Goths, trad. de Jornandès. 1 vol. in-12.

HISTOIRE générale de l'Amérique, depuis sa découverte; par le P. Tournon. 4 vol. in-12 et 14 vol. in-12.

HISTOIRE générale de la Chine, trad. du Tong-Kin-Kang-Mou; par le P. J., A. M. de Moyriac de Mailla. 13 vol. in-4; suivie de la Description de la Chine, ou Tableau de l'état actuel de cet empire; par Grosier. 1 vol. in-4.

HISTOIRE générale de Portugal, depuis l'origine des Lusitaniens jusqu'à la régence de don Miguel; par le marquis Fortia d'Urban et M. Mielle. 9 vol. in 8.

HISTOIRE générale de Belgique; par M. Deivez. 2 vol. in 8.

HISTOIRE grecque, racontée aux enfants; par Lamé-Fleury. 1 vol. in-18.

HISTOIRE impartiale des crimes commis pendant la révolution française; par L. Prudhomme. 6 vol. in-8.

HISTOIRE moderne (Cours d'), professé à la Faculté des lettres; par Ch. Le Normand. 2 vol. in-8. (Voir Questions historiques.)

HISTOIRE moderne; par Th. Burette. 2 vol. in-12.

HISTOIRE ottomane (Abrégé chronologique de l'); par Lacroix. 2 v. in-12.

HISTOIRE ou Antiquités de l'état monastique et religieux; par le P. C[t]. Delle. 4 vol. in 12.

HISTOIRE religieuse, politique et littéraire de la Compagnie de Jésus, composée sur des documents inédits et authentiques; par Crétineau-Joly. 6 vol. in-8 et in-12.

HISTOIRE romaine de Rollin (Abrégé de l'); par l'abbé Tailhé. 5 v. in-12.

— La même, abrégée; par Caillot. 1 vol. in-12.

HISTOIRE romaine; par M. Edouard Dumont. 3 vol. in-12.

HISTOIRE romaine, depuis la fondation de Rome jusqu'à la destruction de l'empire d'Occident; par Em. Lefranc. 1 vol. in-12.

— La même, abrégée; par le même, et particulièrement destinée aux institutions de demoiselles. 1 vol. in-18.

HISTOIRE romaine, depuis les temps fabuleux jusqu'à la bataille d'Actium; par Rollin. 16 vol. in-12 et 8 vol. in-8. (tomes 8 à 15 de ses œuvres.)

HISTOIRE romaine et histoire des empereurs romains, depuis la fondation de Rome jusqu'à la fin de l'empire d'Occident (A.-M.-D.-G.). 1 vol. in-18.

HISTOIRE romaine sur un plan nouveau, avec tableaux synoptiques d'histoire, de géographie, d'inventions, etc.; par Victor Boreau. 1 vol. in-12.

HISTOIRE romaine; par le comte de Ségur. 4 vol. in-8.

HISTOIRE sainte abrégée, précédée de l'analyse des livres saints, suivie de l'histoire des Juifs jusqu'à leur dispersion et de l'histoire de la Palestine jusqu'à nos jours; par Edom. 1 vol. in-18.

HISTOIRE sainte (Petite), approuvée par plusieurs évêques de France; par Félix Ansart. 1 vol. in-18.

HISTOIRE sainte, avec 16 tableaux synoptiques d'histoire, de géographie, d'inventions, etc.; par Victor Boreau. 1 vol. in-12.

HISTOIRE sainte, cours divisé en 8 époques, suivie de l'histoire de France et d'un précis sur l'histoire des anciens et des nouveaux peuples; par L.-C. et F.-P.-B. 1 vol. in-12.

HISTOIRE sainte (Illustrations de l'); par M. l'abbé Rouzier. 1 vol. in-12.

HISTOIRE sainte, mise à la portée des enfants, avec questionnaire; par Belèze. 1 vol. in-18.

HISTOIRE sainte, par demandes et par réponses, suivie d'un abrégé de la vie de J.-C. 1 vol. in-18 (A.-M.-D.-G.).

HISTOIRE sainte, contenant l'histoire des papes des sept derniers siècles; par le P. Gautruch. 4 vol. in-12.

HISTOIRE universelle (Abrégé chronologique d') ancienne et moderne; par Lenglet-Dufresnoy. 2 vol. in-8.

HISTOIRE universelle (Abrégé chronologique d'); par l'abbé Daniel. 2 vol. in-18.

**HISTOIRE** universelle (Abrégé de l'), mêlée de géographie et de chronologie; éducation complète; par M^me Leprince de Beaumont. 4 vol. in-12, reliés en 2 vol.

**HISTOIRE** universelle (Cours complet et méthodique d'). (Voir Histoire, cours compl. et méth.)

**HISTOIRE** universelle de l'Europe (Mémoires pour servir à l'), de 1600 à 1716; par le P. d'Avrigny. 2 vol. in-8 et 4 vol. in-12.

— Le même. 1 et 2 vol. in-12.

**HISTOIRE** universelle de Bossuet (Etudes sur l'), considérée comme le résumé du génie, du caractère et des doctrines de ce grand homme; par F. Morel, professeur de rhétorique. 1 vol. in-12.

**HISTOIRE** universelle (Précis de l'), avec des réflexions; par l'abbé Bérardier de Balaud. 1 vol. in-12.

**HISTOIRE** philosophique des Juifs, depuis la décadence des Machabées jusqu'à nos jours; par Capefigue. 1 vol. in-8.

**HISTOIRE** naturelle, civile et politique du Tonquin; par l'abbé Richard. 2 vol. in-12.

**HISTOIRE** politique de la monarchie pontificale au XIV^e siècle, ou la Papauté à Avignon; par M. l'abbé André. 1 vol. in-8.

**HISTOIRE** politique, anecdotique et littéraire du *Journal des Débats;* par A. Nettement. 2 vol. in 8.

**HISTOIRE** véritable des temps fabuleux, dévoilée par l'histoire sainte; par Guérin du Nocher. 3 vol. in-8, suivie de la même histoire confirmée par les critiques qu'on en a faites; par l'abbé Chapelle. 1 vol. in-8, et de *Hérodote, historien du peuple hébreu sans le savoir*; par l'abbé Bonnaud. 1 vol. in-8, en tout 5 vol. in-8.

**HISTOIRE** de la guerre de trente ans; par Schiller. 2 vol. in-8.

**HISTOIRE** de France, pendant le XVIII^e siècle; par Lacretelle le jeune. 3 vol. in-8.

**HISTOIRE** de France, depuis la restauration; par Ch. Lacretelle. 14 vol. in-8.

**HISTOIRE** de France au moyen âge, de Philippe-Auguste à Louis XI; par Capefigue. 8 vol. in-8.

**HISTOIRE** de la Réforme, de la Ligue et du règne de Henri IV; par Capefigue. 1 vol. in-8.

**HISTOIRE** du soulèvement, de la guerre et de la révolution d'Espagne; par le comte de Torens.

**HISTOIRE** de Napoléon et de la Grande-Armée, pendant l'année 1812; par Ségur. 2 vol. in-8.

— Examen critique de la même; par le général Gourgaud. 1 vol. in-8.

**HISTOIRE** des Français des divers états, aux cinq derniers siècles; par A.-A. Monteil. 10 vol. in-8.

**HISTOIRE** de la Gaule sous l'administration romaine; par A. Thierry. 2 vol. in-8.

**HISTOIRE** de la civilisation en France; par M. Guizot. 4 vol. in-8.

HISTOIRE de la civilisation en Europe; par M. Guizot. 1 vol. in-8.

HISTOIRE de la nouvelle persécution de la Chine jusqu'à la mort du cardinal de Tournon; par le R.-P. F. Gonzalès de Saint-Pierre. 1 v. in-12.

HISTOIRE des Incas, rois du Pérou. 2 vol. in-12, trad. de Garcillasso de la Vega.

-HISTOIRE de l'île de Ceylan; par J. Ribeyro. 1 vol. in-12.

HISTOIRE du Canada et voyages que les frères-mineurs récollets y ont faits pour la conversion des infidèles; par le F. Gabriel Sagard. 1 vol. in-12.

HISTOIRES saintes les plus remarquables, etc., de l'Ancien Testament. 1 v. in-12.

HOTEL-DIEU de Paris (l') en juillet et août 1830; par Prosper Ménière. 1 vol. in-8.

HUGUES-CAPET et la troisième race jusqu'à Philippe-Auguste; par M. Capefigue. 4 vol. in-8.

INFLUENCE des croisades sur l'état des peuples de l'Europe; par M. de Choiseul-Daillecourt. 1 vol. in-8.

INFLUENCE (de l') de la philosophie sur les forfaits de la révolution. 1 vol. in-8.

INFORTUNES (les) de plusieurs victimes de la tyrannie de Napoléon Bonaparte. 1 vol. in-8.

INSTRUCTIONS sur l'histoire de France et l'histoire romaine; par le Ragois. 1 vol. in-12.

INTÉRÊTS nouveaux (des) en Europe, depuis la révolution de 1830; par L. de Carné. 2 vol. in-8.

IRLANDAISE (l'Agitation) depuis 1829; procès, condamnation et acquittement de Daniel O'Connell; par l'auteur du Mouvement religieux. 1 vol. in-12.

IRLANDE (de l') et des Irlandais; griefs contre l'Angleterre; par Daniel O'Connell, trad. de l'anglais, par Octave Fournier. 1 vol. in-8.

IRLANDE (l'); par J.-G.-C. de Feuillide, avec cette épigraphe: *Justice pour l'Irlande*. 2 vol. in-8.

IRLANDE (l') sociale, politique et religieuse; par Gustave de Beaumont. 2 vol. in-12.

ITINÉRAIRE de Bonaparte de l'île d'Elbe à Sainte-Hélène, ou Mémoire pour servir à l'histoire des événements de 1815; par Fabri. 1 vol. in-8.

JACOBINISME (Mémoires pour servir à l'histoire du); par l'abbé Barruel. 5 vol. in-8.

— Le même, abrégé. 5 vol. in-8.

JÉSUITES (Apologie de l'institut des); par Cérutti. 1 vol. in-8.

JÉSUITES (des); par un jésuite, par le P. A. Cahour. 2 vol. in-12 réunis en 1 (2e partie); 1° Examen des textes; 2° Examen des faits.

JÉSUITES défendus contre leurs ennemis; par Biroteau. 1 vol. in-8.

JÉSUITES, documents historiques, critiques, apologétiques, concernant la Compagnie de Jésus, recueillis, classés et publiés par M. de Saint-Victor. 3 vol. in-8.

JÉSUITES (Histoire des), ou de la Compagnie de Jésus, composée sur des documents inédits et authentiques ; par Crétineau-Joly. 6 vol. in-8 et in-12.

JÉSUITES (la Vérité sur les) et sur leurs doctrines. Broch. in-12.

JÉSUITES (Constitution des). 3 vol. in-12.

JÉSUITES (De l'Institut des) ; par l'abbé Piani.

JÉSUITES (Nouvelle conspiration contre les) dévoilée.....; par R. Ch. Dallas. 1 vol. in-8.

JÉSUITES (Déconfiture des), tragi-comédie ; par Racine-Aristophane. Broch. in-8.

JÉSUITES (De l'Existence et de l'institut des) ; par le R. P. de Ravignan. Broch. in-8.

JÉSUITES (L'Eglise, son autorité, ses institutions et l'ordre des) défendus contre les attaques de leurs ennemis ; par un homme d'Etat. 1 vol. in-8.

JÉSUITES (Quelques mots sur les), adressés à MM. Michelet et Quinet ; par M. J.-A. Broch. in-12.

JOURNAL de ce qui s'est passé à la tour du Temple, pendant la captivité de Louis XVI ; par Cléry, valet de chambre du roi. 1 vol. in-12 et in-8.

— Le même, suivi des Mémoires de M. l'abbé Edgeworth de Firmont. 1 vol. in-8.

JOURNAL de l'anarchie, de la terreur et du despotisme, ou chaque jour marqué par un crime, une calamité ou une sottise, éphémérides révolutionnaires. 3 vol. in-8.

JOURNAL politique et national des états-généraux et de la révolution de 1789 ; par l'abbé Sabatier. 1 vol. in-8.

JOURNÉES mémorables de la révolution française, racontées par un père à ses fils ; par le vicomte Walsh. 5 vol. in-8.

JUSTIFICATION de l'histoire d'Angleterre du docteur Lingard. 1 vol. in-8.

LASCARIS, ou les Grecs du XV<sup>e</sup> siècle ; par Villemain. 2 vol. in-18.

LÉGENDE du XIX<sup>e</sup> siècle (Une), suivie de six Nouvelles ; par le comte de Coëtlosquet. 1 vol. in-18.

LÉGENDE du Juif errant (La grande) ; par Collin de Plancy, ouvrage approuvé par Mgr l'archevêque de Paris. 2 vol. in-8.

LÉGENDES de l'histoire de France ; par Collin de Plancy, ouvrage approuvé par Mgr l'archevêque de Paris. 2 vol. in-8.

LÉGENDES des douze convives du chanoine de Tours ; par Collin de Plancy, ouvrage approuvé par Mgr l'archevêque de Paris. 1 vol. in-8.

LETTRES à Mgr l'évêque de Langres, sur la congrégation des Missions étrangères ; par Y.-F.-O. Luquet, prêtre. 1 vol. in-8.

LETTRES à un gentilhomme russe sur l'inquisition espagnole, précédées de Essai sur le principe générateur des constitutions politiques, et de Essai sur les délais de la justice divine dans la punition des coupables ; par M. le comte Joseph de Maistre. 1 vol. in-8.

LETTRES du P. Roy, de la Compagnie de Jésus, mort en Chine, 1769. 2 v. in-12.

LETTRES de l'abbé Edgeworth, confesseur de Louis XVI, avec des Mémoires sur sa vie. 1 vol. in-8.

LETTRES de Mgrs les évêques d'Uzès, d'Alais, de Castres et de Lodève, concernant le libelle intitulé : *Extrait des assertions dangereuses soutenues et enseignées par les jésuites,* etc. 1 vol. in-8 (2e vol. des Documents historiques, etc.)

LETTRES édifiantes et curieuses, écrites des missions étrangères par quelques missionnaires et recueillies par les PP. Le Gobie, du Halde, Ingoulx, Le Neuville et Patouillet, etc. 46 vol. in-18.

LETTRES édifiantes et curieuses sur l'Algérie; par M. l'abbé Suchet, vicaire général d'Alger. 1 vol. in-8 (B.-T.).

LETTRES édifiantes, morceaux choisis des lettres écrites par les missionnaires. 2 vol. in-12.

— Les mêmes; par Antoine Caillot. 2 vol. in-12.

LETTRES sur la Restauration, ou Seize ans sous les Bourbons; par E. Mennechet. 2 vol. in-8.

LETTRES sur le Saint-Siége, suivies des Mémoires sur le rétablissement en France des Frères prêcheurs; par le R. P. Lacordaire. 1 vol. in-8.

LETTRES sur l'origine de la chouannerie; par Duchemin Desiepaux. 2 v. in-8.

LETTRES vendéennes; par le vicomte Walsh. 2 vol. in-8 et 2 vol. in-12.

LETTRES sur Constantinople, de l'abbé Sévin, etc...; par l'abbé Bourlet de Vauxcelles. 1 vol. in-8.

LETTRES sur les Etats-Unis d'Amérique, écrites en 1832 et 1833; par J.-M.-B. de ***. 2 vol. in-8.

LETTRES sur l'état politique...., etc., de la Suisse; par W. Coxe. 2 vol. in-12.

LETTRES sur l'Angleterre; par M. de Genoude. 1 vol. in-8.

LETTRE de M. de Vatimesnil au R. P. de Ravignan. 1 br. in-8.

LETTRES sur la Russie, la Finlande et la Pologne; par X. Marmier. 1 vol. in-12.

LETTRES de M. Mairon sur la Chine. 1 vol. in-12.

LIGUE (Histoire de la) formée contre Charles-le-Téméraire; par le baron M.-T. de Bussière. 1 vol. in-8.

LOUIS XIV (Mémoires de), par Choisy. 2 vol. in-12.

LOUIS XIV justifié, ou le Siècle des beaux-arts et de la gloire; par Ossude. 1 vol. in-8.

LOUIS XIV (Siècle de), par Voltaire. 1 vol. in-12 (édition épurée).

LOUIS XIV, son gouvernement et ses relations diplomatiques avec l'Europe; par Capefigue. 8 vol. in-8.

LOUIS XVI dans la tour du Temple (Captivité de), journal de Cléry. 1 vol. in-8 et in-12.

LOUIS XVI (Dernières années du règne de), par Hue. 1 vol. in-8.

LOUIS XVI détrôné avant d'être roi, ou Tableau des causes nécessitantes de la révolution, par Proyart. 1 vol. in-8.

— Le même. 1 vol. in-12 (tome 1er des œuvres complètes).

LOUIS XVI et ses défenseurs; par Dufriche-Fontaine. 1 vol. in-8.

LOUIS XVI et ses vertus aux prises avec la perversité de son siècle; par l'abbé Proyart. 5 vol. in-8 et 4 vol. in-8.

— Le même. 5 vol. in-12 (tomes 2 à 6 des œuvres complètes).

LOUIS XVI peint par lui-même, ou Correspondance et autres écrits de ce monarque. 1 vol. in-8.

LOUIS XVI. Précis historique de son voyage à Varennes, le 21 juin 1791, par le comte de Valory. 1 vol. in-8.

LOUIS XVI (Procès de), de Marie-Antoinette, de Madame Elisabeth et de Philippe-d'Orléans. 1 vol. in-8.

LOUIS XVI, son administration et ses relations diplomatiques avec l'Europe; par Capefigue. 4 vol. in-8.

LOUIS XVII (Mémoires historiques sur), par Eckard. 1 vol. in-8.

LOUIS XVII (Preuves authentiques de la mort de); par A. de Saint-Gervais. 1 vol. in-8.

LOUIS-PHILIPPE (L'Europe depuis l'avénement du roi), pour faire suite à l'histoire de la Restauration; par M. Capefigue. 10 vol. in-8.

MAHOMÉTISME, état présent de la religion mahométane; par le P. Michel Nau. 1 vol. in-12.

MAISON de France, ou Recueil de pièces relatives à la légitimité et à la famille royale; par M. Clausel de Coussergues. 1 vol. in-8.

MANUEL d'histoire du moyen âge, depuis la chute de l'empire d'occident jusqu'à la mort de Charlemagne; par J. Mœhler. 1 vol. in-8.

MARTYRS de la foi pendant la révolution française; par l'abbé Aimé Guillon. 4 vol. in-8.

MÉLANGES posthumes d'histoire et de littérature orientales; par Abel Rémusat. 1 vol. in-8.

MÉLANGES concernant les congrégations religieuses. 1 vol. in-8.

MÉLANGES concernant les jésuites; recueil de brochures. 1 vol. in-8 et in-12.

MÉMOIRE pour le rétablissement en France de l'ordre des Frères prêcheurs; par le R. P. Lacordaire. 1 vol. in-8.

MÉMOIRE sur l'état légal en France des associations religieuses non autorisées; par de Vatimesnil. In-12.

MÉMOIRES de famille historiques, littéraires et religieux; par l'abbé Lambert, dernier confesseur du duc de Penthièvre. 1 vol. in-8.

MÉMOIRES de François Huë, relatifs à la révolution française, ou Dernières années du règne et de la vie de Louis XVI. 1 vol. in-8.

MÉMOIRES de Mme de Bonchamps sur la Vendée; par Mme de Genlis. 1 v. in-8 et in-12, suivis des mémoires de M. de Larochejaquelein.

MÉMOIRES de Mme de Larochejaquelein. 1 vol. in-8.

MÉMOIRES de Mme de Sapinaud sur la Vendée. 1 vol. in-8 et in-12.

MÉMOIRES de M. l'abbé Edgeworth de Firmont, dernier confesseur de Louis XVI. 1 vol. in-8.

MÉMOIRES de P. L. Hanet Cléry, ancien valet de chambre de Madame Royale et frère de Cléry, dernier valet de chambre de Louis XVI. 2 vol. in-8.

MÉMOIRES du comte Fortuné Guyon de Rochecotte, de 1795 à 1798; par Alphonse de Beauchamp. 1 vol. in-8.

MÉMOIRES du maréchal Berthier et du général Régnier sur les campagnes des Français en Egypte. 2 vol. in-8.

MÉMOIRES du cardinal Pacca. 2 vol. in-8.

MÉMOIRES de Martin et Guillaume du Bellai Langei, du maréchal de Fleuranges, de Louis de Savoie; par l'abbé Lambert. 7 vol. in-12.

MÉMOIRES chronologiques et dogmatiques, pour servir à l'histoire ecclésiastique, depuis 1600 jusqu'en 1716. 4 vol. in-12.

MÉMOIRES de Mme de Maintenon. 1 vol. in-12.

MÉMOIRES secrets et inédits pour servir à l'histoire contemporaine sur l'expédition d'Egypte; par J. Michel de Niella Sargy. 2 vol. in-8.

MÉMOIRES de la maison de Condé. 2 vol. in-8.

MÉMOIRES historiques et politiques de 1820 à 1830; par A. d'Egvilly. 1 vol. in-8.

MÉMOIRES historiques sur les affaires ecclésiastiques de France, pendant les premières années du XIXe siècle; par Mgr Jauffret, évêque de Metz. 3 v. in-8.

MÉMOIRES historiques sur Louis XVII, roi de France et de Navarre; par Eckard. 1 vol. in-8.

MÉMOIRES pour servir à l'histoire de l'assemblée constituante et de la révolution de 1789; par le marquis de Ferrière. 3 vol. in-8.

MÉMOIRES pour servir à l'histoire de la maison de Condé; par le prince de Condé et M. de Sevelinges. 2 vol. in-8.

MÉMOIRES pour servir à l'histoire de la persécution française (Extraits de quelques écrits de l'auteur des); par d'Auribeau. 2 vol. in-8.

MÉMOIRES pour servir à l'histoire de la ville de Lyon pendant la révolution; par l'abbé Guillon. 3 vol. in-8.

MÉMOIRES pour servir à l'histoire des événements de la fin du XVIIIe siècle, depuis 1760 jusqu'en 1810; par l'abbé Georgel. 6 vol. in-8.

MÉMOIRES pour servir à l'histoire du jacobinisme; par M. l'abbé Barruel. 5 vol. in-8, reliés en 3.

— Les mêmes, abrégés; par le même. 2 vol. in-12.

MÉMOIRES pour servir à l'histoire ecclésiastique pendant le XVIIIe siècle; par M. Picot. 4 vol. in-8.

MÉMOIRES pour servir à l'histoire universelle de l'Europe, de 1600 à 1716; par le P. d'Avrigny. 2 vol. in-8 et 4 vol. in-12.

MÉMOIRES pour servir aux événements de 1815, ou Itinéraire de Bonaparte de l'île d'Elbe à Sainte-Hélène; par Fabri. 1 vol. in-8.

MÉMOIRES sur la captivité de Mme la duchesse de Berri; par M. de Châteaubriand. 1 vol. in-8.

MÉMOIRES sur la guerre de la Navarre et des provinces basques, depuis 1833 jusqu'en 1839; par le vicomte Barrès de Molard. 1 vol. in-8.

MÉMOIRES sur la guerre de la Vendée en 1815; par M. S. Canuel. 1 v. in-8.

MÉMOIRES sur la révolution de France, et recherches sur les causes qui l'ont amenée et celles qui l'ont suivie de 1789 à 1830 ; par le comte de Vaublanc. 4 vol. in-8.

MÉMOIRES nouveaux sur l'état présent de la Chine ; par le P. Louis Le Comte, jésuite. 3 vol. in-12.

MÉMOIRES sur l'expédition de Quiberon, etc. ; par de Villeneuve Laroche Barnaud. 2 vol. in-8.

MÉMOIRES sur les Cacouas, suivis de la relation des missions du Paraguay ; par Muratori. 1 vol. in-12.

MÉMOIRES de M. Duguay-Trouin. 1 vol. in-12.

MÉMOIRES pour servir à l'histoire de la religion à la fin du XVIIIe siècle. 2 vol. in-8.

MÉMOIRES secrets et inédits pour servir à l'histoire contemporaine, recueillis et mis en ordre par A. de Beauchamp. 2 vol. in-8.

MÉMOIRES pour étudier l'histoire, avec un catalogue des principaux historiens, des remarques, etc. ; par l'abbé Lenglet du Fresnoy. 9 vol. in-12.

MÉMOIRES pour servir à l'histoire de la révolution d'Espagne ; par M. Nollerto. 2 vol. in-8.

MÉMOIRES sur l'ancienne chevalerie ; par M. de la Curne de Sainte-Palaye. 3 vol. in-12.

MÉMOIRES de Philippe de Comines. 5 vol. in-12.

MÉMOIRES de la marquise de Créquy. 10 ou 12 vol. in-12.

MÉMOIRES de Saint-Simon. 40 vol. in-12.

MÉMOIRES du duc de Sully. 6 vol. in-8.

MÉMOIRES sur le duc de Berri ; par Châteaubriand. 1 vol. in-12.

MÉMOIRES historiques du cardinal Pacca ; trad. par l'abbé Sionnet. 1 vol. in-8.

MÉMOIRES du marquis de Bouillé, sur le départ de Louis XVI. 2 vol. in-8.

MÉMOIRES sur les journées de septembre 1792 ; par Jourgniac de Saint-Méard, etc. 1 vol. in-8.

MÉMOIRES de Mme du Hausset. 1 vol. in-8.

MÉMOIRES de Weber, concernant Marie-Antoinette. 2 vol. in-8.

MÉMOIRES du baron de Besenval. 2 vol. in-8.

MÉMOIRES du marquis de Ferrières. 3 vol. in-8.

MÉMOIRES de Meillan, député. 1 vol. in-8.

MÉMOIRE historique sur la réaction royale et sur les massacres du Midi ; par Fréron. 1 vol. in-8.

MÉMOIRES de Mme Campan sur la révolution française. 3 vol. in-8.

MÉMOIRES des contemporains pour servir à l'histoire de France, et principalement à celle de la république et de l'empire ; par le duc de Choiseul, ou Histoire et procès des naufragés de Calais. 1 vol. in-8.

MÉMOIRES pour servir à l'histoire de la Vendée, 1 vol. in-8.

MÉMOIRES particuliers pour servir à l'histoire de la fin du règne de Louis XVI ; par de Bertrand-Moleville. 2 vol. in-8.

**MÉMOIRES** relatifs à la famille royale pendant la révolution; par une dame de qualité. 2 vol. in-8.

**MÉMOIRES** secrets pour servir à l'histoire de la dernière année du règne de Louis XVI, roi de France; par Bertrand de Moleville. 3 vol. in-8.

**MÉMOIRES** historiques sur la catastrophe du duc d'Enghien. 1 vol. in-8.

**MÉMOIRES** sur la guerre des Français en Espagne, par M. de Rocca. 1 v. in-8.

**MÉMOIRES** pour servir à l'histoire de France sous le règne de Napoléon, écrits sous sa dictée. 6 vol. in-8.

**MÉMOIRES** de M. de Bourrienne, sur Napoléon, le directoire, le consulat, l'empire et la restauration. 10 vol. in-8.

**MÉMOIRES** du duc de Rovigo, pour servir à l'histoire de l'empereur Napoléon. 8 vol. in-8.

**MÉMOIRES** pour servir à l'histoire de la révolution de 1830; par A. Mazas. 1 vol. in-8.

**MÉMOIRES** pour servir à l'histoire de France, de 1515 à 1611. 4 v. in-12.

**MÉMOIRES** historiques sur la Louisiane. 2 vol. in-12.

**MÉMOIRES** (Troisième supplément aux) concernant l'histoire, les sciences, les arts, les mœurs, les usages, etc., des Chinois; par les missionnaires de Pékin. 3 vol. in-8.

**MÉMOIRE** du duc de Rovigo sur la mort de Pichegru. 1 vol. in-8.

**MÉMORIAL** de la révolution française, ses causes, ses promesses et ses résultats; par Toussaint-Félix-Joly. 1 vol. in-12.

**MÉMORIAL** de Sainte-Hélène, ou Journal où se trouve consigné jour par jour ce qu'a dit et fait Napoléon durant dix-huit mois; par le comte de Las Cases. 8 vol. in-8. Suite du même ouvrage. 1 vol. in-8.

**MÉMORIAL** de Sainte-Hélène (Supplément du), relation contenant les opinions et les réflexions de Napoléon sur les événements les plus importants de sa vie, durant trois ans de sa captivité, recueillies par Barry et O'méara, 2 vol. in-8.

**MÉMORIAL** de sir Hudson-Lowe, relatif à la captivité de Napoléon à Sainte-Hélène. 1 vol. in-8.

**MISSIONS** d'Amérique (Nouvelles des), extraites des Lettres édifiantes et curieuses. 1 vol. in-12.

**MISSIONS** d'Amérique, d'Océanie et d'Afrique; par Maxime de Montrond. 1 vol. in-12. (B.-C.).

**MISSIONS** de l'Inde. 1 vol. in-12.

**MISSIONS** de l'Inde et de la Chine (Nouvelles des), extraites des Lettres édifiantes et curieuses. 2 vol. in-12.

**MISSIONS** de l'Orégon, dans les montagnes Rocheuses, en 1845 et 1846; par le P. de Smet; trad. de l'anglais, par M. de Bourlès. 2 vol. in-12.

**MISSIONS** du Levant, d'Asie et de la Chine; par Maxime de Montrond. 1 v. in-12 (B.-L.).

**MISSIONS** du Levant, Inde et Chine. 1 vol. in-12.

**MISSIONS** du Paraguay (Nouvelles des); par Muratori. 1 vol. in-12.

**MISSIONS**, extraites des Lettres édifiantes (Nouvelles des), pour faire suite aux missions de la Chine. 2 vol. in-12.

**MISSIONS** (Histoire des principales) données en France, en 1821 et 1822. 1 vol. in-12.

**MISSIONS** de 93 (les), ou Correspondance des principaux auteurs de la révolution; recueillie par Fabri. 1 vol. in-12 et in-8 (S.-C.).

**MOEURS**, institutions et cérémonies des peuples de l'Inde; par M. l'abbé J.-A. Dubois. 2 vol. in-8.

**MOEURS** des Israëlites et des chrétiens; par l'abbé Fleury. 1 vol. in-12.

**MOEURS** chrétiennes (les) au moyen âge; par M. Digby, trad. par Danielo. 2 vol. in-8.

**MOYEN AGE** (Annales du); par M. Fantin. 8 vol. in-8.

**MOYEN AGE** (Leçons d'histoire du); par M. Mondetot. 1 vol. in-8.

**NAPLES** (Histoire des révolutions de la ville et du royaume de). 2 vol. in-8.

**NAPOLÉON**, empereur : tableau et récits des batailles, combats, etc. 1 vol. in-12.

**NAPOLÉON**, relation historique relative à sa déchéance.

**NOUVEAUX** mélanges asiatiques, ou Recueil de morceaux, de critiques et de Mémoires; par A. Rémusat. 2 vol. in-8.

**NOUVELLE** histoire de l'Afrique française; par l'abbé Demanet. 2 vol. in-12.

**NOUVELLES** lettres de William Cobbett aux ministres de l'Eglise d'Angleterre et d'Irlande, ou Suite de l'histoire de la réforme du même auteur. 1 vol. in-8.

**OBSERVATIONS** de M. Hennequin sur l'instruction relative à la mort du duc de Bourbon, prince de Condé. 1 vol. in-8.

**OBSERVATIONS** du général Clauzel sur quelques actes de son commandement à Alger. 1 vol. in-8.

**O'CONNELL**. (Voir Agitation irlandaise.)

**OEUVRES** d'Anquetil. 45 vol. in-12. Histoire de Reims. — Esprit de la Ligue. — Intrigue du Cabinet. — Louis XIV et le Régent. — Vie de Villars. — Histoire universelle. — Motifs des guerres. — Histoire de France. — Tableau.

**OPINION** de l'abbé Maury sur la constitution civile du clergé. Brochure in-8.

**OPINION** de l'abbé Maury, député de Picardie, sur le rapport de la procédure du Châtelet, prononcée dans l'Assemblée nationale, le 2 octobre 1790. 1 vol. in 8.

**OPUSCULES** de Rollin. 1 vol. in-8 (tome 18e de ses œuvres).

— Les mêmes. 2 vol. in-12.

**ORIGINE** des dieux et des héros du paganisme; par l'abbé Perrin.

**ORIGINES** du christianisme; par le docteur Dœllinger, traduit par L. Boré. 2 vol. in-8.

**PAPAUTÉ** (Histoire de la); par M. Henrion. 3 vol. in-12.

PARAGUAY (Relation des missions du); par Muratori. 1 vol. in-12.

PAROISSE vendéenne sous la Terreur; par de Quatrebarbes. 1 vol. in-12.

PENSÉES d'un prisonnier; par M. le comte de Peyronnet. 2 vol. in-8.

PERSÉCUTIONS de l'Eglise (Tableau des) pendant les trois premiers siècles de l'ère chrétienne; par l'abbé Hunkler. 1 vol. in-12.

PERSÉCUTIONS et souffrances de l'Eglise catholique en Russie, ouvrage appuyé de documents inédits; par un ancien conseiller d'Etat de Russie. 1 vol. in-8.

PETITE biographie des Français les plus célèbres; par O. B. 2 vol. in-8 reliés en 1.

PHILIPPE D'ORLÉANS, régent de France, 1715-1723; par M. Capefigue. 2 vol. in-8.

PHILOSOPHIE de l'histoire; par Frédéric de Schlegel, trad. par l'abbé Lechat. 2 vol. in-8.

PHILOSOPHIE catholique de l'histoire, ou l'Histoire expliquée; par le baron A. Guiraud. 2 vol. in-8.

PIERRE L'ERMITE et la première croisade; par Henri Prat. 1 vol. in-8.

POMBAL, CHOISEUL ET D'ARANDA, ou l'Intrigue des trois cabinets, contenant un précis historique de ce qui s'est passé en Portugal, en France et en Espagne, à l'occasion des jésuites, lors de leur expulsion de ces trois royaumes, et des événements qui ont précédé et suivi la destruction de leur ordre par le pape Clément XIV, en 1773. in-8 (3e vol. des documents historiques).

PORTRAIT historique de l'empereur de la Chine, présenté au roi; par le P. Bouvet, missionnaire de la Chine. 1 vol. in-12.

PRATIQUE de mémoire artificielle pour apprendre l'histoire, etc.; par le P. Buffier. 2 vol. in-12.

PRÉCIS de la captivité du bon roi Louis XVI. 1 vol. in-18.

PRÉCIS de l'histoire; par le marquis de Villeneuve. 1 vol. in-8.

PRÉCIS historique de l'origine et des progrès de la rébellion d'Espagne; par M. C***. 1 vol. in-8.

PRÉCIS pour servir de réponse aux accusations faites contre les jésuites, par Cerutti; suivi de *Mes doutes sur l'affaire présente des jésuites*, par le père Cabat. 1762. 1 vol. in-8. (Voir Documents historiques.)

PRÉCIS historique sur Cromwell; par M. le chevalier de Langeac. 1 vol. in-8.

PRÉCIS de l'histoire universelle, avec des réflexions; par l'abbé Bérandier de Bataut. 1 vol. in-12.

PRÉCIS de l'histoire ancienne; par MM. Poirson et Cayx. 1 vol. in-8.

PRÉCURSEURS (les) de l'Antéchrist. 1 vol. in-8.

PREUVES authentiques de la mort de Louis XVII; par A. de Saint-Gervais. 1 vol. in-8.

PRINCE de Condé (le), le duc d'Orléans et Mme de Feuchères. 1 vol. in-8.

PROCÈS de Louis XVI, de Marie-Antoinette, de Madame Elisabeth et de Philippe d'Orléans. 1 vol. in-8.

**PROCÈS** et meurtre de Charles Ier, roi d'Angleterre ; par M. Henry. 1 vol. in-8.

**PROCÈS-VERBAL** de la séance des Cinq-Cents, tenue à Saint-Cloud, le 19 brumaire an VIII. 1 vol. in-8.

**PROCÈS** du service funèbre célébré, le 14 février 1831, à Saint-Germain-l'Auxerrois. 1 vol. in-8.

**PROCÈS** des ex-ministres, prince de Polignac et autres. 2 vol. in-8.

**PROCÈS** de M. le comte de Kergorlay, suivi des motifs de refus de serment de MM. les pairs et députés à Louis-Philippe d'Orléans. 1 vol. in-8.

**PRODROME** d'ethnographie, ou Essai sur l'origine des principaux peuples anciens; par F.-L.-M. Maupied. 1 vol. in-8.

**PROJET** de loi (du) présenté à la chambre des pairs, le 2 février 1844, ou 3e Examen sur la liberté d'enseignement au point de vue constitutionnel et social; par Mgr Parisis. in-8.

**PROJET** de la proposition d'accusation contre M. le duc Decazes, pair de France; par M. Clausel de Coussergues. 1 vol. in-8.

**PROPOSITION** (de la Nouvelle) relative au bannissement de Charles X et de sa famille; par M. de Châteaubriand. 1 vol. in-8.

**PROTESTANTISME** (Histoire du) en France, depuis son origine jusqu'à nos jours, précédée des hérésies de Wiclef, de Jean Hus et de Luther; par Roisselet de Sauclières. 4 vol. in-8.

**PROTESTATION** de M. de Montbel, ex-ministre du roi de France, au sujet de la procédure instruite contre lui devant les pairs, et exposé de sa conduite pendant et avant les événements de juillet 1830.

**RAPPEL** des jésuites (du) par Henri IV, en 1603. In-8. (Voir Documents historiques.)

**RÉDACTEUR** véridique (le). 1762. In-8 (1er vol. des Documents historiques, critiques, apologétiques, en faveur des jésuites).

**RECHERCHES** historiques sur les derniers jours des rois de France, leurs funérailles, leurs tombeaux, suivies d'une notice sur Saint-Denis, le sacre des rois et leur couronnement; par Berthevin. 1 vol. in-8.

**RECHERCHES** sur les antiquités judaïques; par Garapon. 1 vol. in-8.

**RECHERCHE** de la vérité, ou Coup d'œil sur les brochures du duc de Rovigo; par de L***. Brochure in-8.

**RÉCIT** abrégé des souffrances de près de huit cents ecclésiastiques français à bord des vaisseaux *le Washington* et *les Deux associés*, près Rochefort, en 1794. 1 vol. in-8.

**RÉCIT** des événements arrivés au Temple. 1 vol. in-8.

**RÉCIT** des opérations de l'armée française en Espagne, sous les ordres du duc d'Angoulême; par Capefigue. 1 vol. in-8.

**RÉCITS** des temps mérovingiens, précédés de considérations sur l'histoire de France; par A. Thierry. 2 vol. in-8.

**RECUEIL** des décisions du Saint-Siége apostolique relatives à la constitution civile du clergé de France, etc. 3 vol. in-12.

RÉFORME (Apôtre de la) ; par Leclerc d'Aubigny. 1 vol. in-8.

RÉFORME à Genève (Histoire de l'établissement de la) ; par Magnin. 1 vol. in-8 (Edit. Migne).

RÉFORME protestante (Histoire de la) en Angleterre et en Irlande, en forme de lettres ; par William Cobbett. 1 vol. in-12 et 2 vol. in-18.

RÉFORME protestante en Suisse (Histoire de la révolution religieuse, ou de la) ; par de Haller. 1 vol. in-8.

RÉFLEXIONS sur la révolution de France et sur les procédés de certaines sociétés à Londres relatifs à cet événement ; par Edmond Burke, trad. de l'anglais, par Dupont. 1 vol. in-8.

RÉFLEXIONS sur le Mémoire à consulter de M. le comte de Montlosier, suivies de quelques mélanges politiques ; par le vicomte de Bonald (tome 13e des œuvres complètes.)

RÉFUTATION de l'écrit de M. le duc de Rovigo, avec pièces justificatives et des observations sur les explications de M. le comte de Hullin ; par Macquart. 1 vol. in-8.

RÉFUTATION des révélations du baron de Saint-Clair sur l'assassinat du duc de Berri ; par J.-M.-B. Chevalier. 1 vol. in-8.

RICHELIEU, Mazarin, la Fronde et le règne de Louis XIV ; par Capefigue. 8 vol. in-8.

RIENZI (Conjuration de), tyran de Rome en 1347 ; par le P. Ducerceau. 1 vol. in-12.

RELATION de la nouvelle persécution de la Chine jusqu'à la mort du cardinal de Tournon ; par le R. P. F. Gonzalès de Saint-Pierre. 1 vol. in-12.

RELATION du départ de Louis XVI ; par le duc de Choiseul. 1 vol. in-8.

RELATION complète de la campagne de Russie, en 1812 ; par E. Labaume. 1 vol. in-8.

RELATION des missions du Paraguay ; trad. de l'italien de Muratori. 1 vol. in-12.

RELATION historique de ce qui s'est passé à Paris à la déchéance de Bonaparte. 1 vol. in-8.

RELATION historique des affaires de Syrie, depuis 1840 jusqu'en 1842 ; statistique générale du mont Liban, et procédure complète, dirigée en 1840 contre les juifs de Damas, à la suite de la disparition du P. Thomas ; par Achille Laurent. 2 vol. in-8.

RELIGIEUX (Essai historique sur la destruction des) en France au XVIIIe siècle ; par le P. Piat. 1 vol. in-8.

REMARQUES historiques et critiques sur l'Histoire de Charles XII, roi de Suède, par Voltaire ; par M. de la Mortraye. 1 vol. in-12.

REMARQUES sur l'histoire ecclésiastique, spécialement contre les discours de Fleury ; par Muzarelli (2e vol. in-12 de ses opuscules).

RÉPUBLIQUE des Hébreux (la) ; par Basnage. 3 vol. in-8, avec de nombreuses figures.

RESTAURATION (Lettres sur la), ou Seize ans sous les Bourbons; par Menneche t. 2 vol. in-8.

RESTAURATION de la société française (de la). 1 vol. in-8.

RÉVÉLATION sur l'assassinat du duc de Berry, suivies de pièces justificatives; par le baron de Saint-Clair. 1 vol. in-8.

RÉVOLUTION de 1830 (Mémoires pour servir à l'histoire de la); par Alexandre Mazas. Saint-Cloud, Paris et Cherbourg. Mission du duc de Mortemart, pendant la semaine de juillet 1830, etc. 1 vol. in-8.

RÉVOLUTION française (Examen des principes de la); par Duvoisin. 1 vol. in-12.

RÉVOLUTION française (Histoire religieuse, monarchique, littéraire et militaire de la) et de l'empire, de 1787 à 1814; par de Lamotte-Langon. 3 v. in-12 (édition corrigée par un directeur de séminaire).

RÉVOLUTION française (Influence de la philosophie sur les forfaits de la); par un officier de cavalerie, M. Bernardi. 1 vol. in-8.

RÉVOLUTION française (Journées mémorables de la), racontées par un père à son fils; par le vicomte Walsh. 5 vol. in-8. (Voir aussi Histoire de la révolution française.)

RÉVOLUTION française (Lettres à mon fils, sur les causes, la marche et les effets de la), ou l'Anti-révolutionnaire; par Taillandier. 2 vol. in-8.

RÉVOLUTION française. Mémoires; par d'Auribeau. 2 vol. in-8.

RÉVOLUTION française (Mémoires pour servir à l'histoire de l'Assemblée constituante et de la) de 1789; par M. le marquis de Ferrières. 3 vol. in-8.

RÉVOLUTION française (Mémoires sur la) et recherches sur les causes qui l'ont amenée et celles qui l'ont suivie, de 1789 à 1830; par le comte de Vaublanc. 4 vol. in-8.

RÉVOLUTION française (Mémorial de la), ses causes, ses promesses, ses résultats; par Jolly. 2 vol. in-12 et 1 vol. in-12.

— Le même, abrégé; par d'Exauvillez. 1 vol. in-12.

RÉVOLUTION française (Réflexions sur la); par Burke. 1 vol. in-8.

RÉVOLUTION française de 1830 (Mémoires pour servir à l'histoire de la); par Mazas. 1 vol. in-8.

RÉVOLUTIONS célèbres, conjurations, conspirations, tant anciennes que modernes (Histoires des); par Du Port du Tertre et Désormeaux. 10 vol. in-12.

RÉVOLUTIONS d'Angleterre et de France sous Jacques IV et Charles X (Parallèle historique des); par Choiseul Daillecourt. 1 vol. in-8.

RÉVOLUTIONS d'Angleterre (Histoire des), depuis le commencement de la monarchie; par le P. d'Orléans, de la Compagnie de Jésus. 4 vol. in-12.

RÉVOLUTIONS d'Espagne (Histoire des); par le P. d'Orléans. 5 vol. in-12.

RÉVOLUTIONS d'Espagne et de Portugal (Etudes historiques sur les); par de Haller. 2 vol. in-8.

RÉVOLUTIONS de Perse (Histoire des); par le P. Ducerceau. 2 vol. in-12.

RÉVOLUTIONS du Portugal; par Vertot. 1 vol. in-18 (A.-M.-D.-G.).

RÉVOLUTIONS (Parallèle des); par Guillon. 1 vol. in-8.

RÉVOLUTIONS romaines; par Vertot. 2 et 3 vol. in-12.

ROLLIN du jeune âge (le), ou Morceaux extraits de l'histoire ancienne et romaine de Rollin; par Aimé Caron. 2 vol. in-12.

ROME chrétienne (Esquisses de); par l'abbé Gerbet. 2 vol. in-8.

ROME au siècle d'Auguste, ou Voyage d'un Gaulois à Rome, sous les règnes d'Auguste et de Tibère; par Dezobry. 4 vol. in-8.

RUDIMENTS (les) de l'histoire, ou Idée générale et précise des peuples les plus célèbres tant anciens que modernes; par Domairon. 4 vol. in-12.

RUSSIE (Histoire de l'expédition de); par M. le marquis de Chambray. 2 et 3 vol. in-8, avec atlas.

RUSSIE (Révélations sur la), ou l'Empereur Nicolas et son empire en 1844; par un résident anglais. 3 vol. in-8.

RUSSIE en 1839 (la); par M. de Custines. 4 vol. in-12.

SACERDOCE (Martyrs du), ou les Héros chrétiens; par M. l'abbé Dubois. 1 et 2 vol. in-12.

SACRE (le) et le couronnement de Louis XVI dans l'église de Reims; par Gobet et l'abbé Pichon. 1 vol. in-8.

SAINT AUGUSTIN, ou l'Afrique au Ve siècle; par Bréchy. 1 vol. in-12.

SAINT-DOMINGUE (Histoire de la révolution de), depuis le commencement des troubles jusqu'à la prise de Jérémie et du môle Saint-Nicolas par les Anglais; par M. Dalmas. 2 vol. in-8.

SEIZE ans sous les Bourbons, ou Lettres sur la restauration; par M. Mennechet. 2 vol. in-8.

SIÈCLE de Louis XIV; par Voltaire. 1 vol. in-12 (édition épurée).

— Le même, revu; par l'abbé Duchesne de Ciszeville. 1 vol. in-8.

SIÈCLES de Louis XIV et de Louis XV; par Voltaire. 6 vol. in-18.

SIÈCLE des beaux-arts et de la gloire (le), ou Mémoire de Louis XIV justifiée; par Ossude. 1 vol. in-8.

SIÈCLES chrétiens (les), ou Histoire du christianisme dans son établissement et ses progrès; par l'abbé Ducreux. 9 vol. in-12.

SIÉGE de Jérusalem par Titus (le), d'après Flavien Josèphe; par M. A. Bichy. 1 vol. in-12.

SIÉGES de Saragosse, ou Histoire et peinture des événements qui ont eu lieu dans les siéges de 1808 et 1809; par le général baron Lejeune. 1 v. in-8.

SOCIÉTÉ chrétienne (de la) au IVe siècle, d'après les lettres des Pères de l'Eglise grecque; par Genin. 1 vol. in-8.

SOIRÉES du duc de Bordeaux, Henri de France. 2 vol. in-8.

SOUVENIRS de l'Algérie et de la France méridionale; par l'abbé Dopigez. 1 vol. in-8.

SOUVENIRS de l'armée d'Espagne. 1 vol. in-8.

SOUVENIRS; par le comte de Vaublanc. 2 vol. in-8.

SOUVENIRS de M. Berryer, de 1774 à 1838. 2 vol. in-8.

SOUVENIRS de l'Ouest; par Th. Muret. 1 vol. in-12.

**SUÈDE** (la) et le Saint-Siége sous les rois Jean III, Sigismond III et Charles IX, d'après les documents trouvés dans les archives du Vatican; par A. Theiner, trad. par Jean Cohen. 3 vol. in-8.

**SUITE** aux Lettres vendéennes, ou Relation du voyage de S. A. R. madame la duchesse de Berry dans la Touraine, l'Anjou, la Bretagne, la Vendée et le midi de la France en 1828; par M. le vicomte Walsh. 1 vol. in-8 et 2 vol. in-12.

**SYNOPSIS** conciliorum; auct. R. P. J. Cabassutio. 3 vol. in-8.

**TABLEAU** chronologique de l'histoire ancienne et moderne, tant sacrée que profane, depuis le commencement du monde. 1 vol. in-8 (A.-M.-D.-G.).

— Le même. 1 v. in-12 (1er du cours d'histoire en 4 v. in-12) (A.-M.-D.-G.).

**TABLEAU** chronologique de l'histoire universelle; par E. Lefranc. 1 vol. in-12.

— Le même, abrégé; par le même. 1 vol. in-18.

**TABLEAU** de la Grèce ancienne et moderne; par M. de Marlès. 1 vol. in-12 (B.-M.).

**TABLEAU** de la naissance du protestantisme; par M. l'abbé P***. 1 vol. in-18 (B.-L.).

**TABLEAU** de la société chrétienne au IVe siècle, d'après les Pères de l'Eglise grecque; par J.-L. Genin. 1 vol. in-8 et in-12.

**TABLEAU** de l'histoire générale de l'Europe, depuis 1814 jusqu'en 1830; par Edouard Alletz. 3 vol. in-8.

**TABLEAU** des catacombes de Rome, faisant connaître le génie du christianisme primitif; par Raoul Rochette. 1 vol. in-12.

**TABLEAU** des congrégations religieuses formées en France, depuis le XVIIe siècle; par M. Henrion. 1 vol. in-12, pour faire suite à l'Histoire des ordres religieux, du même auteur. 2 vol. in-12.

**TABLEAU** des institutions et des mœurs de l'Eglise au moyen âge, particulièrement au XIIIe siècle, sous le règne du pape Innocent III; par Frédéric Hurter; suite et complément de l'histoire de ce pontife; par le même, trad. de l'allemand, par Jean Cohen. 3 vol. in-8.

**TABLEAU** de l'histoire de France, depuis le commencement de la monarchie jusqu'au règne de Louis XVI. 2 vol. in-12.

**TABLEAU** des révolutions de l'Europe, depuis le bouleversement de l'empire romain en Occident jusqu'à nos jours; par Kock. 3 vol. in-8.

**TABLEAU** historique de la décadence et de la destruction du paganisme en Occident, de Constantin à Charlemagne (de 306 à 800); par M. Maxime de Mont-Rond. 1 vol. in-12.

**TABLEAUX** synoptiques d'histoire universelle, depuis la création du monde jusqu'au moyen âge; par Victor Boreau. 1 vol. in-12.

**TÉMOIGNAGE** de la raison et de la foi contre la constitution civile du clergé. 1 vol. in-8.

**TÉMOINS** du Seigneur (les), ou Recueil des principaux faits de l'histoire de l'Eglise; par M. l'abbé Lerouge. 1 vol. in-12.

**TEMPLIERS** (Histoire des); par Roy. 1 vol. in-12 (B.-M.).

TRAITÉ de Westphalie ; par le P. Rougeaut. 6 vol. in-12.

TRAITÉ des différentes sortes de preuves qui servent à établir la vérité de l'histoire; par le P. Griffet. 1 vol. in-12.

TRAITÉ de la mythologie ; par M. l'abbé Lionnais. 1 vol. in-8.

TRAPPE (Histoire de l'abbaye de la) ; par M.-L.-D. B. 1 vol. in-8.

TRAPPE (Histoire de la), ou Précis des règles, des austérités de cet ordre, etc.; par Grand-Maison y Bruno. 1 vol. in-12.

TRAPPE (la) mieux connue ; par P. P. 1 vol. in-8.

TRAPPISTES (les), ou l'Ordre de Cîteaux au XIXe siècle, histoire de la Trappe, depuis sa fondation jusqu'à nos jours ; par M. Casimir Gaillardin. 2 vol. in-8.

TRAPPISTES (les) du val Sainte-Marie (Histoire des). 1 vol. in-8.

TRIOMPHE des martyrs, suivi de la vie du R. P. Paul Caffara, rédemptoriste ; par saint Liguori (œuvres complètes, tome 16e. In-12).

TUILERIES (les), le Temple, le Tribunal et la Conciergerie, sous la tyrannie. 1 vol. in-8.

TURCS (Histoire des) et des Grecs ; par M. de Genoude (tome 1er de ses œuvres).

UNIVERSITÉ de Paris, depuis son origine jusqu'à l'année 1600 (Histoire de l') ; par M. Crevier. 7 vol. in-12.

VENDÉE (la) à trois époques, de 1773 jusqu'à l'empire, 1815, 1832 ; par Auguste Johanuot. 2 vol. in 8.

VÊPRES SICILIENNES (les), ou Histoire de l'Italie au XIIIe siècle ; par H. Possien et y Chantrel. 1 vol. in-8.

VÉRITÉ (de la), ou de la Supposition de l'édit de bannissement des jésuites rendu par Henri IV en 1595. In-8 (1er vol. des Documents historiques).

VÉRITÉ (la) sur les jésuites et sur leur doctrine. Réfutation des écrits de MM. Michelet et Quinet, Libri, Dupin, etc. 1 vol. in-12.

VERTUS des missionnaires, ou Histoire abrégée des missions de l'Amérique ; par Bourgoing. 1 vol. in-18.

VERTUS du christianisme ; par J.-M. Gassier. 1 vol. in-12.

VICISSITUDES de l'Eglise catholique des deux Etats de Pologne et de Russie ; par un prêtre de la congrégation de l'Oratoire. 2 vol. in-8.

VICTOIRES, conquêtes, revers et guerres civiles des Français, depuis les Gaulois jusqu'en 1762. 6 vol. in-8.

— Le même, depuis 1762 jusqu'en 1815. 28 vol. in-8.

VOYAGE (Un) à Saint-Pétersbourg, en 1799 et 1800, pour servir à l'histoire des événements de la fin du XVIIIe siècle ; par M. Georgel. 1 vol. in 8.

— Le même (tome 6e de ses Mémoires).

VOYAGE de madame la duchesse de Berry (Relation du) dans la Touraine, l'Anjou, la Bretagne, la Vendée et le midi de la France, ou Suite aux *Lettres vendéennes ;* par le vicomte Walsh. 1 vol. in-8.

VOYAGE de Mesdames, tantes du roi (Relation du), 1798 et 1789 ; par le comte de Chastellux. 1 vol. in-8.

VOYAGE de S. M. Louis XVI (Relation du) lors de son départ pour Montmédy; par le comte de Moustier. 1 vol. in-8. (Voir aussi Varennes.)

VOYAGE de Varennes, entrepris par Louis XVI, le 21 juin 1791; par le comte de Valory. 1 vol. in-8.

VOYAGE à Sainte-Hélène (Souvenirs d'un); par M. l'abbé Coquereau, aumônier de l'expédition. 1 vol. in-8.

VOYAGE solitaire (Souvenir d'un), ou Méditations sur le caractère national des Anglais, leurs mœurs, etc. 2 vol. in-8.

VOYAGE de Polyclète, ou Lettres romaines; par le baron Alexandre Theis. 2 et 3 vol. in-8.

VUES sur l'histoire contemporaine, ou Essai sur l'histoire de la restauration; par L. de Carné. 2 vol. in-8.

---

## SIXIÈME SÉRIE. — F.

### Géographie. — Voyages.

ALBUM d'Eléonore, ou Brésil et France; par Mlle Eulalie Benoit. 1 vol. in-18.

ALFRED Campbell, ou le Jeune voyageur en Egypte, etc.; par Mme Hofland. 1 vol. in-12.

ALFRED, ou le Jeune voyageur en France, mœurs, curiosités, etc.; par de Marlès. 1 vol. in-12.

ALGER ou les Côtes d'Afrique; par A. de Fontaine de Resbecq. 1 vol. in-18.

ALPES et Danube; par le baron d'Haussez. 2 vol. in-8.

ALPES et Pyrénées, arabesques littéraires, nouvelles historiques, anecdotes, descriptions, etc.; par Mmes Tastu, Bréhier, Foa, etc.; MM. Guérin, de Chantal, Champagnac, etc. 1 vol. in-8.

ANACHARSIS (Voyages du jeune), avec atlas. 8 vol. in-8.

ANACHARSIS Indien (l'), ou les Voyageurs en Asie, tableau des merveilles, mœurs, usages, etc.; par C.-H. de Mirval. 1 vol. in-12.

ANACHARSIS (le Petit), ou Voyage du jeune Anacharsis en Grèce, abrégé de Barthélemy; par Lemaire. 1 vol. in-12 et 2 vol. in-18.

ANACHARSIS (Voyage du jeune), abrégé par Caillot. 2 vol. in-12.

— Le même, abrégé par Pannelier, 2 vol. in-12.

ANTIQUITÉS anglo-normandes; par Léchaudé d'Anisy. 1 vol. in-4.

ANTIQUITÉS nationales; par Bouteville. 1 vol. in-12.

ANTOINE de Elloa. 2 vol. in-4.

ARTHUR et Laure, ou les Petits voyageurs français en Europe; par A. Guichard. 1 vol. in-12.

ASIE et Amérique, ou Tableau intéressant de la religion, des mœurs, des usages et coutumes diverses des populations de ces deux parties du monde, 1 vol. in-12.

ASPIRANT de Marine (l'), voyage dans l'Amérique septentrionale; par L. Guérin. 1 vol. grand in-18.

ATLAS de l'histoire générale des voyages. 1 vol. in-4.

ATLAS du tableau de Paris; par M. de Saint-Victor, composé de 214 planches gravées. 1 vol. in-4.

ATLAS du voyage du jeune Anacharsis; par Barthélemy. 1 vol. in-4.

AVENTURES de Carvec chez les sauvages de l'Amérique septentrionale. 1 vol. in-12.

AVENTURES d'un jeune naufragé, ou Voyages d'un petit nègre à la recherche de son maître. 1 vol. in-12.

AVENTURES et conquêtes de Fernand Cortez au Mexique; par H. Lebrun. 1 vol. in-12 (B.-M.).

BATAILLES navales, histoire moderne des exploits, combats et beaux faits d'armes maritimes. 1 vol. in-12.

BEAUTÉS naturelles et historiques des îles, montagnes, volcans; par A. Caillot. 1 vol. in-12.

BEAUTÉS et merveilles de la nature en France; par J.-B. Depping. 2 vol. in-12.

BELGIQUE (la) et l'Allemagne; par le baron de Mengin-Fondragon. 1 v. in-8.

BIBLIOTHÈQUE géographique et instructive des jeunes gens, ou Recueil de voyages; par Breton. 70 vol. in-18.

BOUGAINVILLE de la jeunesse (le), ou Nouvel abrégé de voyages en Amérique, de Bougainville, Cook, le P. Labat, etc.; par Riccous. 1 vol. in-12.

CATHÉDRALES de France (les); par l'abbé J.-J. Bourassé. 1 vol. grand in-8. fig.

CATHÉDRALES (Histoire pittoresque des), des églises, basiliques, temples, mosquées, pagodes, etc., les plus remarquable des quatre parties du monde; par une société d'archéologues. 1 vol. in-8.

CHARLES et Arthur, ou les Jeunes voyageurs en Ecosse, etc.; par M. de Rhéville. 1 vol. in-12.

CHOIX de voyages dans les quatre parties du monde; par Maccarthy. 15 v. in-12.

CHRISTOPHE COLOMB; par Mlle Cellier. 2 vol. in-18.

COLONISATION agricole, religieuse et militaire du Nord et de l'Afrique; par Landmann. 1 vol. in-18.

CONDUCTEUR de l'étranger à Paris (le Nouveau); par F.-M. Marchant. 1 vol. in-18.

CONQUÊTE du Mexique; par B. 1 vol. in-18.

CONQUÊTE du Pérou et histoire de Pizarre; par H. Lebrun. 1 vol. in-12.

CORRESPONDANCE d'Orient, 1830-1831; par Michaud et Poujoulat. 7 vol. in-8.

CORRESPONDANCE et Mémoires d'un voyageur en Orient; par Eugène Boré. 2 vol. in-8.

DESCRIPTION de Gênes et de ses environs. 1 vol. in-12.

DESCRIPTION de l'Amérique méridionale, d'après Georges Juan, Antonio d'Ulloa, de la Condamine et Frézier. 1 vol. in-12.

DESCRIPTION de la cathédrale d'Amiens; par Maurice Rivoire. 1 vol. in-8.

DESCRIPTION de la Chine et des Etats tributaires de l'empereur; par Fortia d'Urban. 2 vol. in-12.

DESCRIPTION historique du royaume de Macaçao; par Gervaise. 1 vol. in-12.

DESCRIPTION historique et topographique de Liége; par F.-J. Hénaux. 1 vol. in-18.

DESCRIPTION, par salles, des tableaux de Versailles. 1 vol. in-12.

DICTIONNAIRE de la géographie sacrée, ancienne et moderne; par Morénas. 1 vol. in-8.

DICTIONNAIRE historique de la ville de Paris et de ses environs; par le duc de Brissac. 4 vol. in-8.

DUMONT D'URVILLE (le) de la jeunesse, ou Beautés des voyages modernes, extraites du journal de Dumont d'Urville, pendant les expéditions de la corvette l'*Astrolabe*. 1 vol. in-12.

ENFANTS du bord du lac (les), ou Six mois en Suisse; par Mme Y. Bréhier. 1 vol. in-12.

ERMITE du Chimboraço, ou les Jeunes voyageurs; par C.-H. de Mirval. 1 vol. in-12.

ERNEST et Fortunat, ou les Jeunes voyageurs en Italie; par de Mirval. 1 vol. in-12.

ESSAI sur l'histoire naturelle de Saint-Domingue; par le P. Nicolson. 1 vol. in-8.

ÉTUDES africaines. Pensées et récits d'un voyageur; par M. Poujoulat. 2 vol. in-8.

FAMILLE du déporté (la), voyage en Australie, au Japon et dans l'Archipel indien; par Léon Guérin. 1 vol. grand in-18.

FAMILLE française (une), chez les Iroquois. 2 vol. in-18.

FASTES de la marine, ou Aventures remarquables des marins; par Aubertins. 1 vol. in-12.

FERMES du petit Atlas (les), ou Colonisation agricole, religieuse et militaire du nord de l'Afrique; par M. l'abbé Landmann, curé de Constantine. 1 vol. in-8.

FIRMIN, ou le Jeune voyageur en Egypte; par M. de Marlès. 1 vol. in-12 (B.-M.).

FRANCE illustrée par ses marins (la), ou Prodiges de valeur, expéditions militaires, actes de dévouement, voyages savants des marins français, anciens et modernes, etc.; par Alph. Fresse-Montval. 2 vol. in-12.

GALERIES historiques du palais de Versailles. 5 vol. in-8.

GALERIES (Petites) religieuses; par Hunkler. 2 vol. in-12.

GÉOGRAPHE parisien (le); par le Sage. 2 vol. in-8.

GÉOGRAPHIE comparée; par M. Mentelle. 1 vol. in-8.

GÉOGRAPHIE (Exposé des principes de la); par C. T. 1 vol. in-12.

GÉOGRAPHIE historique, ecclésiastique et civile, ou Description de toutes les parties du globe terrestre; par le P. dom J. Vaissette, bénédictin. 12 vol. in-12.

GÉOGRAPHIE moderne, précédée d'un traité de la sphère etdu globe, etc.; par de la Croix. 2 vol. in-12.

GÉOGRAPHIE sacrée, ancienne et moderne (Dictionnaire de); par Morénas. 1 vol. in-8.

GÉOGRAPHIE sacrée (la) et les monuments de l'histoire sainte; par le P. Romain Joly. 1 vol. in-8.

GÉOGRAPHIE universelle des quatre parties du monde; par W. Gathrie. 6 ou 9 vol. in-8.

GLOIRES de Notre-Dame du Puy (les); par le R. P. Caillau. 1 vol. in-12.

GODEFROY et Augustin, ou Deux épisodes de l'histoire de Saint-Domingue, avec une notice sur la découverte de cette île; par A. Duboy. 1 vol. in-12.

GRANDE CHARTREUSE (la), le mont Blanc et l'hospice du grand Saint-Bernard, souvenirs d'un voyage en Dauphiné, en Savoie et en Suisse; par L.-D.-L. Audiffret. 1 vol. in-12.

GUIDE du voyageur en Suisse; par Richard. 1 vol. in-12.

GUIDE en Italie, ou Itinéraire et description du voyage aux principales villes d'Italie; par J. Vallardi. 1 vol. in-12 (23e édition).

GULLIVER (Voyage de) dans les contrées lointaines; par Swift (édition corrigée par l'abbé Lejeune). 1 vol. in-8.

GUSTAVE, ou le Jeune voyageur en Espagne; par M. de Marlès. 1 vol. in-12.

HENRI LE CHIFRE. Voyage en Algérie et autour du grand désert; par Léon Guérin. 1 vol. grand in-18.

HISTOIRE critique et religieuse de Notre-Dame-de-Lorette; par M. Caillau. 1 vol. in-8.

HISTOIRE d'Alger, de son territoire, de ses habitants, de ses pirateries, de son commerce, etc.; par Stép. d'Estry. 1 vol. in-8.

HISTOIRE de Jérusalem; par Pouplat. 2 vol. in-8.

HISTOIRE descriptive et pittoresque de l'île de Saint-Domingue; par de Marlès. 1 vol. in-12.

HISTOIRE de l'abbaye (Précis de l'), et du pèlerinage de Notre-Dame-des-Ermites. 1 vol. in-18.

HISTOIRE de l'abbaye royale de Saint-Germain-des-Prés; par J. Bouillart. 1 vol. in-folio.

HISTOIRE de la chapelle de Notre-Dame-des-Ermites, contenant son origine, sa propagation, etc. 1 vol. in-12.

HISTOIRE de la découverte de l'Amérique, etc.; trad. de l'allemand de Campe, par M. Larenaudière. 2 vol. in-12.

— La même; trad. de Campe, par E.-C. Piton. 2 vol. in-12.

HISTOIRE de la découverte et de la conquête des Portugais dans le nouveau monde; par le P. Lafiteau. 4 vol. in-12.

HISTOIRE de la découverte et de la conquête du Pérou; trad. de l'espagnol d'Augustin de Zarate, par S. D. 2 vol. in-12.

HISTOIRE de la Nouvelle-France, avec le journal historique d'un voyageur dans l'Amérique septentrionale; par le P. Charlevoy. 6 vol. in-12.

HISTOIRE de la terre sainte, depuis les temps les plus reculés jusqu'en 1838; par l'abbé Martin. 1 vol. in-8.

HISTOIRE de la ville de Chartres et du pays chartrain; par Doyen. 1 vol. in-8.

HISTOIRE de la Virginie. 1 vol. in-8.

HISTOIRE de l'église et cathédrale de Rouen; par le P. F. Pommeraye. 1 v. in-4.

HISTOIRE de l'île de Ceylan; trad. du Portugais de J. Ribeiro, par Legrand. 1 vol. in-12.

HISTOIRE de l'île de Saint-Domingue, extraite de l'Histoire civile et commerciale des Antilles de Bryan Edwards; trad. de l'anglais, par J.-B. Breton. 1 vol. in-12.

HISTOIRE de l'île de Saint-Domingue; par le P. Charlevoix. 4 v. in-12 et 2 vol. in-4.

HISTOIRE de Ruyter; par J.-B. Castard. 1 vol. in-12.

HISTOIRE des antiquités de la ville de Nîmes et de ses environs; par M. Ménard. 1 vol. in-8.

HISTOIRE de tous les archevêchés et évêchés de l'univers; par M. de Conmancille. 1 vol. in-8.

HISTOIRE du canal de Languedoc, rédigée sur des pièces authentiques, etc.; par les descendants de Pierre-Paul Riquet de Bonrepos. 1 vol. in-8.

HISTOIRE du commerce et de la navigation des anciens; par Huet. 1 vol. in-8.

HISTOIRE du diocèse de Paris; par Lebeuf. 4 vol. in-12.

HISTOIRE du mont Saint-Michel et de l'ancien diocèse d'Avranches, depuis les temps les plus reculés jusqu'à nos jours; publiée d'après les chartes capitulaires, etc.; par l'abbé Desroches. 2 vol. in-8, avec atlas.

HISTOIRE du mont Valérien; par M. D.-L.-C. 1 vol. in-18.

HISTOIRE d'un voyage aux îles Malouines, fait par dom Pernetty. 2 vol. in-8.

HISTOIRE et phénomènes du volcan et des îles volcaniques de Santorin; suivis d'un coup d'œil sur l'état moral et religieux de la Grèce moderne; par l'abbé Pègues. 1 vol. in-18.

HISTOIRE religieuse et descriptive du Thibet, de la Mantchourie, du pays des Kalmoucks, de la Corée, du Japon, etc.; extraite de l'Histoire des voyages; par A. S. 1 vol. in-12.

INDE, Chine et Japon, ou Nouveau tableau anecdotique de la Religion, des mœurs et coutumes des peuples de ces contrées lointaines. 1 vol. in-12.

INDE (Mœurs et coutumes de l'), Mémoires; par un missionnaire. 2 vol. in-12.

INDES occidentales (Découverte des) par les Espagnols, écrite par dom Balthasar de Las-Casas, évêque de Chiapo. 1 vol. in-12.

ITALIE (Lettres sur l'); par Dupaty. 1 vol. in-12.

ITALIE (Mes vacances en); par l'abbé Moreau. 1 vol. in-12.

ITALIE (Souvenirs d'); par un catholique (le marquis de Beaufort.). 1 vol. in-8, 1 vol. in-12 et 3 vol. in-18.

ITALIE méridionale (Voyage dans l'); par Fulchiron, député. 4 v. in-8.

ITINÉRAIRE de Paris à Jérusalem; par Châteaubriand. 3 vol. in-8, 6 vol. in-18 et 4 vol. in-12.

ITINÉRAIRE des Hautes-Pyrénées, servant de guide aux établissements thermaux. 1 vol. in-8.

ITINÉRAIRE historique du chemin de fer du Nord. 2 vol. in-18.

ITINÉRAIRE, ou Voyages de l'abbé de Feller en diverses parties du monde. 2 vol. in-8.

JÉRUSALEM, tableau de l'histoire et des vicissitudes de cette ville célèbre; par E.-T.-Ch. de Radensberg. 2 vol. in-18 et 1 vol. in-12.

JÉRUSALEM et la Judée; par M. L. Garnier. 1 vol. in-12 (B.-M.).

JEUNE Edmond (le) et Arthur, voyage au delà du Gange et dans la Chine; par Léon Guérin. 1 vol. grand in-18.

JEUNE industriel (le), ou Voyages instructifs de Charles d'Ennery avec sa famille; par Ch. Delattre. 1 vol. in-12.

JEUNE officier (le), ou Voyage d'Henri Delamère dans l'Inde; traduit de Stafland, par Mlle Maccarthy. 1 vol. in-12.

JEUNES marins, ou Voyages d'un capitaine de vaisseau sur les côtes et dans les ports de mer de la France. 4 vol. in-12.

JEUNES voyageurs en France (les), ou Description pittoresque des curiosités de ce pays, avec l'esquisse des mœurs de chaque pays; par V.-A. Malte-Brun. 2 vol. in-12.

JEUNES voyageurs en Palestine (les); par Mlle Clara Filleul de Pétigny. 1 v. in-12.

JOSÉ, ou le Bon fils; par Guillemart. 1 vol. in-18.

JOURNAL des observations physiques, mathématiques et botaniques, faites sur les côtes orientales de l'Amérique méridionale et aux Indes occidentales; par le P. L. Feuillée. 3 vol. in-4.

JOURNAL historique du voyage fait au cap de Bonne-Espérance; par l'abbé La Caille. 1 vol in-12.

LETTRES américaines; par M. le comte Carlé. 1 vol. in-8.

LETTRES au P. Parennin, contenant diverses questions sur la Chine, ou Lettres d'un missionnaire à Pékin. 1 vol. in-12.

LETTRES sur l'Angleterre, ou Voyage dans la Grande-Bretagne; par M. le vicomte Walsh. 1 vol. in-18.

LETTRES sur la Suisse; par Raoul Rochette. 2 vol. in-8.

LETTRES sur les Etats-Unis d'Amérique, adressées à M. le comte O'Mahonny; par J.-M.-B. de Saint-Victor, en 1832 et 1833. 2 vol. in-8.

LETTRES sur les îles Marquises; par le P. Mathias G. 1 vol. in-8.

LOIRE (de la) aux Pyrénées, lettres suivies de quelques fragments. 1 vol. in-8.

LONDRES et l'Angleterre. 1 vol. in-12.

MANUEL du voyageur en Suisse; par J.-C. Ebal. in-12.

MARINS célèbres de la France (les); par A. Lemercier. 1 vol. in-12 (B.-M.).

MARINE française (Beautés des Annales de la), ou Combats, aventures, etc. 1 vol. in-12.

MÉMOIRES du chevalier d'Arvieux, envoyé extraordinaire du roi à la Porte; contenant ses voyages à Constantinople, dans l'Asie, la Syrie, etc., publiés par le P. Labat. 6 vol. in-12.

MÉMOIRES sur les mœurs et les coutumes de l'Inde; par un missionnaire. 2 vol. in-12.

MENDEZ-PINTO, expéditions portugaises; par M. Coudou. 1 vol.

MER (la), nouvelle histoire des naufrages; par A. de Fontaine de Resbecq. 1 vol. in-18.

MERVEILLES de la nature; par M. Delacroix. 1 vol. in-18 (B.-G.).

MERVEILLES de la nature (Cent); par de Marlès. 1 vol. in-12 (B.-M.).

MERVEILLES de la nature et de l'art, dans les cinq parties du monde, ou Description des objets les plus curieux, tant sous le rapport de l'histoire naturelle, comme grottes, cascades, etc., que sous celui de l'art, comme antiquités, monuments, etc.; par M. de Marlès, savoir : En Europe, 3 v.; en Asie, 2 vol.; en Afrique, 2 vol.; en Amérique, 2 vol.; en Océanie, 1 v.; en tout, 10 vol. in-12.

MERVEILLES du monde (les), ou les plus beaux ouvrages de la nature et des hommes répandus sur toute la surface de la terre; par le chevalier de Propiac. 2 vol. in-12.

MOEURS, coutumes et religions des sauvages américains, extraits du P. Lafiteau; par A. S. 2 vol. in-12.

MOEURS, coutumes, usages et religions de la Chine, extraits de l'Histoire des voyages; par A. S***. 1 vol. in-12.

MOEURS des sauvages américains, comparées aux mœurs des premiers temps; par le P. Lafiteau, avec de nombreuses planches. 4 vol. in-12.

MONUMENTS religieux en Europe; par Mme de Genlis. 1 vol. in-8.

NAUFRAGE (le), ou l'Ile déserte; suivi d'Arthur Daucourt, ou un Voyage en Norwège. 1 vol. in-12 et 1 vol. in-12.

NAUFRAGE de la *Méduse*, en 1816; par Savigny et Léonard. 1 vol. in-8.

NAUFRAGE de M. Bresson sur les côtes de Barbarie, et de Muller sur les côtes de la Cafrerie. 2 vol. in-18. (Biblioth. géog. de Breton. 3e et 4e v. de la ve année.)

NAUFRAGE de Riou, sur le vaisseau le *Gardien*; suivi du Voyage à la rivière de la Sierra Leone; par Matthias. 1 vol. in-18. (Biblioth. géog. de Breton. Tome 2e de la VIe année.)

NAUFRAGE et séjour du capitaine Wilson aux îles Pelew. 1 vol. in-18. (Edition corrigée de Breton. Tome 2e des Voyages en Asie et 7e de la IIe année.)

NAUFRAGE sur la côte d'Aracon, dans les Indes orientales; par Mackay; suivi d'un voyage à Alger, par Bochl, et du naufrage et de la captivité de la comtesse de Burke. 1 vol. in-18. (Biblioth. géog. de Breton, tome 9e de la Ire année.)

NAUFRAGES célèbres, ou Aventures les plus remarquables des marins. 1 v. in-12 (B.-M.).

NAUFRAGES (Histoire des); par Desperthes et Eyriés. 3 vol. in-12.

NAUFRAGES (Nouvel abrégé de l'Histoire des); par Pitou. 1 vol. in-12.

NAUFRAGÉS au Spitzberg (les). 1 vol in-12.

NOTICE sur la paroisse Saint-Nicolas-des-Champs; par l'abbé Pascal. 1 vol. in-18.

NOTICE sur la collection dont se compose le Musée d'artillerie. 1 v. in-18.

NOTICE sur la ville d'Amiens; par R. M. 1 vol. in-8.

NOUVEAU voyage de la jeunesse; par l'abbé L. G. 1 vol. in-12.

NOUVELLE relation de l'Afrique occidentale, contenant une description exacte du Sénégal, et des pays situés entre le cap Blanc et la Sierra Leone, jusqu'à plus de cent lieues dans les terres; mœurs, coutumes, religions; par Labat. 5 vol. in-12.

OCÉAN et ses merveilles (l'); par J.-M. Chopin. 1 vol. in-12.

OSCAR, ou le Jeune voyageur en Angleterre, en Ecosse et en Irlande; offrant la description de ce qu'il y a de mieux sous le rapport des mœurs et des curiosités, etc.; par M. de Marlès. 1 vol. in-12.

PANORAMA géographique français. 1 vol in-8.

PARIS (Description historique de la ville de) et de ses environs, Versailles, Marly, etc.; par Piganiol de La Force. 10 vol. in-12.

PARIS (Eglises de). 1 vol. grand in-8, avec planches.

PARIS (Histoire de la ville et de tout le diocèse de); par l'abbé Le Bœuf. 15 vol. in-12.

PARIS (Histoire de), depuis son origine jusqu'à nos jours; par Th. Muret. 1 vol. in-12.

PARIS (Promenades dans), descriptions de ses monuments anciens et modernes, etc.; par de Mirval. 1 vol. in-12.

PARIS (Tableau historique et pittoresque de), depuis les Gaulois jusqu'à nos jours; par J.-B. de Saint-Victor. 8 vol. in-8, avec atlas de 214 planches.

PARIS à Bruxelles (de) par le chemin de fer, itinéraire historique. 2 vol. in-18.

PAUSANIAS, ou Voyage historique de la Grèce; traduction par Gédouin. 4 v. in-8.

PÈLERINAGE à Goritz; par M. le duc de La Rochefoucauld. 1 vol. in-8.

PÈLERINAGE à Jérusalem et au mont Sinaï, en 1831, 1832 et 1833; par le R. P. de Géramb. 2 et 3 vol. in-12.

PÈLERINAGE du Calvaire; par de Pontbriand. 1 vol. in-18.

PÈLERINAGE d'une jeune fille à Jérusalem; par Gaucheraud. 1 vol. in-8.

PÈLERINAGES de Suisse (les); par Louis Veuillot. 1 vol. in-8 et 2 vol. in-12.

PETIT matelot (le), ou Voyage en Océanie, relation des mœurs, usages, etc., de la cinquième partie du monde; par C.-H. de Mirval. 1 vol. in-12.

PETIT voyage maritime autour du monde; par Hennequin. 1 vol. in-12.

PONTIGNY (L'Abbaye de); par le baron Chaillou des Barres. 1 vol. grand in-18.

PIERRE, ou Aventures et voyages d'un jeune marin; par Hennequin. 1 vol. in-12.

PROMENADES dans Paris, ou Veillées d'une mère de famille; par Mme Manceau. 1 vol. in-12.

RECHERCHES sur Paris; par Jaillot. 6 vol. in-8.

RÉCITS et impressions de voyage; par M. X. 1 vol. in-18.

RELATION de ce qui s'est passé dans les trois voyages pour la rédemption des captifs, 1704-1708 et 1712. 1 vol. in-8.

RELATION des malheurs et de la captivité du capitaine David Woodvard. 1 vol. in-8.

RELATION du voyage de madame la duchesse de Berry; par Walsh.

RELATION de l'Afrique occidentale (Nouvelle); par le P. J.-B. Labat. 5 v. in-12.

RELATION des voyages entrepris par ordre de Sa Majesté britannique, et successivement exécutés par Biron, Carteret, Wallis, Cook. 16 vol. in-8.

RELATION historique de l'Ethiopie occidentale, contenant la description des royaumes de Congo, Angolle et Matamba, traduite de l'italien du P. Cavazzi, et augmentée de plusieurs relations portugaises des meilleurs auteurs; par le P. J.-B. Labat. 5 vol. in-12.

RELATION historique d'un voyage nouvellement fait au mont Sinaï et à Jérusalem; par l'abbé Morison. 1 vol. in-4.

RELATION nouvelle d'un voyage en Egypte, par le B. Jousleb, en 1672-73. 1 vol. in-12.

RETOUR des Pyrénées; par l'auteur des Souvenirs de voyages, suite du voyage aux Pyrénées. 1 vol. in-12.

ROBERTSON de la jeunesse (le), abrégé de l'histoire d'Amérique, depuis sa découverte jusqu'à nos jours; par H. Lebrun. 1 vol. in-12.

ROME chrétienne, ou Tableau historique des souvenirs et des monuments chrétiens de Rome; par Eugène de la Gournerie. 2 vol. in-8.

ROME et Jérusalem; par Davenel. 1 vol. in-8.

ROME et Lorette; par Veuillot. 1 vol. in-12 et in-8.

ROME (les Trois), journal d'un voyageur en Italie, ou Rome païenne, Rome chrétienne, Rome souterraine; par l'abbé Gaume. 4 vol. in-8.

ROUEN, son histoire et ses monuments; par Théodore Licquet. 1 vol. in-8.

SAINT-PIERRE DE ROME et le Vatican; par de Ravonsberg. 1 vol. in-12.

SEINE et ses bords (la); par Ch. Nodier. 1 vol. in-8.

SIMON le Poletais, esquisse de mœurs maritimes; par H. de Chavannes de la Giraudière. 1 vol. in-12.

SOUVENIRS de l'Algérie et de la France méridionale; par Dopigez. 1 vol. in-8.

SOUVENIRS de l'Orient; par le vicomte de Marcellus. 2 vol. in-8.

SOUVENIRS de l'Ouest; par Th. Muret. 1 vol. in-12.

SOUVENIRS de voyages; par A.-B. de Mengin-Fondragon. 1 vol. in-8.

SOUVENIRS d'un jeune voyageur, ou Récits et faits remarquables tirés des plus célèbres voyageurs modernes français et étrangers, recueillis par M.-G.-O.-D. 1 vol. in-12.

SUISSE et Italie, ou Voyage de Paris à Naples; par deux jeunes typographes. 2 vol. in-18.

SUISSE et Tyrol (Histoire et description); par P.-H. de Golbery. 1 vol. in-8.

TABLEAU des catacombes de Rome; par Raoul Rochette. 1 vol. in-12.

TABLEAUX qui ornent le palais du prince d'Orange à Bruxelles; par Nieuvenhug. 1 vol. in-8.

TEMPLES anciens et modernes, ou Observations historiques et critiques sur les plus célèbres monuments d'architecture grecque et gothique; par l'abbé Avril, dit May. 1 vol. in-18.

TEMPLES des païens, des juifs et des chrétiens (Histoire des); par Ballet. 1 vol. in-12.

TOSCANE et Rome, correspondance d'Italie; par Poujoulat. 1 vol. in-8.

TOUR DU MONDE (le), ou les Mille et une nouvelles des voyages; par Léon Guérin. 10 vol. grand in-18.

TRAPPE d'Aiguebelle (Voyage à la); par Guérin. 1 vol. in-18.

TRISTAN le voyageur, ou la France au XIVe siècle; par de Marchangy. 6 v. in-8.

TRÉSOR des voyages (le); par J.-B. Champagnac. 1 vol. in-12.

VAL d'or (le); par l'abbé Hunkler. 1 vol. in-12.

VIES et aventures des voyageurs; par Mme Woillez. 1 vol. in-12.

VIES et aventures remarquables des plus célèbres voyageurs modernes; par de Chantal. 2 vol. in-12.

VIERGE (la) et les saints en Italie, étude et récits d'un pèlerin; par Max. de Mont-Rond. 1 vol. in-8.

VINGT jours en Sicile; par le vicomte de Marcellus. 1 vol. in 8.

VOYAGE à Cayenne, dans les deux Amériques, et chez les antropophages; par Louis Piton. 2 vol. in-8.

VOYAGE à Constantinople. 1 vol. in-12.

VOYAGE à Hippone au commencement du Ve siècle; par l'abbé Petit. 1 vol. in-12 et 2 vol. in-18.

VOYAGE à la Grande-Chartreuse; par Dupré d'Eloire. 1 vol. in-12.

VOYAGE à M. P. S. Pallas, dans la Russie et l'Asie septentrionale. 6 vol. in-4.

VOYAGE à Prague et à Léobey, ou Correspondance d'un père et de son fils en septembre 1833; par le vicomte Walsh. 1 vol. in-8.

VOYAGE à Rome et à Londres; par M. de Genoude (tome 1er de ses œuvres). 1 vol. in-8.

VOYAGE à Saint-Pétersbourg en 1799; par l'abbé Georgel. 1 vol. in-8.

VOYAGES anciens et modernes (Nouvelle bibliothèque des), depuis Christophe Colomb jusqu'à Dumont-d'Urville. 12 vol. in-8.

VOYAGE au cap de Bonne-Espérance, avec le capitaine Cook; par André Sparman. 3 vol. in-8.

VOYAGE au mont Liban; traduit de l'italien du R. P. Jérôme Dandini, nonce apostolique. 1 vol. in-12.

VOYAGE au mont Sinaï; par L. de Tesson. 1 vol. in-12.

VOYAGE au pôle Nord, depuis Nicolo Zéno jusqu'au capitaine Ress (1380-1833); par Lebrun. 1 vol. in-12.

VOYAGE au Spitzberg et à la Nouvelle-Zemble; traduit de l'allemand de Campe; aventures surprenantes de quatre matelots russes sur les côtes du Spitzberg. 1 vol. in-12.

— Le même. 1 vol. in-18. (Bibl. géog. de Breton, 1er vol. de la première année.)

VOYAGE aux Alpes maritimes; par Fodéré. 2 vol. in-8.

VOYAGE aux Etats-Unis d'Amérique; par miss Vright. 2 vol. in-8.

VOYAGE aux îles d'Amérique (Nouveau), contenant l'histoire naturelle de ce pays; l'origine, les mœurs, la religion et le gouvernement des habitants anciens et modernes, etc., etc.; par le P. Labat. 6 et 8 vol. in-12.

VOYAGE aux îles françaises de l'Amérique; par le P. Labat. 1 vol. in-8.

VOYAGES aux îles Marquises. 5 vol. in-12.

VOYAGE aux Indes orientales; par le P. Paulin de Saint-Barthélemy. 3 vol. in-8, et atlas.

VOYAGE aux Pyrénées, et fragments de l'ouvrage intitulé : *De la Loire aux Pyrénées*. 1 vol. in-12.

— Le même. 2 vol. in-18.

VOYAGE aux sources du Nil, en Nubie et en Abyssinie, pendant les années 1768-1769-1770-1771 et 1772, suivi de quatre voyages dans le pays des Hottentots et la Cafrerie en 1777-1778 et 1779; par W. Palerson. 14 v. in-8.

VOYAGE autour du monde (Petit), ouvrage amusant, propre à préparer les enfants à l'étude de la géographie; par P. Blanchard. 1 vol. in-12.

VOYAGE dans l'Amérique septentrionale en 1780-1781-1782; par le marquis de Chastellux. 2 vol. in-8.

VOYAGE dans la Vendée et dans le midi de la France, suivi d'un voyage pittoresque en Suisse; par Eugène de Genoude. 1 vol. in-8. (Voir aussi tome 1er de ses œuvres.)

VOYAGE dans le Levant, en 1717 et 1718; par le comte de Forbin. 1 v. in-8.

VOYAGE dans le Bas-Languedoc (Souvenirs d'un), le Cantal, la Provence; par Max. de Mont-Rond. 1 vol. in-12.

VOYAGE dans les Etats-Unis d'Amérique, fait en 1795-1796 et 1797; par La Rochefoucauld-Liancourt. 8 vol. in-8.

VOYAGE dans l'intérieur de l'Afrique, fait en 1795-1797; par Mgr Duvoisin. 2 vol. in-8.

— Le même, abrégé pour la jeunesse. 2 vol. in-8.

VOYAGE dans l'intérieur de l'Afrique, fait en 1795-1796 et 1797; par Mungo-Park.

VOYAGES dans l'intérieur de la Louisiane, de la Floride occidentale et dans les îles de la Martinique et de Saint-Domingue, pendant les annéee 1802-1806, suivis de la Flore louisianaise; par C.-C. Robin. 3 vol. in-8.

VOYAGE de la Raison en Europe. 1 vol. in-12.

VOYAGE de la terre sainte, enrichi de figures; par M. Doabday, chanoine. 1 vol. in-4.

VOYAGE de la Pérouse autour du monde; par Mellet-Mureau. 4 vol. in-8.

VOYAGE de la terre sainte; par le R. P. Nau. 1 vol. in-12.

VOYAGE de la terre sainte (Relation fidèle du); par un religieux de Saint-François, qui a fait trois fois ce voyage. 2 vol. in-18.

VOYAGE de la Trappe à Rome; par le R. P. de Géramb. 1 vol. in 12.

VOYAGE de Levaillant (Abrégé du) dans l'intérieur de l'Afrique; par T. Igonette. 1 vol. in-12.

VOYAGE de Chardin en Perse et aux autres lieux du Levant. 10 vol. in-12.

VOYAGE de découvertes à l'océan Pacifique du Nord et autour du monde; par G. Vancoures, en 1790-1791-1792-1793-1794 et 1795, avec atlas. 6 vol. in-8.

VOYAGE de Jésus-Christ, ou Description géographique des principaux lieux de la terre sainte; par D. M. 1 vol. in-8.

VOYAGE de Paris à Rouen par la Seine; par un Rouennais. 1 vol. in-18.

VOYAGE de Siam des PP. jésuites, envoyés par le roi aux Indes et à la Chine. 2 vol. in-4.

VOYAGES de Tavernier en Turquie, en Perse, aux Indes. 6 vol. in-12.

VOYAGE du chevalier des Marchais en Guinée, îles voisines et à Cayenne, publié par Labat. 4 vol. in-12.

VOYAGE du monde de Descartes; par le P. Daniel. 1 vol. in-12.

VOYAGE en Dalmatie; par l'abbé Fortis. 1 vol. in-12.

VOYAGE en différents Etats de l'Europe et de l'Asie; par le P. Avril. 1 vol. in-4.

VOYAGE en Egypte (Relation nouvelle d'un), par le P. Vausleb, en 1672 et 1673. 1 vol. in-12.

VOYAGE en Italie; par Lalande. 7 vol. in-8 et 9 vol. in-12.

VOYAGE en Italie; par M. T. Delacroix. 2 vol. in-18 réunis en 1 (B.-G.).

VOYAGE en Orient; par de Laroière. 1 vol. in-8.

VOYAGE en Orient; par l'abbé H..... 1 vol. in-12 (B.-B.).

VOYAGES en Pologne, Russie, Suède, Danemark, etc.; par W. Coxe, suivi d'un voyage en Norwège. 4 vol. in-8.

VOYAGE en Sicile et à Malte; traduit de Camp. 1 vol. in-12.

VOYAGE en Suisse, en Lombardie et en Piémont; par le comte Théobald Walsh. 2 vol. in-8.

VOYAGE historique d'Abyssinie du R. P. Jérôme Lobo; trad. par M. Legrand. 1 vol. in-4.

VOYAGE historique de l'Amérique méridionale; par don Georges Juan. 1 v. in-8.

VOYAGES historiques et littéraires en Italie, pendant les années 1826-1827 et 1828; par M. Valéry. 5 vol. in-8.

VOYAGE historique et pittoresque de Paris à Rouen.

VOYAGE maritime (Petit) autour du monde; par M. P.-P. Hennequin. 1 v. in-12.

VOYAGE merveilleux du prince de Fan-Férédin dans la Romancie; par le P. Boujeaut. 1 vol. in-12.

VOYAGE (Nouveau) topographique, historique, critique, politique et moral en Italie, fait en 1830; par M. le baron C. de Mengin-Fondragon. 5 v. in-8.

VOYAGE pittoresque en Suisse (Fragments d'un); par M. de Genoude (tome 1er de ses œuvres).

VOYAGE pour la rédemption des captifs aux royaumes d'Alger et de Tunis, en 1720; par les PP. F. Comelin, Ph. de la Motte et J. Bernard, de l'ordre de la Sainte Trinité. 1 vol. in-12.

VOYAGE pour la rédemption des captifs (Relation en forme de journal du) aux royaumes de Maroc et d'Alger, pendant les années 1723, 1724 et 1725; par les PP. Jean de la Faye, Denis Makat, Augustin d'Arcisa, Henry Leroy, de l'ordre de la Sainte-Trinité. 1 vol. in-12.

VOYAGES (Souvenirs de). Les bords du Rhin, la Hollande, Anvers, l'Angleterre, etc.; par le baron Mengin-Fondragon. 1 vol. in-8.

VOYAGES (Abrégé de l'histoire générale des); par J. F. de la Harpe; augmenté d'un extrait des voyages les plus récents (Pacho, Claperton, Lyons, Caillé, Franklin, de Humboldt, Parry, de Freyssinet, Duperrey, Dumont-d'Urville, Perron, etc.). Edit. revue et corrigée par M. de Roujoux. 30 vol. in-8; savoir : En Afrique, 6 vol.; en Asie, 8 vol.; en Amérique, 6 vol.; aux Pôles, 2 vol.; autour du monde, 9 vol.

VOYAGES abrégés autour du monde; par J. Cook. 2 vol. in-8.

VOYAGES du P. Labat en diverses contrées du monde (Europe, Afrique, Amérique). 34 vol. in-12.

VOYAGES du Vieux de la Montagne dans la Turquie d'Asie, dans la Perse, dans l'Indoustan et dans la terre sainte; par Léon Guérin. 1 vol. grand in-18.

VOYAGES d'un missionnaire de la compagnie de Jésus (le P. Villotte de Lorraine) en Arménie et en Barbarie. 1 vol. in-12.

VOYAGES en Abyssinie et en Nubie, recueillis et mis en ordre par Henry Lebrun. 1 vol. in-12 (B.-M.).

VOYAGES en Afrique, extraits de la Harpe. Edit. augmentée, revue et corrigée par le baron de Roujoux. 6 vol. in-8.

VOYAGES en Afrique, traduction de l'allemand de Campe, et de l'anglais, par J. B. Berton; à l'usage de la jeunesse. 4 vol. in-18 (édit. corrigée).

VOYAGES en Amérique, extraits de la Harpe. Edit. augmentée, revue et corrigée par le baron de Roujoux. 6 vol. in-18.

VOYAGES en Amérique, trad. de l'allemand de Campe, et de l'anglais, par J. B. Berton; à l'usage de la jeunesse. 7 vol. in-18 (édit. corrigée).

VOYAGES en Asie, extraits de la Harpe. Edit. augmentée, revue et corrigée par le baron de Roujoux. 8 vol. in-8.

VOYAGES en Dalmatie; par l'abbé Fortis. 2 vol. in-8.

VOYAGES en Asie, trad. de l'allemand de Campe, et de l'anglais, par J. B. Berton; à l'usage de la jeunesse. 20 vol. in-18. Edit. corrigée.

VOYAGES en Espagne et en Italie; par le P. Labat. 8 vol. in-12.

VOYAGES en Europe, trad. de l'allemand de Campe, et de l'anglais, par J. B. Berton. 12 vol. in-18 (édit. corrigée).

VOYAGES en Perse et en Arménie; par E. Garnier. 1 vol. in-12 (B.-M.).

VOYAGES et aventures de Christophe Colomb (éd. corrig.). 1 v. in-12 (B.-M.).

VOYAGES et aventures de la Pérouse; par Valentin. 1 vol. in-12 (B.-M.).

VOYAGES et aventures du capitaine Cook. Edit. corrigée. 1 v. in-12 (B.-M.).

VOYAGES et aventures d'un jeune marin; par M. Hennequin. 1 vol. in-12.

VOYAGES et conquêtes de Colomb, Cortez, Pizarre, ou la Découverte de l'Amérique; trad. de Campe. 3 vol. in-18.

VOYAGES et découvertes dans l'Afrique centrale et septentrionale; par Henry Lebrun. 1 vol. in-12.

VOYAGES et découvertes des compagnons de Christophe Colomb; par Henry Lebrun. 1 vol. in-12.

VOYAGES les plus intéressants (Choix de) dans diverses parties du monde; par J. F. la Harpe. 6 vol. in-12.

VOYAGES modernes (Abrégé des); par Ant. Caillot. 2 vol. in-12.

VOYAGES modernes (les), racontés à la jeunesse; par Mme Laure Bernard, d'après de Humboldt, Lamartine, etc. 2 vol. in-12.

VOYAGES physiques et lithologiques dans la Campanie; par Brestack. 2 v. in-8.

VOYAGES (Recueil de) intéressants dans toutes les parties du monde, pour l'instruction et l'amusement de la jeunesse, ou Bibliothèque géographique et instructive des jeunes gens; trad. de l'allemand et de l'anglais, par M. Berton. 72 vol. in-18. Les mêmes, édit. corrigée; par Rolland.

VOYAGES (Souvenirs de); par le comte de Coëtlosquet. 1 vol. in-12.

VOYAGEUR à la terre sainte (le); description des monuments, mœurs et usages de l'Egypte, la Syrie, la Palestine; par l'abbé Rousier. 1 vol. in-12.

VOYAGEUR de la jeunesse (Nouveau), dans les cinq parties du monde, avec une description des mœurs et usages de leurs habitants; par l'abbé Gaudreau. 1 vol. in-12.

VOYAGEUR moderne, ou Extrait des voyages les plus récents; par Mme Elisabeth de Bon. 6 vol. in-8.

VOYAGEURS en Italie (Ernest et Fortunat, ou les Jeunes); par C. H. de Mirval. 1 vol. in-12.

VUES de Rome (Cent) gravées. 1 vol. in-4.

VUES des Cordillères et monuments des peuples indigènes de l'Amérique; par Al. de Humboldt. 2 vol. in-8.

WILLAMS Jarvis; voyages en Angleterre, dans plusieurs îles de l'océan Atlantique, de la mer du Sud et des mers Polaires; par Léon Guérin. 1 vol. grand in 18.

---

## SEPTIÈME SÉRIE. — H.

### Ouvrages d'imagination. — Contes. — Historiettes.

ABRÉGÉ de l'Ami des enfants; par Berquin. 4 vol. in-18.

ACCIDENTS de l'enfance (les); par P. Blanchard. 1 vol. in-18.

ADALBERT, ou l'Anacharsis chrétien au 13e siècle; par de Fontaine de Resbecq. 2 vol. in-18.

ADAM, ou la Création; par le vicomte Walsh. 1 vol. in-18.

ADÉLAÏDE DE LICHTENBERG, ou la Piété filiale; par l'abbé Hunkler. 1 v. in-18 (B.-G.).

ADÉLAÏDE DE WISTBURY, ou la Pieuse pensionnaire; par le P. Marin. 1 vol. in-12.

ADÈLE, ou la Pieuse villageoise. 3 vol. in-18 réunis en 1 (B.-L.).

ADÈLE et Charles, ou les Enfants vertueux; par Mme de Flesselles. 1 vol. in-18.

ADHÉMAR DE BELCASTEL, ou Ne jugez pas sans connaître. 4 vol. in-18 et 1 vol. in-12 (B.-L.).

ADOLPHE, ou la Conversion. 1 vol. in-18 (B.-L.).

ADOLPHE, ou le Petit laboureur; par Mlle Ulliac Trémadeure. 1 vol. in-18.

AGLAÉ et Léontine, ou les Tracasseries; par Mme Guizot. 1 vol. in-18.

AGNÈS, ou la Petite joueuse de luth; traduite de Schmid. 1 vol. in-18 (B.-M.).

AIMÉE, ou l'Ange d'une famille. 2 vol. in-18 (B.-L.).

ALBERT, ou le Duel; par le comte de Coëtlosquet. 2 vol. in-12.

ALBERT, ou le Sage écolier. 1 vol. in-18 (B.-L.).

ALEXANDRE, ou les Avantages d'une éducation chrétienne; par M. L. H***. 2 vol. in-18 (B.-G.).

ALEXIS, le jeune artiste; par P. Marcel. 1 vol. in-18 (B.-M.).

ALFRED et Casimir, scènes et causeries de famille; par Mme Tarbé. 2 vol. in-12 et in-18.

ALFRED et Charles, ou la Réconciliation; par Victor Doublet. 1 vol. in-12 (B.-M.).

ALLAN, le jeune déporté à Botany-Bay ; par E. Fouinet. 1 vol. in-12.

ALMANACH des anecdotes ; par d'Exauvillez. 1 vol. in-18.

ALPHONSE et Philippe, ou Bonté de cœur et jalousie ; par Mlle Brun. 1 vol. in-18 (B.-G.).

ALPHONSE, ou Puissance de la vertu ; par l'abbé T. Mitraud. 1 vol. in-12.

ALTON PURK, ou Conversations sur des sujets moraux et religieux, à l'usage des jeunes personnes ; traduit de l'anglais. 2 vol. in-8.

AMALIA CORSINI, ou l'Orpheline de Sienne ; par Doublet. 1 v. in-12 (B.-M.).

AMBITION et simplicité ; par Mme Césarie Farrenc. 1 vol. in-12.

AME exilée (l'), légende ; par Anna-Marie. 1 vol. in-12.

AMÉLIE, ou le Triomphe de la piété ; par Mme L. Bernier. 1 v. in-12 (B.-M.).

AMI des enfants (l') ; par Berquin. 19 vol. in-18 (les Idylles exceptées) et 2 vol. in-12 et in-8.

AMI des enfants (Abrégé de l') ; par Berquin. 4 vol. in-18.

AMI des enfants (Nouvel), ou le Berquin anglais ; traduit de Th. Day, par Bertin. 4 vol. in-18.

AMI des enfants (l'), ou Petit cours de morale en action ; par Mme Guizot. 12 vol. in-18 en 6.

AMI des enfants (l') ; par l'abbé de ***. 1 vol. in-12.

AMIE de tous les enfants (l'), ou Récréations morales de l'enfance, contenant des histoires consolantes, etc. ; par Mme Sophie de Maraisé. 2 vol. in-12.

AMIE des jeunes personnes (l') ; par Mlle Anaïs Martin. 1 vol. in-12.

AMIS de collége (les), ou Vice et vertu ; par Mme C. Farrenc. 1 vol. in-12 (B.-L.).

AMIS du régiment (les). 2 vol. in-12 (B.-L.).

AMIES de pension (les). Histoire pour la jeunesse ; par Champagnac. 1 vol. in-12.

ANATOLO, ou les Epreuves de la piété filiale ; par Logeais. 1 vol. in-18 (B.-M.).

ANDRÉ, ou Bonheur dans la piété ; par Mme Césarie Farrenc. 1 vol. in-18 (B.-M.).

ANDRÉAS, ou le Prêtre-soldat, épisode de la révolution française ; par Devoille. 2 vol. in-18.

ANECDOTES (les). Recueil de faits intéressants, publiés par les journaux (M. d'Exauvillez). 1 vol. in-18.

ANECDOTES chrétiennes, ou Choix d'anecdotes ; par M. H. Lemaire. 1 vol. in-12.

ANECDOTES chrétiennes, ou Recueil de traits d'histoires choisies ; par l'abbé Reyre. 1 vol. in-12 (B.-M.).

ANECDOTES et contes moraux pour l'instruction de la jeunesse ; traduit de l'italien de Soave. 2 vol. in-18.

ANECDOTES chrétiennes (Nouvelles), composées de conversions frappantes, de récits d'histoires édifiantes, de légendes, etc. ; précédées des motifs de revenir à la religion ; par le comte de Stolberg, recueillis par M. D. 1 vol. in-12 (B.-C.).

ANECDOTES morales et religieuses, ou les Vertus en action; par Mme le Bossu-d'Helf. 1 vol. in-18.

ANECDOTES pieuses et instructives; par M. l'abbé Simard. 1 vol. in-12.

ANECDOTES religieuses, contemporaines et inédites. 1 vol. in-18 (B.-L.).

ANGE de la maison (l'); par A.-E. de Saintes. 1 vol. in-12.

ANGE de la terre (l'), ou l'Ami de J.-C, avec des traits historiques; par Marius Aubert. 1 vol. in-12 et in-18.

ANGE de paix (l'); par Mme Manceau. 2 vol. in-12.

ANGE gardien; par Stéphen de la Madelaine. 1 vol. in-12.

ANGE (Mon bon). 1 vol. in-18 (B.-L.).

ANGE protecteur de la jeunesse; par Salzmann. 1 vol. in-12.

ANGE sur la terre (Un), ou le Curé de village; par Mlle H. de Saint-Martin. 1 vol. in-12.

ANGES sur la terre (des); par Loyau d'Amboise. 1 vol. in-12.

ANGÉLINI DE MAZINI. 2 vol. in-18 (B.-L.).

ANNA, ou la Piété filiale; par Mme de Marlès. 1 vol. in-12 (B.-L.).

ANNALES de la vertu, ou Histoire universelle pour servir à l'éducation de la jeunesse; par Mme de Genlis. 5 vol. in-12.

ANNÉE de bonheur (Une), ou les Récompenses méritées. 1 vol. in-18.

ANNETTE, ou l'Enfant de la charité; par Eug. Niogret. 1 vol. in-12.

ANNETTE, suivie de Béatrix, ou l'Epouse chrétienne; par L. F.... 1 vol. in-18 (B.-M.).

ANSELME, le mendiant; par M. L. H***. 1 vol. in-18 (B.-G.).

ANSELME, ou le Petit garçon discret; par Mme Alida de Savignac. 1 vol. in-18.

ANTOINE, ou le Bon père de famille. 1 vol. in-18 (B.-L.).

ANTOINE, ou le Retour au village; par l'abbé de Valette. 1 vol. in-12.

ANTOINE et Gabriel, ou les Elèves de l'école chrétienne; par Mme Farrenc, revu par M. l'abbé Rousier. 1 vol. in-18.

ANTOINE et Joseph, ou les Deux éducations; par Mme Farrenc. 1 v. in-12 (B.-L.).

ANTOINE et Maurice. Ouvrage qui a obtenu le prix proposé pour l'amélioration des prisons; par L. de Jussieu. 1 vol. in-12.

ANTONIO, ou l'Orphelin de Florence; par Pierre Marcel. 1 v. in-18 (B.-M.).

APRÈS le travail. Contes sous la feuillée; par Stéphen de la Madelaine. 1 vol. in-12.

ARBRE jugé par ses fruits (l'), ou Conséquences des mauvais principes; par M. G. A. 1 vol. in-18 (B.-G.).

ARISTIDE et Idalie, ou les Vertus filiales; par Mme Bréhier. 1 vol. in-12.

ARMAND, ou le Petit garçon indépendant; par Mme Guizot. 1 vol. in-18.

ARTHUR et Théobald, ou les Devoirs de la véritable amitié; par Champagnac. 1 vol. in-12.

ARTISANS célèbres (les); par Valentin. 1 vol. in-12 (B.-M.).

ATELIER (l'), ou la Famille Lacombe; par l'Auteur de *Fabien*. 2 v. in-18 (B.-L.).

AUBERGE dangereuse (l'); par M. P.-A. Michelard. 1 vol. in-18.
AUGUSTE. 1 vol. in-18 (B.-L.).
AUGUSTE, ou le Jeune pâtre de Detteinhem. 1 vol in-18 (B.-M.).
AUGUSTE FAUVEL. 1 vol. in-18 (B.-L.).
AUGUSTE et Thérèse, ou le Retour à la foi; par Mme Tarbé. 1 vol. in-12 (B.-M.).
AUGUSTIN, ou le Triomphe de la foi catholique; par A. Lemercier. 1 vol. in-18 (B.-M.).
AUGUSTINE, ou les Avantages d'une éducation chrétienne. 1 vol. in-18 (B.-L.).
AURÉLIE et Mathilde, ou Orgueil et modestie; par Victor Doublet. 1 vol. in-12.
AURÉLIE, ou le Monde et la piété; par M. d'Exauvillez. 1 vol. in-12 (B.-M.).
AUTOMNE (l'), ou Considérations sur les œuvres de Dieu; par Mlle Brun. 1 vol. in-18 (B.-G.).
AVANTAGES de l'amitié chrétienne. 1 vol. in-12.
AVENTURES de Misseno, ou l'Homme heureux; trad. du P. Alméida, par Jamet. 2 vol. in-12.
AVENTURES de Roger, ou Dangers des mauvaises compagnies; par Mme Bréhier. 1 vol. in-12.
AVENTURES de Télémaque; par Fénelon. 1 vol. in-12. Edit. A. M. D. G. 2 vol. in-8.
AVENTURES d'un gentilhomme : L'émigration, — la Bretagne en 1793; par G. de la Landelle. 2 vol. in-8.
BAGUE trouvée (la), ou les Fruits d'une bonne éducation. 1 vol. in-18 (B.-M.).
BARQUE du pêcheur (la); par L. F. 1 vol. in-18 (B.-M.).
BASTIEN, ou le Dévouement filial; par Mme Farrenc. 1 vol. in-18 (B.-M.).
BEAUTÉS des lettres édifiantes anciennes et nouvelles; par A. Caillot. 1 vol. in-12.
BEAUTÉS du christianisme, ou Recueil de belles actions inspirées par lui; par A. Caillot. 1 vol. in-12.
BEAUTÉS du spectacle de la nature; par L. F. Jéhan. 1 vol. in-12 (B.-M.).
BEAUTÉS et bienfaits de la religion chrétienne; par Lemaire. 2 vol. in-12.
BEAUX traits du jeune âge; par Fréville. 1 vol. in-12.
BÉLISAIRE, faisant suite aux Incas; par Marmontel. Edit. corrigée par M. l'abbé Lejeune. 1 vol. in-12.
BENJAMIN, ou l'Élève des frères des écoles chrétiennes; par Logeau. 1 vol. in-18 (B.-M.).
BÉRÉNICE, ou le Pèlerinage à Jérusalem; par Berthon. 1 vol. in-12.
BERGER d'Helfédange (le), chronique du XVIIIe siècle; par Stéphen de la Madelaine. 1 vol. in-18.
BERNARD et Armand, ou les Ouvriers chrétiens. 1 vol. in-18 (B.-M.).

BERQUIN, ou l'Ami des enfants. 19 vol. in-18 et 2 vol. in-8 et in-12 (Idylles exceptées).

BERQUIN catholique, ou Lectures récréatives. 2 vol. in-18 (A.-M.-D.-G.).

BERQUIN du hameau, ou le Conteur des bords du Rhône; par Rénal. 1 vol. in-12.

BERTHE, ou Mémoires d'une jeune fille; par Alexandrine D***. 1 vol. in-12.

BIBLIOTHÈQUE de l'adolescence, suite de la bibliothèque de l'enfance, contenant des dialogues, traits d'histoire, jeux instructifs, etc.; trad. de l'allemand de Campe. 2 vol. in-18.

BIBLIOTHÈQUE de l'enfance, contenant des dialogues, traits d'histoire, jeux de société, etc.; trad. de l'allemand de Campe. 2 vol. in-18.

BIBLIOTHÈQUE de l'enfance et de la jeunesse; par le chanoine Schmid, nouvelle trad. de l'allemand. 14 vol. in-12 et 42 vol. in-18.

BIBLIOTHÈQUE de Saint-Gervais (la). 2 vol. in-18 (B.-L.).

BIBLIOTHÈQUE des légendes; par Collin de Plancy, approuvée par Mgr l'archevêque de Paris. 7 vol. in-8.

BIBLIOTHÈQUE des villages (la); par Berquin. 2 vol. in-18 (tom. 10 et 11 des œuvres).

BIENFAITS de l'adversité, nouvelles; par Stéphen de la Madelaine. 1 vol. in-12.

BIENFAITS de la Providence, ou Effets de la bonne éducation. 1 vol. in-18 (B.-L.).

BIENFAITS de la religion, ou Histoire des institutions et des établissements utiles qu'elle a fondés, des abus qu'elle a corrigés, etc.; par Delacroix. 2 vol. in-18 (B.-G.).

BIENFAITS des missionnaires de l'Amérique. 2 vol. in-18 (B.-L.).

BIENFAITS du catholicisme dans la société; par l'abbé Pinart. 1 vol. in-8 (B.-M.).

BLANCHE de Bourbon, ou Reine et martyre, chronique du XIVe siècle; par Mlle Alexandrine Desves. 1 vol. in-12.

BLANCHE de Quélen, ou l'Héroïne chrétienne; par l'abbé de Montigny. 1 vol. in-8.

BLANCHE de Savenay; par Mlle L. B. 1 vol. in-12 (B.-M.).

BLANCHE et Marie. 1 vol. in-18 (B.-L.).

BLANCHE, ou le Triomphe de l'éducation du cœur; par Mme Louise Bernier. 1 vol. in-12.

BON Fridolin (le) et le méchant Thierry; trad. de Schmid. 1 vol. in-18 (B.-M.).

BON médecin de campagne (le); par le docteur Henri Gouraud. 1 vol. in-12.

BON paysan (le), ou Thomas converti (2e partie du bon curé); par d'Exauvillez. 1 vol. in-18.

BON sens du peuple (le). 1 vol. in-18 (B.-L.).

BON voisin (le). 2 vol. in-18 (B.-L.).

BONHEUR des époux chrétiens, ou Moyens qu'offre la religion pour vivre heureux et se sanctifier dans le mariage. 1 vol. in-18 (B.-L.).

BONHEUR d'une famille chrétienne. 1 vol. in-18 (B.-L.).

BONNE cousine (la), ou Conseils de l'amitié; par Mme Celnart. 1 vol. in-12.

BONNE Fridoline (la) et la méchante Dorothée. 1 vol. in-18 (B.-M. et B.-G.).

BONNE mère (la), ou Histoire d'une femme vertueuse, pour servir de modèle aux mères chrétiennes; par A. de Saint-Gervais. 1 vol. in-18 (B.-C.).

BONNE mère de famille (la), ou Souvenirs de la vie de M. 1 vol. in-18 (B.-L.).

BONNE sœur (la), ou les Trois orphelins; par Mme Manceau. 2 vol. in-12.

BONNE sœur (la), ou les Dimanches, préceptes anecdotiques; par Mme Celnart. 1 vol. in-12.

BONNES étrennes (les), ou le Livre des prix; par Stéphen de la Madelaine. 1 vol. in-12.

BONS petits enfants (les), ou la Piété filiale; par Mlle Guerineau. 1 vol. in-18.

BONS petits enfants (les), ou Portraits de mon fils et de ma fille; par Mme de Renneville. 2 vol. in-18.

BOUQUET de roses (le); par M. l'abbé H... 1 vol. in-18 (B.-G.).

BRACELET (le), suivi de l'étourdi corrigé; par Mme Lebrun. 1 vol. in-12.

BRACONNIERS (les), ou les Dangereux effets de la colère. 1 vol. in-18 (B.-M.).

BRAMINES (les), ou Triomphe de la religion chrétienne; par Lemercier. 1 vol. in-18 (B.-M.).

BRUNO, imité de l'allemand. 2 vol. in-18 et 1 vol. in-12 (B.-L.).

CABANE du pêcheur (la). 1 vol. in-18 (B.-L.).

CABANE (la) et le château, nouvelle; par Stéphen de la Madelaine. 1 vol. in-18.

CAPITAINE Pamphile (le); par Alexandre Dumas. 2 vol. in-8.

CAPITAINE Robert (le), ou le Père de famille ramené à la religion par les exemples de domestiques. 1 vol in-18.

CAROLINE, ou Influence de la candeur et de la piété. 2 vol. in-18 (B.-L.).

CAROLINE, ou la Théologienne de dix-huit ans. 2 vol. in-18 (B.-L.).

CAROLINE, ou l'Effet d'un malheur, et autres contes; par Mme Guizot. 1 v. in-18.

CAROLINE, ou l'Orphelin de Jurançon. 1 vol. in-18 (B.-M.).

CATHOLICISME en action (le); par J. de Garaby. 1 vol. in-12.

CATHOLIQUE (le), magasin religieux, recueil varié de nouvelles, d'histoires édifiantes, etc. 1 vol in-4.

CAUSERIES d'une bonne mère (les), ou une Histoire par jour; par Mme Delarbe. 1 vol. in-12.

CAVERNE de la forêt (la), ouvrage imité de l'allemand. 1 vol. in-18 (B.-L.).

CÉCILE, ou la Jeune organiste; par Mlle Benoit. 1 vol. in-18 (B.-G.).
CÉCILE et Annette, ou la Voiture versée, etc.; par Mme Guizot. 1 vol. in-18.
CÉCILIA, ou la Jeune infortunée, etc.; par Mme Ménard. 1 vol. in-18 (B.-M.).
CÉLIDORE enlevée par Astrée aux neuf chœurs des anges. 1 vol. in-18.
CÉLINE, ou l'Influence d'un bon caractère; par Mme Manceau. 1 v. in-12.
CENT merveilles de la nature (les); par M. de Marlès. 1 v. in-12 (B.-M.).
CENT merveilles des sciences et des arts (les); par M. de Marlès. 1 vol. in-12 (B.-M.).
CENT petits contes pour les enfants; traduits de Schmid. 1 v. in-18 (B.-M.).
CHARITÉ (la). 1 vol. in-18 (B.-L.).
CHARITÉ mène à Dieu. Histoire contemporaine; par Adolphe Arihier. 1 vol. in-12.
CHARLES, ou le Bonheur de rencontrer un véritable ami. 1 vol. in-18 (B.-L.).
CHARLES, ou l'Ecole du malheur; traduit de l'allemand de C.-G. Salzmann. 1 vol. in-12.
CHARLES, ou l'Ouvrier vertueux, etc.; par Mme C. Farrenc. 1 vol. in-12 et in-18.
CHARLES et Eugénie, ou la Bénédiction paternelle; par Mme de Renneville. 1 vol. in-18.
CHARLOTTE et Ernest, suivis de l'Incendie et de l'Anneau trouvé. 1 vol. in-18 (B.-L.).
CHARMES de la société du chrétien (les). 1 vol. in-12 et in-18 (B.-L.).
CHARMES de l'ermitage (les), par Mlle E. Brun. 1 vol. in-18.
CHARTREUSE (la); traduit de Schmid. 1 vol. in-18 (D.-M.).
CHATEAUBRIAND. 1 vol. in-18 (B.-L.).
CHATEAU de Malpertus, ou Conversations sur les commandements de Dieu. 1 vol. in-18.
CHAUMIÈRE irlandaise (la). 1 vol. in-18.
CHEMIN de fer (le), par l'auteur de l'*Atelier*. 1 vol. in-18. (B.-L.).
CHEMIN des écoliers (le); par Stéphen de la Madelaine. 1 vol. in-18.
CHEVALIER de l'ordre Teutonique (le); par de Reuilly. 1 v. in-12 (B.-B.).
CHOIX de beaux exemples, tirés des auteurs anciens et modernes. 1 vol. in-12 (B.-M.).
CHOIX de lectures chrétiennes et d'anecdotes intéressantes. 1 vol. in-18 (B.-L.).
CHOIX de lectures pour les enfants; par Berquin. 2 vol in-18 (13e et 14e de ses œuvres).
CHOIX de paraboles (Nouveau) de Krummacher; par Marmier. 1 v. in-18.
CHOIX de lectures édifiantes; par Collet. 1 vol. in-18 (B.-L.).
CHRISTINE, ou la Religion dans le malheur; par Mme de Sainte-Marie. 1 vol. in-18 (R.-G.).
CLAIRE et Thérèse; par Mlle Maria Boulage. 1 vol. in-12.

**CLAIRE GOMBACORTI**, ou le Pouvoir de la religion dans le pardon des offenses; par un prêtre du clergé de Paris. 1 vol. in-18 (B.-L.).

**CLARISSE** (la Nouvelle); par M$^{me}$ Leprince de Beaumont. 1 vol. in-12.

**CLÉMENTINE**, ou le Modèle du chrétien dans le malheur; par J.-B.-G. 2 vol. in-18 (B.-G.).

**CLERGÉ** de France (le), ou Beaux exemples de vertus chrétiennes donnés par des ecclésiastiques; par E. Hocquart. 1 vol. in-12 (B.-M.).

**CLOTILDE**, ou l'Elève des sœurs; par M. l'abbé Juchereau. 1 vol. in-18 (B.-M.).

**CLOTILDE**, ou Nouvelle civilité; par M$^{me}$ Tarbé des Sablons. 1 vol. in-12.

**COEUR** d'une mère (le). Récits propres à former la jeunesse; par M$^{me}$ Schoppe. 1 vol. in-12.

**COLLECTION** complète des œuvres du chanoine Schmid; nouvelle traduction de l'allemand, d'après l'édition définitive de 1841 à 1845, publiée avec le consentement de M. l'abbé Schmid et de Mgr l'archevêque de Paris. 14 vol. in-12 ou 42 vol. in-18, comprenant les ouvrages suivants :

Angélique. — Anselme. — L'Agneau. — La Bagne de diamant. — Le Bon Fridolin. — Les Carolins et les Kreutzers. — Les Cerises. — La Chapelle au bois. — La Chapelle de Volfsbielh. — La Chartreuse. — Clara. — Contes des enfants (200 petits). — La Corbeille de fleurs. — La Couronne de fleurs. — La Croix de bois. — La Cruche à l'eau. — Les Deux frères. — Les Deux jumeaux chrétiens. — Les Ecrevisses. — Emma. — Eustache. — Fernando. — Les Fraises. — Le Gâteau. — Geneviève. — Geoffroy. — Le Grand nid. — La Guirlande de houblon. — Henri d'Eichenfels. — L'Héritage le meilleur. — L'Image de la Vierge. — L'Incendie. — L'Inondation du Rhin. — Le Jardin, etc. — Le Jeune Antoine. — Le Jeune ermite. — Josaphat. — Le Méchant Thierry. — Le Melon. — Le Miroir. — Le Myosotis. — Le Nid. — La Nuit de Noël. — Les Œufs de Pâques. — Les Paquerettes. — Le Petit émigré. — Le Petit ramoneur. — Le Petit voleur. — La Petite joueuse de luth. — La Petite muette. — Les Pierres fines. — Rose de Tannebourg. — Les Roses blanches. — Le Rosier. — Le Rossignol. — Le Rouge-gorge. — Le Serin. — Théâtre des enfants. — Timothée et Philémon. — Titus. — La Tourterelle. — Le Ver luisant. — Le Vieux château du brigand.

**COLLECTION** de livrets d'encouragement au travail et à la vertu :

Le Vrai moyen d'être heureux. — Le seul remède aux désordres de la société. — 1$^{re}$ communion d'Edouard. — M. Valbert. — La Religion protectrice du pauvre. — Prosper. — Les Deux frères. — Danger des mauvaises lectures. — La Sanctification du dimanche. — Les Deux soldats. — Le Secours inattendu. — M. de Saint-Aubin. — Les Vœux changés d'objets. — Pourquoi des riches? pourquoi des pauvres? — Saint Louis de Gonzague. — La Joie du Chrétien. — L'Homme et la vie. — L'Homme et la mort. — Foi. — Douceur. — Les Délices de l'homme de bien. — L'Arrogant puni. — Jean. — Ernest. — Bastien. — Charles. — Henri. — Fabliaux. — Fleurs à la jeunesse. — L'Homme, le monde, l'éternité.

— Le Petit Paul. — L'Enfant dans les bois. — Albert et Léonard. — L'Orphelin. — Les Défenseurs du peuple. — L'Hirondelle. — L'Honnête homme. — N.-D. de Bon-Secours. — Emile et Edouard. — Le Chien dans la Seine. — Thomas Morus. — La Mer. — Blanc d'œuf. — Ayez pitié du pauvre. — Michelette. — Julien le jardinier. — La Tombe de Carrier. — Jules Belly. — Le Fermier. — Pauvre père. — Le Pieux commis. — L'Avare et le prodigue. — La Providence. — Les Deux voisins. — Les Voleurs. — Gérard. — Si j'avais cent francs. — Les Quadrupèdes. — Les Oiseaux. — Les Insectes. — Les Poissons.

COLLÉGE incendié (le); par Mme Delafaye-Bréhier. 2 vol. in-12.

COLLÉGIENS (les), ou Six semaines de vacances; par Mme Carroy. 1 vol. in-12.

COLONIE chrétienne; par Sabatier de Castres. 2 vol. in-12.

COLPORTEUR au village (le); par M. l'abbé Pinard. 1 vol. in-18 (B.-M.).

COMMENT le jeune Henri apprit à connaître Dieu, ou Henri d'Eichenfels. 1 vol. in-18.

COMPAGNONS d'enfance (les); par Delacroix. 1 vol. in-18 (B.-G.).

COMTE DE MONTALBAN (le), ou Retour à la sagesse; par M. Jauffret. 1 vol. in-12.

COMTE DE VARFEUIL (le), ou les Combats de la foi dans l'adversité; par d'Exauvillez. 1 vol. in-8.

CONQUÊTES du tombeau de J.-C. Episode de l'Histoire des Croisades; par Hunkler. 1 vol. in 12.

CONSEILS à l'enfance, nouvelles propres à cet âge; par Mme J. Bréhier. 2 vol. in-18.

CONSEILS à ma fille; par J.-N. Bouilly. 2 vol. in-12.

CONSEILS à mes élèves; par Mme Bernier. 1 vol. in 12.

CONSEILS d'un père et d'une mère à leurs enfants, sur l'éducation des filles. 1 vol. in-12.

CONTES à ma fille; par J.-N. Bouilly. 2 vol. in-12.

CONTES à Henri; par Abel Dufresne. 1 vol. in-18 (Lehuby).

CONTES à mes petites amies; par J.-N. Bouilly. 2 vol. in-12.

CONTES à l'usage de la jeunesse, ou les Enfants; par Mme Guizot. 2 vol. in-12.

CONTES à ma jeune fille; par Mme Mallès de Beaulieu. 1 vol. in-12.

CONTES aux enfants, comprenant: Les Deux cousins, Mauvaise tête et bon cœur, la Conscience, la Providence et les bonnes actions, Louise, Sara, ou le Prodige, etc., pour les enfants de 8 à 12 ans; par Mme Laure Bernard. 1 vol. in-12.

CONTES aux jeunes artistes; par Mlle Ulliac Trémadeure. 1 vol. in 12.

CONTES aux jeunes naturalistes; par Mlle Ulliac Trémadeure. 1 vol. in-12.

CONTES de Bretagne; par Paul Féval. 1 vol. in-12.

CONTES choisis de Grimm.

CONTES de Noël (les); traduit de l'anglais, de Dickens. 2 vol. in-18.

CONTES du Bonhomme. 1 vol. in-18.

CONTES et conseils à mes enfants (Nouveaux). 1 vol. in-12.

CONTES du chanoine Schmid (Choix de). 1re série, pour les enfants de 7 à 11 ans. — 2e série, pour les enfants de 10 à 14 ans. 2 v. in-12 (Lehuby).

CONTES d'une mère à sa fille; par Mme Mallès de Beaulieu. 1 vol. in-12 (Lehuby).

CONTES (Petits) d'une mère à ses enfants; par MM. Bouilly, de Saintes, Fouinet; et Mmes de Baw, Alida de Savignac, de Bradi, etc. 1 vol. in-12.

CONTES et historiettes; par MM. de Ségur, Delatre, Bouilly; par Mmes de Saint-Surin, Laure Bernard, etc. 2 vol. in-18.

CONTES fantastiques de Hoffmann; traduits par Henry Egmont. 2 vol. in-8.

CONTES instructifs et moraux (Nouveaux), imités de Berquin; par Mlle Vanhove. 1 vol. in-12.

CONTES maternels, scènes de l'éducaton; par Mme L. Bernard. 1 vol. in-12 (Lehuby).

CONTES moraux; par Mme Leprince de Beaumont. 2 vol. in-12.

CONTES (Nouveaux) à l'usage de la jeunesse; par Mme Guizot. 2 vol. in-12 et 12 vol. in-18 reliés en 6.

CONTES pour les enfants (Cent petits); traduits de Schmid. 1 v. in-18 (B.-M.).

CONTEUR de huit ans (le); par Mmes Nodier, Menessier, Alida de Savignac, Victorine Colin, etc. 1 vol. in-18.

CONTEUR des écoliers (le), ou Récit d'un vieux marin devenu portier de collége; par M. Cartier Vinchon. 1 vol. in-12.

CONTEUR des écoliers (Nouveau), ou suite des Récits d'un vieux marin, etc.; par P. C. 1 vol. in-12.

CONTEUR des petits enfants; par Léon Guérin. 8 vol. grand in-18.

CONTEUR moraliste (le), ou le Bonheur de la vertu; par Mme de Renneville. 1 vol. in-12.

CONVERSATIONS d'Emilie. 2 vol. in-12.

CONVERSATIONS de dom Augustin, abbé de la Trappe, avec les petits enfants de son monastère. 1 vol. in-18.

CONVERSATIONS entre une mère et ses enfants; par Mme de Maussion. 1 v. in-18.

CORBEILLE de fleurs (la), ou Marie; trad. de Schmid. 1 v. in-18 (B.-M.).

COUTUMES gauloises, ou Origines de la plupart de nos usages; par Mme de Renneville. 1 vol. in-12.

CROIX au bord du chemin (la); par Mme Ménard. 1 vol. in-18 (B.-M.).

CROIX de bois (la). 1 vol. in-18 (B.-M.).

CROIX de la forêt (la); récit imité de l'allemand. 1 vol. in-18 (B.-L.).

CROIX d'or (la). 2 vol. in-18 (B.-L.).

CURÉ de campagne (le); par Stéphen de la Madelaine. 1 vol. in-12.

CURÉ de Chavignat (le); par Mme Guizot. 1 vol. in-18.

CYPRIEN, ou les Deux influences. 1 vol. in-18 (B.-L.).

DAMIS, ou l'Education du cœur; par Hugues Millot. 1 vol. in-12.

DANGERS de la légèreté (les). 2 vol. in-18 (B.-L.).

DANGERS d'une amitié trompeuse (les). 2 vol. in-18 (B.-L.).

DANIEL RIGOLLOT, ou le Presbytère, la ferme et le château. 2 vol. in-18 (B.-L.).

DANS l'île, nouvelles morales d'un père à ses enfants; par Guillemart. 1 v. in-12.

DÉLASSEMENTS de l'enfance; par Pierre Blanchard. 2 vol. in-12.

DÉLASSEMENTS de ma fille, ou la Morale des jeunes personnes; par de Saintes. 2 vol. in-12.

DELPHINE, ou la Langue sans frein; par Mlle Brun. 1 vol. in-18 (B.-G.).

DÉODAT, ou l'Ascendant de la religion; par M. L***. 1 vol. in-18 (B.-G.).

DERNIER des Rabasteins (le); par A. Mazas. 1 vol. in-8.

DERNIER jour du monastère d'Hautecombe, épisode de 1792; par G. Gache. 1 vol. in-12.

DERNIERS jours de Pompéi (les); par A. Lemercier. 1 vol. in-12 (B.-M.).

DERNIERS jours du condamné Félix Robol; trad. de l'italien, par Mgr Tharin. 2 vol. in-18 (B.-L.).

DEUX Ambroise (les), ou Innocence et repentir; par A. N. 1 vol. in-18 (B.-M.).

DEUX amis (les), ou Entretiens familiers sur la religion; par l'abbé P***. 1 vol. in-18 (B.-L.).

DEUX amis de pension (les), ou le Fils d'un officier de fortune; par Mme Strickland. 1 vol. in-18.

DEUX amies de Pension (les), nouvelle, suivie de la Prison, et de Lucie, ou la Messe de minuit; par Mlle Julie Gouraud. 1 vol. in-18.

DEUX apprentis (les). 1 vol. in-32.

DEUX apprentissages (les); par M. Fortunat. 1 vol. in-18 (B.-G.).

DEUX ateliers (les); par Mlle Brun. 1 vol. in-18.

DEUX créoles (les), ou l'Entraînement de l'exemple; par Mme J. Saunders. 1 vol. in-12 (B.-M.).

DEUX familles (les), ou l'Hospitalité fraternelle; par Mme J. Bréhier. 1 vol. in-12 (Lehuby).

DEUX frères (les), ou le Vrai et le faux bonheur; par A. Lemercier. 1 vol in-18 (B.-M.).

DEUX frères (les), ou les Difficultés d'une réconciliation. 1 vol. in-18 (B.-L.).

DEUX jumelles (les), ou la Famille du meunier; par Alexandre Desves. 1 vol. in-12.

DEUX marins (les), ou le Triomphe de l'amitié. 2 vol. in-18 (B.-L.).

DEUX orphelins (les), ou les Fils de la veuve, et Marie pour mère; par Mme de Sainte-Marie. 1 vol. in-18 (B.-G.).

DEUX sœurs (les), ou Laideur et beauté; par Mme C. Farrenc. 1 vol. in-12.

DEVOIR et récompense, ou les Trois camarades de pension; par Champagnac. 1 vol. in-12 (Lehuby).

**DEVOIRS** des hommes (des), discours à un jeune homme; par Silvio Pellico. 1 vol. in-18 (B.-G.).

— Le même (14e v. des Démonstrat. évangéliq. Edit. Migne).

**DEVOIRS** du jeune chrétien. 2 vol. in-18 (B.-L.).

**DEVOIRS** d'une bonne réputation (les), ou Influence des souvenirs de famille. 2 vol. in-18 (B.-L.).

**DEVOIRS** d'une bonne réputation (les), ou Influence des souvenirs de famille; par L. D. S. 2 vol. in-18 (B.-L.).

**DÉVOUEMENTS** (les); par Eugène Nyon. 1 vol. in-12.

**DIMANCHE** (le); par Bouttier. 1 vol. in-18 (B.-L.).

**DIMANCHE** (le). 1 vol. in-18 (B.-L.).

**DIMANCHES** du vieux Daniel (les); par Mlle Ulliac Trémadeure. 2 vol. in-18.

**DIMANCHES** (les), ou la Bonne sœur, préceptes anecdotiques; par Mme Celnart. 1 vol. in-12.

**DOCTEUR** du village (le), ou les Infortunes d'un philosophe; par d'Exauvillez. 1 vol. in-18 (B.-C.).

**DOCTEUR** Morizot (le). 2 vol. in-18 (B.-L.).

**DOM** Léo, ou le Pouvoir de l'amitié; par l'auteur de Lorenzo. 1 vol. in-12 et 2 vol. in-18 (B.-L.).

**DOMESTIQUES** chrétiens (les), ou Morale en action des domestiques. 1 vol. in-12 (B.-C.).

**DONNEUR** d'eau bénite de Saint-Eustache (le), ou la Charité d'un pauvre homme; par Stéphen de la Madelaine. 1 vol. in-12.

**DRAMES** et conversations; par Mme de Sainte-Marie. 2 vol. in-18 (B.-G.).

**DRAMES** et Proverbes. 1 vol. in-18 (B.-L.).

**DUVAL**, histoire racontée par un curé de village à ses élèves; trad. de l'allemand. 1 vol. in-18 (B.-M.).

**ÉCOLE** de la piété filiale (l'); par Vallos. 1 vol. in-12.

**ÉCOLE** de la jeunesse; par l'abbé C***. 2 vol. in-12.

**ÉCOLE** des jeunes demoiselles, ou Lettres d'une mère vertueuse à sa fille, et réponses de la fille à sa mère; recueillies par l'abbé Reyre. 2 vol. in-12.

**ÉCOLE** des mœurs (l'), ou Réflexions morales et historiques sur les maximes de la sagesse; par l'abbé Blanchard (édit. revue et corrigée avec soin). 2 vol. in-12 et 6 vol. in-12 (B.-M.).

**ÉCOLIER** (l'), ou Raoul et Victor; par Mme Guizot. 4 vol. in-12.

**EDMA** et Marguerite, ou les Ruines de Châtillon d'Azergues; par Mme Woillez. 1 vol in-12 (B.-M.).

**EDMOND** et Arthur; par l'auteur de Lorenzo. 1 vol. in-12 et 3 vol. in-18 (B.-L.).

**EDMUND**, récit du XVe siècle. 2 vol. in-18 (B.-L.).

**ÉDOUARD**, ou l'Enfant gâté; par M. l'abbé Guérinet. 1 vol. in-18 (B.-M.).

**ÉDOUARD**, ou le Respect humain vaincu; par d'Exauvillez. 1 vol. in-18 (B.-G.).

**ÉDOUARD** de Termont, ou Providence et repentir; par Mme Louise de R... 1 vol. in-12 (B.-M.).

**ÉDOUARD** et Eugénie, ou le Sac brodé et l'habit neuf; par Mme Guizot. 1 vol. in-18.

**ÉDUCATION** chrétienne à l'usage des deux sexes. 2 vol. in-12.

**ÉDUCATION** chrétienne (Avantage d'une). 1 vol. in-18.

**ÉDUCATION** de l'histoire, ou Ecole des jeunes gens. 1 vol. in-12.

**ÉDUCATION** d'Yvonne. — Dix ans; par Mlle J. Gouraud. 1 vol. in-12.

**EDWARD BLACKFORT**, ou la Malédiction d'une folle. Episode de l'histoire d'Angleterre du XVIIe siècle. 1 vol. in-18 (B.-G.).

**EFFICACITÉ** de la prière, ou Conversion d'un condamné. 1 vol. in-18 (B.-L).

**ÉGLISE** catholique (de l'), apostolique et romaine. Bonheur de la connaître et de lui appartenir. 3 vol. in-18 (B.-L.).

**ÉLÉONORE**, ou la Médisante; par Mme de Renneville. 1 vol. in-18.

**ÉLISA** et Marie, ou Vies de deux enfants des catéchismes de Saint-Sulpice. 1 vol. in-18.

**ÉLISA**, ou le Modèle de piété filiale; par Mme Foucault. 1 vol. in-12.

**ÉLISABETH**, ou la Charité du pauvre récompensée; par M. d'Exauvillez. 1 vol. in-18 (B.-M.).

**ÉLISABETH** et Emile, ou Prétention et simplicité. 2 vol. in-18 (B.-L.).

**ÉLISE DE SAINT-ANGE**; par Paul Taffin. 1 vol. in-12.

**ÉLISE**. 1 vol. in-18 (B.-L.).

**ÉLOI** l'organiste; par Mme Dié de Saint-Joseph. 1 vol. in-18 (B.-G.).

**ELZINE** et Déliska, ou la Danse. Nouvelle dédiée aux jeunes personnes chrétiennes. 1 vol. in-18.

**ÉMILE**, ou Folie, crime et malheur de l'incrédule; par M. Henrion. 1 vol. in-24.

**ÉMILE** et Marie; par Eugène Chalmont. 1 vol. in-18.

**ÉMILIE**, ou la Bonne sœur; par Eugène Niogret. 1 vol. in-18 (Lehuby).

**ÉMILIE**, ou la Petite élève de Fénelon; ouvrage dans lequel on a mis en action les plus importants préceptes du Traité de l'éducation des filles, par Fénelon; par Champagnac. 1 vol. in 12 (Lehuby).

**ÉMILIE** et Laurette, ou la Grande allée des Tuileries; par Mme Guizot. 1 vol. in-18.

**EMMA**, ou le Robinson des jeunes personnes; par Mme Woillez. 1 v. in-12.

**EMMA**, ou le Modèle des jeunes personnes; par M. l'abbé Guérinet. 1 vol. in-18 (B.-M.).

**EMMANUEL**, ou Dieu avec nous. 1 vol. in-8.

**EMMELINE**, ou la Jeune musicienne; par Mlle Ulliac Trémadeure. 1 vol. in-18.

**EMPIRE** de la foi (l'); par l'abbé H. 1 vol. in-12 (B.-B.).

**EMPIRE** de la vertu (l'), ou l'Influence de la morale évangélique, histoires instructives et amusantes; par Mme de la Bretonnière. 1 vol. in-12 (Lehuby).

EMPIRE du bon exemple (l'); par Mlle Brun. 1 vol. in-18 (B.-G.).

ENCOURAGEMENTS de l'adolescence, ou l'Emulation justifiée; par Mlle Julia Michel, âgée de quinze ans. 1 vol. in-18.

ENCOURAGEMENTS du jeune âge (les). 1 vol. in-12.

ENFANT abandonné (l'), ou la Nécessité du travail; par de Saintes. 1 vol. in-12.

ENFANT aveugle (l'). 1 vol. in-18 et in-12.

ENFANT de la Providence (l'); par Abel Maurice. 1 vol. in-12.

ENFANT impie (l'), histoire véritable d'un élève de l'Université; par le chevalier de Beauterne. 1 vol. in-8 et in-12.

ENFANTS (les), contes à l'usage de la jeunesse; par Mme Guizot. 2 v. in-12 et 12 vol. in-18.

ENFANTS (les), ou les Caractères; trad. de l'anglais de miss Edgeworth. 4 vol. in-18.

ENFANTS de la vallée d'Andlau (les), ou Notions familières sur la religion, la morale et les merveilles de la nature; par Mmes E. Voiart et A. Tastu. 2 vol. in-12.

ENFANTS du vieux marin (les), ou la Leçon paternelle; par Mme Carroy. 1 vol. in-12.

ENFANTS vertueux (les); par Pierre Marcel. 1 vol. in-18 (B.-M.).

ENGUERRAND, ou le Duel, suivi de Zoé, ou la Femme légère, et du Curé de Bériles. 2 vol. in-12.

ENSEIGNEMENT du cœur (l'), ou le Malheur les unit; par Mme Chevreau-Lemercier. 1 vol. in-8.

ENTRETIENS d'un berger et d'un missionnaire sur les vérités de la foi. 1 v. in-18 (B.-L.).

ÉPREUVES de la piété filiale (les), suite d'Edmond et Arthur; par l'auteur de Lorenzo. 1 vol. in-12 (B.-L.).

ERMITE (l'), roi; légende de la fin du VIe siècle; par l'abbé R***. 1 vol. in-18 (B.-L.).

ERNEST et Louis, ou Douceur et colère; par F. de Resbecq. 1 vol. in-18 (B.-G.).

ERNESTINE, ou les Charmes de la vertu; par Mme Farrenc. 1 vol. in-12 (B.-M.).

ERREUR détrompée (l') par la conviction. 1 vol. in-8.

ESPÉRANCE trompée; par Mme de Sainte-Marie. 1 vol. in-18 (B.-G.).

ESTELLE, ou la Vierge des Alpes; par Victor Doublet. 1 vol. in-12 (B.-B.).

ÉTIENNE, ou le Prix de Vertu; par Pierre Marcel. 1 vol. in-18 (B.-M.).

ÉTIENNE et Valentin, ou Mensonge et probité; par Mlle Ulliac Trémadeure. 1 vol. in-12.

ÉTUDE et récréation, ou l'Intérieur d'un pensionnat, ouvrage instructif et moral; par Mme Carroy. Edit. revue par l'abbé Rousier. 1 vol. in-12.

ÉTUDES morales et religieuses; par Mlle Marie Curo. 1 vol. in-12.

ÉTUDES et plaisirs, petites histoires; par Mlle Dubois de Thainville. 1 vol. in-12 (Lehuby).

EUDOLIE, ou la Jeune malade. 2 vol. in-12.

EUDOXE, ou l'Homme du XIXe siècle ramené à la foi de ses pères ; par A. de Rieux. 1 vol. in-8.

EUDOXIE, ou l'Orgueil puni, et autres contes ; par Mme Guizot. 1 vol. in-18.

EUGÈNE, ou le Petit vigneron ; par Mlle Ulliac Trémadeure. 1 vol. in-18.

EUGÉNIE, ou l'Empire de la vertu. 1 vol. in-8.

EUSTACHE, épisode des premiers temps du christianisme. 1 vol. in-18 (B.-M.).

EUSTACHE, histoire imitée de l'allemand ; par l'abbé Hunkler. 1 v. in-12.

EXEMPLE de confiance en Dieu au milieu des plus grands périls. 1 v. in-18 (B.-L.).

EXEMPLES de vertu, mis à la portée de la jeunesse. 2 vol. in-18 (B.-L.).

EXILÉ de Tadmord (l'), histoire persane du VIIe siècle. 1 vol. in-18 (B.-L.).

EXPÉRIENCE du jeune âge (l'), ou Leçons d'une bonne mère ; par Mme de Courval. 2 vol. in-12.

EZILDA, ou la Zingara ; par Victor Doublet. 1 vol. in-12 (B.-B.).

FABIEN. 2 vol. in-18 (B.-L.).

FAMILLE (la), ouvrage imité de l'italien. 1 vol. in-18 (B.-L.).

FAMILLE (la). 1 vol. in-18 (B.-L.).

FAMILLE africaine (la), ou l'Esclave converti. 1 vol. in-18 (B.-M.).

FAMILLE chrétienne (la) ; trad. de Schmid. 1 vol. in-18 (B. M.).

FAMILLE chrétienne (la), ou Entretiens d'un curé. 1 vol. in-12.

FAMILLE de Kendal (la), ou le Nom sans héritier ; par Mme de Sainte-Marie. 1 vol. in-18 (B.-G.).

FAMILLE de Luzy (la), ou Désintéressement et intrépidité ; par Mme H. M. 1 vol. in-12 et 3 vol. in-18 (B.-L.).

FAMILLE d'Ormont (la), ou le Monde étudié de près. 1 vol. in-18 (B.-G.).

FAMILLE du fermier Simon, ou la Résignation dans les adversités. 1 vol. in-18 (B.-L.).

FAMILLE heureuse (la), ou Contraste entre le bonheur d'une vie paisible et chrétienne et le trouble et les agitations du monde. 2 vol. in-18 (B.-L.).

FAMILLE irlandaise (la), ou les Conséquences d'une première faute. 2 vol. in-18 (B.-L.).

FAMILLE Morin (la), ou les Contes de la grand'mère ; par Mlle Desroches. 1 vol. in-12.

FAMILLE sainte (la), ou l'Histoire de Tobie présentée pour modèle aux familles chrétiennes. 1 vol. in-18.

FAMILLE Sismond (la), ou la Piété éprouvée et récompensée. 1 vol. in-18 (B.-M.).

FAMILLE suisse (la), ou les Petits marchands forains ; par Mme Carroy. 1 v. in-12.

FANNY, ou l'Institutrice de onze ans ; par Mme de Flesselles. 1 vol. in-18.

FÉLIX, ou la Vengeance du chrétien. 1 vol. in-18 (B.-M.).

FÉNELON de la jeunesse (le), ou le Mentor chrétien. 1 vol. in-18.

FERDINAND, histoire d'un jeune comte espagnol; par M. Hunkler. 1 vol. in-18 (B.-G.).

FERME modèle (la), ou l'Agriculture mise à la portée de tout le monde; par H. de Chavannes de la Giraudière. 1 vol. in-8 (B.-M.).

FERMIER aveugle (le) et la famille, ou la Récompense du travail; imité de l'anglais, par Oct. B. 1 vol. in-18.

FERNAND et Antony, ou l'Amitié dans le malheur, épisode tiré de l'histoire d'Alger. 1 vol. in-12 et 2 vol. in-18 (B.-L.).

FERNANDO; trad. de Schmid. 1 vol. in-12 et in-18 (B.-M.-B.-L.).

FERRÉOL, ou les Passions vaincues par la religion; par Th. Ménard. 1 vol. in-12 (B.-M.).

FÊTE de Saint-Nicolas (la); par L.-F. 1 vol. in-18 (B.-M.).

FEUILLES de palmier (les), contes orientaux à l'usage de la jeunesse; traduits de l'allemand de Herder, par Mme Treuenthal. 1 vol. in-12 (Lehuby).

FIANCÉS (les); par Alexandre Manzoni. 6 vol. in-12.

FIDÉLITÉ bénie (la), chronique chrétienne du ve siècle. 1 v. in-18 (B.-L.).

FILLE de Jephté (la); par E.-M. Masse. 1 vol. in-18.

FILLE du croisé (la), épisode du temps féodal. 1 vol. in-18 (B.-G.).

FILLE du maçon (la); par Mlle Elisa Moreau. 1 vol. in-12 (B.-M.).

FILLE du mandarin (la), ou la Foi chrétienne aux prises avec l'idolâtrie chinoise; par l'abbé Charvoz. 1 vol. in-8.

FILS aîné (le); par Marie Emery. 1 vol. in-18 (B.-L.).

FILS de la veuve (les); par Mlle Eulalie Benoît. 1 vol. in-18 (B.-G.).

FLORENCE, ou Modèle de piété offert aux jeunes personnes. 1 vol. in-18 (B.-L.).

FLORESTINE, ou Religion dans l'infortune; par Logeais. 1 v. in-18 (B.-M.).

FRAISES (les) et le petit ramoneur. 1 vol. in-18 (B.-L.).

FRANCE illustrée (la) par ses rois, ou Traits de bienfaisance, d'humanité, de générosité, etc.; par Fresse-Montval. 1 vol. in-12.

FRANÇOIS PERRIN, épreuves et réhabilitation d'un condamné libéré; par Léon Vidal. 1 vol. in-18.

FRATERNITÉ (la). 1 vol. in-18 (B.-L.).

FRATRICIDE (le), ou Gilles de Bretagne, suivi de la fille de Moab; par Walsh. 2 vol. in-8 et 3 vol. in-12.

FRÉDÉRIC, ou l'Amour de l'argent; par Mme Farrenc. 1 vol. in-12 (B.-L.).

FRÉDÉRIC, ou l'Ermite du mont Atlas; par M. E. N. 1 vol. in-18 (B.-M.).

FRÉDÉRIC, ou Puissance de la religion; par le comte H. de L. 1 v. in-12.

FRÈRE (le) et la sœur, ou les leçons de l'adversité; par Mme Woillez. 1 vol. in-12 (B.-M.).

FRIDOLIN le bon garçon, et Thierry le mauvais sujet. 1 vol. in-12.

FRUITS de vertu. 1 vol. in-18 (B.-L.).

GALATÉE, pastorale; par Florian. 1 vol. in-18.

GALERIE anecdotique des enfants, ou le Mérite des enfants; par A. de Sailliet. 1 vol. in-8.

GALERIE des prix Montyon; par Gustave des Essarts. 1 vol. in-12.

GÉNÉRAL Drouot (le). 1 vol. in-18 (B.-L.).

GENEVIÈVE, traduite de Schmid. 1 vol. in-18 (B.-M.).

GENEVIÈVE, ou la Pauvre femme charitable. 2 vol. in-18 (B.-L.).

GENEVIÈVE de Brabant, histoire touchante du vieux temps. 2 vol. in-18 (B.-L.).

GEORGES et Prosper, ou Travail et paresse. 1 vol. in-18.

GEORGES, ou le Bon usage des richesses. 2 vol. in-18 (B.-L.).

GEORGINE, ou l'Amour fraternel. 1 vol. in-18 (B.-L.).

GÉRALDINE, ou Histoire d'une conscience; trad. de l'anglais, par Mme la marquise M... 2 vol. in-12.

GERSON, ou le Manuscrit aux enluminures; par Ernest Fouinet; ouvrage couronné par l'Académie. 1 vol. in-12 (B.-M.).

GILBERT, ou le Poëte malheureux; par l'abbé......, curé du diocèse de Tours. 1 vol. in-12.

GILBERT et Mathilde, épisode des croisades. 1 vol. in-12 (B.-L.).

GLOIRE et malheur, ou les Suites de l'ambition. 1 vol. in-18 (B.-L.).

GONDICAR, ou l'Amour du chrétien; par L.-F. 1 vol. in-18 (B.-M.).

GRACES chrétiennes (les); eucharistie; par Mme Emma Ferrand. 1 v. in-18.

GRACES chrétiennes (les); extrême-onction. 1 vol. in-18.

GRANDE-BRETAGNE (la) en 1833; par le baron d'Haussez. 2 vol. in-8.

GUILLAUME et Lucie; par Mme Dié de Saint-Joseph. 1 vol. in-18 (B.-G.).

GUIRLANDE de houblon (la); traduite de Schmid. 1 vol. in-18 (B.-M.).

GUSTAVE, ou le Petit jardinier; par Mlle Ulliac Trémadeure. 1 vol. in 18.

GUSTAVE, ou l'Orphelin du presbytère. 2 vol. in-18 (B.-L.).

GUSTAVE et Eugène, ou Orgueil et humilité; par Mme C. Farrenc. 1 vol. in-18 (B.-M.).

GUSTAVE et Lucien, ou l'Empire sur soi-même; par Mme de Sainte-Marie. 1 vol. in-18 (B.-G.).

GYMNASE moral des jeunes gens, ou Nouvelles anecdotiques, relatives à quelques-uns de nos plus illustres contemporains, etc.; par J.-B.-J. Champagnac. 1 vol. in-12 (Lehuby).

GYMNASE moral des jeunes personnes, ou Nouvelles anecdotiques relatives à des femmes célèbres de notre siècle, etc.; par J.-B.-J. Champagnac. 1 vol. in-12 (Lehuby).

HÉLÈNE, ou la Jeune institutrice. 1 vol. in-18 (B.-G.).

HÉLÈNE, ou l'Empire sur soi-même; par Elisabeth Rankin; trad. de l'anglais, par Mlle A. Desbrosses. 1 vol. in-12.

HENRI D'EICHENFELS (le Jeune), ou Comment on parvient à connaître Dieu, suivi de..., etc.; trad. de Schmid. 1 vol. in-12 et in-18 (B.-L.).

HENRI et Marie, ou les Deux orphelins; par Mme Schoppe. 1 vol. in 12 et in-18 (B.-M.).

HENRI VANDERHOVE. 2 vol. in-18 (B.-L.).

HENRI DE TOURNAY, ou Entretiens sur la morale. 1 vol. in-18.

HENRY PERCY, comte de Northumberland; par Mme de Craon. 2 vol. in-8.

HERMITE du Chimboraço. 1 vol. in-12 (B.-M.).

HEURES de loisir (Mes), anecdotes morales, racontées à la jeunesse; par J.-B. Maigrot. 1 vol. in-12.

HEUREUSE rencontre (l'), ou Entretiens d'Eugénie et de Delphine. 1 v. in-18.

HEUREUX fruits de la vertu. 1 vol. in-18 (B.-L.).

HEUREUX matin de la vie (l'); par l'abbé Carron. 1 vol. in-18 (B.-L.).

HIRLANDA, duchesse de Bretagne, ou Triomphe de la vertu et de l'innocence; par l'auteur d'Itha, comtesse de Toggenbourg. 1 vol. in-18.

HISTOIRE d'Ali-Baba et des quarante voleurs exterminés par une esclave, etc.; trad. par Galland, et soigneusement corrigée par l'abbé Pinart. 1 vol. in-12.

HISTOIRE de don Quichotte de la Manche; par M. Cervantes. Edit. corrigée par l'abbé Lejeune. 2 vol. in-12.

— La même. 1 vol. in-8 (B.-M.).

HISTOIRE de Gil Blas de Santillane; par Lesage. Edit. corrigée par l'abbé Lejeune. 1 vol. in-12.

HISTOIRE des templiers; par J. Roy. 1 vol. in-12 (B.-M.).

HISTOIRE de Jean-Marie, suivie du Portefeuille; par M^lle^ Ulliac Trémadeure. 1 vol. in-18.

HISTOIRE de Jérôme, ou le Malin dupe de ses malices. 1 vol. in-18 (B.-L.).

HISTOIRE de Joseph. 1 vol. in-18 (B.-L.).

HISTOIRE de l'Ancien Testament (Abrégé de l'); trad. de Schmid. 1 vol. in-18 (B.-M.).

HISTOIRE de la chevalerie; par J.-J.-E. Roy. 1 vol. in-12 (B.-M.).

HISTOIRE de plusieurs déportés à Sinnamari. 1 vol. in-12.

HISTOIRE des bienfaits du christianisme. 1 vol. in-18.

HISTOIRE des chevaux célèbres. 1 vol. in-12.

HISTOIRE du prince Lee-Boo, ou Aventures d'un jeune Indien dans les îles Pelew, dans la mer du Sud; par F.-D. 1 vol. in-18.

HISTOIRE d'un jeune orphelin, ouvrage pour la jeunesse; par Hennequin. 1 vol. in-12.

HISTOIRE d'un louis d'or, Petit Pierre, etc.; par M^me^ Guizot. 1 vol. in-18.

HISTOIRE d'une pieuse héritière; par M^me^ Foucault. 1 vol. in-12.

HISTOIRE d'une sœur de charité; par M^me^ Foucault. 1 vol. in-12.

HISTOIRES amusantes et morales, pour les petits enfants; par Léon Guérin. 1 vol. grand in-18.

HISTOIRES choisies, ou Exemples tirés de l'Ecriture, des Pères et auteurs ecclésiastiques; par l'abbé Génevaux. 1 vol. in-12.

HISTOIRES choisies, ou Livre d'exemples. 2 vol. in-18.

HISTOIRES choisies, ou Livre d'exemples tirés de l'Ecriture, des Pères et des auteurs ecclésiastiques, suivant l'ordre des matières des cathéchismes. 3 vol. in-12 réunis en 1.

HISTOIRES des plus fameux hérésiarques (Abrégé des) qui ont paru en Europe depuis 1040, et un Précis des causes du schisme de l'église anglicane. 1 vol. in-12.

HISTOIRES édifiantes, pour servir de lecture aux jeunes gens de l'un et de l'autre sexe ; par M. Collet. 1 vol. in-12 et in-18 (B.-L.).

HISTOIRES édifiantes et curieuses ; par Baudrand. 1 vol. in-12 (B.-M.).

HISTOIRES et anecdotes édifiantes (Recueil d'). 2 vol. in-12 (B.-C.).

HISTOIRES et paraboles du P. Bonaventure Giraudeau, suivies de diverses autres histoires et paraboles. 1 vol. in-18 et in-12.

HISTOIRES et paraboles (Nouvelles), faisant suite aux paraboles du P. Bonaventure Giraudeau ; par le P. Champion de Nilon. 1 vol. in-12 et in 18.

HISTOIRES et paraboles (Nouvelles), suivies de fables morales ; par le P. Doré. 1 vol. in-12 et in-18.

HISTOIRES morales (Petites), destinées à l'instruction de tout le monde. 15 vol. réunis et reliés en 4 vol. in-32.

HISTOIRES morales ; traduites de l'allemand, par M. l'abbé Hunkler. 1 vol. in-12 (B.-B.).

HISTOIRES morales et édifiantes ; par M^me^ Joséphine Junot d'Abrantès. 2 v. in-12.

HISTOIRES pour les enfants, tirées de l'Histoire d'Angleterre, depuis la conquête jusqu'à la révolution. 1 vol. in-18.

HISTOIRES saintes, les plus remarquables de l'Ancien Testament ; par Berruyer. 1 vol. in 12.

HISTORIETTES à mon petit garçon et à ma petite fille ; par M^me^ de Renneville. 1 vol. in-12.

HIVER (l'), ou Considérations sur les œuvres de Dieu ; par M^lle^ Brun. 1 vol. in-18 (B.-G.).

HISTORIETTES, conversations et petits contes pour les enfants qui commencent à lire ; par Berquin. 2 vol. in-18 (tome 19e et 20e de ses œuvres).

HOMME de douze ans (Un), nouvelles. 2 vol. in-18 (B.-G.).

HOMME heureux (l') dans toutes les situations de la vie, ou les Aventures de Misseno ; trad. du portugais du P. Th. Alméda, par l'abbé Gamet. 2 v. in-12.

HOMME (l') propose et Dieu dispose. 1 vol. in-18 (B.-L.).

HONNÊTE marchand (l'), ou la Justice et la bonne foi mises en pratique dans le commerce. 1 vol. in-18 (B.-L.).

HONORINE ; par l'auteur d'Adhémar de Belcastel. 2 vol. in-18 (B.-L.).

HONORINE, ou le Triomphe de l'humilité sur l'orgueil ; par A. N. 1 v. in-18 (B.-M.).

HONORINE et Adolphe, nouvelle précédée de Julien Durand. 1 vol. in-12 (B.-L.).

HORTENSE de Lussan. 1 vol. in-18 (B.-L.).

HOTEL-DIEU (l') de Paris en 1830 ; par Prosper Minière. 1 vol. in-8.

HUBERT, ou les Suites funestes de la paresse et de l'incrédulité ; par E. N. 1 vol. in-18 (B.-M.).

HUGUES, ou l'Amour filial ; par Charles Méry. 1 vol. in-18.

ILE des enfants (l'), histoire véritable ; trad. de l'allemand. 1 vol. in-18.

INCAS (les), ou la Destruction de l'empire du Pérou; par Marmontel. Edit. corrigée par M. l'abbé Lejeune. 1 vol. in-12.

INDUSTRIE et travail, ou le Pouvoir de la volonté; histoires d'artistes, d'artisans et négociants devenus célèbres; par J.-B.-J. Champagnac. 1 vol. in-12.

INSTRUCTION et éducation; par Mme de Sainte-Marie. 1 vol. in-18 (B.-G.).

INTÉRIEUR d'un pensionnat (l'); par Mme Carroy. Edit. revue par l'abbé Rousier. 1 vol. in-12.

INTÉRIEUR d'une école (l'); par H. Barbier. 1 vol. in-18.

INTÉRIEUR d'une famille chrétienne; par Mme de Sainte-Marie. 2 v. in-18 (B.-G.).

INVALIDE (l'), histoire écrite par lui-même, et publiée par M. H. de J. 2 v. in-12 reliés en 1.

INVENTIONS, découvertes, perfectionnements (Entretiens d'un père avec ses enfants sur les), ou Galerie des arts utiles. 1 vol. in-12. (Voir aussi Dictionnaire des.....)

ISABELLE DE NESLE, épisode tiré de l'histoire du xve siècle. 2 v. in-18.

ISABELLE DE SAINT-GEORGES, ou le Triomphe de la piété filiale; par V. Doublet. 1 vol. in-12 (B.-B.).

ISIDORE, ou la Fille merveilleuse; par l'abbé Hunkler. 1 v. in-12 (B.-C.).

ISIDORE, ou le Fervent laboureur. 1 vol. in-18 (B.-L.).

ISMAEL, ou Conversion d'un juif, suivie de ses entretiens avec des incrédules, des athées; par Miel. 1 vol. in-12.

ISOLA, souvenirs des vallées de Bretagne; par Jéhan. 2 vol. in-12.

ISOLA, suite d'Edmond et d'Arthur; par l'auteur de Lorenzo. 2 vol. in-18 (B.-L.).

ITHA, comtesse de Toggembourg, ou l'Innocence persécutée; trad. de Schmid, par L.-H. 1 vol. in-18 (B.-G. et B.-M.)

IVAIN, ou le Fils du lépreux; par l'auteur du Chemin de fer. 1 vol. in-18 (B.-L.).

IRVAIN, ou la Retraite de Moscou; par Aimé Saint-Brice. 1 vol. in-18.

ISLA, ou l'Enfant gâté. 1 vol. in-18 (B.-L.).

JACQUES, le forçat libéré, ou il Faut toujours espérer en Dieu; par l'abbé Jouhanneaud. 1 vol. in-32.

JACQUEMIN le franc-maçon, légendes des sociétés secrètes; par Jean de Septchênes, ancien timballier de Sa Majesté le roi de Prusse. 1 v. in 16.

JACQUES-COEUR; par Cordellier Delanoue. 1 vol. in-12 (B.-M.).

JACQUES DELORME, ou Bonheur et religion; par M. d'Exauvillez. 2 vol. in-18 (B.-G.).

JACQUOT, ou la Basse-cour de ma grand'tante; par Mlle Ulliac Trémadeure. 1 vol. in-18.

JADIS et aujourd'hui, ou les Deux méthodes. 1 vol. in-18 (B.-L.).

JAMES, ou le Pécheur ramené à la religion par l'adversité; par M.-E. W. 1 vol. in-18 (B.-M.).

JAVANAIS (les); par Cordellier Delanoue. 1 vol. in-12 (B.-B.).

JEAN et Julien, ou les Petits colporteurs; par M. A.-E. de Saintes. 1 vol. in-12.

JEANNE, ou la Jeune mère. 2 vol. in-18 (B.-L.).

JEANNE D'ARC. 1 vol. in-18 (B.-L.).

JEANNE, ou la Jeune mère de famille. 2 vol. in-18 (B.-L.).

JEANNE-MARGUERITE DE MONTMORENCY, ou la Solitaire des Pyrénées, épisode historique; par M. Sabatier de Castres. 1 vol. in-18 (B.-G.).

JENNY. 1 vol. in-18 (B.-L.).

JÉNOSEPH, ou Vertu, jeunesse et adversité; par Logeais. 1 v. in-18 (B.-M.).

JEUNE athlète chrétien (le); par M. l'abbé Mounaix. 1 vol. in-18 (B.-G.).

JEUNE graveur (le); par Mlle Ulliac Trémadeure. 1 vol. in-18 et in-12.

JEUNE Henri d'Eichenfels (le), comment il parvint à connaître Dieu. 1 vol. in-18 et in-32.

JEUNE industriel; par M. Ch. Delattre. 1 vol. in-12.

JEUNE instituteur (le), ou le Prix de la persévérance; par Mme Carroy. 1 v. in-12.

JEUNE libéré (le); par Mlle Louise Crembach. 1 vol. in-18.

JEUNE marin (le), ou l'Education maternelle; par Mme Guermante. 1 vol. in-12 (B.-M.).

JEUNE Marie (la), ou Conversion d'une famille protestante; par l'abbé B., chanoine de Saint-Dié. 1 vol. in-18 (B.-M.).

JEUNE Mélanie (la). 1 vol. in-18 (B.-L.).

JEUNE mère institutrice (la), ou Leçon d'une mère à ses enfants; par Mme de Flammerang. 1 vol. in-12.

JEUNE musicienne (la); par Mlle Ulliac Trémadeure. 1 vol. in-18 et in-12.

JEUNE précepteur (le), ou Jules; par Mme Guizot. 1 vol. in-18.

JEUNE sculpteur (le); par Mlle Ulliac Trémadeure. 1 vol. in-18.

JEUNE Sibérienne (la), précédée du Lépreux de la cité d'Aoste et des Prisonniers du Caucase; par Xavier de Maistre. 1 vol. in-8 et in-18.

JEUNE tambour (le), ou les Deux amis; par Mme Voillez. 1 v. in-12 (B.-M.).

JEUNES amis (les), ou les Suites de la bonne et de la mauvaise conduite; par Mme Elisabeth Griffin. 1 vol. in-12.

JEUNES ouvrières (les), ou l'Epreuve et la récompense; par Mme Voillez. 1 vol. in-12 (B.-M.).

JE VEUX être heureux. 1 vol. in-12.

JOSEPH; par Bitaubé. 1 vol. in-12.

JOSEPH le manteau noir, ou ce que Dieu fait est bien fait; par Salzmann, traduit de l'allemand, par Cohen. 1 vol. in-12.

JOSEPH et Isidore, ou le Danger des mauvaises compagnies; par P. Marcel. 1 vol. in-18 (B.-M.).

JOURS de congé (les), ou Promenades hebdomadaires; par Ant. Caillot. 2 vol. in-12.

JOURNAL des loisirs utiles, ou l'Ami des jeunes filles; par Mme la comtesse Drohojowska. In-8.

JOURNAL des enfants. 8 vol. in-4.

JOURNAL des jeunes personnes. 8 vol. in-8.

JOURNAL des personnes pieuses. 1 vol. in-4.

JOURNÉE (la), ou l'Emploi du temps, par L.-F. Jauffret. 1 vol. in-18.

JUANA et Laurencie, ou le Triomphe de la modestie; par Victor Doublet. 1 vol. in-12.

JUIVE convertie (la); par Mme Foucault. 1 vol. in-12.

JULES, ou la Vertu dans l'indigence, suivi de plusieurs nouvelles; par Mme Césarie Farrenc. 1 vol. in-12 (B.-L.).

JULES, ou le Jeune précepteur, et autres contes, etc., par Mme Guizot. 1 vol. in-18.

JULIA, ou la Captive de Dastagerd; par J.-B. Berger. 1 vol. in-12 (B.-B.).

JULIE, ou la Veillée de la cabane; par Mme Césarie Farrenc. 1 vol. in-12.

JULIE, ou le Bon exemple. 1 vol. in-18 (B.-L.).

JULIE, ou l'Heureuse influence de la religion dans les familles, par M. d'Exauvillez. 1 vol. in-18.

JULIEN, ou l'Enfant industrieux; par L.-P. Langlois. 1 vol. in-18 (B.-G.).

JULIEN DURAND, nouvelle, suivie d'Honorine et d'Adolphe. 1 vol. in-12 et 2 vol. in-18 (B.-L.).

JULIEN MOREL, ou l'Aîné de la famille; par Mlle Camille Lebrun. 1 v. in-12.

JUMEAUX de Saint-Cyr (les), ou l'Amour de l'étude; par Mme Delafaye-Bréhier. 1 vol. in-12.

JUMELLES (les Deux), ou la Famille du meunier; par Mlle A. Desves. 1 vol. in-12.

JUSTIN, ou le Petit Auvergnat; par Mme de Renneville. 1 vol. in-18.

JUSTINE, ou la Piété filiale; par M. Hunkler. 1 vol. in-18 (B.-G.).

JUSTINE, ou l'Influence de la vertu; par A. D. 2 vol. in-18 (B.-L.).

KARL, ou le Guide montagnard; par M. de Fontbett. 1 vol. in-12 (B.-B.).

KETLY LEINSTER, ou l'Oubli de soi-même; par Mme de Sainte-Marie. 2 vol. in-18.

LADY ANNE, ou Première année d'une jeune orpheline, suivie de l'Ecole de charité; trad. de Mme Hennequin. 1 vol. in-12.

LANCELLE et Anatole, ou les Soirées artésiennes; par D.-J.-D. 1 vol. in-12 et 3 vol. in-18 (B.-L.).

LAURE, ou la Jeune émigrée; par Mme M.-G.-E. 1 vol. in-18 (B.-M.).

LAURE et Anna, ou la Puissance de la foi sur le caractère; par Mlle Fanny de V***. 1 vol. in-12 (B.-M.).

LAZARINE, ou le Devoir une fois compris religieusement accompli; par Mme Dié de Saint-Joseph. 2 vol. in-18 (B.-G.).

LEÇONS d'une mère à ses enfants, sur la religion; par Mme Caroline Falaize. 2 vol. in-12.

LECTURES en famille, ou les Soirées d'hiver, récits amusants; par Rénal, précédées de Modèles des enfants; par Blanchard. 1 vol. in-18.

LECTURES pour les enfants (Choix de), ou Recueil de contes, anecdotes, etc.; par Berquin. 2 vol. in-12 et in-18 (tomes 13e et 14e de ses œuvres complètes).

LECTURES religieuses (Petites) pour les petits enfants; par Léon Guérin. 1 vol. grand in-18.

LÉGENDE (Une) du 18e siècle; par le comte de Coëtlosquet. 1 vol. in-18.

LÉGENDES des origines; par Collin de Plancy (Ouvrage approuvé par Mgr l'archevêque de Paris). 1 vol. in-8.

LÉGENDES des sept péchés capitaux; par J. Collin de Plancy (Ouvrage approuvé par Mgr l'archevêque de Paris). 1 vol. in-8.

LÉGENDES et traditions populaires de la France; par le comte Amédée de Beaufort. 1 vol. in-8.

LÉON, ou le Choix d'un ami; par Ch. Laumier. 1 vol. in-18 (B.-M.).

LÉON, ou le Jeune graveur; par Mlle Ulliac Trémadeure. 1 vol. in-18.

LÉONTINE et Marie, ou les Deux éducations, par Mme Woillez. 1 v. in-12 (B.-M.).

LÉPREUX de la cité d'Aoste (le), suivi des Prisonniers du Caucase et de la jeune Sibérienne; par Xavier de Maistre. 1 vol. in-8 et in-18.

LETTRES à une mère sur l'éducation de ses fils; par M. Laurentie. 1 vol. in-18.

LETTRES de famille sur l'éducation; par Mme Guizot. 2 vol. in-12.

LETTRES de Rocheville sur l'esprit du siècle et ses conséquences; par d'Exauvillez. 1 vol. in-18.

LETTRES pour servir à l'éducation d'une jeune personne; par mistress Chapone; traduites de l'anglais, par Ozanam. 1 vol. in-12.

LISE, ou les Avantages d'un joli caractère; par Mme de Renneville. 1 vol. in-18.

LIVRE de l'ouvrier (le), ses devoirs envers la société, la famille et lui-même; par A. Egron, ancien imprimeur : probité, travail, économie. 1 v. in-18.

LIVRE des affligés, ou Douleurs et consolations; par le vicomte A. de Villeneuve-Bargemont. 2 vol. in-12.

LIVRE des enfants (le). 2 vol. in-18.

LIVRE des enfants chrétiens (le), ou Simples contes religieux et moraux; par l'abbé Rousier. 1 vol. in-12.

LIVRE des familles, ou Entretiens familiers sur les connaissances les plus nécessaires à la jeunesse; par Berquin. 2 vol. in-18 (tomes 9 et 10 de ses œuvres).

LIVRE des vacances (le). 1 vol. in-18.

LIVRE des veillées. 1 vol. in-24.

LOISIRS d'un curé (les); par l'abbé Hunkler. 1 vol. in-12.

LOISIRS d'un curé (Nouveaux); par l'abbé Hunkler. 1 vol. in-12.

LOISIRS de Mme de Maintenon. 1 vol. in-12.

LOISIRS religieux; par le chevalier de Bouffret. 1 vol. in-12.

LORENZO, ou l'Empire de la religion, G.-T.-D. 1 vol. in-12 et 3 vol. in-18 réunis en 1 (B.-L.).

LOUIS, le petit émigré; traduit de Schmid. 1 vol. in-18 (B.-M.).

LOUISA, ou la Providence et les bonnes actions. 1 vol. in-18.

LOUISA-PARA, ou le Prodige; par Mme Laure Bernard. 1 vol. in-12.

LOUISE, ou la Bonne femme de chambre. 1 vol in-18 (B.-L.).

LOUISE, ou la Vocation, suivie d'anecdotes édifiantes. 1 vol. in-12.

LOUISE, ou le Doigt de Dieu. 2 vol. in-18 (B.-L.).

LOUISE et Elisabeth, ou les Deux orphelines ; par Pierre Marcel. 1 vol. in-18 (B.-M.).

LUCIE, ou la Messe de minuit, nouvelle, suivie des Deux amies de pension et de la Prison ; par Mme Julie-Gouraud. 1 vol. in-18.

LUCIEN DE BELLEROCHE. 2 vol. in-18 (B.-L.).

LUDOVIC, ou la Famille de l'artiste ; par Mlle Forgame. 1 vol. in-12.

LUDOVICO, ou le Fils d'un homme de génie ; par Mme de Montolieu. 1 vol. in-12.

LUDOVICO, ou le Jeune artiste, bel exemple de dévouement filial, suivi de l'Histoire de deux petits musiciens ; par Mme Hoffland. 1 vol. in-12.

LUIS et Rodrigo ; par Leclerc. 1 vol. in-12.

LYDIA, ou la Jeune Grecque. 1 vol. in-18 (B.-M.).

LYDIE DE GERSIN, ou Histoire d'une jeune Anglaise ; par Berquin. 1 vol. in-18.

LYS (le) d'Israël ; par Anna Marie. 2 vol. in-8.

MACHABÉE, ou Religion et patrie ; par E.-M. Massé. 2 vol. in-18.

MADAME HERBERT, conversations sur le Décalogue. 2 vol. in-18.

MADELEINE, histoire chrétienne. 1 vol. in-12.

MADEMOISELLE DE MONTEYMART et Caliste Durvois, ou l'Amitié chrétienne ; par Mme de Sainte-Marie. 1 vol. in-18 (B.-G.).

MAGASIN des adolescentes ; par Mme Leprince de Beaumont. 2 vol. in-12 et 4 vol. in-18.

MAGASIN des enfants ; par la même. 2 vol. in-12 et 4 vol. in-18.

MAGASIN des jeunes dames ; par la même. 2 vol. in-12 et 4 vol. in-18.

MAGASIN des jeunes demoiselles ; par la même. 2 vol. in-12. et 4 vol. in-18.

MAGASIN des pauvres ; par la même. 1 vol. in-12.

MAITRE d'école de Montigny (le) ; par Ernest Fouinet. 1 v. in-18 (B.-M.).

MANETTE, ou la Vache noire ; par Mlle Ulliac Trémadeure. 1 vol. in-18.

MANUEL de la jeunesse française, suite de la Morale en action. 1 v. in-12.

MARCHAND (le) et le Génie, suivi des Trois calenders ; traduit par Galland, et soigneusement corrigé par l'abbé Pinart. 1 vol. in-12.

MARCIA, ou la Religion d'une jeune fille aux prises avec l'impiété ; par Arsène Duménil. 1 vol. in-18.

MARGUERITE, ou le Dévouement d'une mère ; par A. D. 2 v. in-18 (B.-L.).

MARGUERITE, ou l'Espérance (Collection de Mme Richomme). 1 vol. in-18.

MARGUERITE et JUSTINE, ou la Bonne et la mauvaise route ; par M. l'abbé Testas, aumônier de la prison de Saint-Lazare. 1 vol. in-18.

MARIA ; par Mme la comtesse de Roguenel. 1 vol. in-12.

MARIA, ou la Confiance en Dieu porte bonheur. 1 vol. in-18 (B.-M.).

MARIANNE AUBRY ; par Mlle Louise d'Aulnay. 1 vol. in-12.

MARIE, la fille de l'Aveugle, ou Ce que Dieu fait est bien fait ; par Mme de Civray. 1 vol. in-12.

MARIE, ou la Corbeille de fleurs; traduite de Schmid. 1 vol. in-18 (B.-M.).
MARIE, ou la Fête-Dieu; par Mme Guizot. 1 vol. in-18.
MARIE, ou l'Ange de la terre; par Mlle Fanny de V..... 1 v. in-12 (B.-M.).
MARIE, ou la Prison, suivie de Lucie, ou la Messe de minuit, et des Deux amies de pension; par Mlle Julie Gouraud. 3 vol. in-18 réunis en 1.
MARIE, ou la Vertu heureuse de s'ignorer elle-même; par Mme de Saint-Joseph. 1 vol. in-18 (B.-G.).
MARIE-CAROLINE; par Mme Guizot. 1 vol. in-18.
MARIE D'ALEZZIO, ou la Divine Providence; par M. A. Biéchy. 1 v. in-12 (B.-B.).
MARIE DE KERVON, ou les Fruits de l'éducation; par Mlle A. Desves. 1 v. in-12.
MARIE EUSTELLE, ou la Fervente adoratrice du saint Sacrement; par l'auteur des Essais pratiques. 2 vol. in-18 réunis en 1 (B.-L.).
MARIE LAUNOIS, ou je Ferai dire une messe. 1 vol. in-32.
MARIE et Juliette, ou Simplicité et modestie, coquetterie et mondanité; par M. Fortunat. 1 vol. in-18.
MARIE et Laure; par Mme de Gaulle. 1 vol. in-18 (B.-G.).
MARIE et son père. 1 vol. in-18 (B.-L.).
MARQUISE de Los Valientes (la), ou la Dame chrétienne, histoire castellane; par P. Marin. 2 vol. in-12.
MARRAINE (la) et la Filleule, ou Considérations sur le baptême. 2 v. in-18 (B.-L.).
MARTHE, ou la Sœur hospitalière; par l'abbé Juchereau. 1 vol. in-18 (B.-M.).
MARTYR de la croix (le), épisode du siége d'Antioche. 1 vol. in-18 (B.-L.).
MATHILDE, ou le Dévouement filial; par M. l'abbé H. 1 v. in-18 (B.-B.).
MATHILDE et Gabrielle, ou les Bienfaits d'une éducation chrétienne; par Mme Claire Guermante. 1 vol. in-12 (B.-M.).
MATTÉO, ou le Bienfait de la Providence; par M. Victor Doublet. 1 vol. in-12 (B.-B.).
MAURICE, ou la Confiance en Marie; par Aimé Zoghelli. 1 v. in-18 (B.-G.).
MAUVAISE tête et bon cœur; par Mme Laure Bernard. 1 vol. in-12.
MÉDITATIONS politiques et religieuses d'un exilé; par Mgr Tharin. 1 vol. in-18.
MÉLANIE, ou les Suites de l'ingratitude, et l'Enfant des deux aveugles; par Mme Foucault. 1 vol. in-12.
MÉLANIE et Lucette, ou les Avantages d'une éducation religieuse. 1 vol. in-18 (B.-M.).
MÉMOIRES de Silvio Pellico, ou mes Prisons; traduit de l'italien par ***. 1 vol. in-8 et in-12 et 2 vol. in-18.
MÉMOIRES de sœur de Saint-Louis, contenant le souvenir de son éducation et de sa vie dans le monde; par Veuillot. 2 vol. in-12 (B.-M.).
MÉMOIRES de M. de Belval, ou la Vérité reconnue. 1 vol. in-12.
MÉMOIRES d'un ange gardien. 1 vol. in-18 (B.-G.).

MÉMOIRES d'un prisonnier d'état au Spielberg; par Alex. Andryane. 2 v. in-12.

MÉMOIRES d'une poupée; par Mlle Louise d'Aulnay. 1 vol. in-18.

— Les mêmes, avec les suites aux Mémoires d'une poupée; par la même. 2 vol. in-18.

MENDIANT (le); par A. Devoille. 2 vol. in-12.

MENTOR (le), journal du jeune âge. 2 vol. in-4.

MENTOR de l'adolescence; par l'abbé Marius Aubert. 1 vol. in-18.

MENTOR de la jeunesse, preuves de la religion; par l'abbé Marius Aubert. 1 vol. in-18.

MENTOR des campagnes (le), ou Soirées instructives et amusantes; par Max. de Montrond. 1 vol. in-12 (B.-C.).

MENTOR des enfants et des adolescents, ou Maximes, traits d'histoire, etc.; par l'abbé Reyre. 1 vol. in-12 (B.-B.).

MENTOR du premier âge; par l'abbé Marius Aubert. 1 vol. in-18.

MENTOR moderne (le), ou Instructions pour les garçons; par Mme Leprince de Beaumont. 12 vol. réunis en 6 vol. in-12.

MENTOR vertueux (le), moraliste et bienfaisant, ou Choix de faits mémorables, d'anecdotes intéressantes, d'entretiens moraux, etc. 1 vol. in-12.

MÈRE (la) et la fille, et autres contes; par Mme Guizot. 1 vol. in-18.

MÈRE gouvernante (la), ou Principes de la politesse, fondés sur les qualités du cœur; par Mme de Renneville. 1 vol. in-12.

MÈRE Sainte-Euphrasie (la), ou Entretiens instructifs et amusants d'une pieuse et savante maîtresse avec ses élèves, pour les prémunir contre les doctrines du siècle; par l'abbé Sanson. 1 vol. in-12.

MÈRE Valentin (la), historiette; par Mme Alida de Savignac.

MÈRES chrétiennes; combien leur zèle est nécessaire au succès de l'éducation; par l'abbé Mérault. 1 vol. in-12.

MÈRES de familles; par Bouilly. 2 vol. in-12.

MÉROOM, ou le Barde des Gaules; par H. de Vendôme. 1 vol. in-12.

MERVEILLES de la Providence dans la nature et dans la religion, ou Lectures instructives et édifiantes pour tous les dimanches de l'année. 1 v. in-8 et in-12.

MES HEURES de loisir, anecdotes morales racontées à la jeunesse; par J.-B. Maigrot. 1 vol. in-12.

MES PRISONS, ou Mémoires de Silvio Pellico. 1 vol. in-18 et in-12 et 3 vol. in-18 (B.-M. et B.-L.).

MICHAEL, le jeune chevrier du mont Perdu; par A.-E. de Saintes. 1 vol. in-12.

MICHEL et Bruno, ou les Fils du petit marinier; par Mme Césarie Farrenc. 1 vol. in-18 (B.-M.).

MICHEL et François, ou les Écoles chrétiennes et mutuelles. 1 vol. in-18 (B.-G.).

MILLE ET UNE NUITS (les); trad. par Galland. Edit. corrigée par l'abbé Pinart. 5 vol. in-12.

— Les mêmes. Edit. corrigée par l'abbé Lejeune. 1 et 2 vol. in-12.

MIROIR de la jeunesse (le), ou le Jeune âge instruit par ses propres erreurs et par ses propres vertus; historiettes, par Mme de S.-Spérat. 1 v. in-18.

MODÈLE de piété offert aux jeunes personnes, ou Florence. 1 vol. in-18 (B.-L.).

MODÈLE des jeunes filles; par A.-E. de Saintes. 1 vol. in-18.

MODÈLES de la jeunesse chrétienne, ou Traits de piété, de charité, etc.; par Lemaire. 1 vol. in-18.

MODÈLES de la jeunesse française; par Taillard. 1 vol. in-12.

MODÈLES des enfants, ou Traits d'humanité, de piété filiale, d'amour fraternel, etc., donnés par des enfants, etc. 1 vol. in-18.

MODÈLES des enfants; par Blanchard, suivi des Lectures en famille, par Rénal. 2 vol. in-18 réunis en 1.

MODÈLES des jeunes personnes, ou Traits remarquables, actions vertueuses, etc. 1 vol. in-18.

MON bon ange. 1 vol. in-18 (B.-L.).

MONDE en miniature (le) des petits enfants; par Léon Guérin. 1 vol. grand in-18.

MONSIEUR Dancourt et son fils, ou l'Abus et le bon usage du talent; imité de l'anglais par Oct. B... 1 vol. in-18.

MONSIEUR Ego; par Jules de Saint-Félix. 1 vol. in-18.

MONT-JOUY, ou Erreur et repentir; par Mlle Louise Boyeldieu d'Auvigny. 1 vol. in-12.

MONT-VALÉRIEN (le), ou Pèlerinage et amitié; par Max. de Montrond. 1 v. in-12 (B.-C.).

MORALE chrétienne (Conversations entre une mère et ses enfants, sur les principaux points de la); par Mlle de Maussion. 2 vol. in-18 réunis en 1 (B.-G.).

MORALE en action, ou Elite de faits mémorables et d'anecdotes instructives propres à faire aimer la vertu, etc. 1 vol. in-12 (A.-M.-D.-G.).

MORALE en action illustrée; par Emile de la Bédollière. 1 vol. in-8.

MORALE en action (Nouvelle), annales contemporaines. 1 vol. in-12 (B.-L.).

MORALE en action (Suite de la), ou Manuel de la jeunesse française. 1 vol. in-12.

MORALE en action (Petite), pour les petits enfants; par Léon Guérin. 1 v. grand in-18.

MORALE en action des noirs (la), ou Exemples de vertus et beaux traits de fidélité, de courage, de générosité, de bienfaisance donnés par des noirs; par l'abbé Hardy. 1 vol. in-18.

MORALE en action du christianisme; par M. Marduel. 2 vol. in-8.

MORALE enseignée par l'exemple, ou Elite d'anecdotes anciennes et modernes. 3 vol. in-12.

MORALE évangélique, mise en action, ou les Soirées du château de Valbonne; par Mme la baronne de Méré. 2 vol. in-18.

MORALE (Petit cours de) pour l'éducation de la jeunesse. 1 v. in-18 (B.-G.).

MORALES (Nouvelles); par M. d'Exauvillez. 1 vol. in-12.

MORALISTE du premier âge. 1 vol. in-18 (B.-L.).

MORALISTES et allégories. 1 vol. in-18 (B.-L.).

MORT d'un enfant impie; par M. de Beauterne. 1 vol. in-8 et in-12.

MORTS édifiantes (Recueil des); par M***. 1 vol. in-18.

MORTS funestes des impies (Recueil des); par d'Exauvillez. 1 vol. in-18.

MOUTON (le Petit), suivi du Ver luisant; traduit de Schmid. 1 vol. in-18 (B.-M.).

MYSTÈRES de la Providence, simples récits faits aux ouvriers de Paris dans les conférences de Saint-François-Xavier, en 1844 et 1845; par A. de Roosmalen. 1 vol. in-12.

NADIER, suivi de la Bonne conscience, et autres contes; par Mme Guizot. 1 vol. in-18.

NATALIE, ou la Piété nous rend heureux. 1 vol. in-18 (B.-L.).

NATALIE, ou les Dangers des préventions; par Mme J. Delafaye-Bréhier. 1 vol. in-12.

NATTES (les); par Louis Veuillot. 1 vol. in-12.

NATURE (Cent merveilles de la); par de Marlès. 1 vol. in-12 (B.-M.).

NATURE (Connaissance de la); par Berquin. 1 vol. in-18 (tome 12e de ses œuvres).

NAUFRAGÉS (les) au Spitzberg, ou les Salutaires effets de la confiance en Dieu; par L.-F. 1 vol. in-12 (B.-M.).

NOEL; par Michel Couvelaire. 1 vol. in-18 (B.-G.).

NOTICE historique sur les persécutions et les dévouements d'un émigré; par Raymond. 1 vol. in-12.

NOTICE sur la ville d'Amiens; par MM. H. D. et R. H. 1 vol. in-8.

NOUVEAU pensionnaire (le), ou l'Ami rival, suivi des Contes du bonhomme; par le chevalier Labbée. 2 vol. reliés en 1 vol. in-18.

NOUVEAU Tobie, ou la Patience dans les afflictions de la vie. 1 vol. in-18 (B.-L.).

NOUVEAUX petits Béarnais (les), ou Charmes de la vertu; par Mme J. Delafaye-Bréhier. 2 vol. in-12.

NOUVELLE Antigone (la); par Loyau d'Amboise. 1 vol. in-8.

NOUVELLE Clarice; par Mme Leprince de Beaumont. 2 vol. in-12.

NOUVELLES anecdotes chrétiennes, composées de conversions frappantes, de récits, d'histoires édifiantes, de légendes, précédées des Motifs de revenir à la religion; par le comte Stolberg, recueillies par M. D. 1 v. in-12 (B.-C.).

NOUVELLES de Florian (édit. épurée). 1 vol. in-18.

NOUVELLES diverses; par Edouard Ourliac. 1 vol. in-12.

NOUVELLES histoires et paraboles, faisant suite aux paraboles du P. Bonaventure Giraudeau; par le P. Champion de Nilon. 1 vol. in-12 et in-18.

NOUVELLES histoires et paraboles; par le P. Doré. 1 vol. in-18.

NOUVELLES morales; par d'Exauvillez. 1 vol. in-12.

NOUVELLES morales de Soave; traduites de l'italien. 2 vol. in-12.

NOUVELLES religieuses; par Mme Tarbé. 2 vol. in-18 reliés en 1 (B.-G.).

NUIT (la) porte conseil. 1 vol. in-18 (B.-L.).

OEUFS de Pâque (les), suivis de Théodora; trad. de Schmid. 1 vol. in-18 (B.-M.).

OEUVRES de Berquin (les Idylles exceptées). 19 vol. in-18.

OEUVRES de Mme Delafaye-Bréhier, pour l'éducation des enfants. 15 v. in-12.

OEUVRES de Mme Guizot, pour l'éducation morale des enfants. 12 vol. in-18 réunis en 6, et 4 vol. in-12.

OEUVRES du chanoine Schmid; nouvelle trad. de l'allemand, d'après l'édition définitive de 1841 à 1843, publiées avec le consentement de l'abbé Schmid, et l'approbation de Mgr l'archevêque de Paris. 14 vol. in-12 ou 42 vol. in-18. (En voir le détail au mot : Collection des œuvres du chanoine Schmid.)

— Les mêmes, suivies des œuvres de Nelk, Lang., etc. (Edition de Gaume, Bibliothèque de l'enfance). 90 vol. in-32 reliés en 20 vol.

OEUVRES de Walter Scott, traduction nouvelle et abrégée; par d'Exauvillez. 6 vol. in-12.

OLYMPE et Adèle, ou Humilité et orgueil; par Mme de Sainte-Marie. 1 vol. in-18 (B.-G.).

ONÉSIE, ou les Soirées de l'abbaye; par Mme ***. 2 vol. in-12.

ORAMAÏKA, nouvelle indienne. 1 vol. in-18 (B.-G.).

ORDRE et désordre; par Mlle Brun. 1 vol. in-18 (B.-G.).

ORPHELIN (l') et l'usurpateur; par Alph. Fresse-Montval. 2 vol. in-8.

ORPHELIN (le Pauvre). 1 vol. in-18.

ORPHELIN allemand (l'); traduit librement de Salzmann, par M. de Marlès. 1 vol. in-12.

ORPHELIN des Alpes (l'); par Mme Célarier. 1 vol. in-18 (B.-M.).

ORPHELINS (les Deux), ou les Fils de la veuve, et Marie pour mère; par Mme de Sainte-Marie. 1 vol. in-18 (B.-G.).

ORPHELINS juifs (les). 1 vol. in-18.

ORPHELINE (l'), ou la Probité résistant à la misère. 1 vol. in-24.

ORPHELINE de Moscou (l'), ou la Jeune institutrice; par Mme Woillez. 1 vol. in-12 (B.-M.).

ORPHELINE (l') et la veuve. 2 vol. in-18 (B.-L.).

ORPHELINES (les Trois), nouvelles veillées du château; par Mme J. Delafaye-Bréhier. 1 vol. in-12.

OUVRIER philosophe, ou Réponses aux objections populaires contre la religion. 1 vol. in-18.

OUVROIR (l'). 2 vol. in-18 (B.-L.).

PALAIS de l'amour divin (le). 1 vol. in-24 et in-32 (B.-M.).

PAOLA, ou la Vierge du rivage; par Victor Doublet. 1 vol. in-12.

PARABOLES de l'Evangile, mises à la portée des enfants et expliquées par une mère; par Mme Alida de Savignac. 1 vol. in-18.

PARABOLES du P. Bonaventure Giraudeau, suivies de diverses autres histoires et paraboles. 1 vol. in-12 et in-18.

PARABOLES du P. Champion de Nilon. 1 vol. in-12 et in-18.

PARABOLES du P. Doré. 1 vol. in-18.

PARABOLES, par le docteur Krummacher; trad. par M. Bautain. 1 v. in-12.

PARABOLES mémorables; par Brotier. 1 vol. in-12.

PARISIEN (le) et le Savoyard, ou une Excursion en Savoie; par Aimé Zaghelli. 1 vol. in-18 (B.-G.).

PARFAIT domestique; par d'Exauvillez. 1 vol. in-18.

PASSE-TEMPS de la jeunesse (le), ou Recueil moral, instructif, amusant; par M. de Saintes. 1 vol. in-12.

PASSE-TEMPS moral (le), ou la Vertu mise en action; par Mme Foucault. 1 vol. in-12.

PATRIARCHE des Vosges (le), ou le Bonheur des familles chrétiennes. 1 v. in-18.

PAUL, ou les Dangers d'un caractère faible; par M. l'abbé Guérinet. 1 vol. in-12 (B.-M.).

PAUL et Georges, ou Charité et rigorisme; par L.-F. 1 vol. in-18 (B.-M.).

PAUL et Virginie, suivi de la Chaumière indienne; par Bernardin de Saint-Pierre. Edition corrigée par une société d'ecclésiastiques. 1 vol. in-12.

PAULINE, ou Courage et prudence; par Mme de Sainte-Marie. 1 vol. in-18 (B.-G.).

PAULINES (les Trois). 1 vol. in-12 et in-18 (B.-L.).

PAUVRE François (le), et autres contes; par Mme Guizot. 1 vol. in-18.

PAUVRE Jacques (le), ou le Frère adoptif, suivi de la Veillée bienfaisante; par Mme Delafaye-Bréhier. 1 vol. in-12.

PAUVRE José (le), et autres contes; par Mme Guizot. 1 vol. in-18.

PAUVRE orphelin (le). 1 vol. in-18 (B.-L.).

PAUVRES (Magasin des); par Mme Leprince de Beaumont. 1 vol. in-12.

PAVILLON de Caroline (le), ou la Petite société; par Mme J. Delafaye-Bréhier. 3 vol. in-18.

PAYSAN (le Bon), ou Thomas converti; par M. d'Exauvillez. 1 vol. in-18.

PAYSANS norwégiens (les). 1 vol. in-18 (B.-L.).

PÊCHEURS de la côte (les), ou Résignation et dévouement. 1 vol. in 18 (B.-L.).

PEINTRES célèbres (les); par Valentin. 1 vol. in-12 (B.-M.).

PÈLERINAGE de deux sœurs, Colombelle et Volontairette, vers Jérusalem, ouvrage allégorique. 1 vol. in-12.

PÈLERINAGE d'un nommé Chrétien, écrit sous l'allégorie d'un songe. 1 v. in-18.

PÈLERINAGE (un), ou Elisa Belmon; par l'abbé Mounaix. 1 v. in-18 (B.-G.).

PENSIONNAIRE nouveau (le), ou l'Ami rival, suivi des Contes du bonhomme; par le chevalier Labbée. 2 vol. in 18 reliés en 1.

PÈRE Keing (le), imité de l'allemand de E. O.; par M. L. H. 2 vol. in-18 (B.-G.).

PÈRE la Pensée (le), ou les Veillées au village; par de Saintes. 1 v. in-12.

PETERS, ou Episode d'un voyage en Suisse. 1 vol. in-18.

PETIT charbonnier de la forêt Noire (le), suivi de Didier, ou le Bonhomme Patience, et d'Ewige et Antoni, ou la Meilleure des leçons ; par Mme de Renneville. 1 vol. in-18.

PETIT conteur allemand ; par Krummacher. 1 vol. in-18.

PETIT cours de morale pour l'éducation de la jeunesse. 1 vol. in-18 (B.-G.).

PETIT Grandisson (le) ; par Berquin. 2 vol. in-18 et 1 vol. in-12.

— Le même (tome 18e de ses œuvres complètes).

PETIT jardinier (le), — le Petit laboureur, — le Petit vigneron, — la Petite fermière ; par Mlle Ulliac Trémadeure. 4 vol. in-18. (Voyez Contes aux jeunes agronomes.)

PETIT Jules, le sauteur, ou Histoire d'un enfant enlevé par des baladins ; par Mme J. Delafaye-Bréhier. 2 vol. in-18.

PETIT mouton (le). 1 vol. in-18.

PETIT Pierre et Michelette, ou les Deux orphelins, histoire véritable ; par de Saintes. 1 vol. in-12.

PETIT portefeuille retrouvé (le), dédié à mes petits-enfants. 2 vol. in-18 reliés en 1.

PETIT prince de Cachemire (le), ou les Leçons de la vénérable Pari-Banou ; par Mme Delafaye-Bréhier. 2 vol. in-12.

PETIT Savinien (le), ou Histoire d'un jeune orphelin ; par Mme de Renneville. 1 vol. in-18.

PETIT Savoyard (le), suivi du Pauvre orphelin. 1 vol. in-12 et 1 v. in-18 (B.-L.).

PETITE chapelle (la), suivie de Eliane, souvenirs de Normandie ; par Mme Elise Voïart. 1 vol. in-18 (B.-M.).

PETITE compagne d'études (la), ou les Dangers de la flatterie ; par Mme Delafaye-Bréhier. 1 vol. in-12.

PETITE histoire contemporaine ; par Antoine de Saint-Gervais. 1 vol. in-18.

PETITE Madeleine (la), ou le Modèle des jeunes servantes et des bonnes filles ; par de Saintes. 1 vol. in-12.

PETITE Marie (la), ou les Jeunes communiantes ; par l'auteur de Géraldine. 1 vol. in-18 (B.-L.).

PETITE mendiante (la), ou Une journée d'angoisse et de bonheur ; par Pierre Marcel. 1 vol. in-18 (B.-M.).

PETITE morale en action, pour les petits enfants ; par Léon Guérin. 1 vol. grand in-18.

PETITE prisonnière (la) du fort Saint-Elin, ou l'Enfant perdue et retrouvée ; traduit de l'anglais, par Eug. Niogret. 1 vol. in-12.

PETITE reine Blanche, ou les Pastoureaux ; par Champagnac. 1 vol. in-12 (B.-B.).

PETITES leçons de morale et de littérature ; par M. Fremont. 1 vol. in-18.

PETITS artisans (les) devenus célèbres par leur génie ; par Ant. de Saint-Gervais. 1 vol. in-12. (Edition corrigée.)

PETITS Béarnais (les) ; par Mme Delafaye-Bréhier. 2 vol. in-12.

PETITS Béarnais (Nouveaux), ou les Charmes de la vertu, ouvrage faisant suite au précédent; par la même. 2 vol. in-12.

PETITS enfants (les); par C. Beuzeville. 1 vol. in-12.

PETITS solitaires (les), ou Une soirée d'hiver; par A.-J. Sanson. 1 vol. in-18.

PETITES nouvelles; par de jeunes auteurs. 1 vol. in-18.

PHILÉAS et Marcellin, ou la Veillesse honorée; par l'abbé Delbrel Jovian. 1 vol. in-12.

PHYSIOLOGIE de la poupée; par Alex. de Saillet. 1 vol. in-12.

PICCIOLA; par X.-B. Saintine. 1 vol. in-12.

PIERRE COEUR, ou l'Orgueil vaincu par la générosité, suivi de Louis et Georges. 1 vol. in-18 (B.-M.).

PIERRE DESBORDES, ou le Danger des mauvaises liaisons; par M. d'Exauvillez. 2 vol. in-18 (B.-G.).

PIERRE LE MARIN, ou Exposition des vérités de la foi. 1 vol. in-18.

PIERRE SAINTIVE; par L. Veuillot. 1 vol. in-8 et in-12 (B.-M.).

PIERRE VALLÉE. 1 vol. in-18 (B.-L.).

PIÉTÉ filiale, ou Devoirs des enfants envers leurs parents. 1 vol. in-18.

PIÉTÉ filiale (la), ou Histoire d'Angeline Molina; par Mme Delafaye-Bréhier. 1 vol. in-12.

PIEUSE ouvrière (la); par l'abbé de la Bussière de Vancé. 1 vol. in-18.

PIEUSE paysanne (la), ou Vie de Louise Deschamps. 1 vol. in-12.

PLACIDE à Scolastique, sur la manière de se conduire dans le monde, par rapport à la religion; par Jamin. 1 vol. in-12.

PLACIDE et Narcisse, ou Charité et égoïsme; par M. Fortunat. 1 v. in-18 (B.-G.).

POMPÉI (Derniers jours de), imités de Bulwer; par A. Lemercier. 1 vol. in-12 (B.-M.).

PORTEFEUILLE rose (le), ou Lettres intimes de deux amies. 1 vol. in-18 (B.-G.).

POUPÉE bien élevée (la), suivie de la Lanterne magique des petits enfants. 1 vol. in-12.

POUPÉE (Mémoires d'une), avec les suites aux Mémoires; par Mlle d'Aunay. 2 vol. in-18.

POUPÉE (Physiologie de la); par Alex. de Saillet. 1 vol. in-12.

PRASCOVIE, ou la Piété filiale (histoire russe); par M***. 1 vol. in-12 (B.-C.).

PREMIÈRE communion (Une); par M. Carolus. 1 vol. in-18.

PREMIÈRES lectures des petits enfants; par Léon Guérin. 1 vol. grand in-18.

PREMIÈRES notions pour l'enfance. 1 vol. in-18.

PRESBYTÈRE (le), la ferme et le château. 2 vol. in-18 (B.-L.).

PRÊTRE (le); par M. Loyau d'Amboise. 1 vol. in-12.

PRÉVENTION et dévouement, ou Lettres d'une jeune personne à son institutrice; par Mme Manceau. 1 vol. in-12.

PRISONS (Mes), ou Mémoires de Silvio Pellico. 1 vol. in-8, in-12 et in-18 (B.-L.).

PRISONNIER de Russie (le); par l'auteur de Youlofi. 2 vol. in-18 (B.-L.).

PRISONNIERS du Caucase (les), suivis du Lépreux de la cité d'Aoste, et de la jeune Sibérienne; par Xavier de Maistre. 1 vol. in-8 et in-18.

PRISONNIÈRES (les), ou les Effets du repentir; par M. le baron d'Helf.

PRIX d'encouragement de l'adolescence, Musée historique d'éducation, Recueil de faits et anecdotes de l'histoire contemporaine, etc.; par J.-B.-J. Champagnac. 1 vol. in-12.

PRIX d'encouragement du premier âge (le), ou le Précepte et l'exemple; par J.-B.-J. Champagnac. 1 vol. in-12.

PRIX de sagesse (le); par l'auteur de la Famille Luzy. 1 vol. in-18 (B.-L.).

PRIX Montyon (Galerie des); par G. des Essarts. 1 vol. in-12.

PROMENADES d'été et d'hiver des petits enfants au jardin des Plantes; par Léon Guérin. 2 vol. grand in-18.

PROMENADES d'un père avec ses enfants; par Mme J. Delafaye-Bréhier. 2 vol. in-18.

PROMENADES d'une abeille et d'un papillon, histoire morale et récréative; par Mlle Sandhan. 1 vol. in-18.

PROMENADES instructives et morales de Mme de Maintenon. 1 vol. in-12.

PROSPER, ou le Jeune sculpteur; par Mlle Ulliac Trémadeure. 1 vol. in-18.

PROSPER et Victor, ou les Bienfaits de la piété; par Mme Césarie Farrenc. 1 vol. in-18.

PSYCHÉ des jeunes personnes (la); par A. de Saintes. 2 vol. in-12.

PYRAMIDE, ou le Cheval du lancier; par Mlle Ulliac Trémadeure. 2 vol. in-18.

QUATRE histoires (les), ou Que la religion inspire bien! par M***. 1 vol. in-18 (B.-G.).

QUATRE petits Savoyards (les); par A.-E. de Saintes. 1 vol. in-12.

QUE la religion est aimable! ou Récréations de la jeunesse catholique; par M***. 1 vol. in-18 (B.-G.).

QUINZE jours de bonheur, ou les Soirées du grand-oncle; par Stephen de la Madelaine. 1 vol. in-18.

QUINZE petits contes propres à former le cœur et l'esprit des petits enfants; par Bertin. 1 vol in-18.

RAOUL, ou le Disciple reconnaissant; par Mme J. Delafaye-Bréhier. 1 vol. in-18.

RÉCITS du château (les); par d'Exauvillez. 1 vol. in-12 (B.-M.).

RÉCITS d'un vieillard, contes et nouvelles pour la jeunesse; par Mme J. Delafaye-Bréhier. 1 vol. in-12.

RÉCONCILIATION (la). 2 vol. in-18 (B. Lille).

RÉCRÉATIONS d'Eugénie (les); par Mme de Renneville. 1 vol. in-18.

RÉCRÉATIONS innocentes de la jeunesse, ou Recueil d'anecdotes, saillies, calembours, naïvetés, scènes de police correctionnelle; par M. l'abbé Devin. 2 vol. in-12.

RÉCRÉATIONS morales de l'enfance; par H. Lemaire. 2 vol. in-12.

RECUEIL de nouvelles; par Mlle C. de M.... 1 vol. in-18.

RECUEIL d'histoires et d'anecdotes édifiantes. 2 vol. in-12 (B.-C.).

RECUEIL d'historiettes morales, destinées à l'enfance, et imitées de l'allemand; d'après le chanoine Schmid et MM. Nelck, Lang, et autres ecclésiastiques. 90 vol. in-32 (B.-G.).

REGRETS et consolations; par d'Exauvillez. 1 vol. in-12.

REISTRES (les), chronique des guerres de religion; par Vict. Boreau. 2 v. in-8.

RELATION du voyage mystérieux de l'île de la Vertu à Oronte. 1 vol. petit in-12.

RELATION du pèlerinage d'une jeune fille à Jérusalem; par Gaucheraud. 2 vol. in-18.

RÉNÉ, ou de la Véritable source du bonheur. 1 vol. in-12 et 2 vol. in-18 (B.-L.).

RÉNÉ, ou la Charité du pauvre récompensée; par P. T. 1 vol. in-18 (B.-M.).

RÉNÉ, ou la Véritable source du bonheur, précédé du Mouton des campagnes. 2 vol. en 1 vol. in-12 (B.-C.).

RÉSIGNATION; par M. Sabatier de Castres. 1 vol. in-18 (B.-G.).

RETOUR à la foi, extrait du Triomphe de l'Evangile; trad. de l'espagnol d'Olavidès. 1 vol. in-12 (B.-L.).

RÊVERIES d'un curé de campagne; par l'abbé Vénard. 1 vol. in-8.

RÉVOLUTIONNAIRE converti (le). 1 vol. in-12.

RICHESSE et pauvreté; par Mme Wanderburck. 1 vol. in-12.

ROBE de l'ange (la), ou les Délices des cœurs chastes; par Hubert Lebon. 1 vol. in-18.

ROBERT, ou le Superstitieux éclairé. 1 vol. in-18 (B.-L.).

ROBINSON chrétien (le); par M. J. Régnier. 1 vol. in-8.

ROBINSON CRUSOÉ; trad. de Daniel de Foé. 2 vol. in-12.

ROBINSON de douze ans (le), histoire curieuse d'un jeune mousse abandonné dans une île déserte; par Mme Mallès de Beaulieu. 1 vol. in-12.

ROBINSON des demoiselles (le), ou Emma; par Mme Voillez. 1 vol. in-12 (B.-M.).

ROBINSON des glaces (le); par Ernest Fouinet. 1 vol. in-12.

ROBINSON des sables du désert (le), ou Voyage d'un jeune naufragé sur les côtes d'Afrique; par C.-H. de Mirval. 1 vol. in-12.

ROBINSON français (le), ou le Petit naufragé, suivi de l'Etudiant; par Mme Delafaye-Bréhier. 2 vol. in-12.

ROBINSON industrieux (le). 1 vol. in-12.

ROBINSON (le Nouveau); par Campe. 2 vol. in-12.

ROBINSON suisse (le), ou Histoire d'une famille naufragée; par Johann-Rudolphe Wyss. 2 vol. in-12 (B.-M.).

ROBINSON suisse, ou Journal d'un père de famille, naufragé avec ses enfants; par Mme de Montolieu. 3 et 5 vol. in-12.

ROBINSONS (les Six), ou Courage et persévérance dans le malheur; par P. Hennequin. 1 vol. in-12.

ROSA, ou la Piété filiale (l'Héroïne filiale); traduit de l'allemand par Berr. 1 vol. in-12.

ROSARIO, histoire espagnole, faisant suite à Lorenzo et aux Solitaires d'Isola-Doma; par le même auteur, G.-T. D. 1 vol. in-12 et 3 v. in-18 (B.-L.).

ROSE DE TANNEBOURG, histoire du moyen âge; trad. de l'allemand du chanoine Schmid. 1 vol. in-12 (B.-C.).

ROSE et Joséphine, nouvelle historique (de 1812 à 1815), dédiée aux jeunes personnes; par Mme M.-G. E***. 1 vol. in-12 (B.-M.).

ROSE et Lucie, ou Candeur et duplicité. 1 vol. in-18 (B.-G.).

ROSELINE, ou la Nécessité de la religion dans l'éducation des femmes. 2 v. in-12.

ROSES de la sagesse (les), ou Morale et plaisir; par Mlle E. Brun. 1 vol. in-12.

ROSIER (le), suivi de la Mouche; traduit de Schmid. 1 vol. in-18 (B.-M.).

ROSSIGNOL (le), suivi des Deux frères; traduit de Schmid. 1 vol. in-18 (B.-M.).

RODOLPHE, ou l'Enfant de bénédiction; par P. Marcel. 1 vol. in-18 (B.-M.).

SABINE et Aurélie; par l'auteur d'Adhémar de Belcastel. 2 v. in-18 (B.-L.).

SAGE dans la solitude (le); par M. l'abbé Pey. 1 vol. in-18 (B.-L.).

SAGESSE et bonheur, ou le Toit paternel, histoire de trois Auvergnats; par J.-B.-J. Champagnac. 1 vol. in-12.

SALLE d'asile au bord de la mer (la); par Ernest Fouinet. 1 vol. in-12 (B.-M.).

SANDFORD et Merton; par Berquin. 2 vol. in-18.

— Le même (tome 16e et 17e des œuvres complètes).

SARA, ou les Heureux effets d'une éducation chrétienne. 2 vol. in-12.

SAVANT de neuf ans (le), ou le Petit questionneur; par A.-E. de Saintes. 1 vol. in-12.

SCÈNES de la vie adolescente; par Stephen de la Madelaine. 1 vol. in-12.

SÉLIM, ou le Pacha de Salonique. 1 vol. in-18 (B.-L.).

SEMAINE d'une petite fille (la); par Mlle d'Aulnay. 1 vol. in-18.

SÉPHORA, ou Rome et Jérusalem, épisode des Juifs; par Adrien Lemercier. 1 vol. in-12 (B.-M.).

SEPT nouveaux contes; traduits de Schmid. 1 vol. in-18.

SÉRAPHINE, ou le Catholicisme dans l'Amérique septentrionale. 1 v. in-12.

SERIN (le), suivi de la Chapelle de la forêt; traduit de Schmid. 1 v. in-18 (B.-M.).

SERVITEURS vertueux (les), ou Vie de la bonne Armelle, servante, et de Jacques Cochois, laquais. 1 vol. in-18 (B.-L.).

SIDONIE, ou l'Abus des talents; par Mme ...... 2 vol. in-12.

SILVA, ou l'Ascendant de la vertu, par l'auteur de Lorenzo. 2 vol. in-18 (B.-L.).

SIMÉON, ou le Petit musicien voyageur; par A.-E. de Saintes. 1 vol. in-12.
SIMON DE NANTUA, ou le Marchand forain; par Laurent de Jussieu. 1 v. in-12.
SIMPLES contes à l'usage de la jeunesse des deux sexes; par Mme de Civrey. 1 vol. in-12.
SIMPLES récits historiques et moraux pour la jeunesse; par Léon Guérin. 1 vol. in-12.
SIRES DE COUCY (les); par Carle Ledhuy. 1 vol. in-12.
SIX heures de récréation, nouvelles; par Mme Laforest. 1 vol. in-18.
SIX jours (les), ou Leçons d'un père à son fils sur l'origine du monde d'après la Bible; par L.-F. Jauffret. 2 vol. in-18 (B.-G.).
SIX nouvelles; par le comte de Coëtlosquet. 1 vol. in-18.
SIX nouvelles de l'enfance (les); par Mme Delafaye-Bréhier. 1 vol. in-12.
SIX Robinsons (les), ou Courage et persévérance dans le malheur; par P. Hennequin. 1 vol. in-12.
SOEUR Léocadie, ou Modèle d'une bonne religieuse. 1 vol. in-18 (B.-M.).
SOEURS (les Deux), ou Laideur et beauté; par Mlle C. Farrenc. 1 v. in-12.
SOEURS de la Charité (les), ou Beautés de l'histoire des sœurs de la Charité. 1 vol. in-18.
SOEURS jumelles (les), ou la Vocation. 1 vol. in-12 et 2 vol. in-18 (B.-L.).
SOEURS jumelles (les), ou l'Envie et l'émulation; par A. Lepage. 1 v. in-18.
SOINS du cœur (les) chez les enfants chrétiens; par Mme la baronne de Menainville. 2 vol. in-18 (B.-B.).
SOIRÉE en famille (Une); par la princesse de Craon. 1 vol. in-12.
SOIRÉES artésiennes (les), ou Lancelle et Anatole; par D.-J. D. 1 vol. in-12 et 4 vol. in-18 (B.-L.).
SOIRÉES chrétiennes, dédiées à la jeunesse. 1 vol. in-12.
SOIRÉES de famille (les); trad. de Schmid. 1 vol. in-18.
SOIRÉES de Carthage, ou Dialogue entre un prêtre catholique, un muphti et un cadi; par l'abbé Bourgade. 1 vol. in-8.
SOIRÉES de la jeunesse (les), ou Leçons instructives et amusantes, puisées dans l'histoire et les scènes de la vie intime; par Mme Sorgas. 1 v. in-12.
SOIRÉES de Montlhéry (les), entretiens sur les origines bibliques; par Desdouits. 1 vol. in-8.
SOIRÉES de Rosebelle (les), ou Jolies histoires rapportées par une bonne mère, pour former le cœur de ses enfants; par Mme Touchard. 1 vol. in-12 et in-18.
SOIRÉES du château de Valbonne, ou la Morale évangélique mise en action; par Mme la baronne de Méré. 2 vol. in-18.
SOIRÉES du grand-papa (les); par A. de Saintes. 2 vol. in-12.
SOIRÉES du manoir (les), histoires pour la jeunesse; par Olivier Le Gall. 1 vol. in-12.
SOIRÉES du père de famille (les), ou la Morale de l'Evangile mise en action, etc.; par J.-B.-J. Champagnac. 1 vol. in-12.
SOIRÉES du presbytère (les). 1 vol. in-18 (B.-L.).

SOIRÉES religieuses (les). 2 vol. in-12.

SOIRÉES romaines, ou Cinq nouvelles religieuses. 1 vol. in-18.

SOIRÉES villageoises (les), ou Histoires et conversations sur la morale chrétienne; par M. d'Exauvillez. 2 vol. in-18.

SOLDAT chrétien (le); par l'abbé Fleury. 1 vol. in-18.

— Le même. In-8 (tome 1er des opuscules).

SOLDAT chrétien (Journée du); par le chapelain d'une maison royale militaire. 1 vol. in-32.

SOLDAT (Livre du); par l'abbé Lequette. 1 vol. in-18.

SOLDAT chrétien (Manuel du); par Erasme. 1 vol. in-18.

SOLITAIRE du mont Carmel (le); par Ad. Lemercier. 1 vol. in-18 (B.-M.).

SOLITAIRES d'Isola-Doma (les); suite de Silva. 1 vol. in-12 et 2 vol. in-18 (B.-L.).

SOPHIE, ou les Bienfaits de la Providence; par E. W. 1 vol. in-18 (B.-M.).

SOUFFRANCES et résignation. 1 vol. in-18 (B.-L.).

SOUS les saules de la prairie, nouvelles propres à amuser et à moraliser la jeunesse; par Mme Delarbre. 1 vol. in-12.

SOUVENIRS d'Angleterre, et considérations sur l'Eglise anglicane; par l'abbé Robert. 1 vol. in-12 et 2 vol. in-18 (B.-L.).

SOUVENIRS de Genève, complément des Mémoires d'un prisonnier d'Etat; par Andryane. 2 vol. in-8.

SOUVENIRS de la vie de Léandre Vandrisse, ou le Jeune ouvrier. 1 vol. in-18 (B.-L.).

SOUVENIRS de la vie de M***, ou la Bonne mère de famille. 1 vol. in-18.

SOUVENIRS du grand-papa, suite des Dimanches du vieux Daniel; par Mlle Ulliac Trémadeure. 2 vol. in-18.

SOUVENIRS et regrets; par Mme Tarbé des Sablons. 1 vol. in-12.

STÉPHANE; par Aimé Zoghelli. 1 vol. in-18 (B.-G.).

STÉPHANE et Félicie, ou Considérations sur les sacrements dans leur rapport avec le bonheur de l'homme. 2 vol. in-18 (B.-L.).

SUITE des Mémoires d'une poupée, contes dédiés aux petites filles; par Mlle Louise d'Aulnay. 1 vol. in-18.

— Les mêmes, précédés des Mémoires d'une poupée; par la même. 2 vol. in-18.

SUITES funestes de la lecture des mauvais livres. 2 vol. in-18 (B.-L.).

SUZANNE, ou l'Atelier des orphelins; par l'auteur de Thérèse. 1 vol. in-18 (B.-L.).

SYSTÈME de la nature, ou Dieu révélé par ses œuvres; par M. E. Delacroix. 3 vol. in-18 réunis en 1.

TABLEAU de l'enfance, ou Petite revue des défauts et qualités des enfants de huit à dix ans. 1 vol. in-18.

TAM, ou Aventures et voyages d'un jeune sauvage; par M. Clavières. 1 v. in-12.

TANTE Marguerite (la), ou Six mois en Normandie; par Mlle Eulalie Benoît. 1 vol. in-18 (B.-G.).

**TÉBALDO**, ou le Triomphe de la charité, histoire corse; par Mlle Eugénie de la Rochière. 1 vol. in-8 (B.-M.).

**TENDRESSE** maternelle (la); par Mme de Sainte-Marie. 1 vol. in-18 (B.-G.).

**THAÏS**, comtesse de Rupelmonde, ou le Monde et la solitude; par M. l'abbé Didon. 1 vol. in-18.

**THÉOBALD**, ou l'Enfant charitable; par E. W. 1 vol. in-18 (B.-M.).

**THÉODULE**, ou l'Enfant de bénédiction; par P. Marin. 1 vol. in-18 (B.-M.).

**THÉOPHILE**, le petit ermite; traduit de Schmid. 1 vol. in-18 (B.-M.).

**THÉRÈSE**, ou la Petite sœur de charité; par A. E. de Saintes. 1 vol. in-12.

**THÉRÈSE**, ou la Pieuse ouvrière. 1 vol. in-18 (B.-L.).

**THOMAS MORUS**, lord chancelier d'Angleterre au XVIe siècle; par Mme la princesse de Craon. 2 vol. in-8 et 1 vol. in-12.

**TILLEUL** (le), ou l'Oubli des injures; par L. F. 1 vol. in-18 (B.-M.).

**TOBIE**; trad. du latin du P. Jérémie Drexelius; par l'abbé Th. Perrin. 2 v. in-18.

**TRAVAIL** et industrie, ou le Pouvoir de la volonté; histoires d'artisans, d'artistes et de négociants devenus célèbres; par J.-B.-J. Champagnac. 1 v. in-12.

**TRAVAILLEURS** (les), épisode de la révolution de février 1848; par Devoille. 1 vol. in-12.

**TRÉSOR** des artisans (le), des domestiques et des gens de la campagne; par Mme Leprince de Beaumont. 1 vol. in-12.

**TRÉSOR** des familles chrétiennes; par Mme Leprince de Beaumont. Edition retouchée par un professeur de théologie, et enrichie d'histoires très-intéressantes. 1 vol. in-12 (B.-L.).

**TRÉSOR** des voyages (le), ou les Petits correspondants; récits instructifs et curieux de quelques jeunes voyageurs, etc.; par J.-B.-J. Champagnac. 1 vol. in-12.

**TRIOMPHE** de la piété filiale (le), extrait de la vie du comte Georges de Lesley; par Mgr Rinuccini, suivi de la Famille Deschamps. 2 vol. in-18 et 1 vol. in-12 (B.-L.).

**TROIS** condamnés à mort : Colin, Druon et Friedlander. 2 v. in-18 (B.-L.).

**TROIS** cousines (les), ou Mérite et prétentions. 1 vol. in-12.

**TROIS** frères écossais (les); par l'abbé Duchaine. 1 vol. in-12 (B.-M.).

**TROIS** mois de vacances; par Mme Nanine Souvestre. 1 vol. in-12 (B.-M.).

**TROIS** orphelines (les), nouvelles veillées du château; par Mme Delafaye-Bréhier. 1 vol. in-12.

**TROIS** Paulines (les); lettres de Ch. de Saint-Félix à sa nièce Sophie. 1 v. in-18 (B.-L.).

**TROIS** sœurs (les), ou les Effets de l'aveuglement maternel; par Mme Foucault. 1 vol. in-12.

**TROIS** vocations (les), lettres dédiées aux mères chrétiennes; par l'abbé Auber. 1 vol. in-12.

**ULRIC**, ou le Triomphe de la confession; par M. d'Exauvillez. 1 vol. in-18.

UN ange sur la terre, ou le Curé de village; par Mlle H. de Saint-Martin. 1 vol. in-12.

UN intérieur, ou Influence de la vertu au sein de la famille; par Devoille. 2 vol. in-12.

UN maître d'école; par un négociant de Marseille. 2 vol. in-18 (B.-L.).

UN pèlerinage, ou Elisa de Belmont; par l'abbé Mounaix. 1 vol. in-18 (B.-G.).

UN tour dans les prairies, à l'ouest des Etats-Unis; trad. de l'anglais de Washington-Irwing; par Ernest W***. 1 vol. in-12.

UNE année de bonheur, ou les Récompenses méritées; par ***. 1 v. in-18.

UNE colonie chrétienne; par Sabatier de Castres. 2 vol. in-12.

UNE croisade, ou l'Extrême-onction; par Mme Victorine Collin. 1 v. in-18.

UNE famille; par Mme Guizot, ouvrage continué par Mme Tastu. 2 vol. in-12.

UNE famille française chez les Iroquois. 2 vol. in-18 (B.-L.).

UNE halte au désert; par Jules Fousette. 1 vol. in-12 (B.-B.).

UNE lecture par jour, mosaïque littéraire, historique, morale et religieuse; par A. Boniface. 4 vol. in-8.

UNE légende du XIXe siècle, suivie de six nouvelles; par le comte de Coëtlosquet. 1 vol. in-18.

UNE paroisse vendéenne sous la terreur; par le comte de Quatrebarbes. 1 vol. in-12.

UNE première communion; par M. Carolus. 1 vol. in-18.

UNE soirée en famille; par la princesse de Craon. 1 vol. in-12.

URBAIN et Paula; par Mme de Sainte-Marie. 1 vol. in-18 (B.-G.).

URSULE de Montbrun, ou Dieu et ma mère; par Mme de Sainte-Marie. 1 v. in-18 (B.-G.).

VACANCES (les), ou Lettres de quelques jeunes personnes. 2 vol. in-18 (B.-L.).

VACANCES (Livre des). 1 vol. in-18.

VAL d'Or. 1 vol. in-12.

VALENTIN, ou le Jeune monsieur faisant son tour de France. 1 vol. in-18 (B.-L.).

VALENTINE, ou l'Ascendant de la vertu; par Mlle Eulalie Benoît. 1 vol. in-18 (B.-G.).

VALÉRIE, ou la Jeune artiste; par Mlle Ulliac Trémadeure. 1 vol. in-18.

VALÉRIE de Montlaur, imitée de l'anglais, par Mme J. de Gaule. 2 v. in-12 réunis en 1.

VALLÉE d'Alméria (la); par E. W. 1 vol. in-18 (B.-M.).

VARIÉTÉS instructives et morales. 2 vol. in-18 (B.-L.).

VEILLE de Noël (la); traduite de Schmid. 1 vol. in-18 (B.-M.).

VEILLÉES instructives; par Loison de Guinaumont. 1 vol. in-12.

VEILLÉES amusantes (les). 1 vol. in-18 (B.-L.).

VEILLÉES des pensionnaires, ou Récréations d'une retraite; par Mme Mélanie Leroy. 1 vol. in-18.

VEILLÉES d'une mère de famille, ou Promenades dans Paris ; par Mme Manceau. 1 vol. in-12.

VEILLÉES d'une mère, ou Entretiens instructifs sur toutes sortes de sujets historiques et moraux; par Mme Gorsas. 1 vol. in-12.

VEILLÉES gauloises, ou Derniers efforts des Gaulois devant Alise contre l'invasion romaine ; par J.-L. Vincent. 1 vol. in-18 (B.-G.).

VENGEANCE et pardon; par Aimé Zaghelli. 1 vol. in-18 (B.-G.).

VERGER des écoliers (le), histoire morale à l'usage de la jeunesse ; par Mme Julie Delafaye-Bréhier. 1 vol. in-12.

VERTU en exemples (la), nouveaux contes moraux ; par M. le comte de Ségur et Mme la baronne de Norew. 1 vol. in-12.

VERTU (Exemples de) mis à la portée de la jeunesse. 2 vol. in-18 (B.-L.).

VERTU heureuse (la) de s'ignorer soi-même ; par Mme de Saint-Dié. 1 v. in-18.

VERTU (Une) par histoire ; par Mme Midy. 1 vol. in-12.

VERTU pour héritage (la), histoire de deux enfants qui par leur courage ont triomphé de tous les obstacles qui s'opposaient à leur avenir. 1 vol. in-32.

VERTU récompensée (la) et le crime puni, ou le Bon Fridolin et le méchant Thierry; imité de Schmid, par l'abbé Laurent. 1 vol. in-12.

VERTU seule fait le bonheur (la), dix nouvelles morales et religieuses; par Mlle H. de Saint-Martin. 1 vol. in-12.

VERTUS du christianisme (les), ou Recueil de traits de générosité, de bonté, etc.; par Gassier. 1 vol. in-12.

VERTUS et bienfaits du clergé de France. 2 vol. in-18 (B.-L.).

VERTUS (fruits de). 1 vol. in-18 (B.-L.).

VÉTÉRANS (les), scènes armoricaines ; par M. L. 1 vol. in-18 (B.-G.).

VICTORINE et Eugénie, ou Politesse et charité. 1 vol. in-18 (B.-L.).

VIE d'un bon prêtre (la); par M. Loyau d'Amboise. 1 vol. in-12.

VIEILLE Geneviève (la), et autres contes ; par Mme Guizot. 1 vol. in-18.

VIERGE iroquoise (la). 1 vol. in-18 (B.-L.).

VIEUX de la Montagne (le), ou le Retour du comte de Wallstein à la vertu; par M. l'abbé H... 1 vol. in-18 (B.-G.).

VIEUX de la Montagne (le), voyages dans la Turquie d'Asie, dans la Perse, dans l'Indostan et dans la terre sainte; par Léon Guérin. 1 vol. grand in-18.

VISITE bienvenue (la), ou les Récréations morales de la petite famille ; par Mme F. 1 vol. in-12.

VISNELDA, ou le Christianisme dans les Gaules ; par Mme V. M. 1 vol. in-12 et 2 vol. in-18 (B.-L.).

VOYAGE de la Raison en Europe ; par l'auteur des Lettres récréatives et morales. 1 vol. in-12.

VOYAGE merveilleux du prince Fan-Férédin dans la Romancie. 1 vol. in-12.

VOYAGE sur la mer du monde. 1 vol. in-12 et 2 vol. in-18 (B.-L.).

WILFRID, ou la Prière d'une mère; par Ad. Lemercier. 1 v. in-18 (B.-M.).

**WILHEM**, ou le Pardon du chrétien. 1 vol. in-18 (B.-L.).

**YOULOFS** (les), histoire d'un prêtre et d'un militaire français chez les nègres d'Afrique; par M. de Préo. 1 vol. in-12 (B.-L.).

**YVA**, ou la Prisonnière du château; par Mme Decomot. 1 vol. in-8.

**ZÉLIE**, ou le Modèle des jeunes filles; par Mme Carroy. Edit. corrigée par l'abbé Rousier. 1 vol. in-12.

**ZOÉ**, ou la Bonne petite sœur; par Mme Alida de Savignac. 1 vol. in-18.

---

## HUITIÈME SÉRIE. — M.

### Littérature. — Histoire naturelle. — Poésies. — Sciences, etc., etc.

**ABEILLE** poétique de la jeunesse, ou Choix des sujets les plus remarquables de la poésie française ancienne et moderne; par A. M. Guibel. 1 vol. in-18.

**ABRÉGÉ** de . . . . . (Archéologie, — Arithmétique, — Algèbre, — Botanique, — Géographie, — Géologie, — Géométrie, — Histoire, — Histoire naturelle, — Littérature, — Mythologie, — Philosophie, — Physique, — Rhétorique, — Zoologie, etc., etc. . . . . . Voir ces mots.)

**ALBUM** du jeune botaniste; par T.-P.-M. 1 vol. in-18 (B.-L.).

**AMI** des hommes (l'), ou Traité de la population. 1 vol. in-12.

**AMOUR** et Foi; par Edouard Turquety. 1 vol. in-8.

**ANACHARSIS** des ateliers (l'), ou Lettres à Célestin sur les connaissances nécessaires au choix d'un état dans les arts et l'industrie; par M. F. de Resbecq. 1 vol. in-12.

**ANIMAUX** célèbres (les), anecdotes historiques, traits d'intelligence, d'adresse, etc. 2 vol. in-12.

**ANIMAUX** industrieux (les), ou Description de leurs ruses, de leurs combats, etc., etc ; par B. Allent. 1 vol. in-12.

**APHORISMES** d'Hippocrate (les); par Dufour, docteur en médecine. 1 vol. in-12.

**APOLOGIES** et allégories chrétiennes. 1 vol. in-12.

**ARCHÉOLOGIE** chrétienne, ou Précis de l'histoire des monuments religieux du moyen âge; par M. l'abbé J.-J. Bourassé. 1 vol. in-8 (B.-M.).

**ARCHÉOLOGIE** nationale (Eléments d'), précédés d'une histoire de l'art monumental chez les anciens; par Batissier. 1 vol. in-12.

**ARCHÉOLOGIE** religieuse, civile et militaire (Manuel d'); par J. Oudin. 1 vol. in-8.

**ARITHMÉTIQUE** (Eléments d'); par Bourdon. 1 vol. in-8.

**ART** chrétien (De l'); par A. F. Rio. 1 vol. in-8.

ART politique (l'), poëme didactique; par J. Berchoux. 1 vol. in-18.

ASTRONOMIE (Leçons d'un frère à sa sœur sur l'); par M. Douy. 1 vol. in-12.

ASTRONOMIE (Leçons élémentaires d'); par M. Desdouits, 1 vol. in-8 (B.-M.).

ASTRONOMIE (Lettres sur l'); par Albert Montémont. 2 vol. in-8.

ASTRONOMIE récréative; par Héman. 1 vol. in-12.

AUGUSTE et Noémi, souvenirs d'une mère; poésies, par Mme Guinard. 1 vol. in-8.

AVENTURES de Télémaque. 4 vol. in-12.

BEAUTÉS des écrits de Massillon. 1 vol. in-18 (A.-M.-D.-G.).

BEAUTÉS poétiques d'Edouard Young; trad. par Barrère. 1 vol. in-8.

BIBLIOGRAPHIE catholique, revue critique des ouvrages de religion, de philosophie, d'histoire, de littérature, d'éducation, etc.; par l'abbé des Billiers. 8 vol. in-8.

BIBLIOTHÈQUE poétique, ou Choix de poésies. 1 vol. in-12.

BIBLIOTHÈQUE poétique de la jeunesse, ou Recueil de pièces et de morceaux de poésies, propres à orner l'esprit et à former le cœur; par l'abbé Reyre. Edit. corrigée et augmentée. 2 vol. in-12.

BIBLIOTHÈQUE d'un littérateur, ou Recueil propre à diriger dans le choix des lectures. 1 vol. in-12.

BIBLIOTHÈQUE de Saint-Gervais, album du jeune botaniste. 1 vol. in-18.

BONHEUR que procure l'étude (le); par le chancelier de Lhôpital. 1 vol. in-8.

BONS petits enfants (les), ou Portraits de mon fils et de ma fille; par Mme de Renneville. 2 vol. in-18.

BOTANIQUE à l'usage de la jeunesse; par Mme B***. 1 vol. in-12.

BOTANIQUE (Manuel de); par Boitard. 3 vol. in-18, avec atlas colorié.

BRANCHES d'olivier, recueil de poésies chrétiennes; par Veuillot. 1 vol. in-12.

BUFFON (Morceaux choisis). 1 vol. in-12.

CABINET du jeune naturaliste (le), ou Tableaux de l'histoire des animaux, leurs mœurs, leurs habitudes, etc. 6 vol. in-12.

CALCUL. (Voir Arithmétique, Algèbre, Mathématiques.)

CARACTÈRES de la Bruyère, précédés de ceux de Théophraste. 1 vol. in-12 (édit. A.-M.-D.-G.).

CATALOGUE méthodique des meilleurs ouvrages d'instruction religieuse et de piété à conseiller aux fidèles, suivant leur position, leur âge et leurs besoins spirituels; et indiquant aussi les ouvrages propres aux communautés religieuses et aux ecclésiastiques; par M. l'abbé des Billiers. Broch. in-8.

CÉLESTIN, ou Lettres sur les connaissances nécessaires au choix d'un état dans les arts et l'industrie; par Fontaine de Resbecq. 1 vol. in-12.

CHANT ecclésiastique en France (De l'Etat et de l'avenir du); par Danjou. 1 vol. in-8.

CHANTS de l'exil, poésies religieuses; par A. Devoile. 1 vol. in-18 et in-12.

CHANTS sacrés (les), ou Psaumes, hymnes et cantiques en vers français, avec le texte latin en regard; par A. Guillemin. 1 vol. in 12.

CHEFS-D'OEUVRE classiques de la littérature française; par l'abbé Marcel. 3 vol. in-8.

CHEFS-D'OEUVRE de Démosthène et d'Eschine; traduits et annotés par l'abbé Jager. 3 vol. in-8.

— Les mêmes; trad. par Stiévenart. 1 vol. in-12.

CHIMIE (Eléments d'histoire naturelle et de); par Fourcroy. 5 vol. in-8.

CHIMIE (Entretiens sur la) et sur ses applications les plus curieuses; par Ducoin-Girardin. 1 vol. in-8 (B.-M.).

CHIMIE (Leçons d'un frère à sa sœur sur la); par M. Douy. 1 vol. in-12.

CHIMIE théorique et pratique (Cours de); par R. Kaeppelin. 1 vol. in-12.

CHIMIE (Traité élémentaire de); par Lavoisier. 2 et 3 v. in-8.

CHOIX de bons livres, proposé aux colléges, petits séminaires, pensionnats de jeunes demoiselles, classes d'ouvriers adultes, écoles primaires et salles d'asile; par M. l'abbé ***. 1 vol. in-24.

CHOIX de dialogues des morts de Lucien, Fontenelle et Fénelon, etc. 1 vol. in-18.

CHOIX de Plutarque; trad. d'Amyot. 1 vol. in-18.

CHOIX des meilleurs morceaux de Beaudrand, de Bossuet, de Bourdaloue, de Buffon, de Fénelon, de Fléchier, de Fleury, de Massillon. 8 vol. in-18.

CHOIX de poésies orientales. 1 vol. in-12.

CHRONIQUES de France; par Mme Amable Tastu. 1 vol. in-8.

CIEL (Histoire du), origine de l'idolâtrie et méprise de la philosophie sur l'origine des corps célestes et de toute la nature. 2 vol. in-12.

CLOITRE de Villemartin (le), poésies; par A. Guiraud. 1 vol. in-8.

CLOVIS, poëme. 1 vol. in-8.

CLOVISIADE, poëme héroïque; par Darodes de Lillebonne. 1 vol. in-8.

CONNAISSANCE de la nature; par Berquin. 1 vol. in-18 (tome 12e de ses œuvres).

CONSIDÉRATIONS historiques et critiques sur l'auteur et le livre de l'*Imitation de Jésus-Christ*; par Gence. 1 vol. in-8.

CONSIDÉRATIONS sur les œuvres de Dieu dans le règne de la nature et de la Providence; trad. de l'allemand de Sturm. 3 vol. in 12.

CONSIDÉRATIONS sur les ordres religieux, adressées aux amis des sciences; par le baron Augustin Cauchy, membre de l'Académie des sciences. in-8.

CONSIDÉRATIONS morales et politiques sur l'art militaire; par Godefroy de la Tour-d'Auvergne. 1 vol. in-8.

CONSIDÉRATIONS médico-légales sur les blessures; par F.-M. Leroux. Broch. in-8.

CONSIDÉRATIONS sur les mœurs de ce siècle. 1 vol. in-12.

CONSIDÉRATIONS sur l'origine et l'histoire ancienne du globe; par M. de Fortia d'Urban. 1 vol. in-12.

CONTES aux jeunes agronomes; par Mlle Ulliac Trémadeure, comprenant : Gustave, le petit jardinier; — Eugène, le petit vigneron; — Adolphe, le petit laboureur; — Adèle, la petite fermière. 1 vol. in-12.

CONTES aux jeunes artistes; par Mlle Ulliac Trémadeure, comprenant : Léon, le jeune graveur; — Valérie, la jeune artiste, — Prosper, le jeune sculpteur; — Emmeline, la jeune musicienne. 1 vol. in-12.

CONVERSATIONS morales et proverbes inédits de Mme de Maintenon; publiés par M. de Montmerqué. 2 vol. in-18.

CORNEILLE (Œuvres choisies de). Edit. épurée pour la jeunesse. 1 vol. in-12.

CORRESPONDANCE littéraire adressée à S. A. I. Mgr le grand-duc et à M. le comte André Schowalow; par la Harpe. 4 vol. in-8.

COSMOGRAPHIE. (Voir Astronomie.)

COURONNE poétique de Charles X. 1 vol. in-8.

COURS de... Algèbre, Archéologie, etc., etc., etc. (Voir ces mots.)

COURS d'instruction d'un sourd-muet de naissance; par l'abbé Sicard. 1 vol. in-8.

CRI du cœur (le), poésies morales et religieuses; par M. du Bois Halbran. 1 vol. in-8.

CRITIQUES et portraits littéraires; par Sainte-Beuve. 5 vol. in-8.

DÉCADENCE des lettres et des mœurs, depuis les Grecs et les Romains jusqu'à nos jours; par Rigolet de Juvigny. 1 vol. in-8.

DÉCOUVERTES et inventions les plus utiles et les plus célèbres. 1 v. in-12 (B.-L.).

DÉLICES de la jeunesse chrétienne, prose et poésie; publiées par Pornin. 1 vol. in-8.

DIALOGUES des morts; par Fénelon. 1 vol. in-12, in-18 et in-8.

DIALOGUES sur l'éloquence; par Fénelon. 1 vol. in-8 et in-12.

DICTIONNAIRE critique et raisonné du langage vicieux; par un ancien professeur. 1 vol. in-8.

DICTIONNAIRE des dictionnaires, pour apprendre facilement l'orthographe et le français; par Darbois. 1 vol. in-8.

DICTIONNAIRE des origines, inventions et découvertes, dans les arts, les sciences, la géographie, le commerce, l'agriculture, etc.; par MM. Noël et Carpentier. 2 et 4 vol. in-8.

DICTIONNAIRE des ouvrages anonymes et pseudonymes, composés ou traduits en français et en latin, avec les noms réels des auteurs ou traducteurs, accompagné de notes historiques et critiques; par M. Barbier. 4 vol. in-8.

DICTIONNAIRE historique d'éducation, ou Recueil d'anecdotes, de faits mémorables et instructifs; abrégé de Filassier. 2 vol. in-12.

DICTIONNAIRE raisonné universel d'histoire naturelle; par Valmont-Bomare. 15 vol. in-8.

DICTIONNAIRE chronologique et raisonné des découvertes, inventions, etc., en France, de 1789 à la fin de 1820. 17 vol. in-8.

DICTIONNAIRE des beaux-arts ; par A. L. Millin. 3 vol. in-8.

DICTIONNAIRE d'éducation morale, de science et de littérature ; par Capelle. 2 vol in-8.

DICTIONNAIRE des proverbes français, et des façons de parler comiques, burlesques, etc.

DICTIONNAIRE étymologique, historique et anecdotique des proverbes et des locutions proverbiales de la langue française ; par Quitard. 1 vol. in-8.

DIEU et les pauvres, poésies ; par M. l'abbé Gras. 1 vol. in-4.

DISCOURS et œuvres choisies de Cochin. 2 vol. in-12.

DISCOURS et œuvres choisies de Daguesseau. 2 vol. in-12.

DISCOURS sur l'histoire universelle ; par Bossuet. 1 vol. in-12 et 2 vol. in-12.

DISSERTATION sur soixante traductions françaises de l'*Imitation de Jésus-Christ ;* suivie de considérations sur la question relative à l'auteur de l'*Imitation ;* par Barbier.

DISSERTATIONS historiques sur les écrits de Woolston ; par Lemoine (7e v. des Démonstrations évangéliques. Edit. Migne).

DIVERS caractères (les) des ouvrages historiques, avec le plan d'une nouvelle histoire de la ville de Lyon ; par le P. Ménétrier. 1 vol. in-12.

DRAMES à l'usage des colléges et des pensionnats. 1 vol. in-12 (B.-L.).

DRAMES moraux, propres à être représentés dans les maisons d'éducation des deux sexes. 1 vol. in-12 (B.-M.).

ÉCHO du sanctuaire (l') ; par Adrien Beuque. 1 vol. in-18.

ÉDUCATION des filles (de l') ; par Fénelon. 1 vol. in-8.

ÉGLISES et temples chrétiens (des) ; par l'abbé Girard de Ville-Thierry. 1 vol. in-12.

ENFANT prodigue (l'), poëme en quatre chants ; par M. Campenon. 1 vol. in-8.

ENSEIGNEMENT universel (de l'). Langue maternelle ; par Jacotot. 1 vol. in-8.

ENTRETIENS d'Ariste et d'Eugène. 1 vol. in-12.

ENTRETIENS sur la pluralité des mondes ; par de Fontenelle. 1 vol. in-18.

ENTRETIENS sur les sciences et sur la manière d'étudier ; par le P. Lami. 1 vol. in-12.

ÉRASTE ou l'Ami des enfants, ou Cours familier sur diverses sciences ; par Filassier. 1 vol. in-12.

ESPRIT de Montaigne (l'). 1 vol. in-18.

ESQUISSES dramatiques du gouvernement révolutionnaire de France, aux années 1793, 94, 95 ; par le P. C. Ducancel.

ESSAI d'une philosophie de l'art, ou Introduction à l'étude des monuments chrétiens ; par C. Robert. 1 vol. in-8.

ESSAI sur le beau ; par le P. André. 1 vol. in-12.

ESSAI sur les bienséances oratoires. 2 vol. in-12.

ESSAI sur l'origine de l'écriture, sur son introduction dans la Grèce et son usage jusqu'au temps d'Homère, 1,000 ans avant J.-C. ; par Fortia-d'Urban. 1 vol. in-8.

ESSAI sur l'histoire naturelle de Saint-Domingue. 1 vol. in-8.

ESSAI historique et critique sur l'Atlantique des anciens; par Baër. 1 vol. in-8.

ESSAI sur l'éloquence de la chaire, éloges panégyriques, discours; par le cardinal Maury. 2 vol. in-12.

ESSAIS dramatiques et moraux. 1 vol. in-18.

ESSAIS dramatiques et moraux (Nouveaux), scènes populaires. 1 vol. in-18 (B.-L.).

ÉTÉ (l'), ou Considérations sur les œuvres de Dieu ; par Mlle Brun. 2 vol. in-18.

ÉTRENNES à la jeunesse; par M. F. Chatelain. 1 vol. in-8.

ÉTUDE de la langue maternelle sous le rapport des faits littéraires, ou Exercices préparatoires à la composition française ; par A. J. Sabatier. 1 vol. in-12.

ÉTUDES littéraires et morales sur les historiens latins; par Laurentie. 2 vol. in-8.

ÉTUDES littéraires sur les poëtes bibliques; par l'abbé Plantier. 1 vol. in-8.

ÉTUDES (Traité des) ; par Rollin. 4 vol. in-12 et 2 vol. in-8 (16e et 17e des œuvres).

— Le même, abrégé ; par Boinvilliers. 1 vol. in-12.

— Remarques sur le *Traité des études* de Rollin ; par Février. 2 vol. in-12.

ÉTUDES (Traité du choix et de la méthode des) ; par Fleury. 1 vol. in-12 et in-8 (2e et 5e des opuscules).

ÉTUDES sur la personne et les écrits de J.-F. Ducis; par C. Leroy. 1 vol. in-8.

ÉTUDES sur les orateurs parlementaires ; par Timon. 2 vol. in-18.

EXAMEN des monuments astronomiques des anciens; par le docteur Halma-Grand. 1 vol. in-8.

EXPLICATION abrégée des coutumes et cérémonies observées chez les Romains ; par M. de Nieuport. 1 vol. in-12.

EXPOSÉ des principes de géographie ; par C. T. 1 vol. in-12.

FABLES, contes et épîtres de l'abbé le Monnier. 1 vol. in-8.

FABLES de Fénelon. 1 vol. in-18, in-12 et in-8 (tome 19e des œuvres).

FABLES de la Fontaine. 1 et 2 vol. in-18.

— Les mêmes, choisies (A.-M.-D.-G.). 1 vol. in-18.

— Les mêmes, avec un nouveau commentaire ; par Nodier. 2 vol. in-8.

FABLES de le Bailly. 1 vol. in-8.

FABLES et œuvres diverses de l'abbé Aubert. 2 vol. in-8.

FABLES et contes en vers ; par L. de Jussieu. 1 vol. in-18.

FABLIAUX (Recueil de), bibl. de Laurentie. 1 vol. in-18.

FABLIAUX du moyen âge, parmi lesquels se lisent : les Aventures de Tyl, l'espiègle, Grisélidis; colligés par J. Loyseau. 1 vol. in-18.

FABLIER du deuxième âge, ou Choix de fables à la portée des adolescents. 1 vol. in-12.

FABLIER français (le), ou Choix des fabulistes français qui ont précédé et suivi la Fontaine, avec notes; par Hipp. Fauche. 1 vol. in-18.

FAMILLE et l'autel (la), ou Harmonies du christianisme dans l'homme, la nature et la société; par M. du Breil de Marzan. 1 vol. in-8.

FÉNELON, ou les Vertus chrétiennes, poëme en trois chants; par M. Paccard. 1 vol. in-8.

FEUILLES du siècle (les), poésies; par Ed. de Fleury. 1 vol. in 8.

FLEURS de la poésie française, présentant dans un ordre chronologique les morceaux les plus remarquables de la poésie française; par M. l'abbé Rabion. 1 vol. in 8.

FLEURS de l'éloquence, recueil en prose des plus beaux morceaux de littérature française; par M. l'abbé Renault. 1 vol. in-8.

GALERIE des arts utiles, ou Entretiens d'un père avec ses enfants sur les inventions....... et autres merveilles de l'industrie humaine. 1 vol. in-12.

GALERIE littéraire, ou Choix de morceaux en vers et en prose, tirés des auteurs les plus célèbres en France, avec notices biographiques, etc ; par Maigrot. 1 vol. in-12.

GALLIA orientalis, sive Gallorum, qui linguam hebræam vel alias orientales excoluerunt, vitæ; labore et studio Pauli Colomesii. 1 vol. in-8.

GAULE poétique, ou l'Histoire de France dans ses rapports avec la poésie, l'éloquence et les arts; par de Marchangy. 8 vol. in-8.

GÉNIE de la Bible, contenant les jugements des plus célèbres écrivains sur la Bible. 1 vol. in-8.

— Le même, sous le titre : l'*Esprit de la Bible*. 1 vol. in-8.

GÉNIE du christianisme (Abrégé du) ; par Châteaubriand. 2 vol. in-12.

GÉOGNOSIE des terrains tertiaires, ou Tableau des animaux invertébrés des terrains marins tertiaires du midi de la France; par Marcel de Serres. 1 vol. in-8.

GÉOLOGIE (Eléments de), mis à la portée de tout le monde, et offrant la concordance des faits géologiques avec les faits historiques tels qu'ils se trouvent dans la Bible, les traditions égyptiennes et les fables de la Grèce; par Chaubard. 1 vol. in-8.

GÉOLOGIE (de la) et de la minéralogie dans leurs rapports avec la théologie naturelle; traduit de l'anglais de Buckland, par Doyère. 2 v. in-8 (et 15e vol. des Démonst. évang. Edit. Migne).

GÉOLOGIE et minéralogie (ou Cours élémentaire d'histoire naturelle sur la), à l'usage des colléges et des maisons d'éducation, rédigé conformément au programme de l'Université; par M. F.-S. Beudant. 1 fort vol. in-12.

GÉOLOGIE (Nouveau traité de), ou Exposé de l'état actuel de cette science, dans ses rapports avec l'agriculture, l'industrie, les arts et la tradition rabbinique; par M. Alex. Giraudet. 1 vol. in-8.

GÉOLOGIE. (Résumé d'histoire naturelle); par Meissas. 1 vol. in-12.

— La même; abrégée par le même. 1 vol. in-18.

GLAIVE runique (le), ou la Lutte du paganisme scandinave contre le christianisme, drame tragique; par C.-Aug. Micander. 1 vol. in-8.

GRAMMAIRE française; par C.-C. Letellier. 1 vol. in-12.

GUIDE auprès des malades; par le docteur C. Saucerotte. 1 vol. in-18.

GUIRLANDE de fleurs, poésies contemporaines offertes à la jeunesse. 1 vol. in-18.

GULLIVER de la jeunesse (le), réduit aux faits les plus intéressants. 2 vol. in-18.

HARPE d'Israël (la), ou Chants de la Bible traduits en vers par nos meilleurs poëtes. 2 vol. in-8.

HENRIADE (la), poëme par Voltaire, revue et corrigée par l'abbé Besnier. 1 vol. in-12.

HEURES poétiques et morales de l'ouvrier : la Famille, la Patrie, l'Eglise; par Claudius Hébrard. 1 vol. in-12.

HISTOIRE de l'Académie française; par Pélisson et d'Olivet. 2 vol. in-12.

HISTOIRE de la littérature française, anglaise, etc., etc., etc. (Voir littérature française, anglaise, etc., etc.)

HISTOIRE de la musique; par M. Stafford. 1 vol. in-12.

HISTOIRE des insectes (Abrégé de l'), pour servir de suite à l'histoire naturelle des abeilles; par de Beaurieu. 2 vol. in-12.

HISTOIRE du ciel considéré selon les idées des poëtes, des philosophes et de Moïse, faisant suite au Spectacle de la nature; par Pluche. 2 v. in-12.

HISTOIRE littéraire de Fénelon, ou Revue historique et analytique de ses œuvres, pour servir de complément à son histoire et aux différentes éditions de ses œuvres; par M. Gosselin, directeur au séminaire de Saint-Sulpice. 1 vol. in-8.

HISTOIRE littéraire de la France au moyen âge; par Henrion. 1 vol. in-8.

HISTOIRE naturelle (Cours méthodique d'); par Victor Boreau et Lartigue. 1 vol. in-12.

HISTOIRE naturelle (Eléments nouveaux d'), contenant la zoologie, la botanique, la minéralogie et la géologie; par A. Salacroux. 1 vol. in-12.

HISTOIRE naturelle (Leçons d'un frère à sa sœur sur l'); par M. Douy. 1 v. in-12.

HISTOIRE naturelle mise à la portée des femmes et des gens du monde, d'après les classifications modernes; par Mme Achille Comte. 2 vol. in-12.

HISTOIRE naturelle (Petit cours d'); par Mlle Ulliac Trémadeure. 8 vol. in-18.

HISTOIRE naturelle (Précis élémentaire d'), à l'usage des colléges et des maisons d'éducation, précédé de notions élémentaires de physique et de chimie; par Delafosse. 1 vol. in-12.

HISTOIRE naturelle des animaux les plus remarquables de la classe des mammifères, quadrupèdes et cétacés; par l'abbé Bourassé. 1 v. in-12.

HISTOIRE naturelle des insectes les plus remarquables, ou Esquisses entomologiques; par l'abbé Bourassé. 1 vol. in-12 (B.-M.).

HISTOIRE naturelle (Cours élémentaire d'), à l'usage des colléges et des maisons d'éducation, rédigé conformément au programme de l'Université; par MM. Milne Edwards, A. de Jussieu et Beudant, pour la zoologie, la botanique, la minéralogie et la géologie. 3 forts vol. in-12.

HISTOIRE naturelle (Eléments d') et de chimie; par Fourcroy. 5 v. in-8.

HISTOIRE naturelle des oiseaux, des reptiles et des poissons; par M. l'abbé Bourassé. 1 vol. in-12.

HISTOIRE naturelle, civile et géographique de l'Orénoque; trad. de l'espagnol du P. Joseph Gumilla, supérieur des missions de l'Orénoque, par M. Eidoux. 3 vol. in-12.

HISTOIRE des quarante fauteuils à l'Académie française; par M. Tyrtée-Tastet. 1 vol. in 8.

HISTORIENS latins : Tite-Live, Salluste, Tacite; par Laurentie. 1 v. in-18.

HYMNES sacrées, poésies; par Ed. Turquéty. 1 vol. in-8 et 1 vol. in-12.

ILIADE d'Homère; traduction de Bitaubé, corrigée par des directeurs d'un petit séminaire. 2 vol. in-12.

INCRÉDULITÉ (l'), poëme; par Alexandre Soumet. 1 vol. in-12 et in-18.

INDIENS (Langue des); par Schlegel. 1 vol. in-8.

INSTITUTES de l'empereur Justinien; trad. par Teissier. 1 vol. in-18.

INSTITUTEURS et institutrices (Guide des) pour l'enseignement de la grammaire française; par MM. Bescherelle frères. 1 vol. in-12.

INSTITUTEURS primaires (Conférences sur les devoirs des); par Salmon. Ouvrage couronné par l'Académie française. 1 vol. in-12.

INSTITUTRICE (Manuel de l'); par Mlle V. Collin. 1 vol. in-8.

INTRODUCTION à l'étude et à l'enseignement des lettres; par M. Laurentie. 1 vol. in-8.

INTRODUCTION familière à la connaissance de la nature; par Berquin. 2 v. in-18.

— Le même, tome 12e des œuvres complètes.

JARDIN des plantes des petits enfants, promenade d'été et d'hiver; par Léon Guérin. 2 vol. grand in-18.

JÉRUSALEM délivrée, poëme du Tasse; trad. en français par le prince Lebrun. 1 vol. in-8 (édit. épurée).

JEUNE naturaliste (le), ou Entretiens sur l'histoire naturelle des quadrupèdes, oiseaux, insectes, plantes, etc; par Mlle Ulliac Trémadeure. 2 vol. in-12.

JUGEMENTS historiques et littéraires sur quelques écrivains et quelques écrits du temps; par de Féletz. 1 vol. in-8 (6e des œuvres complètes).

LA BRUYÈRE des jeunes personnes (le), ou Principaux caractères des jeunes personnes; par Mme Mallès de Beaulieu. 1 vol. in-12 (édit. corrig.).

**LEÇONS** françaises de littérature et de morale ; par Noël et Delaplace. 2 vol. in-8.

**LEÇONS** anglaises de littérature et de morale ; traduites par Mézières. 2 vol. in-8.

**LEÇONS** allemandes de littérature et de morale ; traduites par Noël et Stœber. 2 vol. in-8.

**LECTURE** et déclamation (Cours de), théorique et pratique ; par Sabatier.

**LECTURE** (une) par jour, mosaïque littéraire, historique, morale et religieuse ; par Boniface. 4 vol. in-8.

**LETTRES** à une princesse d'Allemagne sur divers sujets de physique, de philosophie et de religion ; par Euler. 2 vol. in-12 et 1 vol. in-8. 1 vol. in-18 (11e vol. des Démonst. évang., édit. Migne).

**LETTRES** de Mme de Sévigné. 11 vol. in-12.

— Choix des mêmes, spécialement destiné à la jeunesse ; par l'abbé Allemand. 1 vol. in-8 et 3 vol. in-18.

**LETTRES** de Pline le jeune (Choix de) ; trad. par M. de Sacy, revues par un ecclésiastique. 1 vol. in-8.

**LETTRES** de Mme de Maintenon. 6 vol. in-12.

**LETTRES** avant le christianisme (Histoire des) ; par Amédée Duquesnel. 2 vol. in-8.

**LETTRES** pour servir à l'éducation d'une jeune personne ; par Mme Chapone ; trad. par Ozanam. 1 vol. in-12.

**LETTRES** à un père sur l'éducation de son fils ; par M. Laurentie. 1 vol. in-18.

**LETTRES** des femmes célèbres de France, avec notices sur leur vie ; par M. Danielo. 2 vol. in-18.

**LITHOLOGIE** (la), ou Traité des pierres, orné de planches ; par Dezallier d'Argenville. 1 vol. in-4.

**LITTÉRATURE** allemande (Tableau de la) ; par Mme Amable Tastu. 1 vol. in-8.

**LITTÉRATURE** ancienne et moderne (Abrégé du cours de), extrait de la Harpe ; par J.-F. Rolland. 3 vol. in-12.

**LITTÉRATURE** ancienne et moderne (Cours de), à l'usage des demoiselles ; par Mme la comtesse d'Hautpoul. 2 vol. in-12.

**LITTÉRATURE** chrétienne (Leçons de), ou Recueil d'extraits en prose et en vers de nos meilleurs écrivains, avec notes. 2 vol. in-8.

**LITTÉRATURE** (Cours de), à l'usage de la jeunesse ; par Cabaret-Dupaty. 2 vol. in-12.

**LITTÉRATURE** (Cours de) et de belles-lettres, à l'usage des maisons d'éducation ; par M. d'Angely, professeur de rhétorique au collége de Juilly. 1 vol. in-12.

**LITTÉRATURE** (Eléments de), extraits du Cours de belles-lettres de l'abbé Batteux. 2 vol. in-12.

**LITTÉRATURE** et philosophie du XVIIIe siècle ; par la Harpe. 1 vol. in-18 (B.-L.).

**LITTÉRATURE** française (Abrégé des trois siècles littéraires, ou de la), de Sabatier de Castres; par ***. 1 vol. in-12.

**LITTÉRATURE** française (Chefs-d'œuvre classiques de la); par l'abbé Marcel. 3 vol. in-8.

**LITTÉRATURE** italienne (Tableaux analytiques de la); par Mme Amable Tastu. 1 vol. in-8.

**LITTÉRATURE** (Mélanges de), de critique et de religion; par Mgr de Boulogne. 4 vol. in-8.

**LITTÉRATURE** (Mélanges de), de morale et de politique; par le vicomte de Bonald. 2 vol. in-8.

**LITTÉRATURE** (Mélanges de) et de philosophie. 2 vol. in-18.

**LITTÉRATURE** (Mélanges de), de philosophie et d'histoire; par l'abbé de Féletz. 6 vol. in-8.

**LITTÉRATURE** (Petites leçons de morale et de); par Frémont. 1 vol. in-18.

**LITTÉRATURE** profane et sacrée (Cours de); par F. Collombet. 4 vol. in-8.

**LITTÉRATURE** religieuse (Cours de morale chrétienne et de); par l'abbé de Feller. 5 vol. in-8.

**LITTÉRATURE** ancienne et moderne (Cours de); par la Harpe. 15 vol. in-8.

**LITTÉRATURE** française (Cours de); par M. Villemain. 7 vol. in-8.

**LITTÉRATURE** française (Cours de); par M. de Lévizac. 3 vol. in-8.

**LITTÉRATURE** (Cours de) et d'éloquence; par M. Baillat de Saint-Martin. 2 vol. in-8.

**LITTÉRATURE** française (Leçons et modèles de), depuis Ville-Hardouin jusqu'à Châteaubriand; par Tissot. 2 vol. in-4.

**LITTÉRATURE** allemande (Histoire de la); par MM. Henry et Appfel. 1 v. in-8.

**LITTÉRATURE** (Supplément au cours de). 2 vol. in-18.

**LITTÉRATURE** moderne (Nouveau manuel de); par M. Descottez. 1 vol. in-18.

**LIVRE** de la nature (le), ou l'Histoire naturelle, la physique et la chimie, présentées à l'esprit et au cœur; par Cousin-Despréaux. 4 vol. in-12.

— Le même, nouvelle édition entièrement refondue; par Desdouits. 4 vol. in-12.

**LOGARITHMES** (Instruction élémentaire sur l'usage des); suivie de la table des logarithmes; par Félix Reishammer. 1 vol. in-8.

**LOISIRS** poétiques; par Hippolyte Violeau, de Brest. 1 vol. in-12.

**LOISIRS** religieux; par Ch. de Bouffret. 1 vol. in-12.

**LOUIS** (Saint), poëme héroïque et chrétien; par Simon. 1 vol. in-8.

**LOUISÉIDE** (la), ou le Héros chrétien, poëme épique; par Lejeune. 2 vol. in-8.

**LORD BYRON** et Thomas Moore, poésies trad. avec notices; par Ch. Nodier. 1 vol. in-18.

LUCIEN, dialogues satiriques, philosophiques et divers, petits traités;... trad. par Belin de Ballu. 1 vol. in-12.

MAISON rustique du XIXᵉ siècle, ou Encyclopédie d'agriculture pratique. 2 vol. in-4.

MANIÈRE de bien penser (la) dans les ouvrages d'esprit; par le P. Bouhours. 1 vol. in-12.

MANIÈRE d'enseigner et d'étudier les belles-lettres, par rapport à l'esprit et au cœur; par Rollin. 4 vol. in-12 et 2 vol. in-8.

MANUEL du style en quatre leçons; par Raynaud. 1 vol. in-8.

MANUEL de composition française; par Alph. Fresse-Montval. 2 vol. in-12

MANUEL pour les écoles primaires communales de jeunes filles; par Mˡˡᵉ Sauvan. 1 vol. in-12.

MANUEL complet de botanique; par M. J.-A. Boisduval. 2 vol. in-18.

MANUEL de broderie, contenant la broderie en coton, fil, laine, soie, or, argent, chenille, etc., etc.; par Mᵐᵉ Celnart. 1 vol. in-18.

MANUEL de miniature et de gouache; par M. Constant Vimier, suivi du Manuel du lavis à la sepia et de l'aquarelle; par Langlois de Longueville, avec planches. 1 vol. in-18.

MANUEL des aspirants aux brevets de capacité pour l'enseignement primaire, élémentaire et supérieur, contenant les réponses énoncées dans le programme; par MM. Lamotte, Michelot et Meissas. 1 vol. in-8.

MANUEL des demoiselles, ou Arts et métiers qui leur conviennent, tels que couture, broderie, tricot, tapisserie, bourses, etc., etc.; par Mᵐᵉ Celnart. 1 vol. in-18.

MANUEL du coloriste (Nouveau) pour l'enluminure, le lavis, les images, les cartes géographiques, etc.; par MM. Blanchard, Perrot et Thillaye. 1 vol. in-18.

MANUEL du dessinateur, ou Traité complet de cet art, contenant le dessin linéaire, le dessin de l'ornement, de la figure, du paysage, etc.; par Perrot. 1 vol. in-18.

MANUEL du jardinier, ou l'Art de cultiver et de composer toutes sortes de jardins; par Bailly de Merlieux. 2 vol. in-18 (Roret).

MANUEL du teneur de livres, ou l'Art de tenir les livres en peu de leçons, par des moyens prompts et faciles; par Tremery. 1 vol. in-18.

MANUEL pratique de la langue française, ou Exercices et grammaire; par Gilard. 1 vol. in-12.

MAXIMES de François de Larochefoucault. 1 vol. in-12 et in-18.

MÉCANIQUE des langues (la) et l'art de les enseigner; par M. Pluche. 1 v. in-12.

MÉDITATIONS sur les tombeaux; par Hervey. 1 vol. in-12. (Edit. de Rolland.)

MÉLANGES historiques et littéraires; par le baron de Barante. 3 v. in-8.

MÉLANGES de philosophie, d'histoire et de littérature; par M. de Féletz. (Voir à la série B.)

MÉLANGES (Nouveaux) historiques et littéraires; par M. Villemain. 2 vol. in-18.

MÉLANGES poétiques et littéraires dédiés à la jeunesse. 1 vol. in-12.

MERVEILLES de l'industrie (les) mises à la portée de la jeunesse; par Mme de Flesselles. 1 vol. in-12.

MERVEILLES des sciences et des arts (Cent); par de Marlès. 1 vol. in-12.

MESSIE (le), poëme, par F.-G. Klopstock; trad. par G. d'Horrer. 3 v. in-8.

MÉTÉRÉOLOGIE (Cours complet de), de L.-F. Kaemtz, professeur à Halle; trad. et annoté par Ch. Martin. 1 vol. in-12.

MÉTHODE raisonnée des blasons (Nouvelle), ou l'Art héraldique, pour l'apprendre d'une manière aisée; par le P. Ménétrier. 1 vol. in-8 et in-12.

MÉTHODE (la) d'étudier et d'enseigner la grammaire ou les langues par rapport à l'Écriture sainte, en les réduisant toutes à l'hébreu; par le P. Thomassin. 2 vol. in-8.

MIEL (le) de l'abeille du Parnasse; recueil par Piton. 1 vol. in-18.

MILTON, le Paradis perdu; traduit de l'anglais, par Dupré de Saint-Maur. Edition corrigée par M. l'abbé Rousier. 1 vol. in-12.

MILTON, ou la Poésie épique; par M. R. de Véricourt. 1 vol. in-8.

MINÉRALOGIE (Manuel de), ou Traité élémentaire de cette science d'après l'état actuel de nos connaissances; par M. Blondeau. 1 vol. in-18, avec atlas.

MINÉRALOGIE (Traité de), précédé d'un Traité de cristallographie; par Haüy. 6 vol. in-8.

MISSION (la) à Paris, poëme par M. J.-A. Boïeldieu. 1 vol. in-8.

MOLIÈRE (Œuvres choisies de), édition épurée pour la jeunesse. 1 vol. in-12.

MOLIÈRE de la jeunesse (le), pour les maisons d'éducation, ou Recueil de pièces propres à être représentées aux distributions de prix; par Al. P. Maynand. 2 vol. in-18.

MONDE souterrain (le), ou Merveilles géologiques; par M. de Longehène. 1 vol. in-12.

MORT d'Abel (la), poëme de Gessner, suivi d'un Choix de ses autres œuvres et précédé d'une notice; par Alexandre Aubert. 1 vol. in-18.

MUSIQUE (Enseignement de la) par la méthode Jacotot. 1 vol. in-8.

MUSIQUE (Histoire de la); par Stafford. 1 vol. in-12.

MUSIQUE mise à la portée de tout le monde; par M. Fétis. 1 vol. in-12 et in-18.

MUSIQUE (Principes élémentaires de) et de plain-chant. 1 vol. in-12.

MYTHOLOGIE (Abrégé de). A. M. D. G. 1 vol. in-18.

MYTHOLOGIE comparée avec l'histoire (la); par l'abbé de Tressan. 2 vol. in-12 reliés en 1 (A.-M.-D.-G.).

MYTHOLOGIE épurée. 1 vol. in-18.

MYTHOLOGIE, ou Explication historique des fables; par l'abbé Banier. 3 v. in-12.

MYTHOLOGIE poétique en scènes; par l'abbé de Sambucy. 1 vol. in-8.

MYTHOLOGIES de tous les peuples, racontées à la jeunesse; par Mme L. Bernard. 1 vol. in-12.

NARRATION (Nouveau traité de), et de l'analyse littéraire, etc.; par Alphonse Fresse-Montval. 2 vol. in-18.

NATURALISTE (Cabinet du jeune), ou Histoire des animaux, des végétaux et des minéraux; par L. Ardant. 1 vol. in-12.

NATURALISTE (Cabinet du petit); par Mme Dufresnoy. 1 vol. in-18.

NATURALISTE (Cabinet du jeune), ou Tableaux intéressants de l'histoire des animaux; trad. de l'anglais de Thomas Schmith. 6 vol. in-12.

NATURE (Curiosités des trois règnes de la), présentées d'une manière neuve, instructive et amusante; par M. Cortambert. 1 vol. in-18.

NATURE (Phénomènes de la), ou Description des principales curiosités; par M. de Marlès. 1 v. in-12.

OBSERVATIONS critiques sur le *Génie du christianisme*. 1 vol. in-8.

OEUVRES choisies de Corneille, édition épurée pour la jeunesse. 1 v. in-12.

OEUVRES choisies de d'Aguesseau. 2 vol in-12.

OEUVRES choisies de Fénelon. 6 vol. in-8 et 10 vol. in-12.

— Les mêmes. 1 vol. grand in-8.

OEUVRES choisies de Lefranc de Pompignan. 2 vol. in-12 et in-18.

OEUVRES choisies de Mme de Lambert. 1 vol. in-18.

OEUVRES choisies de Molière, édition épurée pour la jeunesse. 1 vol. in-12 et in-8.

OEUVRES choisies de Jean Racine, édition épurée pour la jeunesse. 1 vol. in-12.

OEUVRES complètes et choisies de Racine (Louis), comprenant le poëme de la Religion. 6 vol. in-8 et 4 vol. in-18.

OEUVRES choisies de J.-B. Rousseau, suivies des meilleures poésies de Malherbe, L. Racine, le Franc de Pompignan, Malfilâtre, Gilbert, Delille, de Lamartine. 1 vol. in-18.

OEUVRES du P. Bandory : discours et plaidoyers littéraires. 1 vol. in-12.

OEUVRES du P. Ducerceau; son théâtre, ses poésies, etc. 2 vol. in-12.

OEUVRES du P. Rapin, comprenant ses parallèles des grands hommes, ses réflexions sur l'éloquence, la poésie, l'histoire, etc. 3 vol. in-12.

OEUVRES complètes de Buffon, augmentées de 4 vol. du baron Cuvier. 32 vol. in-8.

OEUVRES complètes de Bernardin de Saint-Pierre, mises en ordre par Aimé Martin. 14 vol. in-8.

OEUVRES choisies et posthumes de la Harpe. 4 vol. in-8.

OEUVRES de M.-F. Bellart. 6 vol. in-8.

OEUVRES complètes de Démosthène et d'Eschine. 6 vol. in-8.

OEUVRES complètes de Louis Racine. 6 vol. in-8.

OEUVRES choisies de Châteaubriand.

OEUVRES de M. de Lamartine, méditations et harmonies. 4 vol. in-8.

OEUVRES de Jacques Delille. vol. in-12.

OMNIBUS (les) du langage. 1 vol. in-32.

OPUSCULES divers, français et latins, composés pour le duc de Bourgogne; par Fénelon. In-8 (tome 19e des œuvres complètes).

OPUSCULES littéraires (Divers) de Fénelon. In-8 (tome 12e des œuvres complètes).

OPUSCULES de Rollin. 2 vol. in-12.

ORAISON funèbre de Daniel O'Connel, prononcée à Rome; par le R. P. Ventura. 1 vol. in-12.

ORAISON funèbre de Mme la duchesse douairière d'Orléans; par M. l'abbé Feutrier. 1 vol. in-8.

ORAISONS funèbres; par Fléchier. 1 vol. in-8 (tome 4e des œuvres complètes).

— Les mêmes. 1 vol. in-12.

ORAISONS funèbres de Mascaron. 1 vol. in-12.

ORIGINE des dieux, des héros, des fables et des mystères du paganisme; par l'abbé V. Perrin. 2 vol. in-12.

ORIGINE des lois, des arts et des sciences (de l'), et de leurs progrès chez les anciens peuples; par Goguet. 6 vol. in-12.

ORNEMENTS de la mémoire, ou Traits brillants des poëtes français les plus célèbres; par Alletz. 1 vol. in-12 et in-18.

PANÉGYRIQUE de Trajan, par Pline le jeune; trad. par M. de Sacy, texte latin en regard. (Voyez lettres de Pline le jeune.) 3 vol. in-8 et in-12.

PARNASSE chrétien (le); par le P. Chabaud. 1 et 2 vol. in-12 et in-18.

PEINTURE sur verre (Considérations historiques et critiques sur la); par Thibaut. 1 vol. in-8.

PEINTURE sur verre (Essai historique et descriptif de la); par E. Langlois. 1 vol. in-8.

PEINTURES sacrées de la Bible (les), enrichies de figures qui représentent les principaux sujets de l'histoire sainte; par le P. Girard. 3 vol. in-12.

PETIT Savoyard (le), poëme élégiaque en trois chants. 1 vol. in 18.

PETITE bibliothèque des chroniques de l'histoire de France, contenant une revue historique et littéraire des chroniqueurs latins et français qui ont écrit sur l'histoire de France; par M. P.-A. Mazure. 2 vol. in-12.

PETITE encyclopédie poétique, ou Choix de poésies sacrées. 1 vol. in-18.

PETITS astronomes (les) et les petits physiciens; par Hennequin. 1 v. in 12.

PETITS poëmes grecs; trad. en français. 1 vol. in-12.

PHILOSOPHIE de l'art (Essai d'une), ou Introduction à l'étude des monuments chrétiens; par C. Robert. 1 vol. in-8.

PHYSIQUE (Abrégé des leçons élémentaires de); par MM. Baume et Poirier. 1 vol. in-18 avec planches.

PHYSIQUE amusante (Nouveau manuel complet de), contenant une suite d'expériences d'une exécution facile, appliquées aux arts et à l'industrie; par Jules de Fontenelle. 1 vol. in-18.

PHYSIQUE des gens du monde (la), enseignée en 20 leçons; trad. de l'anglais, par Ch. de Cheppe et Porwell. 1 vol. in-12.

PHYSIQUE (Eléments de), abrégé de Para du Phanjas. 1 vol. in-8.

PHYSIQUE (Eléments de); par l'abbé Henri Gras. 1 vol. in-8.
PHYSIQUE (Entretiens sur la); par Ducoin Girardin. 1 vol. in-8.
PHYSIQUE expérimentale (Leçons de); par l'abbé Nollet. 6 vol. in-12.
PHYSIQUE (Leçons d'un frère à sa sœur sur la); par Douy. 1 vol. in-12.
PHYSIQUE (Traité élémentaire de); par M. l'abbé Pinault, de Saint-Sulpice. 2 vol. in-8.
PHYSIQUE expérimentale (Eléments de) et de météorologie; par Pouillet. 2 vol. in-8.
PLAIDOYERS littéraires, etc.; par M. Le Boucq. 2 vol. in-12.
PLAIN-CHANT (Principes élémentaires de musique et de). 1 vol. in-12.
PLAIN-CHANT (Méthode de); par La Feillée. 1 vol. in-12.
POÈME de la religion; par Louis Racine, suivi d'Esther et d'Athalie; par Jean Racine. 1 vol. in-18.
POÈME sur la grâce; par M. R. 1 vol. in-8.
POÉSIE sacrée des Hébreux (Leçons sur la); par Lowth. 2 vol. in-8.
POÉSIE chrétienne (de la), dans son principe, dans sa matière et dans ses formes; par Rio. 2 vol. in-8.
POÉSIES (Choix des) de Ronsard, Dubellay, Baïf, etc. 1 vol. in-18.
POÉSIES allemandes, morceaux choisis de Klopstock, Goëthe, Schiller, Burger. 1 vol. in-18.
POÉSIES de maître Adam Billaut, menuisier de Nevers. 1 vol. in-4.
POÉSIES de Gray et de Thomas. 1 vol. in-8.
POÉSIES de M^me^ Deshoulières. 2 vol. in-12 réunis en 1.
POÉSIES du foyer; par M^me^ Guinard, née Demante. 1 vol. in-8.
POÉSIES catholiques; par Turquety. 1 vol. in-8.
POÉSIES catholiques (Chants du néophyte); par J.-M. Latour. 1 vol. in-8.
POÉSIES (Choix de), ou Recueil de morceaux pour orner et former le cœur. 2 vol. in-18.
POÉSIES chrétiennes; par Montgarnier. 1 vol. in-18.
POÉSIES décentes (Elite de). 2 vol. in-12.
POÉSIES diverses, odes sacrées et idylles; par le comte de Marcellus. 1 v. in-12 et in-18.
POÉSIES inédites (Choix de) de Silvio Pellico. 2 vol. in-18.
POÉSIES. (Mélodies poétiques de la jeunesse, avec des notes biographiques et littéraires); par Collombet. 4 vol. in-8.
POÉSIES. (Primevères, Lis et Marguerites); par Nibelle. 1 vol. in-8.
POÉSIES religieuses de M. l'abbé Nauziel. 1 vol. in-8.
POÉSIES religieuses; par M^me^ la marquise du Lau. 1 vol. in-8.
POÉSIES sacrées, ou Beauté, force et philosophie du christianisme; par Thoüesny. 1 vol. in-8.
POÈTE de la jeunesse (le). 1 vol. in-18.
POLYEUCTE, martyr, tragédie de Pierre Corneille, avec les remarques de l'abbé Batteux. 1 vol. in-8.
PRÉCIS de l'histoire de l'éloquence; par l'abbé Henry, professeur de rhétorique. 2 vol. in-8.

PRIMAVERA ; par Edouard Turquety. 1 vol. in-8.

PRINTEMPS (le), l'été, l'automne et l'hiver, ou Considérations sur les œuvres de Dieu ; par Mlle Brun. 4 vol. in-18 réunis en 2.

PRINTEMPS (le) d'un proscrit ; par Michaud. 1 vol. in-8.

PROVERBES inédits de Mme de Maintenon ; publiés par M. de Montmerqué. 1 vol. in-18.

PROVIDENCE révélée (la) par ses moindres ouvrages, ou Tableau des mœurs des insectes ; par V. Rendu. 1 vol. in-12.

PSAUMES (le Livre des) en vers français ; par Alexandre Guillemin. 1 vol. in-12.

RAPPORT historique sur les progrès des sciences naturelles ; par Cuvier. 1 vol. in-8.

RECHERCHES curieuses sur la diversité des langues et religions ; par Breiwood. 1 vol. in-12.

RÉCRÉATIONS mathématiques et physiques ; par M. Ozanau. 4 vol. in-8.

RÉCRÉATIONS nouvelles, physiques et mathématiques, contenant celles qui ont été découvertes sur l'aimant, les nombres, l'optique, la chimie, etc. ; par M. Guyot. 4 vol. in-8.

RECUEIL de compositions faites par de jeunes demoiselles ; publié par P. Barthélemy. 1 vol. in-12.

RECUEIL de compositions françaises, matières et corrigés, pour faire suite au Traité de littérature, à l'usage des communautés religieuses et des institutions de demoiselles ; par M. Em. Lefranc. 1 vol. in-12.

RECUEIL de divers ouvrages en prose et en vers (Voir le P. Brumoy.). 4 v. in-12.

RELIGION (la), essai d'un poëme épique ; par l'abbé de Chaligny. 1 vol. in-8.

RELIGION, poésie, histoire ; par Poujoulat. 1 vol. in-8.

RELIGION vengée (la), poëme. 1 vol. in-8.

REMARQUES de M. Crevier sur le *Traité des études* par M. Rollin, précédées d'observations sur le livre de l'*Esprit des lois* ; par Crevier. 1 vol. in-12.

RÊVERIES d'un curé de campagne ; par l'abbé Vénard. 1 vol. in-8.

RHÉTORIQUE française à l'usage des jeunes demoiselles ; par Gaillard. 1 v. in-12.

RHÉTORIQUE (Cours de) et de belles-lettres ; par Hugues-Blair. 2 vol. in-8.

RHÉTORIQUE (Cours complet de) ; par Amar.

ROLAND furieux, poëme ; traduit de l'Arioste. 1 vol. in-12 (édit. épurée).

RUINES morales et intellectuelles ; par M. A. Nettement. 1 vol. in-8.

SENTIMENTS de Cléante sur les entretiens d'Ariste et d'Eugène ; par Barbier d'Aucour. 1 vol. in-12.

SIX jours (les), ou Leçons d'un père à son fils sur l'origine du monde d'après la Bible ; par L. F. Jauffret. 2 vol. in-18.

SPECTACLE de la nature (le), ou Entretiens sur les particularités de la nature ; suivi de l'histoire du ciel ; par Pluche. 11 vol. in-12.

SPECTATEUR français au XIXe siècle, ou Variétés morales, politiques et littéraires. 12 vol. in-8.

STERNE et Mackensie, morceaux choisis et traduits; par M. Henrion. 1 v. in-18.

SYNONYMES français, leurs différentes significations. Edition augmentée des synonymes de Beauzée, de d'Alembert, de Diderot, de Marmontel; par l'abbé Girard. 3 vol. in-12.

SYNONYMIE française (la), ou Dictionnaire de tous les synonymes de MM. Girard, Beauzée, etc.; par J. L. Piestre. 2 vol. in-12.

SYSTÈME de la nature, ou Dieu révélé par ses œuvres; par M. T. Delacroix. 3 vol. in-18.

TABLEAU de l'enfance, ou Petit recueil des défauts et des qualités des enfants de l'âge de huit à dix ans; par Mme de Renneville. 1 vol. in-18.

TABLEAU de l'harmonie universelle; par Meissas. 1 vol. in-8.

TABLEAU de la création, ou Dieu manifesté par ses œuvres; par Jéhan. 1 vol. in-8.

TABLEAUX de la nature; par de Humbolt; trad. par Eyriès. 2 vol. in-8.

TABLEAUX poétiques; par le comte Jules de Rességuier. 1 vol. in-12.

THÉATRE chrétien, à l'usage des maisons d'éducation, composé de deux parties, la première pour les filles, la seconde pour les garçons; par Mme la comtesse de Lermin. 2 vol. in-12.

THÉATRE des jeunes filles; par Mme Césarie Farrenc. 1 vol. in-12.

THÉATRE classique : Esther. — Athalie. — Polyeucte et Mérope. 1 vol. in-18.

THÉOLOGIE des insectes; trad. par Lesser. 2 vol. in-8.

THUCYDIDE (Histoire de), trad. du grec; par Lévesque. 1 vol. in-12.

TOMBEAUX et les méditations d'Hervey; trad. par M. Letourneur. 1 vol. in-12.

TRADUCTION littérale du psaume hébreu; par D. P. L. B. Drach. Broch. in-8.

TRAGÉDIES de Sophocle; trad. du grec par M. Artaud. 1 vol. in-12.

TRAITÉ de la grandeur et de la figure de la terre; par Cassini. 1 vol. in-12.

TRAITÉ des études; remarques de Crevier sur cet ouvrage. 1 vol. in-12.

TRAITÉ des sciences géologiques, considérées dans leurs rapports avec la religion et dans leur application générale à l'industrie et aux arts; par P.-F. Jéhan. 1 vol. in-12.

TRAITÉ théorique et pratique de littérature; par M. Em. Lefranc. 1 vol. in-12.

TRÉSOR littéraire des jeunes personnes; par J. Duplessis. 1 vol. in-8.

TRÉSOR des deux langues française et espagnole; par C. Oudin. 2 vol. in-8.

TRÉSORS de l'éloquence. 2 vol. in-12.

TRIOMPHE de la religion (le), ou le Roi martyr, poëme épique; par la Harpe. 1 vol. in-8.

TROIS siècles littéraires (Abrégé des) de Sabatier de Castres; par ***. 1 v. in-12. (Voir aussi littérature, 1re et 2e partie du Catalogue. 4 vol. in-12.)

VANDALISME (du) et du catholicisme dans l'art; par M. de Montalembert. 1 vol. in-8.

VOLIÈRE des enfants (la), histoire des animaux les plus intéressants à connaître 1 vol. in-12.

VUES de la création, ou Merveilles de la nature. 1 vol. in-12.

XÉNOPHON, ses œuvres complètes : grec, latin. 1 vol. in-8.

— Le même; traduction de Dacier et Dumas. 2 vol. in-12.

ZOOLOGIE (Petite); par Meissan. 1 vol. in-18.

ZOOLOGIE, Résumé d'histoire naturelle; par le même. 1 vol. in-12.

ZOOLOGIE (Cours élémentaire d'histoire naturelle sur la), à l'usage des colléges et des maisons d'éducation, rédigé conformément au programme de l'Université; par M. Milne Edwards. 1 fort vol. in-12 et in-8.

---

## NEUVIÈME SÉRIE. — O.

### Quelques ouvrages en langues étrangères.

ALLE mie Prigioni di Silvio Pellico, addizioni di Piero Maroncelli. 1 vol. in-12.

AVENTURES de Télémaque; par Fénelon, texte allemand. 1 vol. in-8.

AVENTURES de Télémaque; par Fénelon, texte anglais et espagnol. 2 vol. in-12.

AVENTURES de Télémaque; par Fénelon, texte italien. 2 vol. in-12.

CHRIST (le) devant le siècle; par Roselly de Lorgues, texte polonais. 1 vol. in-12.

COLOMB, ou la Découverte des Indes-Occidentales; par J.-H. Campe, texte allemand. 1 vol. in-12.

COMPLAINT (the) : or Night-Thoughts, on Life, Death, and Immortality; by the R. Young. 2 vol. in-18.

DIVOTI affetti d'un' anima verso Dio, in prosa e in versi. 1 vol. in-18.

EXERCICIOS de devocion y oracion. 1 vol. in-8.

FABLES; by John Gay, and fables by Edward Moore. 1 vol. in-18.

GOLDSMITH'S history of Greece abridged. 1 vol. in-12.

GOLDSMITH'S Roman history, abridged. 2 vol. in-18.

HARVEY'S Meditations. 1 vol. in-18.

HISTORIA de Simao de Nantua. 1 vol. in-12.

HISTORY (the) of America, by William Robertson. 4 vol. in-8.

HISTORY of England; by John Lingard. 10 vol. in-8.

HISTORY (the) of Sandford and Merton; by Thomas Day. 1 vol. in-12.

IMITAZIONE (la) da Cristo. 1 vol in-12.

LEÇONS allemandes de littérature et de morale; par MM. Noël et Stœber, prose et vers, texte allemand. 2 vol. in-8.

LEÇONS anglaises de littérature et de morale; par MM. Noël et Chapsal, prose et vers, texte anglais. 2 vol. in-8.

LEÇONS de littérature allemande; par Ermeler, texte allemand. 1 vol. in-12.

LEÇONS italiennes de littérature et de morale; par M. Noël, prose et vers, texte italien. 2 vol. in-8.

LETTERE originali del R. P. Maestro Ganganelli, divenuto papa, sotto il nome di Clemente XIV. 2 vol. in-12.

LETTRES du cardnal Bentivoglio sur diverses matières de politique, italien-français. 1 vol. in-12.

LIFE (the) and most surprising adventures of Robinson Crusoe. 1 vol. in-18.

LIFE (the) of the illustrious doctor of the Church, saint Augustin, bishop of Hippo; from the Rev. Alban Butler's lives of the saints. 1 vol. in-18.

LIVES (the) of the Fathers, Martyrs, and other principal saints; by the Rev. Alban Butler. 6 vol. in-18.

MEMORIE di Silvio Pellico. 1 vol. in-18.

MESSIE (le); par Klopstock, texte allemand. 2 vol. in-8.

METHOD (the) of teaching and studing the belles-lettres; by Rollin. 4 v. in-12.

NARRATIONES et conciones anglais; morceaux choisis de Xénophon, Hérodote, etc., etc.; par O'Sullivan. 2 vol. in-12.

NOTTI Romane (le) al sepolcro de ' Scipioni di Alessandro Verri. 2 vol. in-18.

NOVELLE morali di Francesco Soave. 2 vol. in-18.

PARADISE lost, a poem in twelve books; the author John Milton. 1 vol. in-12.

PARADIS (le), le Purgatoire et l'Enfer, de Dante Alighieri; texte italien avec la traduction, par A.-F. Artaud. 9 vol. in-24.

PRISONS de Silvio Pellico et les devoirs de l'homme, italien-français. 2 vol. in-18.

RASSELAS, prince d'Abyssinie, conte; par S. Johnson, anglais et français.

RECUEIL des réponses faites par deux sourds-muets à M. l'abbé Sicard à Londres, français-anglais. 1 vol. in-8.

REVOLUCIONES de Portugal; par el abate de Vertot; traducido al castellano por D.-G.-C. Pagès. 1 vol. in-12.

ROBINSON the younger; par J.-H. Campe. 1 vol. in-18.

— Le même; texte allemand. 2 vol. in-12.

SADLER's abridgment of Lingard's history of England. 1 vol. in-12.

STORIA della Italia, pel sig. cavaliere Artaud. 1 vol. in-8.

TESORO (il) nascosto, orvero pregi, ed eccelenze della santa Messa, operetta del P. Leonardo dal Porto-Maurizio. 1 vol. in-18.

FIN.

# TABLE

www.ingramcontent.com/pod-product-compliance
Ingram Content Group UK Ltd.
Pitfield, Milton Keynes, MK11 3LW, UK
UKHW021924230726
13925UKWH00007B/483